次

SOMMAIRE

編集部より

ÉDITO

まず、2024年1月1日に発生した能登半島地震で被災された皆様に、心よりお見舞い申し上げます。
ここにお届けする『ゴ・エ・ミヨ 2024』では、全国47都道府県、532軒のレストランをご紹介しています。中には、この度の地震で大きな被害に遭われた店舗も含まれています。掲載させていただいた情報は、2023年中のものであることをお断りするとともに、改めまして、1日も早い復興をお祈りいたします。

1972年、フランス人のアンリ・ゴとクリスチャン・ミヨによって発刊されたこのガイドブックは、現在、世界15ヵ国で展開されており、各国の食の「今」を伝えることで、高い評価と信頼をいただいています。日本では、2017年版の発刊以来、料理だけでなく、食材づくりに励む生産者や卓越した技能者など、食を取り巻く様々な分野に目を向け、顕彰してまいりました。その精神は、次のように集約されます。

まず、テロワールを大切にすること。特に、日本の多様な風土の中で生まれる食材、その調理法、酒やワインなど、これらに現代の感覚を反映しつつ、どのように食に生かしているかに注目します。
そして、新しい才能を見つけ出すこと。これは、ゴ・エ・ミヨの重要な役割の一つです。次のステージへと挑戦し、明日の料理界を担っていく、若い才能を応援します。

このガイドブックにより、皆様に、「食」を通した新たな出合いが、そして、豊かな時間を分かち合う、かけがえのない瞬間が訪れることを願っています。

ゴ・エ・ミヨ ジャパン

Gault&Millau

1960年代以降、ゴ・エ・ミヨは常にレストランやビストロ、その土地のワインや酒、様々なスタイルのホテルで出合う「特別な時間」を探し求めています。
ゴ・エ・ミヨは、調査員による客観的な評価によってレストランをセレクトしています。それは、以下により保証されています。

ゴ・エ・ミヨの倫理

NOTRE ÉTHIQUE

1. 対象レストランに対して完全な独立性を保ちます
2. 厳正で、食を愛する食通の調査員を起用しています
3. 調査員により、匿名で評価をしています
4. 調査は特定の利害関係を排除しています
5. 一般のお客様と同様に、食事代を支払います
6. 年間を通じた調査により、定期的に情報を更新します
7. 読者から寄せられる情報を大切にします

ガイドの使い方

評価基準について

ゴ・エ・ミヨは「予約の電話から見送りまで」、
レストラン体験全体を評価対象とします。
レストランに何を求めるか、それは人により様々です。
しかし、行って良かったと思えるレストラン、
それは皿の上の印象だけではないはずです。
ゴ・エ・ミヨは、料理はもちろんのこと、料理に合った酒やワインの提案、
サービスとホスピタリティ、店の設えやカトラリー、器など、
食まわりのすべてをトータルに評価します。

トック

このガイドでは最高5つから1つまでのトック数でレストランを評価しています。さらに細かく20点満点の採点もおこなっています。これらはゴ・エ・ミヨ インターナショナルで定められた採点基準のもと、匿名調査員による精細な調査に基づくものです。時に厳しい指摘もありますが、基本は食べる喜びと感動を伝えること、レストランの未来に対する期待の表明でもあります。

5	全てに卓越したレストラン	19～20点
4	非常に素晴らしいレストラン	17～18.5点
3	素晴らしいレストラン	15～16.5点
2	料理人の個性を感じるレストラン	13～14.5点
1	良いレストラン	11～12.5点
トックなし	美味しいレストラン	10～10.5点

トックとは…フランス語で「帽子」。白く長いコック帽のことです。

レストラン

各都道府県で、西洋料理・中国料理・日本料理・その他の料理をジャンルごとに評価の高い店舗から掲載しています。♡マークは、カジュアルな設えでありながらも、料理の質が高く、試みに工夫が見られ、リーズナブルな値段でガストロノミーが楽しめる店舗を表しています。

POP(ポップ)

料理やスタイル、店の雰囲気など、特筆すべき美点のある店を紹介します。数品と1杯、という楽しみ方から、気の置けない仲間との食事まで、ガストロノミーをよりカジュアルに楽しむためのセレクションです。各店舗の紹介では、ランチ・ディナーのコースの有無も記載しています。

その他

店舗情報

本ガイドに掲載されている店舗の営業日、営業時間、料金、メニュー内容などは、2023年12月までに実施した調査に基づいています。また、季節限定の食材もあり、通年提供されていない場合もあります。最新の情報については、各店舗へお問い合わせください。

料金

記載している料金は基本的に税金・サービス料込みのコース料金です。調査時に各店舗で提示している価格に基づいており、金額は変更になる場合があります。

ご注意

本ガイドに掲載されている情報は、予告なく変更されることがあります。変更に関して、ゴ・エ・ミヨは一切の責任を負いかねますので、予めご了承ください。

マークのご説明

クレジットカード…会計時にクレジットカードが使用できる店舗です。

個室あり…個室がある店舗です。個室利用には別途料金がかかる場合があります。

バリアフリー…車いすに座ったまま食事が可能、かつ多機能トイレを備えた店舗です。

※いずれも詳細につきましては各店舗へお問い合わせください。

『ゴ・エ・ミヨ 2024』出版によせて

ÉDITO OUVERTURE GUIDE JAPON

このイエローガイドが、日本の素晴らしいレストランを求め、各地を旅して8年になります。2023 年には、初めての全国版ガイドブックとして、様々なローカルガストロノミーにフォーカスし、ご紹介することに力を尽くしました。それは、私たちが、日本の最高のレストランを読者の皆様に、より多く知っていただくことを最大の使命としているからです。そして、この 2024 年版では、ご紹介する店舗が 530 軒を超えました。また、「ゴ・エ・ミヨ」は、シェフ、とりわけ若い才能を見つけ出し、彼らのキャリアをサポートすることを目的の一つとしています。その精神は、この 2024 年版においても貫かれています。

日本でも、料理人の皆様の職業や生き方に対する考えの変化が、「食」にダイナミズムをもたらし、多くの方々が自らの出身地へ戻り、食材や生産者の近くで、地域に根差した料理を創り出しています。「ゴ・エ・ミヨジャポン」では、今年もその動きに注目し、その土地のテロワールの可能性を探求し、料理に映し出しているレストランをご紹介しようと努めています。

また、最近では、新規の開店や移転・改装など、ここ数年の試練の時を経て、レストラン業界に明るい兆しが見られるようになりました。これは、「ゴ・エ・ミヨ」にとっても、日本のガストロノミックな風景をより深く見つめ、世界中の読者に、多くの「日本のテロワールの料理」をご紹介する、追い風となることと信じています。

『ゴ・エ・ミヨ 2024』が、皆様に、この素晴らしい「食」の世界を知っていただく契機となるよう、心から願っております。

Patrick Hayoun
Gault & Millau President and CEO

ゴ・エ・ミヨ フランス

歴代「今年のシェフ賞」受賞者

1985
ジョエル・ロブション
Joël Robuchon
ジャン・バルデ
Jean Bardet

1986
ミシェル・ブラス
Michel Bras
ピエール・ガニェール
Pierre Gagnaire
ベルナール・ロワゾー
Bernard Loiseau
ミッシェル＆ジャン＝ミシェル・ロラン
Michel et Jean-Michel Lorain

1987
アラン・シャペル
Alain Chapel
ミシェル・トラマ
Michel Trama
ピエール＆ミッシェル・トロワグロ
Pierre et Michel Troisgros

1988
ミシェル・ブラス
Michel Bras

1989
ジャック・シボワ
Jacques Chibois
マルク・ヴェイラ
Marc Veyrat

1990
ポール＆マルク・エーベルラン
Paul et Marc Haeberlin
ベルナール・ロワゾー
Bernard Loiseau
マルク・ヴェイラ
Marc Veyrat

1991
ミシェル・トラマ
Michel Trama

1992
ジャン・バルデ
Jean Bardet
ジェラール・ボワイエ
Gérard Boyer

1993
ジャン＝ミシェル・ロラン
Jean-Michel Lorain
ピエール・ガニェール
Pierre Gagnaire

1994
オリヴィエ・ローランジェ
Olivier Roellinger

1995
ロジェ・スブレン
Roger Souvereyns

1996
パトリック・アンリルー
Patrick Henriroux

1997
ジャック・シボワ
Jacques Chibois

1998
ジャック＆ローラン・プルセル
Jacques et Laurent Pourcel

1999
ギィ・マルタン
Guy Martin

2000
ブルーノ・オジェ
Bruno Oger

2001
レジス・マルコン
Régis Marcon

2002
ニコラ・ル・ベック
Nicolas Le Bec

2003
ミッシェル・トロワグロ
Michel Troisgros

2004
ジャン＝ポール・アバディ
Jean-Paul Abadie

2005
パスカル・バルボ
Pascal Barbot

2006
ティエリー・マルクス
Thierry Marx

2007
ジャン＝フランソワ・ピエージュ
Jean-François Piège

2008
ジャン＝リュック・ラバネル
Jean-Luc Rabanel

2009
マウロ・コラグレコ
Mauro Colagreco

2010
ウィリアム・ルドゥイユ
William Ledeuil

2011
エドゥアール・ルベ
Édouard Loubet

2012
ミシェル・ポルト
Michel Portos

2013
フィリップ・ラベ
Philippe Labbé

2014
アルノー・ラルマン
Arnaud Lallement

2015
ヤニック・アレノ
Yannick Alléno

2016
アレクサンドル・ゴティエ
Alexandre Gauthier

2017
アレクサンドル・クイヨン
Alexandre Couillon

2018
ジャン・シュルピス
Jean Sulpice

2019
アレクサンドル・マジア
Alexandre Mazzia

2020
アルノー・ドンケル
Arnaud Donckele

2021
クリストフ・エイ
Christophe Hay

2022
ユーゴ・ローランジェ
Hugo Roellinger

2023
オリヴィエ・ナスティ
Olivier Nasti

2024
ヨアン・コント
Yoann Conte

ゴ・エ・ミヨ ジャポン

歴代「今年のシェフ賞」受賞者

2017

オリヴィエ・シェニョン
（ロオジエ）
Olivier Chaignon

都志見セイジ
（ツシミ）
Seiji Tsushimi

谷口英司
（レヴォ）
Eiji Taniguchi

2018

リオネル・ベカ
（エスキス）
Lionel Beccat

小泉瑚佑慈
（虎白）
Koji Koizumi

川島 宙
（アコルドゥ）
Hiroshi Kawashima

2019

山本征治
（日本料理 龍吟）
Seiji Yamamoto

2020

岸田周三
（カンテサンス）
Shuzo Kishida

2021

米田 肇
（HAJIME）
Hajime Yoneda

2022

谷口英司
（レヴォ）
Eiji Taniguchi

2023

神田裕行
（日本料理かんだ）
Hiroyuki Kanda

Gault&Millau

ゴ・エ・ミヨ ジャポン 2024 受賞者

今年のシェフ賞
・関谷健一朗（ジョエル・ロブション）

明日のグランシェフ賞
・川嶋 亨（一本杉 川嶋）
・中村英利（明寂）

期待の若手シェフ賞
・大野尚斗（Syn）
・熊切大地（波濤）
・陣内 翼（Jfree）

トランスミッション賞
・樋口宏江（ラ・メール）

ベストパティシエ賞
・ミケーレ・アッバテマルコ（est）

ベストソムリエ賞
・井黒 卓（ロオジエ）

ベストサービス・ホスピタリティ賞
・牧村玉芳（まき村）

トラディション賞
・山根一朗（島根 美加登家）

イノベーション賞
・長谷川大樹（さかな人）

テロワール賞
・佐藤治樹（出羽屋）
・長谷川博紀（JETFARM）

ジョエル・ロブション

関谷健一朗

Kenichiro
SEKIYA

「M.O.F.（フランス国家最優秀職人章）の受章はスタートです。これまではロブション氏から学んできたことを、スタッフに正しく伝えていくことが仕事でしたが、これからは、フランス料理を学びたいという人に、その素晴らしさ・知識・技術を広めていくことが私の使命になります」

2023 年、日本人として初めて料理部門の M.O.F. を受章した関谷氏は、コックコートの襟のトリコロール、胸に輝くメダルの重みを感じながら決意を語る。

関谷氏は、1979 年千葉県生まれ。22 歳で渡仏し、「ルカ・カルトン」「ル・グラン・ヴェフール」などの名店で修業。25 歳の時、ある料理と運命的な出合いをする。
「仔鳩とフォアグラをキャベツで包んで蒸し上げたロブション氏のスペシャリテです。衝撃的な美味しさでした。それですぐ、『ラトリエ ドゥ ジョエル・ロブション』に入り、食材選び、活かし方、組み合わせなど、レシピにはない、数字ではないものすべてを学ばせていただきました。試食をするタイミングでは、ロブション氏の食材へのリスペクトというものをすごく感じました」

「印象に残っているのが、４人の巨匠によるエッフェル塔『ジュール・ヴェルヌ』でのイベントです。アラン・デュカス、ポール・ボキューズ、ベルナール・パコー、ジョエル・ロブション。４人のスーパーシェフがそれぞれチームを率いて、１人１品、100 人以上のゲストに振る舞うのです。ロブション氏の料理は私が仕込みと仕上げを担当しましたが、表面には見えないところで熱いバトルのようなものがあり、オーラの溢れるキッチンでした。そこでは、料理の素晴らしさは当然ですが、巨匠たちの、人としての優しさに感動を覚えました」

ロブション氏のもとで５年近くが経過、次のステップを考えている時、東京・六本木の「ラトリエ ドゥ ジョエル・ロブション」にシェフとして迎えられる。

「いざ帰国してみると名前は同じ『ラトリエ』ですが、まったく別の店に来たようで、フランスでやっていた方法で作っても同じ味にならない。その頃は、自分の料理を確立することばかり考え、日本の素材に対する勉強ができていませんでした。その課題は、今も行っていることですが、食材が育った環境に出向いて、感じるものを皿の上に表現することで解決していきました。また、自分に足りないところを補うため、ソムリエの資格も取りました。ワインを勉強することによって、ワインを使ったソースを作る時でも、どの葡萄品種のワインにするかという選択肢が増え、料理の幅がより広がったように思います」

2018年、関谷氏は〈ル・テタンジェ〉国際料理賞コンクールで優勝。日本人としては2人目の快挙であった。

「2018年は記憶に残る年になりました。ロブション氏が亡くなられた中でのチャレンジでしたので、スピリチュアルなことではないのですが、勝ちたい、良い結果を残したいという思いだけでなく、何か違うパワーが重なっていった感じです」

「このコンクールで優勝することができたのですが、正直なことを言いますと、もっと達成感があると思っていたのが、そこまでのものが得られませんでした。そこで初めて、M.O.F.というものが浮かんできました。やはり、2番目では駄目なんじゃないか（笑）。何かやってやろうという野心というか、そういうものに繋がっていきました。まず、ロブションを運営する株式会社フォーシーズの社長に相談して、チャレンジを応援していただきました。審査への準備は、何か特別なことをするのではなく、いつもやっていることを、いつも以上に掘り下げる。調理過程においてすべてを一から見直すことでした」

3、4年に1度の M.O.F. 審査。1次は筆記試験と実技。応募者は約 500 人で、160 人が通過、2次の実技に臨む。ここでさらに 30 人に絞られ、最終審査となる。

「前菜2品を8皿ずつ、メインとデザートが1品ずつ8皿、計 32 皿を5時間で作ります。フランス料理をやっている人なら誰でも知っているであろうシェフ 50 名以上が、調理場と試食に分かれて、審査を行います」

「審査で渡仏する度に3、4週間留守にするので、受章発表の時は、会社やレストランのスタッフへの感謝の気持ちが一番強かったです」

M.O.F. の基本的な考え方はどのようなものか。

「日本では秘伝のタレというものを重要視することがあると思うのですが、M.O.F. は違います。そんなに素晴らしいタレやソースであるのなら、それを広く後世に伝えようと考えます。そうして残しているうちに、もっと良いものができるかもしれません。日本とフランスの文化に対する考え方の違いだと思います」

「ロブション氏の偉大なところは、料理だけでなく『人を遺されたこと』です。今、私が一番やってはならないことは、ワンオペの店を作ることではないでしょうか(笑)。フランスの料理文化、ロブション氏の料理哲学、それを継承し、伝承すること、それが私の役割だと考えています」

(P35 掲載)

一本杉 川嶋

川嶋 亨

Toru KAWASHIMA

川嶋氏は、1984 年、石川県七尾市生まれ。エコール辻大阪日本料理専門カレッジ卒業後、「割烹 錦水」（大阪）、「老松 喜多川」（大阪）、「桜田」（京都）で修業。居酒屋「ながほり」（大阪）、「日本の宿のと楽 割烹 宵待」で料理長を務め 、2020 年、郷里で「一本杉 川嶋」を開業した。

「料理との縁は、父親が『加賀屋』の総料理長で、料理でたくさんの人を喜ばせていた姿に憧れ、気付けば自分も料理人を志していました」

「私は、とても幸運な料理人人生を送っています。思い返せば、修業先はどこも違うタイプのお店で、バランスよく学び、経験させていただきました。今の自分があるのは、それぞれの大将が大きな礎を授けてくださったおかげだと思います。特に『桜田』では、日本一美味しいと言われた出汁や美術品の器など、料理の美学を徹底的にお教えいただきました」

「仕事の喜びは、お客様と、店に関わるすべての人が笑顔で、幸せになり、『食』をきっかけに街や人が魅力的に変わっていく姿を見ることです。私の店には『チーム川嶋』という、たくさんの生産者さんがいます。その力で、能登だからこそ、『一本杉 川嶋』だからこそという料理が生まれるのです。通常、農家は収穫、出荷してお仕舞いだと思いますが、ここでは『川嶋のお客さんはグルメな方が多いだろうから、一番良い状態で』と、店まで笑顔で届けてくださるのです。支えてくださる仲間がいること、それが、私たちの一番の強みだと思います。能登にはポテンシャルの高い食材が数多くあります。しかし、何より素晴らしいのは『人』です。美味しい料理を作る→お客様が喜ぶ→それを生産者に伝える→生産者がさらに美味しいものを作る…。とても良い循環ができています」

「この賞のお知らせをいただいた後、震災がありました。『チーム川嶋』の仲間に連絡し、無事を確認、今後のことを聞いてみましたが、みんな諦めず、頑張ると言っています。しばらく料理ができないかもしれません。しかし、ここには情熱を持った信頼する仲間がいるのです。私も七尾を離れるつもりは一切ありません。私には、信頼する仲間がいます。共に前を向いて、必ず復活します。能登、七尾の灯火を消すことなく、より強く燃やす気持ちで頑張りたいと思っています」

「私には夢があります。能登を世界一の美食の地に、北前船で栄えた七尾市の一本杉通りを 24 時間周遊できる街にすることです。食を基点に色々なジャンルの店が連なる、小さな世界都市にすること。『食』の可能性を信じ、『食』で、かつての賑わいを取り戻すということが、料理人『川嶋 亨』の最大のミッションだと考えています。その第一歩としてオーベルジュプロジェクトを始める予定でしたが、今回の地震でゼロどころか、マイナスからのスタートとなりました。道のりは、とてつもなく険しく長く、心が折れそうになることもありますが、私たちは諦めず、さらにパワーアップして、復興のシンボルとなれるよう、七尾市からたくさんの元気を発信していきたいと思います」

（P173 掲載）

明寂

中村英利 Hidetoshi NAKAMURA

「純粋なもの、潔いものに心を奪われます。日本は島国で山地や川が多く、豊富な水源が食文化を育んでいます。当たり前にある水を深く感じながら、純粋で潔い料理を表現したいと心から思います」

水と塩だけで素材の味を際立たせる一品「水煮」を前に語る中村氏は、1976 年東京都生まれ。飲食店を営む家庭に育ち、高校卒業後、徳島の調理師学校で学び、「京料理まる多」で３年間修業。「青柳」に入社し、10 年間各店で研鑽を積み、東京・赤坂「花のれん 花楽」の料理長を 12 年間務める。

2022 年４月、西麻布に「明寂」を開くや、「寂」とした中に滋味溢れる料理で大きな飛躍を遂げたと評される。

「前職では修業中に学んだ技術を基に、定番の料理を見つめ直し、制約を設けることで結果的に新しい発見や考え方が生まれました。同時に、『ハレ』と『ケ』の料理の区別が薄れている中で、現在の『ハレ』と『ケ』の料理とは何か？　何を表現できるか考え、取り組んでいました」

「『明寂』ではカウンター仕事を通してお客様のリアルな反応を肌で感じることができます。独りよがりにならないように、目の前のお客様にどう楽しんでいただくかを考え、料理やサービスを毎日修正、微調整しています」

「地方の素晴らしいレストランでは、その土地でとれた素材を、同じ水・土・空気の中で、情熱を持って料理しておられます。そこに、私は『共生』というものを感じ、心を揺さぶられます」

「では、東京で料理をするとはどういうことなのか、常に自問自答します。私は『共存』という言葉を大事にして料理をしています。私なりの解釈ですが、東京には江戸以降、全国から沢山の食材が集まり、『共存』という形で地方とともに生きてきました。『共生』は難しいけれど、どのようにして『共存』するか、それをイメージします。その素材が自然と結びついていることを理解し、純粋な気持ちで料理を表現したい。素材に『依存』した瞬間に、もしかしたら、料理として輝くのが難しくなるのではないかと思います。日本の各地から様々な食材が豊富に届きます。東京の利便性を生かして、特定の食材に依存しないように留意しています」

「食材、資源がこの先どうなるかわかりません。心に刻んでいる言葉は『当意即妙』です。今あるものをどう活かしていくか。目の前にあるものを活かすことができた時、結果的に自分が活かされるのではないかと感じています。食材にも技術にも執着しないように、自戒の念を持って取り組んでいます」

（P85 掲載）

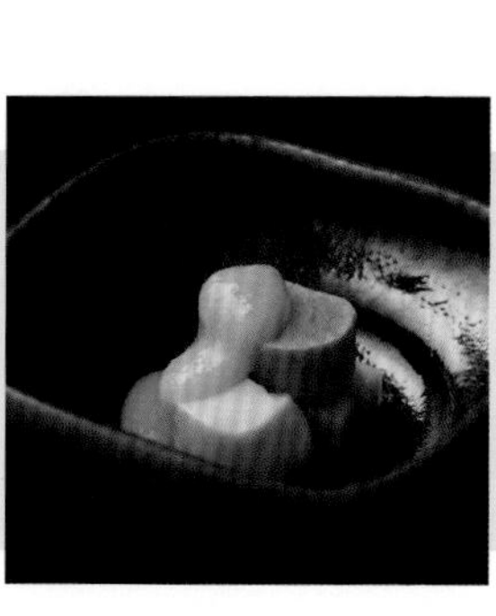

Naoto OHNO

Syn

大野尚斗

Photo by 勝村祐紀（勝村写真事務所）

「この広い世界の中で、たった10席ほどの小さいレストランの小さな皿には、たくさんの生命と思いがのっています。『旅』というコンセプトで、僕らの感性とアイデアで表現した料理が、ただの『もの』として消費されるのではなく、召し上がる方からもリスペクトと感謝が溢れるような、伝わる料理を作り続けたいと思います」

「キュイジーヌ・ヴォヤージュ」を基本概念とする「Syn」のオーナーシェフ大野氏は、1989年福岡市生まれ。ニューヨークの「カリナリー・インスティチュート・オブ・アメリカ」（略称CIA）を卒業。ニューヨークの「ザ・ノマド」、シカゴ「アリニア」、東京「レクテ」、スウェーデン「ファヴィケン」、ペルー「セントラル」などで研鑽し、福岡ではバーテンダーも経験している。
「CIAを卒業する前に、当時働いていた『ザ・ノマド』のシェフたちに、世界で一番厳しく、きつい店はどこか聞いたところ、シカゴの『アリニア』だと言われ、1週間スタジエとして働いた後、正社員に誘われ就職しました。そこは、仕事量だけでなく、いかなる音も立ててはいけないという緊迫した現場で、逃げ出す人が多く、その結果、90席の店を8人でやることになりました。1年半いましたが、その内7ヵ月は休憩なしの1日23時間労働！　しかし、常に新しいことを創造するシェフたちとの時間や、周りを蹴落としてでも上へ昇っていくというハングリーな環境がとても楽しく、さらにシカゴという誰も知らない街での経験から、何が起きても一人で生きていくという強さが身についたように思います」

©studio.d.art

大野氏が「バックパッカー料理人」として旅した国・地域は40を超える。
「これまでは、僕個人で旅をしてきました。これからはレストランSyn、チームSynとして日本中、そして世界を旅したいと思います。まだ見ぬ土地の文化や歴史を学び、直接肌で感じて、現地でポップアップや食材探しをし、それを活かして、Synでクリエーションしていきたいと考えています」

「食は、音楽やアート、ファッションと同じように、文化やトレンド、ヒエラルキーにも影響します。その中で、ガストロノミーは、ただ高価格の料理を指すのではなく、背景があるものです。料理人が各々の哲学をもって創り出したものを、お客様に召し上がっていただくことで、双方の間にリスペクトが生まれ、お客様のリテラシーも上がる。そうなれば、飲食業界やそこに関わる人々の地位も、より高くなるのではないかと思っております」

（P284掲載）

Daichi KUMAGIRI

波濤

熊切大地

「日本文化の素晴らしさをお伝えしたいです。店は、料理だけでなく、設えや器など色々なものと触れ合える場所です。そして、私たちが目の前のことに一生懸命に努めている、その熱意を感じ取っていただき、お客様が幸せになる。それが、私たちにできる社会貢献ではないかと思います」

2020年の開店以来、日本料理と鮨を融合させた独自のスタイルで料理界に大きな波を巻き起こしている「波濤」。店主の熊切氏は1991年、静岡県生まれ。高校卒業後、エコール辻東京で学び、「神楽坂 石かわ」へ。

「この仕事に就くきっかけは、『神楽坂 石かわ』石川秀樹店主との出会いです。私たちは、おやっさんと呼んでいます。特に何が、というのではなく、この人についていきたいと直感で決めました。学生の頃、研修に行かせていただいた際、営業中の『いらっしゃいませ！』という挨拶の声で鳥肌が立ち、すべてに本気なのだということに、とても感動しました。また、生姜を勝手にすり下ろしてしまい、おやっさんがものすごく本気で指導してくださった思い出は私の宝物です。今では当たり前ですが、当時19歳の私は、何故、そんなことも考えられなかったんだ、と反省の日々でした」

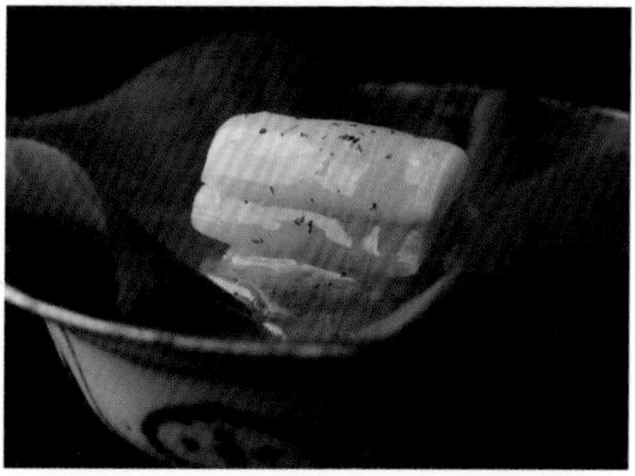

熊切氏は「石かわグループ」の「蓮 三四七」や「虎白」でも腕を磨き、鮨は「東麻布 天本」で研修を受ける。

「転機は、彼女と別れて絶望的になっていた時です。おやっさんから、『男はそんな時が、一番伸びる！　店のすべてのことをできるようにしなさい』と言われ、それから余計なことは考えず、物事を受け入れ、日々の仕事に邁進しました。お客様から『頑張ってね！』と声をかけられたり、『クマちゃん、良い顔になってきたね！』と名前を覚えていただいたり、そういうことがとても嬉しく思いました」

熊切氏の謙虚で明るい性格がゲストを包み込み、店は連日活況を呈する。

「お客様には、日々、色々なことがある中で、食事を楽しんでいただく。そして、『疲れていたけど、元気になった』『良い誕生日になりました』などと仰っていただくことがとても幸せなことで、私を含めチームの仲間も喜んでいます。そのために、日々成長できるように、考え、行動する。目の前にあることに感謝しながら全力でやる、ということではないでしょうか」

「食の世界はとても素晴らしいです。言葉は大切ですが、食でも他の国の方々と繋がれます。私は、楽しく日本の食文化を繋げていきたいと思っています」

（P96 掲載）

期待の若手シェフ賞 2024

Tsubasa JINNAI

Jfree

陣内 翼

「地元宮崎県の魅力を伝えていきたい。素材と、とことん向き合って、どう調理すれば一番美味しく食べられるか、言うなれば、『引き算のフランス料理』を表現していきたいと考えています」

陣内氏は 1989 年、宮崎県の生まれ。エコール辻の大阪校から辻調グループのフランス校に進み、帰国後、「フロリレージュ」（約３年半）、「カンテサンス」（約３年半）を経て、日本料理店で３年、その間に料理長も務めている。

「料理の世界に進むきっかけは、高校卒業のタイミングで進路に迷っていましたら、母に『辻調に申し込んでおいたから！』と言われたことです。驚きもあったのですが、私は食べることが好きで、母はそれを見ていたのかと思い、入学しました。その後、フランス校へ行き、そこで料理の面白さや奥深さを知り、料理人として生きていく決意のようなものができました」

「転機は、専門学校卒業後に友人に誘われ伺った『フロリレージュ』。あまりの美味しさに衝撃を受けました。そして、今でも謎の行動力だと思うのですが、翌日、『働かせてほしい』、と電話をしたのです。半年後にようやく念願の職場で働くことができました。『フロリレージュ』では連日満席で慌ただしい日々の中、料理人の大変さを思い知ると共に、『個性を入れた料理を創り出すことの難しさ』と、同時に『それを創り出す面白さ』を教えていただきました」

「『カンテサンス』で学んだことは、素材への考え方と調理法です。１つの食材に対して自分の中のアンサーを考えること。今も、この教えを大事にしております。日本料理のお店では、軽やかな流れと、料理の『引き算』を教わりました。ですので、今の私は『フランス料理の足し算、掛け算をしていき、その後、引き算する料理』を心がけています」

2023 年１月に開店。「女将」という肩書のマダムと二人の店は、たちまち人気店となる。

「オープン前、あまり知識がない中で創り出した自家製パンは、『パンだけで飲める』『販売してほしい』と好評で、手応えを感じました。私の料理は宮崎県を抜きには考えられません。梶並農園さんから届く新鮮な野菜や宮崎牛。中でもスペシャリテとして提供している妻地鶏は、特有の優しい香りを纏う雑味のないスープに仕上げています。どの業界でも人材不足が心配されていますが、私は、この店を通して、料理人を目指す若者が出てくれると嬉しいです。今、共に店を盛り上げてくれるスタッフを募集中です」

（P56 掲載）

Hiroe HIGUCHI

ラ・メール

樋口宏江

「『火を通して新鮮、形を変えて自然』という高橋忠之第５代総料理長の言葉をはじめとした志摩観光ホテルの『料理哲学』を受け継いでいくこと。ホテルならではの、厨房だけではなくサービスやフロントなどと連携し、チームでお客様をおもてなしすることの大切さを感じています」

2014年に第７代の総料理長に就任した樋口氏は、2016年の「G7伊勢志摩サミット」でワーキング・ディナーを担当。2023年にはフランス農事功労章シュヴァリエを受章した。

「幼い頃から料理が得意な母を手伝うのが好きで、小学校３年生くらいからは図書館でレシピ本を借りて自分で作っていました。ソースの組み合わせで様々な風合いや食感を作り出すことができるフランス料理に魅了され、進学先には迷わず、フランス料理専門カレッジを選びました。卒業後は、当時の高橋総料理長が『海の幸フランス料理』で有名でしたので志願し、高橋総料理長の下で学ばせていただきました。その10年間が、料理人として、また一人の人間としても貴重な土台となっています。もう一つの転機になりましたのは、2016年の『伊勢志摩サミット』をきっかけに、三重の素晴らしい食材について知る機会をいただき、地域の生産者さんとの繋がりが深まったことです。豊かな自然の中、こだわりや愛情をもって育てられる食材で、遠い志摩までお越しくださるお客様に、ここだからこそ体験できる満ち足りた時間をお過ごしいただきたいと料理をお作りしています」

「この仕事のやりがいは、レストランだけではない、チームならではのおもてなしができることではないでしょうか。スタッフがお客様のために何ができるかを考え、実行する。一緒に働く仲間の温かい言葉やお客様からの嬉しい感想、支えてくれる家族の存在が、私の力になっていると思います」

「多くの人が地球環境を意識するよりずっと古くから、伊勢志摩が、『御食国（みけつくに）』として地域独自のルールを作り、資源を守り続けてきたことに深く敬服しています。現代の環境の変化は大きく、複雑な難しい問題が食の世界を取り巻いていますが、そんな中でも、新しい技術や考え方で未来を見つめ、切り拓く生産者さんがいらっしゃいます。私たちにできることは、料理を通して地方の食材と食文化の魅力を伝え、資源を守り育てていくこと。この取り組みを『伊勢志摩ガストロノミー』の活動として、これからも積極的に行い、この地の食の豊かさを伝えていきたいと考えています」

（P198掲載）

Michele Abbatemarco

est

ミケーレ・アッバテマルコ

「日本に来て世界が変わりました。私たちの仕事に欠かせない砂糖が、ヨーロッパでは1つだけですが、日本には味の濃さ、質感、色、たくさんの種類があります。また、寒天や餅といった独特の食感、温度も常温や冷たいものなどがあり、すべてが繊細なのです」

造形美に溢れたデザートで魅了するアッバテマルコ氏は、イタリア・ピエモンテ州モンフェッラートに生まれる。
「料理は祖父の影響です。街のマーケットによく連れていってくれ、新鮮な食材を味見しました。この経験が幼くして絶対味覚というものを作り上げたのだと思います。10歳の時、街の有名なレストランに行き、そこで店の運営や職人さんの働きぶりに感銘を受けました。祖父は、その時、料理のもとになる食材の生産者の大切さ、感謝の気持ちも教えてくれました」

フランスの学校でペストリーを専攻、イタリアで料理芸術のディプロマも取得した氏の経歴は華やかだ。イタリアの「グアルティエロ・マルケージ」やフランス「ルカ・カルトン」など名だたる店で腕を磨き、

2005年、ミラノの「アンティカ・オステリア・デル・ポンテ」から東京店にシェフ・パティシエとして派遣される。
「私がとても幸運なのはイタリア、フランス、日本と3つの文化、芸術に触れられたことです。日本のアートが素晴らしいのは、たとえば和室の窓から日本庭園を見ます。それは小さな枠の中なのですが、見事に調和している。私も皿の中にあまり要素を入れず、シンプルでバランスのとれた世界を表現しています。日本文化からインスピレーションを受けることが沢山あるのです」

シェフのギヨーム・ブラカヴァル氏との仕事は2012年、新宿の「キュイジーヌ〔s〕ミッシェル・トロワグロ」から。
「ギヨームさんは兄のような存在です。お互い日本へのリスペクトがあり、食材や生産者、自然環境を守りたいという気持ちを共有して、『est』のコンセプト作りをしました。デザートは、前の料理が優しければ強く、濃ければ穏やかにと、トータルな流れを考えています」

「食材には独自の繊細な味わい、食感、香りがあります。私の持つスキルを使って芸術的なフォルムと味わいに昇華して美味しさの本質を伝えていきたい。併せて、環境への配慮と自然への敬意、職人の技の継承ということも考えたいと思います。料理を通して日本の四季の移り変わり、美しい自然を満喫しながら、ゆったりとレストランでの時間を楽しんでいただきたいと思っています」

（P38 掲載）

Taku IGURO

ロオジエ

井黒 卓

「お客様に『今日は楽しかった』と言われることが何より嬉しいです。『ワインも料理も美味しかった』だけでなく、『ロオジエに来て良かった』と、レストラン全体やチームへの評価をいただくことに一番の喜びを感じます」

2023 年に創業 50 周年を迎えた名店「ロオジエ」のシェフソムリエを務める井黒氏は、1987 年、カリフォルニア生まれの沖縄育ち。卓抜したワインの知識やサービス技術のみならず、チームを率い、その成長をサポートするリーダーとしての力量が高く評価されている。

「転機は、日本ソムリエ協会が主催する若手の登竜門となっているコンクールで優秀賞をいただき、副賞として、初めてフランス・アルザスを訪れてワインメーカーのパッションに触れた時です。『ソムリエとは、生産者の思いを消費者に伝えるストーリーテラーでもあるのではないか』と、生涯の仕事にすることを決意しました」

井黒氏はその後、数々の賞を受け、日本を代表するソムリエの一人となる。

「2020 年に全日本最優秀ソムリエをいただいた時、一つ達成できたという実感がありました。自分の時間を極限まで削っての猛勉強・猛特訓。何かに挑戦するには勇気が要ります。しかし、辛くても諦めずに乗り越えた先に、その何倍もの喜びがありました。支えてもらった家族や職場、チームの皆には頭が上がりません」

レストランでのソムリエとは、どういうものか。

「チームでいいますと、オフェンスだと考えます。ワインを販売することで利益を出し、チームの給与を上げ、全体をハッピーにする。ただし、それはディフェンスがいなければ機能しないものです。サービス、レセプション、サプライヤー、そしてお客様、レストランに関わるすべての方に感謝の気持ちを常に持つことで、ソムリエもパフォーマンスを発揮でき、気概を持って仕事に取り組めると思っています」

「当面は２つのことを考えています。１つは、若い方に、『やりがい』だけでなく、この業界で働きたいと思っていただけるよう、待遇の向上を図ること。２つ目は、ワインの楽しさをより幅広い層に伝えていくことです。ある時は、カジュアルに、またある時は、少し背伸びをしてお洒落にワインを飲む。この２つを実現するために自分自身の会社も立ち上げました。ワインを通じて業界も消費者も、双方の皆様をハッピーにできるよう様々なイベントや事業を計画していきたいと考えています」

(P35 掲載)

Tamaho

まき村 MAKIMURA

牧村玉芳

「『まき村』では、料理は愛情、接客も愛情。料理3、接客3、雰囲気2、間2をモットーに努めています」

「私は、料理が好きで調理師学校に進みました。卒業の時、面談で進路を聞かれるのですが、『看護学校に行きます』と言うと、『君、ここに何しに来たの』と。今も、お客様に笑顔になっていただくことを大切にしていますが、看護師をしていた時、病室はどうしても暗くなりがちですから、一笑い起こして帰ってくる。ご指名をいただくようなこともありました。店を開いて最初のお客様をお見送りする時、つい習慣で『お大事に』と、お声がけしてしまったという笑い話もございます」

名店「まき村」にとって女将とはどんな存在なのか。店主の彰夫氏にも、お話に加わっていただいた。
「私は女将と同じ料理学校の後輩でして、友人の紹介で知り合ったのですが、結婚後、27歳の時、夫婦二人で5坪の小さな店を始めました。料亭の料理が居酒屋のような感覚で食べられるということで好評をいただいたようで、3年後には30席の店舗に移りました。バブルの時代、連日満席で、深夜にタクシーが拾えなくて、自宅まで3km、泣いている女将の手を引いて歩いて帰ったこともありました」（彰夫氏）

「私はサービスの経験がありませんでしたので、『自分が、もし、お客様であれば、どうしていただくのが一番嬉しいか』、ということを考えて接していました」（玉芳氏）
「サービスも料理もお客様から教えていただいたようなものです。昔は粋で優しいお客様がいらして、同じ料理をもう一皿作るようにと言われ、それを私も一緒に食べさせていただくなど、肌で感じながら勉強させてもらいました」（玉芳氏）

22年間、同店を営み、現在地に移転。高評価を得る。
「私も時にはピンと張り詰めた中で料理を出したい時があるのですが、それではお客様は美味しくない。女将はそこをよく感じていて、肩の力を抜いて差し上げて、楽しんでもらうことを大事にしています」（彰夫氏）
「その時々のお客様の状況に応じて、瞬間的に空気感をつかんで接するように努めています。女将の心得のようなものではなくて、家族のようであったり、友達みたいだったり、自然にそういう風になっています。どこまで寄り添えるか、良い関係で向き合い、できる限りのことをさせていただきたいと思うのです」（玉芳氏）
「サービスというより、お客様にふっと自然に入ってしまう、女将は、そこが大したものだと思います」（彰夫氏）

（P80掲載）

Ichiro YAMANE

島根 美加登家

山根一朗

Photo by NAGAOKAYA

「今まで食べてきた鮎は何だったのだろう」そんなつぶやきが漏れる全国屈指の鮎料理の名店は、島根県鹿足郡津和野町を流れる高津川の畔にある。

山根氏は1965年生まれ。祖父の代から続く旅館を引き継ぎ、料理を前面に押し出すと、この店を抜きにして鮎料理は語れない、と言われるまでの存在となった。
「転機は結婚して2人の子供を授かった頃に訪れました。自分は素材を生かし切れてないのではないか。高津川の珪藻類を食べて育った鮎は、他の地域の鮎と微妙に味・香り・食感が違います。生きたままで仕入れ、2日くらい泳がせて身を綺麗にして、それぞれにどんな調理法が合うか考えるのですが、その究め方が充分ではないのではないかと。それから、奮起して、鮎料理ならどこにも負けない、日本一の店を目指し工夫を重ねました」

鮎には「うるか」「背ごし」「塩焼き」など様々な調理法があるが、醍醐味は、何といっても「塩焼き」だ。
「この季節、ここにしかないものを、頭から尻尾まで、骨も丸ごと美味しく食べられる、塩焼きに勝る調理法はありません。若い頃は、色々やってみましたが、今はどんどんシンプルになっています。私は『進化』ではなく『深化』を目指しています。何十年やっても、未だに満足はできません。もっともっと上手く焼けないかと」

ネットの時代になり、20年くらい前からは全国から客が訪れるようになった。
「一番嬉しいのはお客様の声です。ある時、帰りがけに『あなたに会えて良かった』と言われました。私はずっと厨房にいてご挨拶は最後だけだったのですが、料理の中に『私』を見てくださっていた、そのお言葉には感動しました」

女将とともに全国にその名を知られる店にし、一男一女に恵まれた山根氏、この伝統をどう守り、次代に継いでいくのか。
「昔の自分にこだわらないことが大事だと思います。料理もサービスも時代とともに変化するものですから、これまでの常識を脇に置いておいて、別の視点から見てみることです。息子が、今、京都の『緒方』さんで修業させていただいています。帰省した時、『親父、ここ違うよ』などと声をかけてくれます。自然が好きだと言っていますので、いずれ帰ってきてくれるのではないかと思っています。高津川は、まだ自然が守られていますが、森林伐採が進むと土砂が流れ、鮎の生育環境も壊れてしまいます。料理を通して自然に目を向け、島根の食材の素晴らしさを全国の方に知っていただきたい、それが私の願いです」

(P266 掲載)

Hiroki HASEGAWA

さかな人

長谷川大樹

「日本の持つ『魚を扱う技術』が世界のガストロノミー界においてキラーコンテンツになることを、フランスや台湾での現地講習会を通して実感しました。日本の技術を海外に発信することで国内でも再評価され、魚の価値も上がる。自然界への興味も深まり、環境負荷に関心を持つシェフや食べ手も増えて、日本の食も良い方向に変わるはずです」

1976 年東京都生まれの長谷川氏の略歴には、出身校に続き、魚突き、水産の師匠達として、口永良部島・渡邉一美氏、後藤利幸氏、トカラ列島宝島・伊地知直矢氏の名が記されている。
「大学時代に出会った先生が、休学して素潜り漁をやりたいという私を繋いでくださいました。そこで海中締めなどを体得。水産分野に初めて本格的に関わりました」

大学卒業後、広告会社などで勤務しながら、海の仕事をしたいと副業を始め、妻の後押しを得て転業に至る。
「いとう漁協の日吉直人専務理事（当時）に出会ったことが一つの転機です。『そんなに漁と魚に興味があるなら船に乗せてやる』とお声がけいただき、週に２回、富戸定置網に８年通いました。髪の毛も凍るような真冬、灼熱の真夏、大しけの時、漁師さん達がどんなに大変な作業をしているか。その苦労があって魚は市場に並ぶのですから、敬意をもって向き合い、良い魚には高い値段をつけて、よりハイエンドなマーケットを開拓するようにしています」

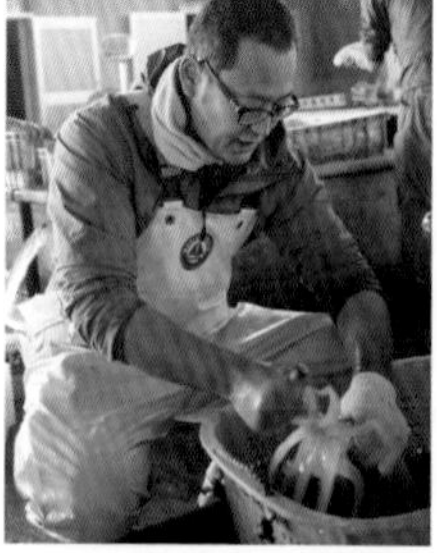

「さかな人」は今、「山の人」でもある。
「時間があれば、ほとんど山にいて山野草や茸を採取しています。そこで感じるのは、『山が海を作る』ということ。料理人さんは、イメージが具体的になった方が皿を作りやすいので、なるべく山の植生や川の流れがどのように海に影響を与えるか、情景を交えて伝えています」

「さかな人」の取引先は、多くの業態に亘り、長谷川氏を慕う料理人との話は生き方にも及ぶ。
「私は『人間』ではなく、自然環境の中で『ヒト』として生きることにも醍醐味を感じます。人間というのは社会性の中で生きるもの。ヒトは動物としての存在です。世の中、人間として生きようとすると複雑になりますが、山も海も、生き物は単純で、『生きていれば勝ち』という世界です。今の若い人は余計なことを考え過ぎで、ヒトとして生きればもっと楽なのに、と思います。生きとし生けるものへの愛情。強く生きる生命の力を自分の血肉にすること、それが即ち美味しいという感覚。それを私の仕事を通してお伝えできればと考えています」
Instagram：@fish_mush_plant

Haruki SATO

出羽屋

佐藤治樹

Photo by TAKAAKI MATSUDA

「『出羽屋』が一つの小さな村のようになっていき、出羽屋村に人々が集まって、笑顔でいること、それが私の夢です」

月山の麓にある山菜料理の宿「出羽屋」が2023年1月、四代目・佐藤治樹氏によるシェフズテーブルを新設リニューアル、美食の宿として改めて注目を集めている。

佐藤氏は1988年生まれ。玉川大学からエコール辻 東京に進み、大学入学から合わせて5年間、昼間は学校、夜は「日本料理 つきぢ田村」で修業という日々を送り、2012年に家業を継いだ。

「祖父である二代目邦治の仕事に対する姿勢を幼少の頃から間近に見て、とても憧れていました。大学在学中に他界しましたので、私が祖父の作り上げた『山の料理』を継承したいと思いました。祖父は勉学の道に進みたいという希望もあったようですが、跡を継ぎ、山に入り、下りてくると、山菜採りを生業にしている人たちと山のことや様々な話をしながら、一緒に下処理をしていました。そうした地域の輪の中で『出羽屋』は成り立っていたのです。祖父は、『色々な職業があるけれど、ありがとうとか、美味しかったとか、人に喜んでもらえる仕事はなかなかない』と、誇りを持っていました。私も山菜で皆が生活できるように、料理でその価値を高めたいと思っています」

「転機は、女将であり妻である悠美との出会いと結婚です。妻は『出羽屋』が、引き継ぎで一番大変な時を一緒に乗り越え、現在の形を共に創ってくれました。もともと起業家精神があり、どうすれば地域がもっと良くなるかと、山形で広告代理店を興していました。今も、アイデアのベースは妻が作ってくれていまして、実は、シェフズテーブルも彼女の考えなのです。お客様からは色々なお尋ねがあります。それなら伝言ではなく、私がカウンターで直接、食材のことや地域の文化や思いをお話しするほうが良いのではないかと」

「私も祖父と同じように、山菜の季節には午前3時、4時に起きて山に入り、月山で採れる食材を使い、山形の四季を映した料理を作っています。そこで感じるのは自然の偉大さ、尊さ、美しさです。月山には広大なブナの原生林があります。それが落葉すると、腐葉土になり、雨や雪を吸収して何十年もかけて麓に綺麗な水をもたらします。それが川に流れ、自然が循環している。次の時代を生きる子供たちのために、今、私たちができることは何かと問われれば、自ずと答えが見つかる気がします。未来のために、日本の料理界が豊かで愛に溢れたものになれば嬉しいです」

(P131 掲載)

Hiroki HASEGAWA

JETFARM

長谷川博紀

「私のアスパラガスが、豆のような、穀類のような良い香りがすると、シェフの皆様からご好評をいただくのは、この土地と私の育て方がマッチしていたからだと思います。お店でも、ご家庭でも、私たち・畑・アスパラガスの相互作用で、楽しい食事の時間が生まれることに喜びを感じます」

長谷川氏は 1983 年、北海道函館市生まれ。函館工業高等専門学校を卒業後、化学メーカーに就職するが、2010 年に退職。
「会社の寮で読んだ新聞記事で、国際的な食糧危機や国内農家の高齢化で食料の供給体制が脆弱であることを知りまして、『それなら俺がやる』くらいの軽い気持ちで就農しました。深く考えずに動くことが、私の短所でもあり長所のようです（笑）」

1 年間、農業研修し、2012 年に就農。
「当初は、質の高いアスパラガスを育てたいと試行錯誤していましたが、基本を疎かにして、巷で話題の農法ばかり追っていたようです。3 年後、出会ったのが師匠になる『みよい農園』の明井清治氏です。そこで、『時間はかかるが、経営的ダメージが軽く、対症療法で少しずつ土壌改良を進めるか。経営的には大ダメージだが、根本的なところからやり直し、畑を再生させるか』と問われました。もちろん後者を選びました」

「農業は人間が豊かに暮らすために、自然を歪めることで成り立っている面があります。しかも、農家の収入は他の産業と比べて低いので、何とかしたいと大量の農薬で土地に負担をかけてしまう。それを繰り返すと、未来まで持続可能な農業ではなくなります。私は、畑においては、しっかり手をかける時と、思い切って手を放し、大地とアスパラガスの関係性だけで問題を解決してもらうケースと、色々な場面を考えています。収量も、私は通常の採算ベースの 3 分の 1 ほどで、10a あたり 900kg ～ 1 t。来年も再来年も育て続けられるよう、土地をいたわり、品質の高さを維持します。何事もなくシーズンを終えられた時は、ほっとします」

「アスパラガスを通して、厚沢部町の豊かさや、私の畑に関しては、この土地をもたらしてくれる上流の山や川を介して作られる周りの景色まで、皆様に感じ取っていただければ幸いです。私の子供たちには、未知のことに挑戦し、努力することで道が拓けるということを見せたい。妙手はない、地道に努力するしかない、それが一番確実なことだ、ということを伝えたいと思います」

JETFARM
北海道桧山郡厚沢部町館町 458

高評価レストラン 2024

LES GRANDES TOQUES DE L'ANNÉE 2024

19/20

東京都港区
赤坂 松川
Matsukawa …P77

東京都港区
日本料理かんだ
Nihonryori Kanda …P78

東京都千代田区
日本料理 龍吟
Nihonryori Ryugin …P78

18.5/20

東京都中央区
エスキス
ESqUISSE …P34

東京都品川区
カンテサンス
Quintessence …P34

東京都目黒区
ジョエル・ロブション
Joël Robuchon …P35

東京都中央区
ロオジエ
L'OSIER …P35

京都府京都市
飯田
Iida …P230

Gault&Millau

RESTAURANTS

レストラン

東京都

TOKYO

エスキス

ESqUISSE

シェフ リオネル・ベカ

18.5/20

フランス料理

Tel: **03-5537-5580**

東京都中央区銀座5-4-6
ロイヤルクリスタル銀座
9F

定休日：なし

☼ : 12:00-13:00 (L.O.)
☾ : 18:00-20:00 (L.O.)

これほど完成されてしまってもいいのだろうか。そう心配してしまうほど、ベカ氏の料理は、年を経るごとにその洗練度を増している。「贈り物」と名付けられた最初の一品は、鯛を甘海老のようにねっとりとした感触になるように仕上げてから、すり鉢で擂った蓼をそっと忍ばせ、春に見る夢そのもののような一品に仕立て上げている。コース全体のハーモニーは言うまでもなく、グリーンアスパラガスにソテーした赤貝を添え、自家製カラスミと卵黄に贅沢にシャトー・シャロンのヴァン・ジョーヌで仕上げ、ミツバ、オゼイユを散らした一品など、緻密さを高めるとともに、一貫性は失わずに細部までバラエティーを持たせることによって、一口ごとの味が変化するという和食的な楽しみも増している。これは、スタッフへの技術伝達がスムーズであることを表しているのだろう。レストランには、シェフなら誰もが欲しがるに違いない人材が控え、オープン当初の村島輝樹氏や訪問時のユーゴ・ペレ＝ガリックス氏が、ベカ氏との安定したコンビを確立していた。美しい料理はシェフ１人の才能のみならず、時間をかけて共同で作り上げられていくことの証のような店である。

☼ : 21,280 円～ 31,360 円　☾ : 33,600 円～ 40,320 円

カンテサンス

Quintessence

シェフ 岸田周三

18.5/20

フランス料理

Tel: **03-6277-0485**

東京都品川区北品川
6-7-29 ガーデンシティ
品川御殿山 1F

定休日：日曜中心に月７日、
年末年始、夏期休暇

☾ : 17:00-23:30
(L.O.20:30)

※車いすのまま食事が可能

世界屈指の美食都市、東京にあって、熾烈な競争をリードし続けるのがこのレストランだ。その要諦は「素材の声を聴くこと」にある。岸田氏は３つのプロセスを掲げるが、まず素材の声を聴くことがトップクオリティーの料理を作る方法論の前提となる。一つ目のプロセスは「プロデュイ（素材）の尊重」。スペシャリテの「山羊乳のバヴァロア」がその好例である。季節で変動する山羊乳の脂肪分を見極めなければ１年を通して安定した味にはならない。二つ目は「キュイソン（火入れ）の追求」。皮目はカリッと、身はしっとりと焼き上げられた「金目鯛」はキュイソンの技が光る一皿だ。豊かな経験と想像力がなければなしえない焼き上がりである。三つ目は「アセゾネ（味付け）の配慮」。これは素材の風味をどう活かすかが命題となる。デザートの「チーズケーキ」では苺と梅、日本酒のジャムの甘酸っぱい風味がチーズの旨みをじわじわと引き出している。これら３つのプロセスに共通するのが「素材の声を聴くこと」、すなわち適材適所という考え方。毎日出合う様々な素材の声を聴き、３つのプロセスに沿ってそれらを活かしきることが、「カンテサンス」をトップランナーたらしめている。

☾ : 39,930 円

ジョエル・ロブション

18.5/20

Joël Robuchon

エグゼクティブシェフ 関谷健一朗　シェフ 坂部政磯　**フランス料理**

シャンデリアが煌く黒と黄金色のホールに新たな色が加わった。関谷氏のコックコートに青・白・赤のトリコロール。フランス国家最優秀職人章（M.O.F.）の受章者のみに許される３つの色だ。関谷氏は日本人のシェフとして初めて、3、４年に１度、僅か８名の合格者しか出なかった厳しい審査を経て、この栄誉を獲得、2023年６月、パリの授章式に臨んだ。M.O.F.の役割の１つは、卓越した技術を伝承することにある。今、関谷氏は、同じ勲章を保持したロブション氏が遺したルセットと自身の料理で、「M.O.F.が継承するジョエル・ロブションの最高傑作料理の数々」というメニューを展開している。料理史に残るであろう「キャビア・アンペリアル ロブションスタイル」は、華やかさの中にコクと塩味で輪郭を鮮明にし、自身の味も出す。また、未利用魚の活用という現代の課題にも取り組み、市場ルートにのりにくい魚をスープ・ド・ポワソンにして、メレンゲとロワイヤルに注ぎ、海洋資源を次世代に繋ぐ姿勢を示している。レストランの頂点の１つとされる館は、フランス料理の「正統」を証明する関谷氏のトリコロールによって、その存在がさらに揺るぎないものになった。

☼：28,000円～86,240円　☾：33,600円～86,240円

Tel: 03-5424-1338 / 03-5424-1347

東京都目黒区三田1-13-1
恵比寿ガーデンプレイス内

定休日：不定休

☼：土・日・祝
11:30-15:00
(L.O.13:00)
☾：17:30-22:00
(L.O.20:00)

ロオジエ

18.5/20

L'OSIER

シェフ オリヴィエ・シェニョン　**フランス料理**

2023年に創業50周年を迎えた「ロオジエ」は、すべてのものが上質であることを追求し、日本のフランス料理界の最高峰に君臨し続けている。シェニョン氏は、2013年に３代目エグゼクティブシェフに就任。伝統を守りながら常にコンテンポラリーな料理で革新を図り、オーナー企業の理念と伝統を守り続けている。ドアマンが出迎える重厚なエントランスへ導かれると、地下のメインダイニングからの吹き抜けと優美なシャンデリアがアール・デコスタイルのダイニングを照らしている。「フランス産オマールブルー 季節の小さな菜園」は、ラディッシュやアスパラガスなど新鮮な野菜がぎっしりと詰まった中にオマールブルーが潜む、菜園仕立ての目にも鮮やかな一皿。オマール海老の引き締まった身と甘み、野菜の瑞々しさが、季節を満喫させる。「鳥取県産夏鹿のロティ」は、脂が乗って１年中で一番美味しい時季の夏鹿を、旨みを閉じ込めながらロティ、山椒を思わせる繊細な香りのマダガスカル産ワイルドペッパーのソースが鹿の野性味を品良く引き立てていた。日本を代表するソムリエを擁するスタッフも流麗なサービスを展開し、最高峰の料理ともてなし、品格を矜持とするレストランである。

☼：19,040円～24,640円　☾：43,680円

Tel: 0120-156-051 / 03-3571-6050

東京都中央区銀座7-5-5

定休日：日曜、月曜、祝日
不定休、夏季（8月中旬）、年末年始

☼：11:30-15:00
(L.O.12:30)
☾：17:30-22:00
(L.O.19:00)

Tel: **03-5246-4056**

東京都台東区駒形
2-1-17

定休日：月曜、他不定休あり

☼ : 12:00-15:00
☾ : 18:00-22:00

レストラン ナベノ - イズム

restaurant Nabeno-Ism

シェフ 渡辺雄一郎

17/20

フランス料理

江戸情緒を感じる駒形にありながら、隅田川の風に靡くトリコロールを見ていると、まるでセーヌ河畔にいるかのような錯覚を抱く。コースが進むうち、南仏プロヴァンスに誘われたり、江戸の風情が漂ったり…と、日仏を感じる食材の主張が明確にありながら、それらが完璧に融合した世界を見せてくれる。それこそが、「ナベノ - イズム」の神髄である。この調和は、渡辺氏がフランス料理の王道で学び、自身のアイデアを重ねて築き上げた緻密な計算、食材や師匠への尊敬の念、そしてゲストに向けて込められた優しさにより、初めて完成する。最初に供される、フランスの食文化の核となるバターと雷おこしを見事に合体させた一品は、6つの味覚を潜ませることで、舌の感覚すべてを刺激しつつ、雷おこしの歯ごたえにより食欲の神経を覚醒させる狙いがある。また、イサキのポワレは黒オリーブのタプナードと大徳寺納豆で作る独特のソースでいただくが、しっかりとした塩味とタプナードソースの組み合わせがプロヴァンスの香りを運んでくる。一つ一つが力強くストーリーを語りかけてくる料理であり、その奥深さが美味しさに繋がっている。江戸のテロワールを活かす稀有なレストランだ。

☼：17,600 円　☾：30,800 円

Tel: **03-5770-4236**

東京都港区六本木
4-2-35 VORT六本木
Dual's B1F

定休日：月曜、他不定休あり

☼ : 12:00-15:00
(L.O.13:00)
☾ : 18:00-23:00
(L.O.20:00)

※車いすのまま食事が可能

レストラン リューズ

Restaurant Ryuzu

シェフ 飯塚隆太

17/20

フランス料理

六本木の東京ミッドタウンの近くにある、クラシカルかつモダンで落ち着いた店。細部にシェフの世界観が丁寧にちりばめられた店内は、季節・文化・美食のすべてを存分に堪能できる場所である。素材の良さを生かしつつ丁寧に作り上げられた皿の数々からは、生産者への敬愛、素材への自信、そして郷土愛が感じられる。どの皿も、日本人ならではの引き算の美学で貫かれており、「Less is More（少ない方が豊かである）なフランス料理」という、世界でここにしかない料理となっている。シェフとその料理を深く愛し理解するスタッフとゲストに支えられているせいだろうか、常に温かみに溢れており、そこにいるだけで自然に満たされていくという、正真正銘のレストランの姿が、「Restaurant Ryuzu」として化身したかのようだ。円熟期に入った今、厨房に立つ者から、表現者としての域に到達しつつある飯塚氏は、数々のスペシャリテを名物から名作に昇華させ、さらには古典を紐解いても見つけられない傑作まで生み出す勢いである。このような、内なるものを自在に象る力を得た者を、人はグラン・シェフと呼ぶのである。

☼：7,700 円～　☾：15,400 円～

レフェルヴェソンス

L'Effervescence

シェフ 生江史伸　ヘッドシェフ 広瀬隼人

17/20

フランス料理

入り口へ続く緩やかなスロープを歩むにつれ、気分は高揚する。ドアが開き笑顔で迎えられると、これから始まる食体験が素晴らしいものになるという確信が湧いてくる。生江氏率いるレストランは、キュイジニエ・サービス・レセプションの、一人一人のスキルが高く、ガストロノミー店として日本有数のチーム力を誇る。料理の要となる生産者は「アルチザン（職人）」と呼称され、敬意を込めた演出で彩る。定点観測の「蕪」は、春夏秋冬それぞれの蕪が示す微細な表情の変化を味わう一品。じゅわっと広がる甘み、すっと鼻を抜ける爽やかな風味など、変わらない皿の上に小さな進化を見ることができる。京都産鴨胸肉は、東京・檜原村のミズナラの間伐材を用いた薪火で火入れし、薄い皮目と身の質感のコントラスト、ロゼ色のグラデーションを見事に描き出す。添える山菜の苦みとモリーユ茸により、日仏の春が感じられ、人と森を繋ぐ新しい林業を支える役割を果たす一品だ。モモ肉を使用したスープ仕立てのラビオリは、蕗の薹の苦みが心地好く、軽やかさと旨みの奥行きでいくつでも食べ進められそうだ。このレストランは、料理も人も空間も、ゲストを虜にする魅力を日々高めている。

☼：41,745 円　☾：41,745 円

Tel: **03-5766-9500**

東京都港区西麻布
2-26-4

定休日：日曜、月曜

☼：11:30-15:30
(L.O.12:30)
☾：17:30-23:30
(L.O.20:00)

アサヒナ ガストロノーム

ASAHINA Gastronome

シェフ 朝比奈 悟

16.5/20

フランス料理

日本橋兜町、扉を開けレセプションを抜けると、マルセル・ワンダース氏プロデュースのショープレート、そして「moooi（モーイ）」のシャンデリアが煌めく別世界へ。レトロな雰囲気を保ちつつもスタイリッシュな空間には背筋の伸びたサービススタッフが並び、クラシックな銀の盆の上にのるのはモダンなガラス製のクローシュ。カソナードを炙り、クレームブリュレ状にしたフォアグラはフランへと味わいも食感も変貌し、周りにはソリレスと砂肝が花びら状に並ぶ。香ばしい黄金の焼き色やクローシュを上げた一瞬に漂う芳香。美味しさの仕掛けはとめどなく続く。試作を繰り返し適切な温度を見つけ出して実現した鳩の冷製。紆余曲折の末、水分が飛ばない新鮮なうちに濃厚な卵黄を絡めて温前菜として考案したリー・ド・ヴォー。朝比奈氏は“いにしえ”と“いま”の狭間に潜む錬金術師のごとく古典料理を現代の表現として紐解いていく。コーヒーサイフォンでドリップさせるコンソメやフレッシュハーブティーは芳しき儀式。熟成したフロマージュや季節を飾るミニャルディーズのワゴンは絢爛たるサプライズ。料理、サービス、空間、正攻法の三位一体で“ガストロノーム（美食家）”たちを圧倒する。

☼：21,780 円　☾：36,300 円

Tel: **03-5847-9600**

東京都中央区日本橋兜町
1-4 M-SQUARE Bldg 1F

定休日：火曜、水曜

☼：土・日・祝
12:00-15:30
(L.O.12:30)
☾：18:00-22:30
(L.O.20:00)

エスト

est

シェフ ギヨーム・ブラカヴァル

16.5/20

フランス料理

Tel: **03-6810-0655**

東京都千代田区大手町
1-2-1
フォーシーズンズホテル東京
大手町内 39F

定休日：月曜

☼：12:00-15:00
(L.O.13:30
アラカルト 14:00)
☾：18:00-22:00
(L.O.20:00
アラカルト 20:30)

※営業時間は変更になる
場合あり

日本のレストランと繋がりの深い「トロワグロ」の系譜に連なるブラカヴァル氏は、自ら全国を訪ね、食材と調理法を研究、その成果を取り入れたメニューは、日本のフランス料理界に新境地を開いている。素材と生産者への畏敬の念は、作り出される料理の95％が国内の食材で占められている点からも見て取れる。日本の食に対するリスペクトがよく表れているのが、「キュイジーヌ［s］ミッシェル・トロワグロ」時代からブラカヴァル氏が追求している豆腐を使った料理だ。メインの皿とデザートとの間に出される「豆腐チーズ ブルーベリー」は、乳製品を一切使わずに仕上げ、下に固形の自家製豆腐、その上にエスプーマ仕立てで、と２種類の食感で豆腐チーズを味わわせる。調理法では、魚を昆布締めや酢締めで仕上げたり、フランス料理ではあまり用いられなかった梅肉や山葵をそのまま供したりと、日本の旨みや香辛料を巧みに活かしている。これらの料理には日本酒や豊富にリストに載る日本ワインを合わせてみたくなるだろう。ここは日本食材へのフランス人シェフならではの斬新な解釈と深化の過程を、ゆとりの空間と洗練されたサービスの中で体感できる稀有なレストランである。

☼：15,000 円～ 30,000 円　☾：30,000 円～ 40,000 円

セザン

SÉZANNE

シェフ ダニエル カルバート

16.5/20

フランス料理

Tel: **03-5222-5810**

東京都千代田区丸の内
1-11-1
パシフィックセンチュリー
プレイス丸の内 7F

定休日：月曜、火曜、
他不定休あり

☼：12:00-13:30
(最終入店)
☾：18:00-20:00
(最終入店)

音楽を愛好するものは、音楽は一生の仕事で、同じピアニストの演奏も年齢によって変わってくることを知っている。カルバート氏の現在の料理は、駆け抜ける若きスプリンターのそれだ。五感の鋭さも体力も直感もすべてにおいて力の漲りを感じるその料理は、細部まで作り込んでいながら、ホタルイカのピペラードや帆立の蕎麦粉ガレットのように、大衆的な料理と遊ぶ時には余裕も感じさせる。この種の伝統的レシピの再構築を、カルバート氏のような才能の持ち主なら何皿でもたやすく創造できるのではないかとさえ思わせるのだ。日本在住だからといって単純に和に振るのではなく、日本各地の新鮮な素材を扱いつつも、軍鶏のヴァン・ジョーヌのポシェのように、広くアジアの料理文法と重なっていく一品を自らのクラシックレパートリーに取り入れるところなどは、列島の狭い文脈を超えて、ワールドワイドなガストロノミーを見据えているのだろうと感じさせる。優秀なピアニストの若い時代のコンサートに立ち会ったような僥倖を味わうとともに、これからこの俊才が成熟した時にどんな演奏をしてくれるのだろうと、数年後、数十年後までを想像して愉しむことができるような料理である。

☼：27,830 円～ 50,600 円　☾：50,600 円

フランス料理「エステール」

16.5/20

ESTERRE

シェフ 小島 景

フランス料理

アラン・デュカス氏の「デュカス・パリ」をパートナーとするこのレストランは、2023年、銀座「ベージュ アラン・デュカス東京」で総料理長を務めていた小島氏のシェフ就任で、「大地と海の出会いの物語を紡ぐ場所」という基本コンセプトがより明確になった。デュカス氏が最も信頼する日本人シェフといわれる小島氏は、「大地と海の出会う」鎌倉に住み、丸の内に移っても自ら野菜を仕入れ、可能な限り厨房に持参している。皇居の緑を望む席に着くと、まず出されるのは鎌倉野菜とディップソース。その歯ごたえから鮮度の良さが伝わってくる。コースはプリフィクスの数品から選択するが、「グリーンアスパラガスと季節野菜のミジョテ」では、ゆっくり火入れされたグリーンアスパラガス、人参、蕪、いんげんがベアルネーズソースに溶け込み、ミキュイに仕上げた日本海産スズキでも、ソースの賀茂なすが軽やかさを、「仔羊の炭火焼き」ではブレットが、鮮やかな食感で主役を引き立てている。フランス料理と鎌倉や各地の野菜の取り合わせは、ナチュラルな空間と響き合い、料理と設えに統一した世界観をもたらした。磨かれたサービスも小島氏が本領を発揮する舞台を演出している。

☼：13,800円〜37,950円　☾：25,300円〜37,950円

Tel: 03-3211-5317

東京都千代田区丸の内
1-1-1
パレスホテル東京 6F

定休日：月曜、火曜

☼：11:30-13:30(L.O.)
☾：18:00-22:00
(L.O.20:00)

フロリレージュ

16.5/20

Florilège

シェフ 川手寛康

フランス料理

すでにアジアでトップクラスのイノベーティブなフランス料理という地位を欲しいままにしている店である。従来のライブ感を重視した劇場型も十分に新しかったが、移転先の麻布台では、さらに世界の半歩先を歩き始めたようだ。ゲストと作り手がレストランを共有する、店全体がシェフズキッチンのような、全員参加型の作りとなっているのだ。あらゆる年齢・性別・国籍を超え、「フロリレージュ」を介して「ひとつになる」という、まったく新しい食の体験ができる。川手氏のクリエイティブな挑戦は、皿の上でも行われ、野菜でも肉を食した時と同等の満足が得られるように、高度な技法を駆使しながら野菜メインのレパートリーを開発している。野菜由来のあらゆる五味と五感を掛け合わせることにより、世界中からどんなバックグラウンドのゲストが訪れても、全員が同じ笑顔で帰れるガストロノミーに挑んでいるのである。「肉の川手から、野菜の川手へ」という自らに課した高いゴール設定は、シェフをより高みに引き上げ、イノベーティブ・斬新・クリエイティブなどの単語を超え、いつしか「フロリレージュなフランス料理」という、新しい誉め言葉を生み出すことになるだろう。

☼：11,000円　☾：22,000円

Tel: 03-6435-8018

東京都港区虎ノ門5-10-7
麻布台ヒルズ
ガーデンプラザD 2F

定休日：月曜・火曜ランチ、
日曜・月曜ディナー、
他不定休あり

☼：12:00-12:30
(最終入店)
☾：18:00-18:30
(最終入店)

Tel: **03-6274-6541**

東京都中央区銀座
5-9-16 GINZA-A5 2F

定休日：月曜、第３火曜

☼：12:00-15:30
(L.O.13:30)
☾：18:00-22:00
(L.O.20:00)

レストラン ラフィナージュ

16.5/20

Restaurant L'affinage

シェフ 髙良康之

フランス料理

歴史的な語彙が時として、その言葉が公的言語である国から離れた場所で生き続けることがあるように、フランス本国でも稀になった伝統フランス料理に日本で出合うことがある。髙良氏が厨房に立つ「ラフィナージュ」はその好例だろう。アミューズの上州牛の自家製コンビーフはどこまでも上品で、正統派のコルニションの付け合わせも含め、ここから始まる食事のトーンを伝えている。淡路島の新玉葱と雲丹のヴルーテには、雲丹がまるで玉葱の一部になったような優しさがあり、２つのかけ離れた素材が味においても食感においても舌の上で寄り添い合う。金目鯛のポワレでは、ヴェルジュソースの酸味がトマトの爽やかな酸味と調和する。ポール・ボキューズ氏直伝のソースを受け継ぎながら、日本のフランス料理の真髄は、手間と丁寧さにあることを一口ごとに確認するかのようだ。昨今、ノンアルコール飲料にも力を入れており、阿波晩茶や焙煎烏龍茶、薔薇茶や茶葉を檜でスモークした燻製茶など、アロマを生かしたお茶とのペアリングもよく考えられている。フランス料理の古くからの愛好家だけではなく、美食を求める若い世代にも、学ぶことの多い料理がここでは供され続けている。

☼：9,900 円　☾：22,000 円

Tel: **03-3539-8087**

東京都千代田区内幸町
1-1-1 帝国ホテル東京
本館 中2F

定休日：なし

☼：11:30-14:30
(L.O.13:30)
☾：17:30-22:00
(L.O.20:30)

レ セゾン

16.5/20

Les Saisons

シェフ ティエリー・ヴォワザン

フランス料理

ホテルの風格に呼応するかのように、入店の瞬間からホールを後にするまで、一貫したハイクオリティーなサービスが鮮烈に記憶に残る。語り口や所作、細やかな気遣いなど一つ一つの積み重ねがおもてなしへと収斂し、すべてのゲストへ行き届いている。そこには日本を代表するグランメゾンのダイニングを預かるスタッフとしての矜持と心構えが垣間見られる。料理は総じて伝統的なフランス料理の技法を用いながら、現代的な感性が生き生きと表れ、新しい料理に出合ったような感動すら覚える。ミキュイに仕上げたオマール海老はフレッシュのムースロンやサン・ジョルジュとともに、それらの風味を溶かし込んだスープを合わせる。素材へ最適な調理と火入れを施すことで、肉厚なオマール海老の弾力と甘みが優しく舌に馴染み、茸の香りも豊潤そのもの。濃厚なのに後味は軽く、季節の香りを織り込む感覚も見事だ。ヴォワザン氏はすべてのテーブルを回り、ゲストの笑顔に自らも笑みを湛える。双方の笑顔は、シェフが日本人の味覚に知悉し寄り添ってきた何よりの証左だ。洗練を重ねた料理とサービスは決して期待を裏切らない。グランメゾンに求めるすべてがこのレストランに詰まっている。

☼：10,000 円～ 50,000 円　☾：25,000 円～ 50,000 円

アピシウス

16/20

APICIUS

シェフ 岩元 学

フランス料理

1983 年創業のグランメゾン、「アピシウス」の時間はゆったりと流れている。雑踏を抜け、階段を踏みしめエントランスに向かう。コートを預け、ウェイティングバーで一息つくのも良し、シャガールやユトリロの名画が待つメインダイニングに入り、アールヌーボーを基調とした、美術館のような華やかで重厚感のある雰囲気に浸ることも大いなる悦びである。古代ローマ・ローマ帝国時代の美食家の名前を冠した店名は、複数の著者によって綴られたという料理書『アピシウス』を想起させるものだ。このレストランも書籍のごとく、代々、正統派のクラシックなフランス料理を引き継ぎながら、時代の空気を取り入れ、微調整を繰り返してきたのだろう。初代・高橋徳男料理長のもとで修業した 3 代目の岩元氏が作る、比類なきスペシャリテ「青海亀のコンソメスープ シェリー酒風味」。伝統のフォアグラのテリーヌも、ソーテルヌのジュレが口中で甘やかなハーモニーを奏でていた。2023 年には創業 40 周年を記念した特別メニューが構成され、レストラン「アピシウス」のメニューを飾った逸品が提供された。数万本に及ぶワインの在庫と練達のソムリエサービスもあり、名店はゆっくり 41 年目のページをめくっている。

☼ : 12,000 円〜 18,000 円　☾ : 31,000 円〜 50,000 円

Tel: 03-3214-1361

東京都千代田区有楽町
1-9-4 蚕糸会館ビル B1F

定休日 : 日曜

☼ : 11:30-15:00
(L.O.13:30)
☾ : 17:30-23:00
(L.O.20:30)

アポテオーズ

16/20

apothéose

シェフ 北村啓太

フランス料理

都心の風景を変える虎ノ門ヒルズステーションタワー最上階に出現したレストランは、日本のフランス料理の方向性にも変化をもたらすかもしれない。北村氏は、成澤由浩氏のもとで 8 年間、先端的なクリエーションの現場を経験し、渡仏。「ピエール・ガニェール」などを経て、数店でシェフを務め、パリの「ERH（エール）」で高評価を得た。2023 年 11 月の開業は、スーシェフ、パティシエ、ソムリエの中軸を率い、「パリの今」をそのまま持ち込んだもの。日本の食材を滞仏 15 年の多彩な技術で鮮やかに仕上げる。最初の一皿、牛蒡のスープは、地上 250 m、北欧風インテリアの空間に、日本の大地の香りを漂わせる。料理のベースに感じるのは日本の「旨み」だ。蝦夷鹿のポワレに敷いた緑米、天城軍鶏を包んだラビオリの米のブイヨンなど、日本人の DNA に深く訴えかける。ロワール出身のベルトラン・ヴェルディエ氏のサービスも華やかな場を演出する。ここには、日本人シェフがフランス料理で何を表現すべきか、という迷いはない。あるのは、改めて日本の食材を見直し、磨かれた感性で料理を仕上げれば、店名が意味する「最高の賞賛」は自ずと得られるという確信であろう。

☾ : 28,000 円〜 42,560 円

Tel: 03-6811-2573

東京都港区虎ノ門2-6-2
虎ノ門ヒルズ
ステーションタワー 49F

定休日 : 日曜、月曜

☾ : 17:30-23:00
(L.O.19:30)

アルシミスト

Alchimiste

シェフ 山本健一

16/20

フランス料理

Tel: 03-5422-7358

東京都港区白金台
5-17-10 1F・2F

定休日：水曜

☼：12:00-15:00
(L.O.12:15)
☾：18:00-22:30
(L.O.19:30)

シェフとスタッフの誠心誠意が、ストレートに伝わってくる店だ。厨房とフロアのメンバー全員が、終始一貫してゲストの喜びと満足にフォーカスし、それ以外の部分は潔く脇に置くことができるように、日々鍛えられている。自分たちがこの世に顕現させたい一皿、ゲストに伝えたいことのために、丁寧で手間暇のかかる仕事に創意工夫を重ね、個々とチームでスキルアップとホスピタリティーの限界に挑戦し続けている。山本氏は、無数の食材と技術の加減乗除を得意としているが、ここからさらに、文化・人・自然との融合という、もうひとひねりを加味することも怠らない。例えば、より早い消化吸収を促すためのプラスアルファなど、シェフ独自のエッセンスによって、誰もが軽やかにフランス料理を自由に楽しめるようにしているのである。シェフの料理への信念から誕生したこのような着想は、真似をしようにも決して同じようにはできないため、山本氏とこの店の十八番と言って差し支えはないだろう。形やレシピを追うのではなく、そもそも贈り手の内側に伝えたいものがなければ成立しえない、ハートのアルシミストたちだけができる、高度な錬金の術がここに存在しているのである。

☼：16,500 円～ 27,500 円　☾：27,500 円

エディション・コウジ シモムラ

Edition Koji Shimomura

シェフ 下村浩司

16/20

フランス料理

Tel: 03-5549-4562

東京都港区六本木3-1-1
六本木ティーキューブ 1F

定休日：不定休

☼：12:00-15:00
(L.O.13:00)
☾：18:00-22:30
(L.O.19:30)

※ベジタリアン、ヴィーガンメニュー対応可

テーブル、器、グラスのほか空間すべてを下村氏のセレクションにより構成、料理やサービスも含めて自身で編集（エディション）を続けてきたこの店は、2007 年オープン以来、日本のフランス料理界の中核として変わらぬ存在感を示している。ロワゾー、トロワグロ、ギィ・サヴォワ、錚々たる名シェフのもとで厨房に立ち、第一線のフランス料理を会得してからも、頻繁に海外へ足を運び、食を取り巻く文化を体感しながら自らの味蕾を鍛えてきた。異国の地で得たインスピレーションの断片を一皿に落とし込み、料理の領域を広げてきた下村氏。「天使の羽」と呼ばれるイベリコ豚の希少な部位プルマには、ミントとギリシャヨーグルトでエスニックなコクを加味し、味覚の冒険をさせてくれる。下村氏は国内にも目を向け、各地の様々な大使などを歴任し、知られざる食材を広く発信してきた。海水で火を通した「くにさきOYSTER」に、海水と柑橘のジュレを添え、岩海苔のトッピングを施したシグネチャーディッシュは不動の人気だ。国内外から探し集めた食材を、フランス料理の技法を用いて新しい表現の料理へ推移させる作業、それが下村氏のライフワーク・エディションである。

☼：15,730 円～ 31,460 円　☾：26,620 円～ 36,300 円

Héritage by Kei Kobayashi

16/20

Héritage by Kei Kobayashi
シェフ 村島輝樹

フランス料理

パリの「Restaurant KEI」で時代の尖端をいく小林圭氏によるダイニングの刷新は、「次世代への継承」をテーマとする。2024年1月、レストラン全体をリニューアル、新しい店名には自身の経験を「未来へ伝承する」という小林氏の強い意思が込められている。料理長は「エスキス」「アジル」などでシェフ・ド・キュイジーヌを務めた実力派の村島氏。小林氏が料理の方向性を示し、村島氏がスタッフとともに具現化する。コースはアミューズのあと、コンソメスープでフランス料理の正統スタイルを示し、パテ・アン・クルートを焼き、オマールブルーにグリビッシュ、金目鯛にブール・ブラン、赤城和牛にペリグーと代表的なソースを配している。もちろん、小林氏の「伝統」とは、アラン・デュカス氏のもとで研鑽し、自身が切り拓いてきた料理の基本である。ハーブが香るグリビッシュソースには、特選のキャビアを混ぜ合わせるが、ここには複雑なだけでなく現代の軽やかさがある。小林氏は厨房で味を決めるとスタッフに分量まで記録させるといい、「継承」は言葉だけではない。しかも、そのレシピにはイノベーションを繰り返す小林氏の「今」が反映されており、ゲストにも得難い歓びとなる。

☼：11,800円～36,800円　☾：24,800円～36,800円

Tel: **03-6434-8711**

東京都港区赤坂 9-7-1
東京ミッドタウン 45F
ザ・リッツ・カールトン
東京内

定休日：火曜、水曜

☼：12:00-16:00
（最終入店 13:30）
☾：18:00-22:30
（最終入店 20:00）

オマージュ

16/20

HOMMAGE
シェフ 荒井 昇

フランス料理

浅草にある、和と下町テイストを取り入れた、本物のフランス料理レストランである。場所柄なのか、日本に来るたびにここを訪れることを楽しみにしている海外ゲストも多いようだ。一つ一つの料理には、ユニークなのに素朴、派手なのに簡素など、本来ならば辻褄の合わないはずの要素が詰まっている。荒井氏は、それらを優しくまとめ、まったく新しい世界を皿の上に誕生させるのが得意なようだ。海外ゲストは、そこに「和」の妙味を感じ取るのであろう。最もシンプルな料理でさえ、スパイスやハーブで工夫を凝らした独特のアクセントがあり、ゲストの記憶に長く残ってしまうのである。店内は銀鼠や江戸茶など、エリア全体でそろえた落ち着きと趣のある色合いで、高級店なのにおごったところが少しも感じられない、居心地の良い空間だ。手触りも含めた食器選び、座った状態で感じられる店内の飾り付けなど、ゲストのための計らいがちりばめられている。足りなければ野暮、行き過ぎればキザになりがちな、日本におけるフランス料理を、江戸っ子が解釈するとこうなるという、世界に二つとない「粋で鯔背（いなせ）なフレンチ」なのである。

☼：15,400円～30,800円　☾：30,800円～42,350円

Tel: **03-3874-1552**

東京都台東区浅草4-10-5

定休日：月曜、火曜

☼：11:30-15:00
（L.O.12:30）
☾：18:00-22:00
（L.O.19:30）

シェ・イノ

Chez Inno

エグゼクティブシェフ 古賀純二　シェフ 手島純也

16/20　**フランス料理**

Tel: **03-3274-2020**

東京都中央区京橋2-4-16
明治京橋ビル 1F

定休日：日曜、
月曜（月２回）

☼：11:30-13:30 (L.O.)
☾：18:00-20:30 (L.O.)

このレストランには今、新しい風が吹いている。2022年10月、和歌山「オテル・ド・ヨシノ」から加入した手島氏が送り込む、穏やかな風だ。井上旭氏の逝去後は、師の遺志を継ぐ古賀氏を総料理長に、手島氏が料理長、総支配人の伊東賢児氏が社長を務め、急激な変化を避け、「継承 融合 調和 挑戦 発展」を目標に掲げている。「仔羊のパイ包み焼き“マリア カラス”風」や「牛フィレ肉とフォワグラのソテー ロッシーニ好み」など井上氏のスペシャリテを支えてきた古賀氏は、クリームやバターを少し抑えたソースで名店のクラシカルな味を「継承」し、手島氏は「シストロン産仔羊の岩塩包み焼き」で、素材力が生きるソースを用いて新味を出している。こうした両者の並立が「融合」の過程であり、ゲストも巻き込み、自然な形で遂げる変化を「調和」とみる。手島氏のシストロン産の仔羊肉は、鞍下肉の表面に香草バターを塗り、網脂を巻いて岩塩を入れたパイ生地で包んで蒸し上げるが、熟成を短くした仔羊肉の新鮮な色あい、香草の芳しさ、複雑性の中に軽やかさのあるソースは、現代のクラシック料理といえるものだ。こうした「挑戦」により、レストランは新たな「発展」の軌道に乗っている。

☼：9,944円～17,402円　☾：23,617円～29,832円

シンシア

Sincère

シェフ 石井真介

16/20　**フランス料理**

Tel: **03-6804-2006**

東京都渋谷区千駄ヶ谷
3-7-13
原宿東急アパートメント
B1F

定休日：日曜、
第１・３・５月曜

☾：18:00-20:00 (L.O.)

シンプルにたい焼き１つがのる一皿。「フランス料理 シンシア」と検索すると、画面に並ぶのがこの料理である。テーブルに運ばれた時、これほどシュールなビジュアルはあるだろうか。今や石井氏が情熱を傾ける「サステナブル」を象徴するシグネチャー、「ルー・アンクルート」である。中には、漁業改善プロジェクトを推進している漁業者による東京湾のスズキが。投棄される未利用魚を美味しく仕立て、魚を殺さずに取り出したキャビアをのせ、飾りには竹炭を練り込み魚型のシリコンで焼いた黒いチュイルを添えて、“海の幸は絶滅の危機にある”というメッセージをちりばめる。どこに何が仕掛けられているのか、ビジュアルにも食感にも味の組み合わせにも、食べ手は細心の注意を払って読み解かなくてはならない。石井氏はそのヒントを手紙風のメニューに込める。生産者の名前や食材の背景、料理の組み立てや構成から、ポエムを読むようにその日のコースの物語をゲストは紐解いていく。クラシックなフランス料理の技術をベースに、遊びを絡めながら繰り出すエンターテインメント性は石井氏の真骨頂。その楽しい学びがあるからこそ、持続可能な美味しさの未来を拓いていけるのだろう。

☾：18,513円

ナオト ケイ

naoto.K

シェフ 岸本直人

16/20 ♕♕♕

フランス料理

オフィス街に異彩を放つ、江戸小紋柄をモダンにデザインしたファサードは、あたかもラグジュアリーブランドだ。扉を開けると現れる螺旋階段に誘われフルオープンキッチンを取り巻くカウンター席へ。前店から連れ立ってきた「チーム・ランベリー」を率いる岸本氏が8名のゲストの専属となり、シェフとしての集大成をア・ラ・ミニッツで繰り出す。まずは、厳かにプレゼンテーションされる饗膳。綺羅星のごとく現れる贅を尽くしたご馳走たちの「旬の瞬間」を凝縮するための、意表をつく技の連続の始まりだ。余分な仕掛けは一切剥ぎ取り、シェフの閃きだけで直球勝負する。焼きたてのじゃがいものスフレは上部だけを切り取り、オシェトラ・キャビアをたっぷりのせる。ぶりぶりに太ったホワイトアスパラガスは白髪葱のごとくシフォナードに刻まれオリーブオイルで。フグのカマはフリットに、頬肉はロティに仕立て、その残りのソースに桜エビのリゾットを合わせる。澄んだフォンに泳がせるのは、「はしづめ製麺」のラーメン。フランス料理の真髄を知るものだけが編み出せる予想を超えた食感、味わいは、岸本氏が長年かけて探求してきた「最高の瞬間を捉えた一皿」なのである。

☼：22,000円　☾：38,500円

Tel: 080-7960-9445

東京都千代田区神田錦町2-1-1

定休日：不定休

☼：日（月2回）12:00-

☾：18:30-22:00

※車いすのまま食事が可能

ピエール・ガニェール

PIERRE GAGNAIRE

シェフ 赤坂洋介

16/20 ♕♕♕

フランス料理

眺望と心地好いサービス、そして満足度の高い料理の三拍子が揃った都内のベストレストランの一つである。斬新かつ優雅で都会的な店内は、開業13年を迎えた現在もなお「大人の遊び心」を満たす場所の代名詞として色褪せない。ここで、世界の美食の巨匠ピエール・ガニェール氏に代わって厨房を取り仕切るのは、シェフの赤坂氏。今でもすべてのメニューにガニェール氏のチェックが入るというが、師のスピリットを忠実に再現できているのは、ひとえに赤坂氏に高度な技術と誠実さがあるからだ。結局のところ、個性という宝物は、遅かれ早かれ、必ず皿の上に表現されてくるものである。文化と歴史への深い敬意を胸に、日々真剣に自分自身に向かい合ったからこそ、フランス本国には、赤坂氏の名がついたメニューがリストされ、天才から太鼓判を押されるまでになったのである。どの世界にもアーティストはいるが、芸術家が育てて成長した芸術家は、稀有である。「自分の内側から生まれたものを信じる」という、哲学にも似た圧倒的な世界観の中で培養されたからこそ、天才が天才である理由も受け継ぎ、ガストロノミーの歴史に貢献できる存在になりうるのである。

☼：11,187円～37,290円　☾：22,374円～37,290円

Tel: 03-3505-1185
（レストラン予約）

東京都港区赤坂1-12-33
ANAインターコンチネンタルホテル東京 36F

定休日：月曜、火曜

☼：12:00-15:30
（L.O.13:30）

☾：18:00-23:00
（L.O.20:00）

※営業時間は変更になる場合あり

ル スプートニク

le sputnik

シェフ 髙橋雄二郎

16/20

フランス料理

Tel: **03-6434-7080**

東京都港区六本木7-9-9
リッツモーネ六本木 1F

定休日：月曜

☼：12:00-15:30
(L.O.13:00)
☾：18:00-23:00
(L.O.19:30)

アミューズから食後の小菓子まで全18品。そのどれもが料理への情熱に満ち、時代をリードするための試行錯誤が詰まっている。軽やかな生地と柔らかな中身。冷たいものと熱いもの。異なる食感のパーツが合わさった時に一瞬しか訪れない美味しさの頂点が、ゲストの目の前に置かれる。2015年に「ル　スプートニク」を開業して8年、髙橋氏はフランスの伝統料理をベースにしつつ、自身の料理の上に現代に通じる手法や技術を積み重ねてきた。その一つが製菓技術の料理への応用だ。ビーツのピュレのチュイルを用いた、髙橋氏の料理の代名詞ともいうべき「“薔薇”フォアグラ ビーツ」のほかにも、秋刀魚の前菜に秋刀魚のアイスを添えて乳脂肪分や甘みを添えたり、ピジョンラミエにはサルミソースのほかにミルクの泡を足すなど、甘みで料理に優しさや複雑味を加える。店名には、フランス料理の伝統を重んじながらも新しいことに挑戦したいという思いも込められている。料理人とは自らの技術を生涯かけて磨く職人であり、その途上で生み出された新しい技術をもってフランス料理の長い歴史の流れに連なっていく。髙橋氏の料理がゲストの心を打つのは、皿の上にその覚悟が見えるからだろう。

☼：**11,850円**　☾：**23,950円**

レクレルール

L'éclaireur

シェフ 田熊一衛

16/20

フランス料理

Tel: **03-6809-0711**

東京都渋谷区代官山町
6-6
SPT代官山ビルディング
1F-B

定休日：日曜、他不定休
あり

☾：18:00-23:00
(L.O.20:30)

パンデミックの後、世界的に、薪火を使うレストランが増えたという。田熊氏が2年前に開いた「レクレルール」が「薪香」を中心に据えているのもおそらく偶然ではなく、料理が火の助けを借りて成り立っていることの根源的な意味を問うているのだろう。田熊氏の料理は、「ル・サンク」のような名店で研鑽を積んだ確固たる土台があるからこそ、フランス料理の文法を失わないまま、新しい探究の成果が加わることを可能にしている。サーモンと帆立のパテ・アン・クルートは、パステルの優しさに包まれた日本ならではの味わいに、温かく包み込む炎の寛容さを感じ、柑橘鯖の一品では、鯖よりもむしろ春菊の方が薪香を纏っているような、初夏の森が海に降りてきたようなイメージを作り上げる。薪の傍らに長時間置いて火を入れたミルクは、純白でありながらどこか小豆のような芳香を漂わせ、薪の香りといっても一様ではなく、その使い方によって幾通りにも変化することを最後まで丁寧に示している。ここでの会食は、火が素材のテクスチャー、味、香りを多様に変化させ、異なる素材同士を結びつけ、食欲を掻き立てる要素であることを新たに認識するための貴重な機会になるだろう。

☾：**16,335円〜33,000円**

レストラン ラ クレリエール

La Clairière

シェフ 柴田秀之

16/20

フランス料理

Tel: 03-5422-6606

東京都港区白金3-14-10

定休日：木曜、他不定休あり

☼ : 12:00 (L.O.)

☾ : 18:00 (L.O.)

最近の柴田氏は以前にも増して新しい試みに心を砕いているようだ。動画やライブ配信に加え、コース料理の前に行っている食材紹介もその一つだ。1卓ごと、溢れるようにゲストの目の前に並ぶ「本日の食材」の説明は、その素材の良さを印象付けるだけでなく、生産者への敬意や感謝の気持ちを表している。コースでは季節の食材の特性を前面に出したフランス料理、たとえばセイコガニや花や野菜など多種の食材がお碗に詰められた「タラバ蟹とセイコ蟹」、ポルチーニと赤ワインという2種のソースで仕上げた北海道・仙鳳趾の「真牡蠣」など、エレガントでクラシカルな料理が並ぶ。小規模な生産者に心を寄せ、その産物について語る柴田氏にとって、上質な料理を作ることが彼らの営為に報いることでもある。今、柴田氏を動かしているのは、生産者、ゲスト、スタッフ、家族、そして店に関わるすべての人が、より良く生きられる社会にしたいという思いだ。「料理だけやっていても社会は変えられないけれど、料理をやらなければ変えられない」と語る柴田氏。料理を通して少しでも現状を良い方向へ導きたい、その中心にレストランがある。柴田氏の料理はそんな思いを伝えてくれる。

☼ : 21,780円　☾ : 36,300円

レストラン ローブ

Restaurant L'aube

シェフ 今橋英明

16/20

フランス料理

Tel: 03-6441-2682

東京都港区六本木1-9-10
アークヒルズ
仙石山森タワー 1F

定休日:日曜、月曜、夏季・冬季休暇

☼ : 11:30-15:00
(L.O.12:30)

☾ : 18:00-22:00
(L.O.19:30)

2023年6月、東麻布から六本木1丁目の超高層ビルの一角に移転。施設の規模に比例するかのように、料理、サービスともにスケール感のあるレストランに変化を遂げた。設えは奥に深く、高い天井と広い間隔の客席から、オープンキッチンで展開される今橋・平瀬祥子夫妻の料理ステージをゆったりと愉しむことができる。精細な料理を作り上げるスタッフも増え、中央で今橋氏が仕上げ、カウンターの右手奥に平瀬氏のデセール部門が控える。今橋氏は農業の経験も積み、鎌倉野菜を活かしたフレッシュで繊細な皿で定評があるが、ここでは広い厨房を得て可能になった薪火や藁焼きの活用が料理の幅を広げている。「フォアグラ 鰻」では、ポワレしたフォアグラと赤ワインに浸けて藁焼きにした鰻を重ね、鰻の骨でとった出汁で香り付けしたトロ茄子をのせ、アサリ出汁のスープを合わせるが、とりわけ藁焼きの鰻の香ばしさが、我々が感じる旨さのど真ん中を突いてくる。仔羊肉のスモークも、肉質の柔らかさから香りや旨みの頂点まで五感のすべてを刺激する。フィナーレは、平瀬氏のフルーツやカカオで華やかなデセールの世界。レストランは空間の制約から解放され、大きく飛翔しようとしている。

☼ : 10,890円〜18,150円　☾ : 18,150円〜27,830円

レラン

l'élan

シェフ 信太竜馬

16/20

フランス料理

Tel: **03-6803-8670**

東京都渋谷区神宮前
5-10-1 GYRE 4F

定休日：日曜、月曜（月曜祝日の場合は、月曜、火曜）

☾：18:00-20:30 (L.O.)

表参道のモードなビルのワンフロアをグランメゾン、ビストロ、カフェ＆バーとし、サプライズに満ちた空間を演出する。仄暗い奥の一角で密やかにゲストを迎え入れるのがレストランスペースだ。扉を開けるとそこには夜の森が広がり、テーブルに着けば、都会の夜景がシャンパーニュのボトルに透けて煌めく。味に惚れ込んだソムリエが転身し、インポーターになったというロゼ。野中洸太氏が厳選するワインには必ずそんな物語がある。「トロワグロ」ほか、修業の地で出会った偉大なる師の影響から意図せずとも脱却してきた信太氏。折々に変わるコースの構成は、あくまでゲストファーストを貫く。酷暑の夏には、メインの鳩のローストは前菜となり、鮑のパイ包みはバターを控えてヴィエノワズリー風に口当たり軽く、ベトラーヴは塩釜で２時間蒸してメインに据える。パンはゲストがテーブルに着く段階で焼き上がる。デセールが始まる前にはソムリエが目の前でシェイカーを振り、カクテルを準備。ラストに運ばれてくる十数種の食べ頃のフロマージュや食後酒がイルミネーションに映える。都会の森で繰り広げられるこんなマジカルなもてなしこそが「非日常」と呼ばれるのではないか。

☾：26,620 円

アビス

abysse

シェフ 目黒浩太郎

15.5/20

フランス料理

Tel: **03-6804-3846**

東京都渋谷区恵比寿西
1-30-12 ebisuhills 1F

定休日：水曜

☼：日・祝
12:00-13:00 (L.O.)

☾：18:00-20:30 (L.O.)

「深海」を意味するフランス語の店名と、「蒼い森」をイメージした、水の深みに潜っていくような空間作り、日本の魚介類の美点を生かしたフランス料理という、コンセプトの明確なレストランだ。しかし、目黒氏の料理はそこにとどまらない良い意味での複雑さと重層性を湛えている。冒頭の蛤のスープは、岩もずくに葉わさびがテクスチャーを与え、フランス料理にしては少し高めの温度の汁を敢えて合わせることによって、強すぎる旨みに流れず、貝の存在を伝えるという、作り込んだ一皿。高い技術を感じさせ、料理全体への期待と信頼を抱かせる。アーティチョーク、ウコギ、フローラルなウドなど、春ならではの繊細な苦みを生かしつつ、酸味使いの妙を見せるのは、ホタルイカを肝ソースの苦みで厚みを持たせつつ花山椒から溢れるビネガーを添えた一品だ。南欧を思わせる真蛸と豚足、チョリソの皿では、深海にいながら、あるところで光に向かって浮かび上がっていくような、不思議な明るさと透明さ、軽やかさを運んでくる。カトラリーの選択にも料理の美学を支える独特のセンスを持っていて、食事が進むとともに時間が凝縮していくようなひと時を味わえる、稀な店といえるだろう。

☼：17,545 円　☾：22,990 円

アマラントス

15.5/20

Αμάρανθος

オーナーシェフ 宮﨑慎太郎　シェフ 宮島由香里　**フランス料理**

「オーグードゥジュール ヌーヴェルエール」やザ・リッツ・カールトン東京内の「Azure 45」などで活躍した宮﨑氏が、2021年10月に開店。2店でもサポート役を務めた宮島由香里氏とダブルシェフ、サービスも元同僚で気心の知れた鴨志田大史氏という贅沢な布陣のレストランだ。「アマラントス」は、一年草の植物で、花言葉は「不滅、終わりのない愛」、宮﨑氏の店への思いが込められている。初秋、北海道産秋刀魚をコンフィにした前菜では、頭や内臓を用いたソースが見事なバランスを保ち、10種類ほどの野菜が盛り込まれた一皿は、個別に調理されていながら統一感があり、根セロリのピュレとの相性も群を抜く。さらに、リー・ド・ヴォーは香草でマリネした後にフリット、軽い食感が好ましく、「伊良湖黒牛。」のフィレ肉は丁寧に火入れすることで、旨みとしっとりとした食感の双方を楽しませていた。パティシエ出身という経歴からも窺えるように、衝撃的なまでに軽やかな味わいのメレンゲや、シフォン・サレ、マドレーヌの食感にも感動する。カウンター越し、シェフと語り合いながら「瞬間の芸術である料理を永遠なものに」という、宮﨑氏の心意気に触れたい。

☼：15,950 円　☾：21,780 円

Tel: 03-5797-8585

東京都港区赤坂2-18-5
FUN ART AKASAKA
2F

定休日：月曜、
日曜（月1-2回は営業）、
他不定休あり

☼：土・日・祝
12:00-13:00 (L.O.)
☾：平日 18:00-24:00
土・日・祝
18:30-24:00

※ディナーのコース最終入店は20:30、それ以降アラカルトおよびショートコースで対応可

銀座レカン

15.5/20

Ginza L'écrin

シェフ 栗田雄平　**フランス料理**

街に灯りがともる頃、ビルの隅にある密やかな入り口で支配人がゲストを静かに迎え入れている。創業1974年の老舗に流れる時間は穏やかだ。案内される地下2階の待合室には、改装の際、保存された旧店舗の調度とバーカウンター。ゲストは暫し、レストランが歩んできた半世紀に及ぶ歳月に思いを馳せる。メインホールは地下1階。室内はシャンパンゴールドをベースに天井には電飾が泡のように流れ、テーブルに並ぶ皿を柔らかく照らし出す。こうした新旧の設えが、フレンチレストランの草分け的な存在としての伝統と現代性という、店の有り様を表している。この2つのテーマに応えるのが、2020年7月、8代目料理長に就いた栗田氏だ。栗田氏はアミューズや前菜でモダンな一面を見せ、ソムリエも日本やカリフォルニアのワインで新味を出す。一転、メインでは、甘鯛と白ワインソースにブルゴーニュ、フランス産仔鳩には熟成したボルドーと、この店ならではの風格を見せる。安定した料理とセラーに眠る2万本を超えるワインとのマリアージュは、ここでの時間を極上のものにしてくれるだろう。

☼：9,900 円～ 17,600 円　☾：20,900 円～ 35,200 円

Tel: 03-3561-9706

東京都中央区銀座4-5-5
ミキモトビル B1F

定休日：無休

☼：11:30-13:30 (L.O.)
☾：17:30-22:00
(L.O.20:00)
バー
17:30-22:00
(L.O.20:00)

Tel: **03-6759-1096**

東京都渋谷区猿楽町3-9
アヴェニューサイド代官山
1-2F

定休日：月曜、火曜
（祝日の場合翌日休み）、
水曜・木曜ランチ

☼：12:00-15:30
(L.O.13:00)
☾：18:00-23:00
(L.O.20:00)

サンプリシテ

Simplicité

シェフ 相原 薫

15.5/20

フランス料理

「熟成魚のフランス料理」のコンセプトに、さらに磨きがかかった。2018年の開業以来、魚介を中心としておまかせ一本で勝負してきたが、ついにメインディッシュの肉料理もやめて、魚介類にフォーカスする料理構成となった。これは原点回帰であり、さらなる進化である。フランスやスイスの名店で修業し、東京の「銀座レカン」「レヴェランス」「ヴァリノール」などを経て独立した相原氏の料理は誠実だ。「人・食材・料理に対してサンプリシテ（誠実）な心であるように」との思いが込められた屋号は、相原氏そのものを表す。長崎・五島列島「林鮮魚店」から仕入れる良質な魚や、舞鶴の黒鮑、桑名の蛤など、食材ごとの旬・産地・状態を見極め、最適な調理方法で仕上げ、食材や調味の組み合わせの試行錯誤にも余念がない。黒鮑は、今回はスープ仕立てに。むっちりとした食感に火入れした鮑と、春らしいグリーンピースを合わせて軽やかな仕上がりだ。ペアリングは、料理の多様な面に寄り添うワインが世界各国から選ばれており、固定観念にとらわれない楽しみ方を教えてくれる。練達のシェフが、日々料理と誠実に向き合い、新たな「美味しい」を模索する姿はかくも眩しい。

☼：12,100円　☾：25,410円

Tel: **03-5447-8889**

東京都港区白金台5-18-17
ゴールドフォレストビル
2F

定休日：火曜・水曜を中心
に月8日

☼：12:00-15:00
(L.O.13:00)
☾：18:00-23:00
(L.O.20:00)

ジョンティ・アッシュ

gentil H

シェフ 平野敬祐

15.5/20

フランス料理

「調和」が平野氏のテーマだ。皿の中だけでなく、テーブルの上も然り、ショープレートの代わりにドライフラワーで飾られた店名入りの木の置き皿とそれに合わせたクロス、黒い封筒には「H」を配したゴールドのシーリングスタンプ、ブラウンのウォッシュタオルすらスタイリッシュなハーモニーを生む。スペシャリテの「フォワグラのフォンダン」は、冬には、スパイスを効かせた金柑のコンポート、夏には、シトラス風味のマンゴーとエチオピアのカルダモンなど楽園のスパイス、と季節により合わせる素材を変化させ、複数の食材を巧みに調和させる。出身地・静岡の鰻を使ったもう1つのスペシャリテ「うなぎパイ」は、様々なバージョンを重ね、すでに14代目だ。「うなきゅう」をイメージした白焼きにブール・ブランソースと、ピリッとしたアンチョビ。軽めのブール・ブランに、ふんわり鰻とパイのカリカリ感が効いている。どちらも一口目に感じる組み合わせの妙が見事だ。ブルゴーニュで修業し、ソムリエの資格を持つ平野氏が精選を重ねたマリアージュ。ハーブティーで締め括るラストまで、ゲストに寄り添う優しさに満ちているのは、「gentil」の店名が示す通りだ。

☼：16,940円　☾：30,250円～41,250円

Takumi

15.5/20

Takumi

シェフ 大槻卓伺

フランス料理

大槻氏は、国内では専門的な料理の勉強を一切せず、レシピ本で調理工程を覚え、魚の捌き方も独学。大学では経営学を修めながら、フランスへの料理留学に備え技術や語学を身につけた。満を持しての修業先は、正統派の「ラ・ロトンド」から自身が理想とする店作りを学べる「ジャン＝フランソワ・ピエージュ」まで計5店。帰国後、2017年に西麻布にコンセプチュアルな店を開くや一躍注目のシェフとなった。ホールは白を基調とした開放的な空間で、テーブルにはカードに一皿ごとの詳細な解説とシェフの意図が綴られている。隣には試験管のような小さなボトルに入ったスパイスやハーブ。使用される食材の特性を知り、料理のエッセンスを香りや視覚で記憶させる。仔羊のロース肉のロティには、ヒヨコ豆、クミン、タイムのボトルを提示。ゲストに中東へ思いを馳せさせる。近年は「素材を生かしてシンプルに」という料理が多く見られるが、大槻氏は多種多様な香辛料や香草使いで綿密に複雑な工程を構築し、ラボのような仕様で組み合わせの妙を創り出している。料理を概念化する大槻氏の多面的思考により、ゲストは五感で鮮やかにコースの余韻に浸ることができるのである。

☼：14,520円　☾：21,780円

Tel: 03-6804-6468

東京都港区西麻布
1-11-10 ビルマーサ 1F

定休日：日曜、月曜

☼：12:00-15:00
☾：18:30-23:30

プレーガ トウキョウ

15.5/20

Plaiga TOKYO

シェフ 池田翔太

フランス料理

「日本の四季を旅するフランス料理」をテーマに、全国の生産者から寄せられる季節の食材が華やかにテーブルを彩っている。2022年、シェフに就任した池田氏は1988年、福岡県生まれ。福岡や東京で基礎を学び、渡仏。ブルゴーニュの「ロワゾー デ ヴィーニュ」など3店で研鑽し､帰国後､東京の「Ysm」や「ヴァリノール」でシェフを務めている。日本の食材をフランス料理の手法で、というシェフのオリジナリティーは、山形県産の米「つや姫」を使い、ミルクで米を炊くフランスの「リオレ」からヒントを得た一品に見ることができるだろう。1年古米をミルキーなムースにし、下にボイルした毛蟹と、そのみそを敷き、上にはチュイルを焼いてのせ、キャビアを添える。スタイルはフランスでありながら「つや姫」が味覚を日本に引き寄せ、甲殻類の香りを強く放つ毛蟹と米という取り合わせも新鮮で、池田氏のスペシャリテと呼ぶに相応しい出来映えだ。メニューには、NOTO高農園や山形・菅井農園、蝦夷鹿肉は北海道・鶴居村からと、国内有数の生産者が名を連ね、優れた食材と調理技術から生まれる料理を上質なサービスでという、東京ならではのレストランとなっている。

☼：9,680円～30,250円　☾：18,755円～30,250円

Tel: 03-3284-0030

東京都千代田区丸の内
1-1-3 日本生命丸の内
ガーデンタワー M2F

定休日：日曜

☼：木・金・土
11:30-13:00 (L.O.)
☾：17:30-20:00 (L.O.)

ユニ

unis

シェフ 薬師神 陸

15.5/20

フランス料理

Tel: —

東京都港区虎ノ門1-23-3
虎ノ門ヒルズ
ガーデンハウス 1F
Social Kitchen
TORANOMON内

定休日：日曜、月曜、
火曜

☼：土 12:00-
☾：水・木・金
17:00- /20:00-
土 17:00-

※季節により価格の変動あり

虎ノ門ヒルズのビル内に、個人の邸宅を思わせる寛ぎの空間が広がっている。アペリティフを嗜んだ後に向かうのは、8席だけのダイニングルーム。「ハレの日のためのレストラン」というテーマのもと、料理に合わせた映像や音楽で視覚や聴覚も刺激する、体験としての食を楽しむ場所だ。「スガラボ」で須賀洋介氏を支え、毎月のように産地を訪問していた薬師神氏は、そのスタイルを継承。今もチームで日本各地に赴き、手に入れた極上の産物を主役に、フランス料理の枠に囚われない自由な発想で世界の食材と組み合わせ、華麗な料理を生み出している。蒸した毛蟹に杏とエゴマの葉、パッションペッパーを合わせてフォカッチャのトーストにのせたブルスケッタもその一例だ。同時に、日本人に馴染みの深い「オムライス」をアレンジし、ケチャップの代わりにローストしたトマト、ピラフの海老に代えてオマール海老、バターの代わりにはオリーブオイルというように、発想の転換で生み出した「オマール海老のおじや」など、身近な料理が原点になった一皿もある。どれも、食材の味を表現の中心に据え、驚きとホッとする温かさが共存する。そのバランス感覚が、人々を魅了するのだろう。

☼：30,800円　☾：30,800円

ラチュレ

LATURE

シェフ 室田拓人

15.5/20

フランス料理

Tel: 03-6450-5297

東京都渋谷区渋谷2-2-2
青山ルカビル B1F

定休日:不定休（月に7日）

☼：11:30-15:30
(L.O.13:30)
☾：18:00-23:00
(L.O.20:00)

室田氏は、ジビエを多用するフランス料理店が国内にまだ少なかった頃から、蝦夷鹿をはじめとした山の恵みを提供してきた。それは狩猟免許を持ち、狩猟期間には自ら猟にも出る室田氏が、他の生物の命をもって成り立つ料理の本質を、より身近に感じているからに違いない。室田氏の考えを象徴的に表すのが、最初に供される鹿の血を使ったマカロン。鹿の血まで余すことなく使うために考えられた一品で、限りある自然の恵みをいただくというメッセージが伝わる。店名「ラチュレ」が「自然の雫」という意味であることからも、それは明らかだ。メインの蝦夷鹿のローストは、赤スグリのソースの酸味と黒胡椒の香りが、淡白な蝦夷鹿に風味の輪郭を加えていた。室田氏が近年、店の近くにパン店を出したり、自社農園で野菜を栽培したりしているのは、レストランの料理が成り立つためには食材の、ひいては自然の循環のサイクルが切り離せないものだという認識があるからだろう。命をいただくことを直接的に感じられるジビエから、食材を大切に扱う気持ちが生まれ、フードロス削減の意識に繋がっていく。持続可能性を考える端緒は、様々なところにあると、「ラチュレ」の料理は教えてくれる。

☼：6,380円～8,580円　☾：14,080円～26,400円

ラペ
La Paix
シェフ 松本一平

15.5/20

フランス料理

三越前駅から少し路地に入ったビル街、地下の入り口に飾られた「らぺ」という文字の弓張提灯が日本橋らしく、扉を開ける前からシェフの遊び心が伝わってくる。系列店のおでん屋「平ちゃん」、2023年オープンのイタリア料理店「ピース」とともに店名は「平和」を意味し、「いつも穏やかな心をもって人と人との温かなつながりを大切にしたい」という松本氏の思いが込められている。早くからフードロスにも着目し、グループ内で出る使いづらい肉の部位などを廃棄せずにもう一手間かけて美味しく、というコンセプトがアミューズの「MOTTAINAI」に集約されている。この日は、牛肉の様々な部位と牛蒡を赤ワインで煮込んだラグーのタルトが、小さな子どもの手が印刷されたペーパーの上で大切な贈り物のように供された。一見握り鮨かと思わせる一皿「イワシ」をはじめ、シェフの発想の豊かさ、それに負けない計算し尽くされた味には心まで満たされる。スペシャリテ「韃靼そば茶のブランマンジェ」は、お代わりしたくなるほどの美味しさだ。支配人やスタッフのチームワークの良さも見ていて心地好く、「日本のフランス料理」と「平和」を日本橋から世界に発信している。

☼：10,285円～19,360円　☾：19,360円～30,250円

Tel: **050-3196-2390**

東京都中央区日本橋室町
1-9-4 井上第3ビル B1F

定休日：火曜、他月4日
不定休あり

☼：11:30-14:30
(L.O.12:30)
☾：18:00-22:00
(L.O.19:30)

ラルジャン
L'ARGENT
シェフ 加藤順一

15.5/20

フランス料理

銀座の華やかさを離れ、ビジネス街で加藤氏の新たなチャレンジが始まった。ゲストとの会話を大切にしたい、と新店では、オープンキッチンの周りに大きなカウンターを備えた。至近距離でシェフの手元を見つめ、地図に記された産地と生産者のリストを読み解きながら、情熱の詰まったエピソードに耳を傾ける。静岡・掛川の実家の農園で自ら摘んだ茶葉でくるむフォアグラは、師匠・吉野建氏の教えをエスコフィエのレシピと重ね合わせて生まれ、藁に包んでオーブンで焼いて丸ごとプレゼンテーションする根セロリは、修業先のデンマークの家庭料理の思い出を表現した。「スブリム」時代からのシグネチャーディッシュ「発酵マッシュルーム」は、凝縮度を増したスープに卵黄のペーストを忍ばせ、より優しいニュアンスを加味し進化を遂げた。サステナビリティーを考え、卵を産ませて海に戻す試みをいち早くキャッチしてスウェーデン産のキャビアを取り入れる。フランス料理に北欧のエッセンスを加味した従来のコンセプトを逸することなく、食材と向き合い、未開の可能性を引き出した「作品」を解説するシェフの姿に、試作から完成までの過程をゲストとシェアする時間の尊さを感じる。

☼：13,200円　☾：21,780円

Tel: **03-6268-8427**

東京都千代田区霞が関
3-2-6
東京倶楽部ビルディング
2F 霞ダイニング

定休日：日曜

☼：12:00-14:30
(L.O.12:30)
☾：18:00-22:30
(L.O.19:30)

レテール

L'ÉTERRE

シェフ **田篭 彬**

15.5/20

フランス料理

Tel: **03-6388-1312**

東京都新宿区神楽坂
3-6-53
とぎやレジデンス 2F

定休日：火曜、水曜

☼：土・日 12:00-
☾：月・火・金 17:00-
土・日 18:00-

※車いすのまま食事が可能

パリ16区「ラルケスト」の伊藤良明氏が2023年2月に開店。厨房は「ひらまつ」グループでフランスでも研鑽をともにした田篭氏が担う。オープンキッチンの中心に焼き台を据え、精妙な火入れにより素材を生かし、カウンター越し、仕上がりの温度そのままの料理を届けることに注力している。日々のメニューは、淡路島や京都の高台寺でシェフを経験し、日本の食材をよく知る田篭氏が構成。パリをベースにしている伊藤氏のアドバイスも受けながらブラッシュアップを図っている。薪や炭、藁による火入れや燻しに田篭氏の技が冴え、食材の美味しさがストレートに伝わってくる。駿河湾の花鯛は皮目を軽く炙り、下に敷くビーツにも燻香を忍ばせる。鰆の一皿も低温で火を入れた後、藁で燻している。伊藤氏は、約20年に及ぶフランス滞在から一時帰国した際、日本の食材の素晴らしさを再発見したと言い、火入れの強弱、クラシックな中に軽やかさも感じさせるソースとのバランス、香りや調味の出し入れ…と、できそうでなかなかできない料理を生み出している。スマートなサービス、店内のさりげないエレガンスも、伊藤氏の年に数回というフランスとの往還がもたらしているのかもしれない。

☼：**28,600円**　☾：**28,600円**

アルゴリズム

l'algorithme

シェフ **深谷博輝**

15/20

フランス料理

Tel: **03-6277-2199**

東京都港区白金 6-5-3
さくら白金 102

定休日：日曜

☼：12:00-13:00 (L.O.)
☾：18:00-20:00 (L.O.)

恵比寿三丁目交差点から白金高輪駅へと延びる道路沿い、少し隠れるように入り口のドアがある。さながら秘密の研究室のようなカウンターで出される料理は、レストランにあるすべての要素を再考し、深谷氏の中にある方程式で最適解を出すものだ。訪れた日の甘鯛の鱗焼きに、それが強く感じられた。旬を迎えた萩産の甘鯛を、鱗はパリパリに、皮は弾力を保ち、身は桜色の美しいグラデーションで仕上げている。食べる部分によって異なる味わいと食感の調和が見事だ。深谷氏が在籍した「カンテサンス」も魚の火入れには定評があるが、食材へのリスペクトと探求心が際立つ魚の火入れは、ここでしか味わえないものかもしれない。メインの肉料理「不変のアルゴリズム」も、この店の有り様が体感できる一皿だ。イベリコ豚の頬肉の煮込みを、赤ワインソースで、という伝統的なスタイルだが、古さは感じない。キャリアをスタートさせた「銀座レカン」で深谷氏の中に根付いた伝統と、今、ここにあるアルゴリズムが、豚頬肉の煮込みと赤ワインソースを洗練された料理へと昇華している。ワインやノンアルコールペアリングで連立方程式にすれば、さらに複雑な「解」へと進化させてくれるだろう。

☼：**8,000円**　☾：**14,500円**

クラージュ
Courage
シェフ 古屋聖良

15/20
フランス料理

Tel: **03-6809-5533**

東京都港区麻布十番
2-7-14 1F

定休日：日曜、祝日、
他不定休あり

☾：17:30-23:00
(L.O.21:00)

麻布十番の商店街から小道に入り、かつて洒落た大人が集まる場所として一世を風靡した建物の１階にレストランはある。そこでは、オーナー相澤ジーノ氏の洗練されたサービスと的確なワインセレクションにより、オーストラリアの名店「Brae」で研鑽した古屋氏のフレッシュな料理が楽しめる。コースは価格別に３種類とアラカルトも用意され、ラストオーダーの時間も遅めで、観劇やコンサートの後に気の置けない仲間と訪問するのにも適している。料理は､茨城県産かすみ鴨とトリュフの香りのハーモニーが素晴らしい「クラージュサンド」から始まり、鳥取の「とっとり琴浦グランサーモン」を用いた冷製テリーヌでは、周囲に添えられた広島・梶谷農園のハーブソースの味わいがサーモンや夏野菜の味わいと繊細なバランスをみせる。メインの長崎産イトヨリのサフランソースや､ワインソースでいただく広島･神石牛のフィレのローストは、火入れが素晴らしく、シンプルなソースとの相性も好ましい｡アサリのパスタ､新生姜とパイナップルのジェラートをはじめとする３種類のデザートに至るまで、ゆったりと食事が楽しめる大人の空間であり、麻布十番らしい隠れ家的なレストランだ。

☾：12,100 円～ 24,200 円

クラフタル
CRAFTALE
シェフ 大土橋真也

15/20
フランス料理

Tel: **03-6277-5813**

東京都目黒区青葉台
1-16-11 2F

定休日：火曜、水曜

☼：土・日 11:30-15:00
(L.O.12:00)
☾：18:00-22:30
(L.O.19:30)

店内の大きな窓を四季折々の風景が絵画のように彩り、あちこちでハレの日を祝う人から笑みがこぼれる。様々な業態の飲食店がひしめく中目黒で、この空間は独特の世界観を持っている。大土橋氏は、恵比寿の「ジョエル・ロブション」やパリのネオ・ビストロ「サチュルヌ」などで研鑽を積み、2015 年に「クラフタル」をオープンした。フランス料理を幅広く体得した大土橋氏の料理は、柔軟でありながら確かな技術で、味わう喜びを提供している。近年は食材にも深くフォーカスしており、産地や生産者が溢れんばかりに記されたメニューからは、熱いリスペクトが滲み出ている。どの食材にもストーリーがあり、それらは目を見張るプレゼンテーションで客の前に現れる。三河の鰻や紅富士サーモンは多様な味をみせるべく３種の調理法で仕立てられ、天然茸と蟹は旨みと香りを最大限に活かすため粽にする。食材の良さを余すところなく伝えたいという思いが、枠にとらわれない細やかな仕事をさせるのだろう。デザートにもその思いは表れ、皿の上にはまるで絵本の一ページのような世界が広がる。心躍る大土橋氏のストーリーテリングは、訪れる人々の心をいつも豊かにしてくれる。

☼：12,100 円　☾：18,150 円

Tel: **03-5826-8663**

東京都台東区台東4-2-11

定休日：日曜、祝日
(不定休あり)

☾：18:00-19:30 (L.O.)

※車いすのまま食事が可能

コウタロウ ハセガワ ダウンタウン キュイジーヌ

15/20

KOTARO Hasegawa DOWNTOWN CUISINE

シェフ 長谷川幸太郎

フランス料理

フェルナン・ポワン氏の名言「若者よ、故郷へ帰れ」に導かれて故郷である下町・新御徒町に開業した長谷川氏の料理は、酸味・甘み・塩味の要素がバランス良く配分された、誰もが美味しさと幸福感を感じられるものだ。これは、かつて氏が長く在籍したフランスのジャック＆ローラン・プルセル兄弟の店の料理の流れを汲むものといえるだろう。プルセル兄弟による地中海料理というコンセプトに繋がる、海の食材と陸の食材を合わせたり、果物の酸味や甘みを効果的に用いたりする手法は、現在の長谷川氏の料理からも感じ取ることができる。また、「日本にあって、日本人であること、日本人にしか作れないフランス料理とは何か」を考える長谷川氏の日々の思索の結果として、たとえば和食のお椀にも通じる千葉産蛤のビーフンのような、蛤出汁を用いていても、しっかりフランスを感じさせる一皿がある、ともいえるだろう。近年の氏は多忙なレストラン営業と並行して、かつて自らが日本代表として２度挑戦した国際料理コンクール「ボキューズ・ドール」で日本チームの順位向上に尽力する。その情熱は、この「日本の良さをフランス料理を通して伝える」という意識とともにあるのだろう。

☾：11,000円

Tel: **03-6457-5547**

東京都新宿区神楽坂
2-11-7
エーワイツービルディング
2FS

定休日：日曜、月曜、
他不定休あり

☾：17:30-23:00
(L.O.20:00)

ジェフリー

15/20

Jfree

シェフ 陣内 翼

フランス料理

「J」はシェフの姓とフランス語のJe（私）からとり､free（自由）と合わせた。硬質な店名に身構えて扉を開けたが、迎えてくれたのは人当たりの良いシェフとマダムだった。陣内氏は宮崎県生まれ。辻調理師専門学校フランス校を卒業後、「カンテサンス」「フロリレージュ」などで研鑽、赤坂の和食店では料理長も務めている。海外で厳しい修業に耐えた先達の時代から時は移り、今は国内でもフランス料理の技術は習得できる。主体は優れた日本の食材。それをどう活かし、「自由」に調理できるかだ。陣内氏が、まず「和の要素が強いものから始め、最後はフランス料理です」と流れを説明する。「麩 自家製味噌」は、ニンニクとアンチョビがベースの味噌を麩で包む。「千葉産 蛤 木の芽バター」もバター以外はまるで日本料理だ。「宮崎産 妻地鶏」は、優しく火入れし、骨をふんだんに使った濃厚な出汁の椀物。ベルモットをほんの少し、洋の要素も加えている。メインは、宮崎牛を粒マスタードや赤ワインソースに宮崎・梶並農園の新玉葱で旨みを添えたオーソドックスなフランス料理で締める。フランスへの憧れを超えて、もっと自由に、という世代が確実に育っている。

☾：18,150円

トワヴィサージュ

TROIS VISAGES

シェフ 國長亮平

15/20

フランス料理

ゲスト・スタッフ・生産者の「3つの顔」を意味するレストランは、2022年4月の開店以来、次第に輪郭を明確にし、その精度を上げている。オープンキッチンを囲むカウンターには、スタッフが摘んできた草花を敷きつめた器が置かれ、色彩と香りを楽しませてくれる。中の小さな紙片がその日のメニューだ。山口県に生まれ、ブルゴーニュの葡萄畑に囲まれた「ル シャルルマーニュ」で修業した國長氏は、ここを「都会にいながら自然が感じられる店」にしたいという。開店時からのテーマの一つ、「主役になりにくい食材をメインに」という「極みえのき」を使ったソーセージは、サイズを小さく、エノキの炒め方や豚肉の比率を工夫して、エノキが芳香を放つ主役になっていた。「ル・マンジュ・トゥー」谷昇氏やパリの「レストラン パージュ」手島竜司氏の薫陶を受けたフランス料理の技術は、「ロゼール産羊のナヴァラン」でも生かされ、羊のフォンを使ったソースにトマトスープを加え、蕪のピューレとともに軽やかに仕上げている。國長氏を中心に、自社畑のハーブをデザートに活かす佐藤智子パティシエールやソムリエ兼支配人の高木皓平氏が、活気溢れる食空間を創り出した。

☼：7,260円　☾：15,730円

Tel: 03-3544-5205

東京都中央区銀座
7-16-21 雲ビル 1F

定休日：日曜、月曜、祝日

☼：土 12:00-15:00
(最終入店 13:00)
☾：火 - 土 18:00-22:00
(最終入店 20:00)

※現金の取り扱いなし
※テイクアウト
火 - 金 11:00-15:00

ネモ

NéMo

シェフ 根本憲一

15/20

フランス料理

魚を中心に据えたフランス料理をコースで楽しめるレストランだ。最近、日本人シェフが注目される魚を使った料理分野の中で、ほとばしる魚への愛をフランス料理という形で表現しているのが、根本氏である。祖父の影響で少年時代から海釣りをはじめ、魚の締め方や捌き方など、あらゆる技術を身につけ、遂には漁師の船に乗るまでになった。「海の上できちんと扱われた魚は、見ればわかります」という、調理場以外の現場でも玄人級の経験に裏打ちされた、シェフ独自の真正なる料理哲学が皿に表れている。フランス料理として軽く、魚料理としては濃厚という、同じものが世界のどこにもない一皿の連続であるが、主役は常に「魚」と、それを取り巻く自然であるところが、さらにこの店の個性となっているようだ。店内は絵画の代わりに大きな切り株、床や壁には砂や水をイメージさせる自然界にある色を基調に、五感に優しいナチュラルなテイストに仕上がっている。柔和かつ繊細でありながら、ゲストに寄り添ったサービスにより、さらなる寛ぎがうながされる。その居心地の良さ、会話の楽しさ、食後感の軽やかさから、界隈の瀟洒なゲストからも愛されているようだ。

☼：10,285円　☾：20,570円

Tel: 03-5962-6085

東京都港区南青山6-15-4
B1F

定休日：月曜（祝日の場合、翌火曜代休）

☼：12:00-13:00 (L.O.)
☾：18:00-20:00 (L.O.)

Tel: **03-3240-5775**

東京都千代田区丸の内
2-4-1
丸の内ビルディング 36F

定休日：元旦

☼：11:30-15:30
(L.O.13:30)
☾：17:30-23:00
(L.O.20:30)

モナリザ 丸の内店

Monna Lisa
シェフ 河野 透

15/20
フランス料理

河野氏は25歳で渡仏後、パリやスイスの有名店で修業し、ジョエル・ロブション氏のもとで薫陶を受け、1990年に帰国。1993年にオープンした恵比寿「タイユバン・ロブション」の初代日本人料理長を務め、1997年に独立した。「レストラン モナリザ」恵比寿本店を26年前、丸の内店を21年前に開き、両店舗の厨房で指揮を執り、多くの弟子を育ててきた。丸の内店は、丸ビル最上階の大きな窓から皇居や新宿副都心、スカイツリーなど大都会の絶景が楽しめる天空のレストランだ。前菜の1品目は、「トマトのロザス仕立て、モナリザの微笑み」。ロザスはバラの花びらに見立てて、くり抜いたトマトの中にズワイガニ、アボカド、サラダ菜、クレソン、リンゴなどをスパイスを絡めて何層も重ね、丁寧に詰め込んだ一皿。赤く濃厚なトマトのソースが実に美しく、トマトやズワイガニの酸味と甘さが調和した河野氏のスペシャリテだ。昼・夜とも良心的な価格を守りながら、素晴らしい気遣いとオリジナルの皿で客をもてなし、基本の確かさに裏付けられたソースで全国から取り寄せた旬の食材のメニューを彩る。河野氏は、間違いなく日本のフランス料理界を支えるリーダーの一人である。

☼：8,470円〜14,520円　☾：10,648円〜60,500円

Tel: **03-6427-3580**

東京都渋谷区渋谷2-6-1
ウインド渋谷 1F

定休日：月曜（月曜祝日の場合営業、火曜代休）

☼：12:00-15:00
(L.O.13:00)
☾：18:00-22:30
(L.O.20:00)

モノリス

monoLith
シェフ 石井 剛

15/20
フランス料理

青山学院大学脇の有名店が点在する通りから1つ入ったビルの1階。入り口の左手に厨房を見ながら奥に進むと、落ち着いた雰囲気の客席が広がる。ここは今の主流である軽やかなフランス料理とは対極に近い、ネオ・クラシックともいうべき料理が味わえる貴重なレストランである。石井氏といえば、「パイの包み焼き」を思い起こすほど、伝統の料理を突き詰め深化させる姿に多くの料理人が敬意を表し、2023年に発足した技術の伝承をテーマとするシェフのグループでも会長に選ばれている。その料理には、作り続けることで光を放つ職人気質のようなものを見ることができる。スペシャリテの「モノリスエッグ」は、卵の殻に詰まった口当たりの良い滑らかなスクランブルエッグとベーコン、蜂蜜、シェリー酒が渾然一体となって美味のハーモニーを奏でる。「穴子のプレゼ」は、牛蒡と枝豆のリゾットの上にフォアグラのソテーを置き、そこに煮崩れ寸前までプレゼした穴子を香ばしく炙ってのせる。穴子とフォアグラという脂質の多い食材を牛蒡が融合させ、異なる旨さと味の膨らみを実現している。石井氏の料理スタイルは、日本の多様化するフランス料理界にあってさらに存在感を増している。

☼：9,680円〜20,570円　☾：15,730円〜30,250円

ラルブル

L'Arbre

シェフ 松尾直幹

15/20

フランス料理

「東京ガストロノミー」を謳うレストランの登場だ。東京も一地方。多摩地区には林野が広がり、清澄な川が流れ、林業で栄えた町の文化もある。2023 年 10 月、これらを集約し、東京ローカルの食文化を再発見しようと開かれたのが、この店だ。多摩北部・瑞穂町生まれの松尾氏は、帝国ホテルに 21 年勤め、最後の約 4 年は「レ セゾン」のスーシェフとしてティエリー・ヴォワザン氏を支えた。秋川街道沿いにある、明治 8 年頃に建てられた擬洋風建築の都指定有形文化財「小机家住宅」。松尾氏は、野菜作りに励む中で、この建物と出合い、現当主の賛同を得て改装。厨房と一枚板のカウンター 7 席を新設し、文化財指定の部屋を個室とした。コックコートにも地元に伝わる黒八丈の絹を配す。料理は、まず自身の畑で収穫した翡翠茄子を焼き、シェリー酒を使ったビネガーで洋風に。有機栽培の大豆で作るあきる野の「たかさん豆腐」は、近くで獲れるニジマスのマリネと合わせる。鮎釣り名人、山羊牧場、パン工房…。松尾氏は、地域の生産者と手を結び、多摩から東京の食を発信する。その料理は、外観は洋風ながら、内部は自国の伝統を大切にした明治の建物と相呼応するものである。

☼：10,890 円～ 14,520 円　☾：16,335 円～ 19,360 円

Tel: **042-596-0068**

東京都あきる野市三内
490

定休日：火曜、水曜、
木曜

☼：12:00 /12:30
いずれも一斉スタート

☾：18:00 /18:30
いずれも一斉スタート

※車いすのまま食事が可能

ル・ブルギニオン

LE BOURGUIGNON

シェフ 菊地美升

15/20

フランス料理

常にフランス料理界の「旬」を、正しいフランス料理の技法で食することができる、稀有な店である。2000 年 1 月の開店、すでに老舗の域に入るので店名を知る食通も多いだろうが、 1、2 度行ったきりで「おいしい老舗料理店」と判断したままの方は、まだまだ勉強不足というものである。菊地氏は毎年、フランスへ自ら研修に出かける。それはフランス料理界の新陳代謝を自身で感じたいという好奇心と、自らの創造性と感性に制限をつけない、飽くなき探求心が原動力のようだ。ベテランと言われる立場になってもなお、フランスの最旬の店で新入りと一緒にじゃがいもの皮むきをしながら、駆け出し時代と同じマインドで学び続ける。このことからしても、シェフの掴んだ「現代のフランス料理」の情報量を超えている食べ手・作り手は、ほぼ存在しないと言っていいだろう。このようなシェフの足跡は、この店のメニューのすべてが「スペシャリテ」だと表現しても、言い過ぎにはならないほど、洗練されたものとしてゲストに届けられている。また、高級店であるにもかかわらず「町場のフランス料理店のシェフ」という姿勢を頑として崩さないところも、この店の大きな魅力なのである。

☼：6,655 円～ 10,890 円　☾：14,520 円

Tel: **03-5772-6244**

東京都港区西麻布3-3-1

定休日：水曜

☼：11:30-14:30
(L.O.12:30)

☾：18:00-22:00
(L.O.19:30)

レストラン ラリューム

Restaurant L'allium

シェフ 進藤佳明

15/20

フランス料理

Tel: **03-6456-4378**

東京都港区白金台
4-9-23 ツツイビル B1F

定休日：月曜中心に月８日

☼：12:00-14:30
☾：17:30-22:30

白金台駅から程近いプラチナ通り沿いに、ひっそりとした入り口がある。細いアプローチから階段を下りてゆくと、地下とは思えない解放感のあるホールが広がっている。窓の外に移ろう時間を気にせず楽しめる贅沢な食空間だ。進藤氏は、六本木「ラトリエ ドゥ ジョエル・ロブション」の副料理長の後、白金台「ジョンティ・アッシュ」のシェフを務め、高評価を得た。満を持して 2018 年、オープンした自身の店では、ロブション氏の薫陶を受けたシェフの一人として、その集大成を皿の上に展開している。フォアグラや黒鮑などの高級食材はもちろんだが、添えられた食材の豊かな味わいにも、シェフの経験値の高さが窺える。落ち鮎と長茄子のベニエに敷かれた焼き茄子のクーリー、松川カレイのポワレに合わせた茸のエチュベにも、素材をシンプルに食べさせるのではなく、皿の主役になる食材と調和し引き立てる仕事が施してある。これこそ、多くの人が思い描く理想的なフランス料理だろう。四季折々の食材が、白いクロスの上に美しいプレゼンテーションで運ばれ、ソムリエのサーブするワインとともにいただくと、感嘆の声が漏れる。そんな正統派のフランス料理が味わえる貴重なレストランである。

☼：7,150 円～ 27,830 円　☾：14,300 円～ 27,830 円

ロー

L'EAU

シェフ 清水崇充

15/20

フランス料理

Tel: **03-5843-0140**

東京都港区南青山2-14-14
南青山KFKビル B1F

定休日：月曜、他不定休あり

☼：12:00-15:00
(L.O.13:00)
☾：18:00-22:00
(L.O.19:30)

青山で地下のレストランに展開する清水氏の世界は、見た目が大変に美しく、一皿一皿が、繊細な絵本の世界のような料理である。はじめに手渡される絵コンテとメニューを手掛かりに、物語性のある濃厚な創作料理を楽しむ趣向のようだ。シェフが提案するテーマを、皿の中から自分で探して体験しながら食べすすめるという、受け身な劇場型ガストロノミーなのだが、料理のあまりの精巧さに、テーブルのあちこちから感嘆の声が漏れ聞こえてくる。自然の息吹を感じさせるナチュラルな見た目とは違い、濃厚なソースと創造性の高い独自の技術に支えられた料理は、食べごたえも十分である。厳選された日本食材を中心に、シェフの感性と感覚に合ったものだけが丁寧にセレクトされているため、ここと同じような料理には、なかなか出合えないだろう。シェフ独特の感性でクリエイトした皿の上の自然界は、どの角度から切り取っても必ず美しく「映える」ため、多くを語る必要性があまりないようだ。そのため、青山界隈という美食エリアを根城にする食通にも、ガストロノミーに詳しくなったばかりの世代にとっても、堅苦しさのない美食の店として、愛され続けているのである。

☼：7,260 円～ 19,965 円　☾：19,965 円

エンメ

EMMÉ

シェフ 延命寺美也

14/20 フランス料理

パティシエであり、オーナーシェフでもある美也氏が、ソムリエを務める夫の信一氏と 2019 年に開業。表参道や渋谷からもアクセスの良い静かなエリアにあり、美也氏がシェフパティシエとして手腕を発揮した「ラチュレ」も同じエリアにある。アシェットデセールをコース料理のもう１つのメインに据えるこの店で、美也氏はプレートやカクテルグラスを、華やかに大胆に季節のデザートで彩っている。フルーツや甘味だけでなく、時に、前菜やメイン料理に使われるフォアグラやトリュフもデセールの中に活かし、多彩なハーモニーを生み出していく。午後のデセールやランチタイムが終わると、夜はフレンチワインバーに切り替わり、アラカルトやおまかせコースで、ソムリエ厳選の良質なワインとのマリアージュが楽しめる。たとえば春の一品「ホワイトアスパラガスとホタルイカのポワレ」は、食感のコントラストや苦みのアクセントが小気味好い。石井農園の苺を使った「新緑のシフォンケーキと苺」は、プレートに春の情景が浮かぶような演出だ。他のパティスリーの監修も手掛けながら、アシェットデセールの魅力を追求する美也氏に、新時代のオーナーシェフとしての期待が集まる。

☾：6,600 円～ 11,000 円

Tel: 03-6452-6167

東京都渋谷区渋谷
2-3-19 ローゼ青山 1F

定休日：火曜（祝日、祝前日の場合は前後に振替）

☼：12:00-16:00
(L.O.15:30)
☾：17:00-25:00
(L.O.23:30)

ゴ・エ・ミヨの歴史

50 年以上、優れた才能の持ち主を見出し続けているゴ・エ・ミヨ

アンリ・ゴとクリスチャン・ミヨによる「ゴ・エ・ミヨ」の冒険は、1960 年代、日刊『パリ・プレス』の編集部で始まりました。

アンリ・ゴは優れたリポーターとして才能を発揮しており、クリスチャン・ミヨは編集副部長で雑誌『magazines』の編集責任者を務めていました。1961 年、ゴは部長のピエール・シャルピから「週末と散歩」という週刊コラムを任されます。彼は、古い愛車に乗り、パリ近辺で行われる面白い催し物を取材したり、美味しいレストランの調査をしたりし始めました。この雑誌の責任者であったミヨは、後に「ゴ・エ・ミヨ」のパートナーとなる、ゴが書いた街歩き記事を読み返していました。

毎週金曜日、２人はお気に入りの週末プランや訪れるべき場所（屋根の崩れた城、のどかな田舎など）を、街歩き記事として書いていきました。その中で、読者が一番興味を示したのが、良いレストランを発見、紹介するコラムでした。この企画は新しい価値観を持つ読者の要望に応えたのです。当時、フランス人は、自由な生き方について考え、週末の過ごし方を変え、レジャーを楽しみ始めていました。戦後の食糧難による飢えへの心配が無くなり、人々の味覚は洗練され、よりナチュラルで、より本物の味を求めていたのです。

タクボ
TACUBO
シェフ 田窪大祐

16/20
イタリア料理

Tel: **03-6455-3822**

東京都渋谷区恵比寿西
2-13-16
ラングス代官山 1F

定休日：日曜、第2・4
土曜

☾：16:00-23:00
(L.O.20:00)

コンセプトは「自然」。2016年の開店以来、田窪氏は独自のスタイルを確立、食材の「生命力」が息づく、力強く、また繊細なイタリア料理を展開している。薪窯を取り入れた選択が、その料理哲学をよく表している。ダイレクトに本能に響く「旨み」だ。コースは、千葉・木更津「クルックフィールズ」の弾力あるモッツァレラチーズから。馬肉のタルタルには、この時季ならではの白トリュフ。細い棒状にカットし、贅沢に振りかけると、歯触りと濃厚な香りが馬肉の上品で滑らかな旨みを引き立てる。真鱈の白子のソテーとラディッキオは、パリッと焼かれた白子の甘さと、マリネされたラディッキオのハーモニーが秀逸だ。タヤリンは、練り込まれた卵の風味が豚とマッシュルームからスープをとるダブルコンソメとよく合い、白トリュフでグンと香りを増す。メインの薪焼きは仔羊。手袋を渡され、かぶりついていただく。火の熱量と肉の旨みが、鮮やかな余韻を残す。名物ボロネーゼには栗かぼちゃが絡まり、旬の恵み溢れる味わいだ。田窪氏の生産者に対する深い敬意、循環を考慮した素材選びも含め、料理というフィールドから発信するメッセージは、その枠を超え、未来を創る大きな力になるのだろう。

☾：26,400円～28,600円

ブルガリ イル・リストランテ ルカ・ファンティン
BVLGARI IL RISTORANTE LUCA FANTIN
シェフ ルカ・ファンティン

16/20
イタリア料理

Tel: **03-6362-0555**
/予約専用
03-6362-1270
(11:00-17:00)

東京都中央区銀座2-7-12
ブルガリ銀座タワー 9F

定休日：日曜、月曜
(1月-10月)

☾：17:30-20:00 (L.O.)

ブルガリのレストランはイタリア本国に限らず、海外展開も完成度が高いことで知られるが、銀座の「イル・リストランテ」も例外ではない。ファンティン氏は、日本での長い在住の中で、個人的なクリエーションより、レストランとしての調和を作り上げることを選んでいるのだろうか、どんなゲストにも安心して楽しんでもらえる料理を心がけているように思われる。静岡・焼津の鰆のカルパッチョや、小田原産のクロムツに蛤の蒸し焼きソースを合わせた一品は、素材の特質を全面に出すことに心を砕いていることが窺える。かといって、和に振りすぎるというのではなく、リゾットはホワイトアスパラガスの甘みを抱いたソースに燻製バター、春の山羊チーズのアロマとコクを組み合わせて、イタリアンガストロノミーの面目躍如。さらに上質な皿は続き、最後のデザートとワゴンで供されるミニャルディーズのレベルの高さには息を呑む。伝統菓子へのオマージュだというこれらミニャルディーズの一つ一つの作り込み具合は素晴らしく、イタリアの料理文化への心からの敬意の念を感じさせる。食事の最後まで華やかな気持ちを失わせないのは、さすがブルガリのエスプリを体現しているというべきだろう。

☾：34,800円

グッチ オステリア ダ マッシモ ボットゥーラ トウキョウ

15.5/20

Gucci Osteria da Massimo Bottura Tokyo

シェフ アントニオ・イアコヴィエッロ

イタリア料理

銀座で、ひときわ華やかでテンションの上がる店である。ブランドらしい色彩豊かな外観とエントランスは、ここが特別な場所であることを知らせる最初の合図。店内にはGUCCIを介して体験する、イタリア・ルネサンスの世界観が広がる。この独特な空間で、イタリアと日本を融合させた一皿に仕立てているのが、イアコヴィエッロ氏。来日から2年、母国を離れているからこそ強く感じるようになった郷土愛は、日本食材という表現材料を介してほとばしる。伝統的なイタリアのレシピをベースにしつつも、イアコヴィエッロ氏は和洋の演算を繰り返し、考え抜く。どこか記憶があるのに新鮮な驚きのある皿の数々だが、同時に、文化の違いとは多様性のことであり、人はどこにいても、世界中と繋がっていることを認めざるを得なくなるのである。ブランドの制服に身を包んだスタッフは、イアコヴィエッロ氏の紡ぎだす物語をゲストに伝える語り部としての役割も担っており、その音楽のような語りを聞けば、写真に残さなくても、ここでの体験を忘れることはないだろう。これらはすべて、日伊の食文化への愛と礼賛によって導き出されたものであり、老舗ブランドが合わさることにより、三位一体となった結果である。

☼：17,600円～19,800円　☾：24,200円～31,900円

Tel: **03-6264-6606**

東京都中央区銀座6-6-12
グッチ並木 4F

定休日：月曜

☼：火 - 土 11:30-14:30
日 11:30-15:30
（最終入店 13:00）
☾：火 - 土 18:00-23:00
（最終入店 19:00）

※アペリティーヴォ
火 - 土 16:00-18:00
バー
火 - 日 11:30-15:00
（L.O.14:00）
火 - 土 16:00-23:00
（L.O.22:00）
（いずれも季節・天候によりクローズ）

リストランテ ホンダ

15.5/20

Ristorante HONDA

シェフ 本多哲也

イタリア料理

北青山の大通りから入ってすぐの場所に本多氏が店を開いて20年目になる。シックで洗練された店内は、「今日はどんな料理に巡り合えるのか」と期待に胸を膨らませるゲストでいっぱいだ。日本各地から届く多種多様な食材は、イタリア料理の技法にフランスや日本の要素を取り入れた、本多氏の料理へと昇華されていく。エゴマの葉の上に握り鮨のように置かれた酢締めした鰯は、下に玉葱とパプリカの甘酢漬け、イカスミを練り込んだ自家製のパンがあり、巻いていただく。和食の趣かと思いきや、食してみるとそうではない。食材の組み合わせから生み出される味わいの妙は、食べる悦びと同時に、洗練された料理へと自在にアレンジする本多氏の表現力への驚きに繋がる。手打ちパスタは2種類。ブラウンマッシュルームのラグーソースに香ばしく揚げたエノキが見た目も美しく盛られ、太めのパスタとソースが絡まる。細めのパスタはイカスミ。北海道産の雲丹が惜しげもなく盛られ、口に運ぶ度に感動が押し寄せる。誰もが心満たされる料理と出合えるレストラン。時代は遷移しながらも本多氏の作り上げる料理は、新鮮な感動を与え、美しさや上品さを纏ったものであり続けるのだろう。

☼：8,470円～18,150円　☾：18,150円～30,250円

Tel: **03-5414-3723**

東京都港区北青山
2-12-35 1F

定休日：月曜（月曜が祝日の場合、翌火曜休み）

☼：12:00-13:30（L.O.）
☾：18:00-21:00（L.O.）

アルマーニ / リストランテ

ARMANI / RISTORANTE

シェフ カルミネ・アマランテ

15.5/20

イタリア料理

Tel: 03-6274 -7005

東京都中央区銀座5-5-4
アルマーニ / 銀座タワー
10F・11F

定休日:2-9月 日曜、月曜、
10-12月 月曜

☼ : 11:30-15:00
(L.O.14:00)

☾ : 18:00-23:00
(L.O.20:00)

「アルマーニ的ライフスタイルの提案」の一つとして、アルマーニ／銀座タワー高層階で、モダンで高品質なイタリア料理が楽しめる。店内はムードのあるラウンジのような印象だが、ARMANIらしいクールさと遊び心が混在した空間になっている。イタリア本国でも評価の高いアマランテ氏が、本場イタリアの料理を日本食材と融合させ、ファインダイニングのコース料理に相応しいレベルに昇華させている。シェフの出身地ナポリの伝統的な米のようなパスタ「RISO DI SEMOLA」を使ったサフランリゾットでは、佐賀県産の最高品質の「AKAITO サフラン®」をふんだんに用い、色彩・香りも豊かなこの一皿は、イタリア人にも日本人にも「忘れ難い味」として、日伊の新しい郷土料理となりつつある。あらゆるシチュエーションに柔軟に寄り添えるスタッフにより、ゲストは、この銀座の一角が創り出す世界に安心して浸っていられる。日本のおもてなしに匹敵するレベルのシームレスなホスピタリティーは、なめらかで堅苦しさがない。イタリア的な洗練とはこういうものかと、そのブランド名に相応しいクオリティーと感性を、いやが上にも堪能できる場所である。

☼ : 13,200 円～ 19,800 円　☾ : 22,000 円～ 33,000 円

ファロ

FARO

シェフ 能田耕太郎

15.5/20

イタリア料理

Tel: 03-3572-3911

東京都中央区銀座8-8-3
東京銀座資生堂ビル 10F

定休日：日曜、月曜、夏季
(8 月中旬)、年末年始

☾ : 18:00-23:00
(L.O.20:00)

イタリアンヴィーガンガストロノミーという難しい挑戦を課しながらも、能田氏は、それをイタリア料理のエシカルな可能性を追求し、自らのクリエーションを自由にするステップとしているのではないか。「ファロ」の料理からはそんなことを考えさせられる。蕗の薹のラビオリは、タピオカ粉で作ったパスタが、小麦のパスタを超える食感の良さを実現し、蕗の薹を和の食材から苦みを特徴とするイタリア料理のハーブへと変身させる。メインのパイ包みは、卵もバターも使っていないにもかかわらず、パイ生地のサクサクとした食感とその芳香に驚かされる。料理だけではなく、日々進化しているノンアルコールペアリングは、発酵と様々なお茶、果物や野菜がそれ自体驚くような組み合わせと温度やテクスチャーの多様性と共に供され、料理の幅をさらに広げる。食事の華ともいうべきパティシエ加藤峰子氏のデザートも、ビジュアルの美しさだけでなく多彩な香りを探しにいく愉しみがあり、店にいながら自然の香りに溢れる野原を散策しているような感覚になる。一軒の店の魅力が料理人一人によるものではなく、チーム全員で補完し合い、刺激を与え合うことで広がりを持ちうることの好例ではないだろうか。

☾ : 16,500 円～ 22,000 円

イル ラート

IL Lato

シェフ 古井繁規

15/20

イタリア料理

新宿３丁目のビル４階。周囲のざわめきが嘘のように、店内は広く落ち着いた空間だ。店ではまず、トレードマークである蛸の人形に出迎えられる。そのとぼけた表情に心も和む。料理は真剣そのもの、熱いシェフだ。コース 10 皿のうち 6 皿は魚介類がメイン。どれも上質で、味付けは僅かな出汁やオリーブオイルのみ。古井氏は「料理の腕を補うために良い食材を使うんです」と謙遜するが、少々無理をしても、良いものがあれば買うという姿勢を貫く。それは食材を尊重すべきであるというシェフの使命感であり、生産者への敬意の表れでもある。古井氏が魚介類を好んで用いるのは、かつて築地市場に通う中で、魚にも四季があることを知ったからだという。野菜と同じように、魚にも季節がある。日本の魚介類は、世界的に高い評価を受けているが、古井氏の料理は、日本で作られるイタリア料理の、あるべき一つの姿なのかもしれない。秋の日、最初の一品はカマス。そこに菊の花と春菊のスープ。カマス、イクラ、菊の花という、この時季の組み合わせは、秋になるといつも作る料理だという。ゆったり取られた厨房で、古井氏は季節を料理に反映できることに充実感を覚えているようだ。

☼：6,600 円～ 13,200 円　☾：9,900 円～ 16,500 円

Tel: 03-6709-9987

東京都新宿区新宿3-6-2
栄ビル 4F

定休日：水曜、他不定休あり

☼：日・祝 12:00-15:00
☾：18:00-23:00

オガサワラ レストラン

OGASAWARA RESTAURANT

シェフ 小笠原圭介

15/20

イタリア料理

この１年で心に残った５皿と言われた時必ず思い出す一品がある。「オガサワラレストラン」はそんな料理を出す場所だ。特に奇を衒っているわけではなく、季節の良質な素材を活かしたイタリア料理の風情もありながら、その裏には細部にまで行き届く思考があり、それが最終的に他では味わったことのない驚きをもたらしている。冷製パスタには桜が練り込まれ、白海老の上品さにコシアブラの葉が絡み合う、江戸の粋人に好まれそうな風流な一皿。蛤のフランは、春の優しさが形になればこのようなものだろうかと思わされる、控えめでいながら忘れ難い余韻を残す。タルトレットはテクスチャーの遊びに満ち、サクサクの台にねっとりした生しらす、アクセントの効いたアンチョビガーリックにペペロンチーノと、軽やかなリズムでイタリアに飛んだかと思うと、筍に雲丹バニラのソースは、筍の水分がありながらしっかり締まっており、小笠原氏らしい下拵えが味にも反映している。鰻パイはアルザスの鰻料理を再構成したという、シュークルートの発酵酸味を生かし、日本人が想像する鰻パイを遥かに超えている。小笠原氏の料理は、美味をひたすら追求する人への美しい答えのようだ。

Tel: 03-3353-5035

東京都新宿区荒木町6-39
GARDEN TREE B1F

定休日：不定休

☾：17:00-23:00
(L.O.21:00)

※価格は時価

コンヴィヴィオ
Convivio
シェフ 辻 大輔

15/20
イタリア料理

Tel: 03-6434-7907

東京都渋谷区千駄ヶ谷
3-17-12 カミムラビル 1F

定休日:日曜、月 1 回月曜、
他不定休あり

☼ : 12:00-14:00
(L.O.12:30)
☾ : 18:00-22:00
(L.O.19:00)

「カーチョ・エ・ペペ」と聞けば、この店を思い出す。それほどインパクトのあるスペシャリテに、イタリア・トスカーナで出合った辻氏。この店ならではの個性を手作りパスタで打ち出す。具材はなく、パスタとシンプルなソースの相性を味わう料理。ソースをしっかり纏う平打ちのフェットチーネに濃厚なペコリーノ・トスカーノを絡ませ、“わかりやすく美味しい”イタリア料理の醍醐味を提示する。辻氏が、この道に入ったきっかけは、テレビで見た美しいイタリアの町並み。シエナに渡り、語学学校の学生時代、アルバイトで皿洗いをするうち料理に興味を持ち、いきなり本場で修業を始めた。料理人の入り口としてはレアケースだが、以来、すべてのベースはイタリア愛。長い間日本にトスカーナ料理を紹介することを使命としてきた。そんな辻氏も昨今は日本の食材に惹かれ、和の素材でイタリア料理を表現しようと試行錯誤を続けている。さらには、廃棄物として扱われるおからをパスタやフォカッチャに仕立てるなどフードロス問題にも目を向け始めた。ダンテの書『饗宴（Convivio)』は、未完に終わったが、辻氏の「饗宴」は、次のステップに向けて確実に完成度を高めつつある。

☼ : 6,050 円～ 14,520 円　☾ : 14,520 円～ 20,570 円

ジンボ ミナミアオヤマ
JINBO MINAMI AOYAMA
シェフ 神保佳永

15/20
イタリア料理

Tel: 03-6804-5955

東京都港区南青山
4-11-13

定休日 : 日曜、月曜、
他不定休あり

☼ : 11:30-15:00
(L.O.13:30)
☾ : 17:30-22:00
(L.O.20:00)

※季節により価格の変動あり

青山「HATAKE AOYAMA」で野菜使いの名手として名を馳せた神保氏は、生産者のもとへ足を運び、関係を深め、出身地・茨城では食のアンバサダーも務めている。2022 年、自らの名を冠し開いた店のスペシャリテ「バーニャカウダ」でも 30 種類以上の野菜を使うが、どれ一つとっても同じ調理法はない。フランスやイタリアで習得した緻密なテクニックで、それぞれの魅力を開花させる。しかも、それは日々変わる。どんな野菜が入手できるか、当日の朝までわからないことがほとんどだからだ。そんな即興的な調理を成功させているのが、生産者との親密度である。生育状況を逐一電話で確認、即座にどんな野菜をどのように生かすか判断する。神保氏はサステナブルという課題にも取り組み、規格外野菜を活用し、端材はチュイルに仕立てている。水にも精通。コンサルティングをしていた時に見つけた北アルプスの自然に濾過された湧き水は、出汁はもとより、レモンスカッシュ、フレッシュハーブティーにまで利用することで、すべてをまろやかな味わいに変容させる。「リストランテ濱﨑」という老舗の跡地を受け継いだグランメゾン空間で、神保氏は一期一会のコースを丹念に組み立てていく。

☼ : 11,000 円　☾ : 22,000 円

ボッテガ

15/20

BOTTEGA

シェフ 笹川尚平

イタリア料理

ドアを開け、階段を下りると、もう香ってくる。秋、白トリュフの季節、その蠱惑的な芳香に誘われた客で席は既に埋まっている。笹川氏がイタリアに渡り、最初に修業したのがピエモンテ州、マンマが料理長を務める白トリュフで有名な店であった。「イタリア郷土料理を深掘りすること」をライフワークとする笹川氏は、白トリュフをタヤリンでどう美味しく食べてもらうか、心を砕く。フォンティーナチーズと合わせた自家製タヤリンに、白トリュフを丁寧にすり下ろす笹川氏の表情からは貴重な食材への敬意が見て取れる。カンパニア州、トスカーナ州と地域の味を吸収した笹川氏は、帰国後、「アロマフレスカ」原田慎次シェフのもと、日本人の味覚についても探求を続けた。「燻したメカジキと香草のカルパッチョ仕立て」はそんな笹川氏ならではの一皿だ。メカジキの腹身を 40 分ほど優しく燻製し、3 枚重ねて、その間に鮎の魚醤でマリネした西洋わさびを挟んでいる。トマト果汁の薄いシートとフルーツトマトのピューレの爽やかな酸味。イタリア料理に日本人の感性を加えた笹川氏の逸品だ。美味を追求しながら「ボッテガ」（工房）の職人であることを忘れない笹川氏のイタリア愛が溢れる店だ。

☾：16,500 円

Tel: **03-6450-3933**

東京都渋谷区広尾5-17-8
アプリシエ広尾 B1F

定休日：日曜、他不定休あり

☾：17:00-24:00 (L.O.)

※別途テーブルチャージ500 円

ミソラ

15/20

misola

シェフ 石濵一則

イタリア料理

イタリアのヴェネト州やミラノで経験を積み、八丁堀「ステッソ・エ・マガーリ シック」でシェフを務めた石濵氏の料理は、「イノベーティブ」を標榜し、色鮮やかで鋭角的な印象の見た目など、既存の枠に収まらないようでありながら、イタリアの伝統料理を基本とした芯のはっきりとしたものだ。スペシャリテの「帆立 蕪」は、皿の模様とリンクするような割ったメレンゲが印象的な真っ白な一品。丁寧に火入れした青森産の分厚い帆立を、蕪と塩味のメレンゲ、修業の地ベネチアの郷土料理の組み合わせをアレンジした酸味のソースでいただき、そこに、柑橘のような香りを持つヴェネト州のワインを合わせ、綺麗な酸の重なりを愉しませる。訪問時、旬を迎えていた鮎は、身の間に鮎の肝や黒鮑、鮑の肝を挟み、おかひじき、鮎の頭や骨を使ったチュイルで味の層のボリュームを増やし、石濵氏らしい骨太な料理スタイルが表れた一皿となっていた。どの料理も、ベースが定まっているからこそのアレンジであり、コースの緩急も自在に操る。八丁堀の 1 人の厨房から青山に移り 2 年を経た石濵氏の料理は、スタッフの力も得て、自身の個性を打ち出した皿へと変貌を遂げている。

☼：8,470 円　☾：14,520 円

Tel: **03-3479-3700**

東京都港区南青山
3-10-38 2F

定休日：日曜、月曜、祝日

☼：12:00-14:30
(L.O.13:00)
☾：18:00-22:00
(L.O.19:30)

Tel: 03-6762-8001

東京都港区西麻布1-4-23
アルゴ西麻布 1F B号

定休日：日曜、月曜不定休

☾：17:30-24:00

※ 21:00 以降はアラカルト

メラキ

merachi

シェフ 杉本功輔

14.5/20

イタリア料理

シェフが惚れ込んで即決したという物件が現在の店舗。西麻布交差点の近くで比較的静かな街区。この界隈で遊び慣れた人が自分だけの店にしておきたいと思うようなシンプルで瀟洒な店構えだ。席はカウンターで、突き当たり奥にはワインセラーがあり、日々変わる在庫に心ときめく向きも多いだろう。杉本氏はイタリア北部ミラノや南部サレルノなど、イタリア各地で約８年間修業、郷土料理を身につけ、銀座「ファロ」ではスーシェフも務めた。コースでは生ハムメロン、バルサミコを添えた鰻のリゾットなどの直球イタリア料理の間に、腐乳でマリネした軍鶏のフリットのような変化球が挟まれる。コースの中でのクラシックと変化球の交ぜ具合、オープンキッチンで、仕上げは目の前で行うなど、意外性やライブ感といった様々なアプローチでゲストを飽きさせない。カウンター前で手打ちで作るシチリアのパスタ「ブシャーティ」、食後に供される焼き立てマドレーヌなど、可能な限り出来立てを出すというのも、ゲストを楽しませようとする杉本氏の心意気だろう。夜９時以降はアラカルトで対応、ゲストが食べたい料理を作るという、その痒い所に手が届くバランスも「メラキ」の魅力だ。

☾：16,500 円～ 22,000 円

Tel: 03-3289-5331

東京都中央区銀座6-8-7
交詢ビル 4F

定休日：月曜

☼：11:30-13:00 (L.O.)
☾：18:00-23:00
(L.O.20:00)

スリオラ

ZURRIOLA

シェフ 本多誠一

16.5/20

スペイン料理

素材の内側に籠もる力はそのままに、美しく切れ味の良い料理。本多氏の繰り出す品々を一言で表すとしたらそのようなイメージではないか。前菜の、指で摘まんで新鮮さを口元まで運んでいく鰯から、カカオの芳香だけを抽出した食後のカカオティーに至るまで、一種の爽快さが「スリオラ」のクリエーションには通底している。ホワイトアスパラガスとフォアグラの一品では、優しく火を通したアスパラガスと、ペドロ・ヒメネスの香りに包まれたフォアグラの甘みが通じ合い、滑らかなハーブソースに伴われて、味はまったく違うのに、まるで極上の胡麻豆腐のような柔らかさが喉を滑り落ちていく。鱗焼きの甘鯛は、往々にして脂っこくなりがちなところを、レモンと生姜のエスプーマがしっかり引き締め、シードラソースがスペインらしさを添える。 鳩のアサードでは、鳩の内臓のパテに桜の葉のクマリンが絡まることで、内臓の充実感は失わないまま、全体のトーンを上方に掬い上げる。食事が終わった時に内側から沸々と活力がみなぎってくることが感じられるような、ゆったりとまどろむためにではなく、いわば料理に勇気づけられたい時に訪れたいレストランだ。

☼：11,858 円～ 22,385 円　☾：23,958 円～ 33,275 円

アカ

aca

シェフ 東 鉄雄

16/20

スペイン料理

2020 年、京都から東京に移転したこのレストランは、東氏の独創的な料理と人柄で、瞬く間に日本中の美食家を虜にしている。重厚な鉄扉の中、木の素材を生かしたダークな色調のシンプルモダンな空間も、古典的なスペイン料理をベースにした、東氏ならではのモダンスパニッシュ料理を象徴している。1 皿目の藁で炙った石垣貝は、サクサクと柔らかく甘みと旨みが溢れ出す。貝の下には焼き茄子が隠れており、茄子のとろける食感と藁の香りに加えて生ハムのソースがコクを与え、美味しさのあまり最初からノックアウトされる。東氏の名刺代わりともいえるボカディージョは、トマトを練り込んだパンの上に、贅沢にも時季の限られる新子をビネガーでマリネしたものがのり、大葉を巻いていただいた。柔らかい酸味を纏った新子がトマトの風味とマッチし、大葉の香りがアクセントを加える。日本ならではの食材を生かしたパエリアも、この店のシグネチャーだ。時季により出てくる食材が変わるのも、楽しみの一つ。この日は舞鶴の鮑のパエリアであった。旬の食材を取り入れ、定番と季節ごとの料理を織り交ぜ供されるコースは、毎回ゲストが目を見開くような驚きと喜びに溢れている。

☀ : **30,250 円〜**　☾ : **30,250 円〜**

Tel: **03-6262-5090**

東京都中央区日本橋室町
2-1-1 三井2号館 1F

定休日 : 日曜

☀ : 土 12:00-
☾ : 17:00- /20:30-
土 17:00-

エマン

eman

シェフ 小林 悟

14.5/20

スペイン料理

黒で統一されてすっきりとした厨房に、真っ白な皿と真っ白なコックコート。9 席ほどの厨房を囲むカウンターの奥の黒と白の世界。そこに野菜の緑や肉の赤などの色味が映える。店内も同様に、モダンな設えを支える外観は築 60 年ほどの民家で、金庫の小部屋をそのままワインセラーにするような設えも印象的だ。その古めかしさと新しさの混ざり具合が独特の雰囲気を作り出している。「郷土料理が好き」という小林氏の言葉通り、料理はパエリアやイベリコ豚のローストのような伝統的なモチーフを、一皿ごとの食材を抑えたシンプルでモダンなテイストで提供する。見せたいものは食材の良さ、そしてスペイン料理と日本食材・日本文化の混成。たとえば、白身魚コチのフリットにのせた木の芽の香りは、モホベルデのコリアンダーの香りに溶け込み、ムルシア地方名産の野菜のパエリアには穴子が加わって日本とスペインを繋ぐ。店名の「エマン」は、スペイン・バスク地方の言葉で「与える」という意味があるという。スペインと日本文化への思いを料理や空間に込め（＝与え）て、それを受け取ったゲストが、また別の誰かに繋いでいく。その循環が「エマン」の理想の姿であるに違いない。

☀ : **8,250 円**　☾ : **16,500 円**

Tel: **03-6240-3644**

東京都江東区白河1-3-6

定休日 : 日曜、月曜

☀ : 金・土 12:15-
☾ : 火・水・木
18:00- /19:45-
金・土 18:45-

Tel: **03-6712-5085**

東京都港区東麻布
1-20-3

定休日：日曜、他不定休あり

☾：18:00-23:00
(L.O.20:00)

クローニー

Crony

シェフ 春田理宏

16/20

イノベーティブ

最近の環境保全や SDGs の考え方のもと、食材の持続可能性はガストロノミーの世界でも無縁ではない。生産者の支援、食品ロスの低減、発展途上国とのフェアトレード、美食とはともすれば対極ともいえるそれらのメッセージが、この店の「クローニー＝永続的な茶飲み友達」というコンセプトに絡めて、料理に違和感なく組み込まれている。ゲストの目の前で淹れた食前の玉露の茶葉が食後のデザートに使用されるという、食材の再利用や循環を身近に感じられるコース構成は、その意図の表れだ。新北欧料理由来のミニマリズムも、このコンセプトへの親和性を感じさせる。とはいえ、それらのメッセージは、料理の味そのものが良くなければ説得力を持たない。エシカルなメッセージを発するがゆえに設定された料理への高いハードルを、創造性と技術力で超えていくのは並大抵のことではないはずだ。前菜の、旬の筋子と胡麻を合わせる意外性、また、メインの肉のフランス料理ならではの適切な熟成と火入れ。清澄でモダンな仕立てとトラディショナルなフランス料理に通じる味覚が、春田氏の料理の持ち味だ。小澤一貴氏の的確なワインペアリングも、その世界観をより印象的なものにしている。

☾：27,830 円

Tel: **03-5785-0799**

東京都港区南青山
2-6-15

定休日：日曜、月曜

☼：12:00-14:30
(L.O.12:30)
☾：17:30-20:00
(L.O.18:00)

※予約はウェブ予約より

NARISAWA

NARISAWA

シェフ 成澤由浩

16/20

イノベーティブ

2023 年、開業 20 周年を迎えたレストランは改装により厨房とホールの一体感が増している。2011 年のマドリッド・フュージョンで「世界で最も影響力のあるシェフ」に選ばれた成澤氏は、「イノベーティブ里山キュイジーヌ（革新的里山料理）」を謳い、心と身体に有益で、持続可能な美食の世界を追求している。食事は日本の作法に則り、手漉き和紙の上に置かれた朱塗りの盃を傾ける「引盃」から始められる。8 年間の欧州修業を経た成澤氏だが、今は青森・大間の鮪や愛知の鰻、熊本の黒毛和牛など、日本の代表的な食材を出汁や炭火を活かして調理する、旨みのある和食に近い味わいの料理が多くなっている。稲穂が置かれた和紙の覆いをとると、藁でスモークした鰆が現れ、皿の周りをピンクと緑の 2 色のソースが幾重にも取り囲む一皿は、段々畑の景色を映したようで、驚きと美しさ、美味しさで魅せる逸品だ。成澤氏が着目した、人と自然が共生する里山に料理人が移り住み、その土地の食を表現するようになった現在、成澤氏は都心で、より洗練された技術で日本の自然の恵みを紹介している。2023 年 5 月には上海にも出店。日本を発信する成澤氏に、世界の目が注がれている。

☼：52,030 円　☾：52,030 円

マス

MAZ

シェフ サンティアゴ・フェルナンデス

15.5/20

イノベーティブ

Tel: 03-6272-8513

東京都千代田区紀尾井町
1-3 東京ガーデンテラス
紀尾井町 3F

定休日：火曜

☾：17:00-23:00
(L.O.20:00)

都心のビル内に創出された空間は、すべて遠く離れた南米・ペルーの生態系や自然の多様性をガストロノミーを通して体感するためにある。首都リマで「セントラル」を手がけるヴィルヒリオ・マルティネス氏と、氏が主宰するリサーチ機関「マテル・イニシアティバ」は、ペルーの自然の多様性を、一皿ごとに同じ高度でとれる食材を組み合わせ、９つの高度を９皿で表現するという手法を編み出した。ペルーは「季節」の代わりに「標高」が気候を左右する。たとえば「淡水 225MASL ナマズ - ピタハヤ - ヤーコン」は、淡水魚（ナマズ）とフルーツ（ピタハヤ）の淡さがアマゾンをイメージさせ、ココナッツの甘さとあっさりした白身魚に甘酸っぱいフルーツ、食べ進めると下に唐辛子のような辛さがある。こうした味覚でペルーの自然を表していくのだ。ここではマルティネス氏の信頼が厚いフェルナンデス氏が厨房を担い、８割を日本食材によって、日本では当たり前に感じているものがそうではない、驚きを与えるペルーの食世界を提示している。馴染みのない料理でありながら、口にすればペルーの自然が圧倒的なリアリティーで迫ってくる、それが「MAZ」の魅力である。

☾：30,250 円

アシッド ブリアンツァ

ACiD brianza

シェフ 児玉智也

15/20

イノベーティブ

Tel: 03-5440-8885

東京都港区麻布十番
2-17-8 パークIビル 1F

定休日：火曜、水曜

☼：土・日・祝
12:00-15:00
(L.O.12:00)
☾：18:00-23:00
(L.O.19:00)

「発酵」を押し出した新北欧料理が一世を風靡するも、一段落した感のある昨今、あえて「フレンチ×ノルディック」を冠して旗揚げした児玉氏。フランス・ノルマンディーの「Sa.Qua.Na」でアレクサンドル・ブルダス氏の斬新な魚介の扱いに触発され、デンマークの「Kadeau」で野菜の発酵技術を学んだ自信が背中を押した。アシッド（酸）を意味する店名通り、巧みな酸味使いと、ニューノルディックのテクニックを駆使して編み出した独自のコンセプト。メニューに並ぶ抽象的なネーミングに続く素材は、不穏な雰囲気すら帯びている。「寝かせた芋」は、じゃがいも、鰹、麹。「甘味と塩味」は、フォアグラ、フェンネル、ヘーゼルナッツ。「発酵と松」は、牛乳、コンブチャ、松など、一見脈絡なく破綻に向かいそうな組み合わせばかりだ。一皿の複雑で過密な工程に、多種多様な要素が絡み合い、予測不可能な味わいを生み出す。無造作に並べられた素材が、味わい、食感、香りの美しいハーモニーを奏でる、その過程が、もはや謎でしかない。食材に与えられた方程式を満たす未知数の値の範囲を求める、児玉氏にしか見出せな解（かい）をゲストも共に求めるのである。

☼：12,100 円　☾：19,800 円

Tel: **03-5843-1982**

東京都渋谷区神宮前
3-1-25

定休日：火曜、他不定休あり

☾ : 18:00- /19:00-

ジュリア

JULIA

シェフ nao

15/20

イノベーティブ

早くに他界した両親が抱いていた小料理屋を開く夢。この店を母親の愛称「JULIA」と名付け、果たせなかった夢へのオマージュとした。ここではコースにドリンクペアリングが組み込まれている。ニューヨークの名店「グラマシータバーン」で研修をしていた本橋健一郎氏は、シェフソムリエに、なぜ日本のワインをリストに入れないのか、と問われ日本ワインの勉強を始めた。今では、毎月の料理構成を日本産のワインありきで決めている。本橋氏のセレクトとともに試作を重ねるnao氏は、レストラングループのPRから転身、研修と監修を受けながら腕を磨いてきた。料理はイノベーティブな様相ながら、母親の手料理のような温もりを感じる味わいが広がる。そのギャップに潜む遊び心。チーズに昆布など、洋に和の要素を巧みに組み合わせエッジの効いたメニューを構築していく。土鍋の蓋を開けるとグリーンピースとともにグレープフルーツが顔を出し、合間には熱燗が登場することも。時に食べ手が驚くような仕掛けを企て、固定観念の殻を破り続ける。縦横無尽に追求した美味しさを、奇を衒わず発信する、この時代のヌーベルキュイジーヌとはこのことではないか。

☾：35,000円

Tel: **03-3465-8471**

東京都渋谷区上原
2-8-11 TWIZA上原 1F

定休日：日曜、月曜

☼ : 土 11:30-
☾ : 18:30-

セララバアド

Celaravird

シェフ 橋本宏一

15/20

イノベーティブ

店名は宮沢賢治の未完成作品に登場する少年の名前だ。テーブルには「セララバアドの旅」と書かれた小さな紙。開くと、そこには物語が綴られている。夏の20皿近いコース料理は、セララバアド少年とともに歩を進める旅なのだ。「El Bulli」「noma」を経た橋本氏が織りなす、独自の世界観へと惹き込まれていく。蓴菜と梅昆布茶が閉じ込められたゼリーが蓮の葉に1粒、その葉を手で持って口の中に滑り込ませる「朝露」。夏らしい貝殻などが入ったガラスの箱の上にのせられた「海辺」は、箱の上の巻き貝を耳に当てると波が寄せては返す音が聞こえる仕掛け。蓋にのっているのは、カレー風味のムール貝コロッケや、シマエビと海ぶどう、蛤、バイ貝、波に見立てた蛤のソースなど。それらをいただいた後、蓋を開けると、中のガラスボトルに巻紙のメニューが入っている。「玉手箱」は、蓋を開けると浦島太郎よろしく帆立の香りがするスモークが立ち上る。中は帆立の貝柱と細切りズッキーニのフリットだ。最後の「線香花火」を口に含むと、火花が弾けるようにパチパチと発泡し、少年の旅は終わる。春夏秋冬、3ヵ月ごとに更新されるメニューには橋本氏の想像力が詰まっている。

☼：13,200円　☾：15,400円

ア・ニュ Shohei Shimono

15.5/20

à nu Shohei Shimono

シェフ 下野昌平

フュージョン

下野氏はフランスの「トロワグロ」や「タイユヴァン」で研鑽を積み、代官山「ル・ジュー・ドゥ・ラシエット」を経て自らの店を開く。その経歴はフランス料理の王道ともいうべきものだが、現在は料理の枠を取り外し、ジャンルに囚われず、ひたすら美味しいものを提供することに徹している。カウンターを主体とするが、一斉スタートではなく、ゲストの都合に合わせる方式も好評だ。訪問時には、カウンターの上に長野県産有機野菜、天然茸、松茸、トリュフ、石垣牛、宮崎産マンゴーと、食材が所狭しと並べられており、コースへの期待が高まった。それらの上質な素材を用いて、ハラペーニョ入りのタルタルソースを添えた松茸の天ぷらや、細く切られた松茸と実山椒の香りがアクセントになった松茸と石垣牛のしゃぶしゃぶ、ストウブの鍋で炊き上げた松茸ご飯、とシェフのアイデアにより、目の前で様々な料理が生み出される。締めも２種類用意され、雲丹とトリュフのクリームパスタ、トムヤム麺と、料理の国籍も多様であり、デザートの宮崎産マンゴーもスパイスを加えた液体に入っており、独自の味を示す。ワインの選択も興味深く、融通無碍な下野ワールドを楽しむべき店といえるだろう。

☾：33,880 円～ 48,070 円

Tel: —

東京都渋谷区広尾5-19-4
SR広尾ビル 1F

定休日：不定休

☾：18:00-21:00 (L.O.)

※仕入れにより価格の変動あり

アンディ

14.5/20

Ăn Đi

シェフ 内藤千博

モダンベトナミーズ

日本の四季を感じさせつつも、斬新な味わいが光る、「召し上がれ！」というベトナム語 Ăn Đi を体現した店だ。シグネチャーディッシュの「ティーリーフサラダ」は、八女茶を独自に乳酸発酵させた茶葉を主役に、周りを取り囲むように美しく盛り付けられた旬食材をソースと一緒にいただく。六味、香り、食感の複雑な口内調和が楽しい。トリュフで水玉模様を描いた生春巻きは、中に鯖の味噌煮を隠し、金木犀の蜂蜜漬けが添えられた甘酒のソースにディップして食べさせるなど、唯一無二の料理を生み出している。美しいピンク色に仕上げられた蝦夷鹿にはグリーンカレーのソース。添えられたドクダミの葉が印象深い。揚げ春巻きやバインミー、フォーなどベトナムのローカルフードは再構築されレストランのエスニックフードへと昇華。「レフェルヴェソンス」で腕を磨いた内藤氏は、テクスチャー、フレーバー、アロマを縦横無尽に組み合わせながら、多彩で重層的な味わいを作り上げる。オーナーソムリエの大越基裕氏が繰り出す数百種類のワインや日本酒からチョイスするアルコールペアリングも想像を超え、２人が織りなす新しい味覚のワンダーランドは、絶えず進化を遂げている。

☼：10,570 円　☾：11,730 円

Tel: 03-6447-5447

東京都渋谷区神宮前
3-42-12 1F

定休日：月曜、他不定休あり

☼：土・日
12:00-13:30 (L.O.)

☾：17:30-21:00 (L.O.)

茶禅華

sazenka

シェフ 川田智也

18/20

中国料理

Tel: 050-3188-8819

東京都港区南麻布4-7-5

定休日：日曜・月曜を中心に不定休

☾ : 16:00-19:30 (L.O.)

※季節により価格の変動あり

※車いすのまま食事が可能

食材を選び抜くだけでなく「どう仕立てるか」を追求した皿からは、川田氏がどれほど食を愛しているかが伝わってくる。肉の仕立て一つをとっても、皮を焼き切り、皮の下の脂にも理想形があると言い、それを見事に形にする。鰻の皮のクリスピーさも驚きだ。あられをまぶして揚げた「酔っ払いドジョウ」は、ふわりと仕上げられ、骨はまったく気にならない。ドジョウの身がこんなにも柔らかいのは、瞬間の美味しさを究めた温度感もあるのだろう。仔鳩の火入れの進化には毎回驚くばかり。血の旨みを保ちつつ、えぐみのない瑞々しいテクスチャーを生み出すのは、「ただ炭で炙っただけ」。だが、そこには絶え間ない試行錯誤があるに違いない。青鮫のフカヒレは、皮付きのまま天日干しすることで、干し海老のような香ばしさがあり、フカヒレ本来の味を楽しませながら、こっくりとした白湯ソースと合わせる。スパイシーな手羽先には、大粒の銀杏を軽く潰したものが詰められ、辛いものの後には、和梨にクローブを効かせたもの。白米が欲しくなったところに、一口だけ、ソースに米を入れて少し煮て味を染み込ませたものを。痒いところに手が届く「旨いもの」。訪れる度、驚きの進化が待っている。

☾：50,820 円〜 114,950 円

わさ

WASA

シェフ 山下昌孝

16/20

中国料理

Tel: —

東京都渋谷区東3-16-1
ベルザ恵比寿 1F

定休日：日曜、月曜、他不定休あり

☾ : 17:30-

※季節により価格の変動あり

2020 年から恵比寿に舞台を移した山下氏。オープンキッチンを囲むのはカウンターではなく、テーブル席だ。隣とは距離が生まれ、リラックスして「わさ」ライブを楽しめる。素材を選び抜き、様々なストーリーを経て創り出される山下氏の料理は、「アレが食べたい」と食通達の記憶に刻まれる。奇才と評されるシェフはシンプルな料理ほど、その所以を発揮。胡瓜と葱を和え、細かく刻んでフワッと供される「搾菜」。たったそれだけの料理を、スペシャリテにする。同じく、丁寧な下拵え、技とセンスで唸らせるのは、全身を使って鍋を振るう「炒飯」だ。卵と葱のみで到達する、噛む度に風味が上品に重なっていく味わいの立役者は、細かく刻まれた葱。水分や臭みを取る仕込みに 16 時間かけるという。膨大な手間と時間をかけて生まれる、究極の逸品は「フカヒレの白湯スープ」。2 種の水を使い、それぞれ、一番出汁、二番出汁に 8 時間ずつ、4 種合計 32 時間も費やし、ゆっくりと混ぜ続け、辿り着く味。香ばしく焼かれたフカヒレが浸る 2 層のスープは奥底に耀う輪郭もありながら、円やかに舌に優しさを残す。山下氏の比類なき情熱が開花する今、更になお、新たなる感動を予感させる。

☾：38,500 円

慈華

itsuka

シェフ 田村亮介

15.5/20

中国料理

「素材を慈しみ、人を慈しみ、料理を慈しむ」をコンセプトにした田村氏の料理は、創造力と確かな技術で表現されたものばかりだ。はじめから唸らされる一皿、「運気の上がる前菜盛り合わせ」は、縁起の良い昇り龍をイメージしたもので、多彩な素材と味わいを詰め込んだ小品が、まるで絵のように美しく盛られている。下から上に向かっていただくと、まさに昇龍、幸運を手に入れられるような気がしてくる。自家製の醤や天然の調味料を使い、一つ一つが滋味溢れる味わいである。薦められた中国ワインのポテンシャルの高さにも感動した。そして、そのワインと好相性なのが名物料理、宮城・気仙沼産モウカザメのフカヒレだ。取り分ける前、直径 40cm ほどの大皿でプレゼンテーションされるフカヒレを拝ませてもらうと、高揚感、期待感は最高潮に達する。口に運べば身の厚さとしっかりとした食感、コクのある白湯スープに心が満たされる。そこに炊き立ての土鍋ご飯を混ぜるのだ。その美味しさの記憶は今もなお蘇ってくるようだ。中国料理の歴史と伝統に真摯に向き合い、田村氏の感性と慈しみの心がなせる料理の数々。旬の命を尊び、深い愛情を注いで出来上がる一皿をありがたくいただこう。

☼：12,100 円～ 45,980 円　☾：19,360 円～ 45,980 円

Tel: **03-3796-7835**

東京都港区南青山
2-14-15 五十嵐ビル 2F

定休日：月曜、他不定休あり

☼：11:30-15:00
（最終入店 13:00）
☾：18:00-23:00
（最終入店 20:30）

シノワ

ShinoiS

シェフ 篠原裕幸

15.5/20

中国料理

香港や上海の有名店でも腕を磨いてきた職人気質な篠原氏は、中国の文化と伝統に敬意を払いながらも現代に生きる日本人だからこそ作り出せる中国料理を探求している。コース冒頭に登場するフカヒレの春巻きは、シュモクザメとヨシキリザメの 2 種類を閉じ込め、24 ヵ月熟成のコンテチーズと燻製したキャビアが添えられた、熱々を頬張る。スペシャリテと称されるのは、岩手県吉浜産の干し鮑を水だけで戻して炊き、戻し汁を 1 週間ほど煮詰めたソースと供する「創始真味干鮑」。余計なものが削ぎ落とされ、鮑の味わいがストレートだ。とうもろこしを存分に生かしきった冷製酸辣湯、蒸した太刀魚に冬瓜のジュレと発酵トマトペーストが組み合わせられた「姜汁清蒸魚」など、次々繰り出される料理には、ソムリエの大越基裕氏が監修するアルコールペアリング、篠原氏の思い入れの強い希少なものも紹介する中国茶ペアリングを推奨しており、1 皿ごとに考案された合計 8 種ほどのマリアージュを楽しめる。2023 年春には念願の中国 3 週間の旅で数多くの地方を訪れ、新しい味を記憶してきたというから、これから生み出されるさらに進化したモダンチャイニーズからますます目が離せない。

☾：43,780 円～

Tel: —

東京都港区白金台
4-2-7 bld桜なみき 2F

定休日：不定休

☾：17:00-20:30
（最終入店）

※季節や仕入れにより価格の変動あり

Tel: **090-8720-2581**

東京都台東区西浅草3-1-9

定休日：月曜（祝日の場合、翌火曜）、他不定休あり

☼：12:00-13:30
（最終入店）
☾：18:00-20:00
（最終入店）

龍圓

Ryuen

シェフ 栖原一之

14.5/20

中国料理

仲間から「鬼才」と呼ばれ、信頼の厚い栖原氏は、この地で約30年、黙々と腕を振るう。飄然とも見えるその姿から、求めているのはゲストの賞賛の声だけではないか。そうでなければ現今、コース7,000円からという価格設定は考えられない。栖原氏は毎年、何かテーマを決めている。今年は、食材はスッポン、料理法は「究極の引き算 足し算」のようである。浜名湖・服部中村養鼈場から1kg級の大型のスッポンを取り寄せ、まずスッポンのレバーで驚かせる。年により意匠の異なる春巻きは、具がスッポンのみ。以前は少量のマッシュルームと葱、スッポンのスープで味と食感を調えていたが、「スッポンそのものを味わうには、他のものは不要ではないか」と、引き算。スッポン100%の春巻きの完成だ。口に含むと熱々の衣からスッポンが飛び出してくるような驚きの食体験だ。締めは「具のない雑炊はさびしい」と、足し算。スッポンの美味すべてを注ぎ込む。これほど豪勢な雑炊もないだろう。栖原氏は、初めての試みは誰もが新人、自分もまだ成長できると目を輝かせる。その熱意と濃厚な味に圧倒されているうち、昨年の課題、日本酒と昆布はどうなったのか聞きそびれてしまった。

☼：7,000円～35,000円　☾：7,000円～35,000円

Tel: **03-5361-8363**

東京都新宿区荒木町
10-14 伍番館ビル 2F B

定休日：土曜、日曜、他月2日ほど不定休あり

☾：18:00-21:00
（最終入店）

※予約はウェブ予約のみ

南方中華料理 南三

minami

シェフ 水岡孝和

14.5/20

中国料理

荒木町車力門界隈は、美食のカオス地帯。迷路の行き着く先は、雲南料理、湖南料理、台南料理、3つの「南」の饗宴である。雲南省の少数民族の食堂を訪れたかのような店内。仄暗い厨房を窺うと、何やら正体不明の肉塊が何本もぶら下がっている。台湾の山胡椒や塩レモン漬けなど、見慣れない調味料が点在。マニアックな食材やスパイスを駆使しながらも、日本人の味覚にしっかり寄り添った皿が連投される。まずは冷菜6種、馴染みのない料理に一瞬ひるみながらも絶品モードを放つ一皿一皿に食欲は全開である。1羽から1つしか取れない鴨舌は、漢方薬やスパイスで煮込んで予想外のスモーキーな味わいが隠し味。ウイグルソーセージは、羊の肩肉ミンチ、舌、心臓、レバーに、台湾の料理から発想を得たもち米と押し麦を加え食感を出し、クミン、コリアンダー、ガラムマサラなどの多彩なエスニックフレーバーを忍ばせる。中国全土を旅して培った知識とセンスが、多彩な香辛料を幾重にも練り上げ複雑な奥行きへと導き、謎の食材を日本人の舌が大歓迎する味わいに変身させる。強烈な個性を持つ食材とスパイスの絶妙な調和の掛け算。一度ハマったらもうこの数式から抜け出せない。

☾：9,240円

蓮香

Renshan

シェフ 小山内耕也

14/20

中国料理

木姜ユーリンソース、発芽大豆とささげの炒めもの、発酵冬瓜の香り蒸し…メニューに並ぶのは、文字だけでは想像のできないような品々。白金高輪駅から徒歩 10 分ほど、白い壁、白いドアの向こうには、中国郷土料理のワンダーランドが広がっている。この店は中国の田舎料理と野菜料理にフォーカスしており、一般的な中国料理店とは一線を画す。賑やかに鍋が音をたてる厨房に立つのは、麻布十番「ナポレオン フィッシュ」で店の立ち上げから料理長を務めた小山内氏。前菜の 5 種は、野菜のフレッシュさに、木姜や青山椒、怪味ソースが鮮烈な印象を残す。この店の名物「発芽大豆、ささげの漬物、ひき肉炒め」は、豆の食感が愉しく、豆やひき肉などの旨みがあとを引く。料理は特定の地域のものではなく、小山内氏が現地を訪れて食べたものから発想を得ているという。すべてをいただいてみると、初めてなのに、どこか懐かしい味わいがあり、知らない料理ではないかと身構える必要はないのである。小山内氏は、今でも定期的に中国に出向いており、特に帰国直後は受けたインスピレーションで料理も少し変わるという。そのタイミングを楽しみに通い続けたくなるような店である。

☾：6,900 円

Tel: **03-5422-7373**

東京都港区白金4-1-7

定休日：不定休

☾：平日 18:00-22:00
(L.O.21:00)
土・日 17:30-21:30
(L.O.20:30)

赤坂 松川

Matsukawa

シェフ 松川忠由

19/20

日本料理

古来より日本人は春夏秋冬の花鳥風月を愛で、文化・芸術を育んできた。とりわけ春は桜、夏は星、秋は紅葉、冬には雪といった風物にみる季節感を、旬の食材を取り入れた料理を通して、色彩や味、香りのみならず、器や設えに至るまでトータルに表現する総合芸術にまで仕立て上げたのはおそらく日本人だけであろう。そうした唯一無二の日本料理における至高の存在の一つが「赤坂松川」だ。広大な大使館の裏手、静かな小路にある店は、外観はモダンだが内は壁をすべて土壁で拵えた茶室然とした設え。松川氏が自ら活けた野の花が、季節をさりげなく物語っている。ここには日本全国からその時々の最高の食材が集まる。この日は、バカラクリスタルの鉢に 2 つに切った大きなトリ貝が 1 つ。あとはすり下ろしたばかりの山葵のみ。食材に絶対の自信があるからこその直球勝負だ。状態を見極め、卓越した技と味覚によって創られた料理は、茶の湯にも通じる主人の目利きにかなった器に収まり供される。控え目で品のある設えの中に身を置けば、精緻を極めた料理の香りと味、そして選び抜かれた器が織りなす色彩が、料理を楽しむ人の脳裏に、その時季の最高峰の景色を刻み込むことになるだろう。

☼：70,000 円　☾：70,000 円

Tel: **03-6277-7371**

東京都港区赤坂1-11-6
赤坂テラスハウス 1F

定休日：不定休

☼：木・土のみ
12:00-15:00
(L.O.13:00)
☾：18:00-22:00
(L.O.20:00)

※季節により価格の変動あり

※車いすのまま食事が可能

日本料理かんだ
Nihonryori Kanda

シェフ 神田裕行

19/20

日本料理

Tel: **03-6459-0176**

東京都港区愛宕1-1-1
虎ノ門ヒルズ
レジデンシャルタワー 1F

定休日：日曜、祝日

☾：17:00-20:30 (L.O.)

表札はなく、一瞬入るのを躊躇ってしまうようなエントランス。日本のみならず海外の人からも高い評価を得続けながら、飾らず衒わず、美食の園は静かに佇んでいる。素材の内側の味を探し、自然に表現する料理は、選り抜きの銘木を使って作られた、建築家・杉本博司氏設計の内装とも呼応する。季節は夏、神田氏は、故郷・徳島産の鮎を焼き上げて籠に盛り、見事な乾山の夏草の器に取り分けてくれる。語らずとも、極上のものが当たり前にある贅沢。ふんわりとしたとうもろこしと海老の真丈のお椀は、甘さのボリュームの似通った食材を組み合わせており、出汁は透き通った品の良いもの。日本料理は綺麗な水を味わう料理だと再認識する。清流を覗き込んだ時のように山椒の葉が透けて見える、涼しげな鯵の押し寿司は、この時季の名物。酸味を抑えた酢飯の中心にシャッキリとした小さな胡瓜を忍ばせ、酢橘の甘酸っぱさと香りが繊細な鯵の食感に寄り添う。造詣の深いワイン、オリジナルラベルの日本酒も低温熟成により１年間寝かせて状態を落ち着かせるなど、飲み物の状態にも細かい気配りがなされている。シンプルに見えて磨き抜かれた技と知識が、長きに亘り愛され続ける理由だろう。

☾：54,450 円～

日本料理 龍吟
Nihonryori Ryugin

シェフ 山本征治

19/20

日本料理

Tel: **03-6630-0007**

東京都千代田区有楽町
1-1-2
東京ミッドタウン日比谷
7F

定休日：不定休

☾：18:00-23:00
（最終入店 20:00）

全国から旬の食材を集め、総合的な和の食文化を表現する山本氏は、日本を代表する料理人の一人だ。一方で、自身は「日本料理屋」であり、フグや蟹の専門店ではないと記しながら、「全く別の位置づけで」取り組んでいるのが、季節限定のフグと蟹のコースであり、2022 年から始めた「貝尽くし料理」だ。山本氏自身、「貝が大好き」と、食材としての貝の魅力を熱く語る。その料理は、店の逸品でもある鮑のステーキの素晴らしさは言うに及ばず、煮詰めることでエッセンスが凝縮した蛤出汁、しっかりした噛みごたえと、その瞬間に溢れる貝汁と旨みが肉料理を超えているかのように感じられるタイラ貝の蒲焼き、産卵前の季節だからこそ食べられる帆立貝の白子の艶めいた味わいなど、貝が圧倒的な力を発揮する。また、定番のおからにも貝出汁を使い、滋味滋養スープの土台となるつぶ貝のクリアスープも最も純粋な形で味わわせるなど、日本料理ならではの技法を活かした料理でも堪能させる。フグ・蟹・貝を極める「尽くし」のコースは既に高い完成度を見せているが、山本氏はライバルを自身の「お任せコース」と考えているのではないか。その気概が日本料理をさらに先に進めていくのだろう。

☾：48,400 円～

虎白

18/20

Kohaku

シェフ 小泉瑚佑慈

日本料理

夕暮れ時ともなれば学生やサラリーマンで賑わう神楽坂。その目抜き通りから一歩入った昭和の雰囲気が残る路地の中ほど、夜の帳に溶け込む黒竹に覆われた隠れ家のような店構え。小さな「虎白」という灯りがひそやかだ。小泉氏が師匠の石川秀樹氏から店舗を任され、「石かわグループ」の中核を担って既に 15 年になる。その料理を一言で表現するならば「挑戦する日本料理」だ。キャビアやトリュフにフカヒレ。紹興酒やシェリー酒、麻辣醤など今まで日本料理に用いられなかった食材や調味料などを積極的に取り入れ、日本料理のさらなる可能性を切り拓いている。この日は、北京ダックの皮を包むカオヤーピンで、蒸した鮑や肝、ムラサキウニや胡瓜を巻き、新味を出していた。特筆すべきは、こうした新しい要素を盛り込んでも、それがきちんと日本料理として成立していることだ。そこには「神楽坂 石かわ」時代から何万回と引いてきたであろう出汁の味、何万匹と捌いてきた包丁の技という基礎がある。こうして、小泉氏が挑戦する料理は、同じ食材を使った従来の日本料理以上にゲストの心を鷲掴みにすることとなる。さらなる美味と進化を求める小泉氏のあくなき挑戦は続く。

☼：45,980 円　☾：45,980 円

Tel: **050-3138-5225**

東京都新宿区神楽坂3-4

定休日：日曜、月曜、祝日
(8 月下旬・年末年始休みあり)

☼：土 12:00-
☾：17:00-24:00

神楽坂 石かわ

17.5/20

Kagurazaka Ishikawa

シェフ 石川秀樹

日本料理

風情溢れる神楽坂に店を構えて 20 年。石川氏は、今もグループ全体を統括しつつ、料理人として神楽坂の店に立つ。ワインをオーダーするゲストも多いため、真昆布をしっかりと利かせた丸みのある出汁や、隠し味に乳製品を使うなどして要所要所にボディのある味わいの料理を入れている。つけ醤油などは全体的に甘めの味付けではあるものの、近年は味を加えすぎない「引き算」の味づくりが際立つ。全体を通して印象的だったのは、「コントラストのある火入れ」だ。富山・氷見から取り寄せたという、小ぶりのアオリイカはサッと茹でて内側はレア気味に仕立て、その旨みと、塩昆布を刻み込んだごま油のタレとの余韻の長さを合わせる。金目鯛は皮目のみをパリッと焼き上げ、身は軽く脱水する程度に火を入れて、プリッとした瑞々しい食感が楽しめるようになっている。また、通常は 2kg サイズが好まれる明石の真鯛は、あえて 1kg 未満の釣り物を指定して入れているそうだ。小さめの鯛は皮が柔らかく、皮下の新鮮な海苔のような芳香が堪らない。店内は石川氏のきめ細かな目配りが行き届き、人当たりの好い接客の居心地の良さに、長年通いつめる常連客も多い、文字通りの名店である。

☾：49,500 円

Tel: **03-5225-0173**

東京都新宿区神楽坂5-37
高村ビル 1F

定休日：日曜、月曜、祝日

☾：17:00-22:30
(L.O.20:30)

※季節により価格の変動あり

Tel: **03-6450-1818**

東京都港区新橋5-31-3

定休日：日曜、祝日、
他不定休あり

☾：18:00- /20:30-

新ばし 星野

Shinbashi Hoshino

シェフ 星野芳明

17.5/20

日本料理

新橋の繁華街から少し外れたオフィスビルと住宅が入り交じる街区の一角に、こぢんまりとした日本料理店がある。「新ばし 星野」である。暖簾をくぐると白木のL字型カウンターの奥で店主の星野氏が笑顔で出迎える。茹だるような暑さで火照った身体を「冷やしとろろ汁」が優しく冷やし、ふっくらと滋味溢れる「海鰻の蒲焼」が食欲を掻き立て、これから続く美酒佳肴のために身体を整えてくれる。ゲストの体調まで慮った気配りのあるスタートだ。この店の料理を一言で表すならば「楷書の日本料理」。つまり、日本料理の基本に忠実ということではないか。手間暇を惜しまず丁寧に作られた料理はシンプルながらも季節を感じさせる盛付に、選り抜いた食材の持ち味を迎えにいくような味わいだ。例えば、出汁を味わう「芋茎の吉野煮」。丁寧に下拵えをした旬の芋茎は滑らかながら繊維一本一本を感じるシャキシャキした歯ざわり、芋茎に滲みこんだ出汁と葛餡からじんわりと広がる出汁の余韻。地道で丁寧な仕事が、出汁の持ち味を最高まで引き出した、お手本のような逸品だ。最高の料理のために食材探しに余念がない星野氏は、楷書体を守りながら日本料理のさらなる高みを目指している。

☾：50,000 円〜

Tel: **03-3768-6388**

東京都品川区南大井
3-11-5
MAKIMURA BLD 1F

定休日:日曜、祝日の月曜、
水曜不定休

☾：18:00-19:00
（最終入店）

まき村

Makimura

シェフ 牧村彰夫

17.5/20

日本料理

大将と女将の人柄と心意気が隅々にまで染み渡った店内は、訪れる者すべてを寛がせる。最高の食材を手間暇かけて仕込み、牧村氏のセンスで完成させた料理は、どれも季節の移ろいを五感で味わう逸品ばかり。お造りは、選び抜いた素材、包丁使い、つまや薬味まで、美味しく食べてもらうための工夫を惜しまない見事な出来栄えだ。この日はヒラメ、伊勢海老、剣先烏賊。どれも温度、歯ごたえ、旨み共に申し分ない。加えて、糸のように細く切られた胡瓜、海苔、塩、酢橘、卵黄、ラディッシュ、ポン酢、醤油など、歯ごたえや食感、味のバランスを考え、選び抜かれたつまや調味料に幾つもの工夫が見られる。「宮崎牛のすきしゃぶ」は、「まき村」の名物で、A5 ランクの上質の肉は、さっぱりした旨みに溢れ、上品な出汁を含んだ甘辛のタレとよく合う。ふっくらと炊き上げた茄子との相性も良く、一度いただくと忘れられない味となる。締めのご飯の美味しさも評判通りで、その最たるは、「鯛茶漬け」。つやつやと光るコシヒカリを味わい、見事な鯛を胡麻だれと共に、仕上げには丁寧に引いた出汁をかけて。なんとも贅沢な一品だ。料理の素晴らしさと心ある接客、一度は訪れるべき名店である。

☾：31,460 円〜 36,300 円

麻布 かどわき

Azabu Kadowaki

シェフ 門脇俊哉

17/20

日本料理

Tel: 03-5772-2553

東京都港区麻布十番2-7-2
ローズハウス麻布十番 1F

定休日：日曜、祝日、
他不定休あり

☾：17:30-22:00
(L.O.21:00)

※全室禁煙

麻布十番に店を構えて 20 年以上。多くの日本料理店がおまかせ一本に絞る中、ここでは事前の選択制ながら、常に数種類のコースを用意している。決して大きな厨房ではないが、驚くほどバラエティーに富んだ料理が生み出せるのも、門脇氏の目配りと統率力の賜物だろう。つくね芋と百合根の中に松茸をたっぷりと入れ、素揚げにした新銀杏をあしらった「松茸コロッケ」など、独創的なメニューの開発は、「これが食べたい」と季節ごとにやってくる常連の顔が見たいという門脇氏の思いが原動力になっている。「開店間もない頃から来てくださるお客様も多い。支えてもらってここまで来られた」と、感謝の言葉を口にする。トリュフご飯で名を馳せた店は、夏場のサマートリュフも鶏卵ほどの大きさの良質なもの。「ずっと使っているから、どんどん良いものが手に入るようになって」と門脇氏は笑う。ご飯のみならず、刺身にもたっぷりと削りかけ、デザートにトリュフの蜂蜜漬けを使うのも、そんな強みを活かしたもの。茶道を学んだ門脇氏は、料理の着物である器にも心を配り、永樂などの名品を揃える。晴れの日の祝いにも相応しい華やかさ溢れる食体験が、訪れる人の心を掴んで離さない。

☾：54,450 円〜

銀座 しのはら

Ginza Shinohara

シェフ 篠原武将

17/20

日本料理

Tel: 03-6263-0345

東京都中央区銀座2-8-17
ハビウル銀座2 B1F

定休日：日曜

☼：火・木・土
12:00-15:00
☾：17:00-19:30
20:30-23:00

時間ちょうどに扉が開くと、カウンター越しに先付の飾りつけが始まっている。席に着くや、月ごとに変わる献立に合わせて歳事や五節句を取り入れたプレゼンテーションが眼前に迫ってくる。大振りの朝顔が何輪も花をつける蔓が配されたお盆が差し出されると、四角柱の氷を削って仕立てられた器に透けて見えるのは、緑を配した涼やかなそうめん。夏の盛りの饗宴であることを肌で感じる仕掛けがちりばめられている。海や山の旬の幸を数種類盛った贅沢な八寸に至っては、ほおずきに迎え火、送り火、精霊馬を配し、お盆を表現。日本の文化や風習を今に伝える物語を造形する。滋賀で生まれ育った篠原氏の原風景である“田舎料理”は、近江の素朴な食材をシンプルにあしらった祖母や母の味。そこにフォアグラ、キャビアなど日本料理に向かないとされた洋のご馳走を、斬新な発想で組み込んだ。伝統的な技法をベースに新たな着想で果敢に攻める、自称「町衆の料理」は、その域を超え、すでに「銀座の美食」に昇華されている。「ゲストに喜んでもらえる料理」、そんなシンプルな難問と日々真摯に向き合い、店内に響く歓声を糧に、篠原氏は今日も、どの引き出しを開けるかの算段に余念がない。

☼：35,500 円〜　☾：35,500 円〜

Tel: **03-6452-9039**

東京都港区芝公園1-7-10

定休日：日曜

☼：火 - 土 12:00-14:30
☾：17:00-23:30

※仕入れにより価格の変動あり

くろぎ

Kurogi

シェフ 黒木 純

17/20

日本料理

増上寺の表門、存在感のある大門の近くに饗宴の舞台はある。黒木氏は、和食界に名を遺す故・西健一郎氏に師事。西氏のもとで培った技術と素材の目利きへの確信が、カウンターと同じ高さに据えられたまな板に表れている。そこには主役となる厳選された旬の食材が鎮座し、それらが調理される過程をつぶさに見ることができる、まさに黒木氏のための舞台だ。軽妙に客とコミュニケーションを取りながら、精緻な技で次々と料理を仕上げていく様は、まさに圧巻。筍は掘るエリアまで厳密に決めており、その朝採れたものを空輸で取り寄せる。「焼いただけです」と謙遜するが、滋味深い甘さを引き出す技は、やはり素材への深い理解と愛情があってこそ。また、短い期間しか出回らない花山椒は、しゃぶしゃぶで供されるのが一般的だが、この日は発酵黒にんにくや蜂蜜を用いたカツ煮にたっぷりと添えられていた。甘さと爆発的な旨さに、花山椒が鮮烈な香りを放つ。料理界で名声を博しながらも、それに甘んじることなく、常に新境地を開拓する黒木氏の気概を感じる、魂のこもった一品である。勝運の仏さま「黒本尊」を祀る増上寺の門前町、この店もまた不思議な力に満たされたパワースポットではないか。

☼：108,900 円～　☾：108,900 円～

Tel: **03-3451-8320**

東京都港区三田2-17-29
グランデ三田 B1F

定休日：日曜、月曜、他不定休あり

☼：土 12:00-14:00
☾：17:30-23:00
(L.O.20:30)

※季節により価格の変動あり

日本料理 晴山

Nihonryouri Seizan

シェフ 山本晴彦

17/20

日本料理

岐阜「たか田 八祥」を経て 31 歳の若さで独立した山本氏。その料理は、古典を大切にしながらも独創的だ。閑静な三田の街。扉を開き、活気のある厨房を横に見ながら店内へ。香ばしい香りが心地好く食欲を刺激する。一品目はうざく。鼻腔をくすぐる炭火焼きの正体が早速登場だ。蒲焼きにした鰻の皮はパリパリと歯触りよく、熱々の鰻、冷たい胡瓜と茗荷の酢の物との温度差と味わいのコントラストが際立っている。風薫る 5 月、季節を先取りした初夏の献立に口元もほころぶ。お凌ぎには生コノコとアサリの飯蒸し。グツグツと煮え立ち、熱々の器。とろみのついた餡にコノコの旨みが絡めとられ、餅米と食すると、口の中でえも言われぬ協演が美味を奏でる。この日のメインは、希少な宮城・気仙沼の青鮫のフカヒレと天然のコシアブラ。カラリと揚げて葛煮にされ、きめ細かく肉厚なフカヒレにコシアブラの香りとコクがアクセントとなり、山本氏の独創性が本領発揮だ。選び抜かれた素材と感性によって創造される料理は、山本氏独自の味わいが表現されており、どの料理もこれぞ「晴山」、と感じ入る。多くの日本料理店がひしめく東京でも、味に料理人の確たる個性が表れた数少ない名店である。

☼：33,000 円～　☾：33,000 円～

宮坂

Miyasaka

シェフ 宮坂展央

16.5/20

日本料理

青山・骨董通りから一本細い道に入ると、その物語は始まる。角を曲がった突き当たりに待つ人影、扉の前でゲストを迎えるスタッフの姿だ。案内されるままに飛び石を配したアプローチを季節の掛け軸や花を愛でながら進む。引き戸を開けると静謐な空気が流れ、カウンターの前に現れるのは精緻に手が入れられた坪庭だ。春には瑞々しい苔の緑、秋には紅葉が設えの美学を演出するだろう。茶道を嗜む宮坂氏の望み通りに実現した茶室のごとき清澄な空間。宴は、まず桜湯の汲み出しから始まり、続いて艶やかな輪島塗の吉野椀が運ばれてくる。この店では、国内最高峰の食材を駆使した料理を供する器が、もう一つの主役だ。唐津焼作家の作品に潔くのせられた京都・塚原の焼き色も芳しい白子筍。明時代の染付の皿には花山椒が香る炭火焼きの但馬玄。オールドバカラやラリックで味わう希少酒。最後はこの店のメインディッシュともいえる白米。土鍋で炊き、煮えばなから次第に風味が変化していく米の表情を味わう。亭主が客人にお茶を点てるがごとく振る舞い、ゲストは、茶道の心得とされる「和敬清寂」を厳かに体感する。宮坂氏の世界観に浸る時間は、日常を忘れてゆったりと流れていく。

☾：43,000 円

Tel: **03-3499-3877**

東京都港区南青山
5-4-30
ヴィラソレイユE号

定休日：日曜

☾：18:00-23:00

久丹

Kutan

シェフ 中島功太郎

16/20

日本料理

近年、食の街としても注目を集める新富町。中島氏は、この地で開店５周年を迎え、味にうるさい通の心を掴んでいる。料理は緻密に計算された正統派だが、持ち前のセンスで緩急をつけ、誰もが楽しめるコースに仕立てている。春に訪れると、まずは「タラの芽と甘鯛の天ぷら」がお出迎え。緑鮮やかな山菜の淡い苦みをサクサクと歯ごたえ軽やかにいただき、鱗までパリッと火が通った熱々の甘鯛を頬張る。五感に訴えかけ、食欲を刺激する味覚の波が心地好い。夏には「鮎の塩焼き」と一口ビール。秋には、一滴たりとも汁を零さないようにと丁寧に焼いた松茸、そして薄くスライスした香り高い「煮鮑」。冬のフグは、刺身と皮はポン酢で、久丹流にスパイスの効いた唐揚げも好い。ここには、どの季節にも訪れたくなる名物がある。「日本料理かんだ」で磨いた、美味しさが身体に染み渡るお椀も絶品だ。途中、口直しのように出される「突先の手巻き寿司」は、海苔や寿司の美味しさはもちろん、海苔に切れ目を２本入れ、食べやすいようにという心遣いも嬉しい。日本酒とともにワインにもよく合う料理を、白木のカウンター越しに店主と会話を楽しみながらいただける洒落た日本料理店である。

☾：45,980 円

Tel: **03-5543-0335**

東京都中央区新富2-5-5
新富MSビル 1F

定休日：日曜、祝日

☾：18:00-22:00
（最終入店）

傳
Den

シェフ 長谷川在佑

16/20

日本料理

Tel: **03-6455-5433**

東京都渋谷区神宮前
2-3-18 建築家会館 JIA館

定休日：日曜

☾：18:00-19:30
（最終入店）

料亭「うを徳」で料理の世界に入り、神保町で開業。地元客を相手にアラカルトの料理を出しながら試行錯誤した経験が、現在の長谷川氏の原点だ。神宮前へ移転して７年、店内は常に多国籍の客で溢れている。人気の秘密は、外国人にもわかりやすい美味しさとサービス精神だ。「フォアグラ最中」は、かのピエール・ガニェール氏も唸らせたという逸品で、白味噌でマリネし湯煎した滑らかなフォアグラと季節に応じて変わる甘いペーストと漬物を、伝統の最中の皮に詰めたもの。「蓮根のはさみ揚げ」は、海老真丈をふんわりと揚げ、シンプルに塩と酢橘でいただく。お造りは金目鯛の昆布締め。ねっとりと旨みを含んだ金目鯛に、パンチの効いた海苔のソースをつける。こうした家庭料理をとびきり美味しく、センス良く仕上げるのが長谷川氏の得意とするところ。定番の「傳タッキー」は手羽餃子、「畑の様子」は野菜の炊き合わせ、とすべてユーモアだけでなく伝統的な日本料理に則っており、その美味しさは食通の日本人をも惹きつけてやまない。日本料理の伝道師さながらに世界を飛び回る長谷川氏。独自の路線を突き進む料理と心からのサービスに客は酔いしれる、まさに唯一無二の店である。

☾：19,800 円～

乃木坂 しん
Nogizaka Shin

シェフ 石田伸二

16/20

日本料理

Tel: **03-6721-0086**

東京都港区赤坂8-11-19
エクレール乃木坂 1F

定休日：日曜、他不定休あり

☾：17:30-23:00
（L.O.21:00）

パリ「OKUDA」の立ち上げで苦楽を共にした石田氏とソムリエの飛田泰秀氏が、同じ未来図を描き開業して７年。次のステップを目指し、パリで活躍するデザイナーによる和の要素にフランス風のエスプリを配した改装を施した。300 年の年輪が歴史のモチーフを残す檜の一枚板のカウンター席から見渡せば、京都の塗壁の職人仕事やコンクリートの梁をむき出しにした仕上げに、新たな道を歩もうとする覚悟を感じる。学んだ技術を駆使しながらも、独自の方向性を模索する姿勢を貫く石田氏。「自分の成長を確認できる」食材、という鯛には強い思い入れを持つ。修業先の名物、アラ炊きと潮汁を合わせた「鯛の淡々」は、酒でひと煮立ちさせ、それぞれに異なる鯛の持ち味を生かす。また、「鯛のたたき」は、昆布締めにした鯛の皮を藁で燻して山葵と塩を合わせたものをのせ、酢橘を効かせる。マリアージュさせるワインは、クロアチアやイタリア・フリウリ産のシャルドネ。飛田氏が選ぶ「料理と相性の良い１杯」は、ゲストの好みとリンクさせ縦横無尽のセレクションで一皿の真髄を際立たせる。そんな料理人とソムリエの以心伝心が、ゲストの懐にそっと入り込むのだ。それがこの店の奥義である。

☾：30,250 円～ 42,350 円

明寂

Myoujyaku

シェフ 中村英利

16/20

日本料理

Tel: **050-3101-3945**

東京都港区西麻布3-2-34 B1F

定休日：日曜、他不定休あり

☾：17:00-20:30

日本料理の基本である出汁の必要性さえも見直し、素材の味を生かすということをとことん追求した。水と塩のみで炊いた旬の野菜、冬瓜、蕪、聖護院大根などの水煮は、滋味に溢れた店の看板メニューだ。「スッポンと白アワビダケのお椀」も、出汁を用いず水と塩のみで調理。スッポンの風味、素朴な茸の味が際立つ。京都や名料理人を輩出する「青柳」での修業、そして赤坂の名店を経て、2022年4月、料理長に就いた中村氏。手間を惜しまず日本料理の手法と一から向き合った料理は、独創的でありながらどこか懐かしく、人を惹きつける。「参加することで、料理はさらに美味しくなる」と、客自ら薄焼き玉子で寿司を巻いて作る「絹巻き寿司」。夏は鮎、季節に応じてメヒカリ、モロコなどの魚に香ばしく火を入れ、酢飯とともに巻いて熱々を頬張る。アイデアの勝利、見事な料理だ。寿司の後、口直しに「飲むガリ」と称する新蓴菜と新生姜の餡で口を潤すのも新しい。素材に敬意を払い、「鯛と海老のお造り」に添えられた鯛塩や海老みそ醤油など、素材を余すところなく使いきる。侘び寂びの精神、まさしく必要のないものを一切排除した品のある空間と料理、西麻布に新たな名店が誕生した。

☾：48,400円

赤坂 おぎ乃

Akasaka Ogino

シェフ 荻野聡士

15.5/20

日本料理

Tel: **03-6277-8274**

東京都港区赤坂6-3-13 1F

定休日：日曜、他不定休あり

☾：17:30- /20:30-

「どうぞお召し上がりください」という荻野氏の言葉に続いて、「どうぞ！」と、スタッフ全員が唱和する。訪れたのは7月、金銀の水引を使って天の川の流れを表し、青竹を活かした器や「壺中日月長」の短冊飾りが入った八寸など、手の込んだ盛付のものを供したかと思えば、シンプルなおこぜの天ぷらを、温度感を活かして小皿でさっと出す。青竹の器には、徳島県阿波華牛のヒウチを炭火でさっと炙り、京都・樋口農園の賀茂なすを合わせたすき焼きを入れ、まろやかな肉の旨みを涼やかに包み込んでいた。16cmと大きさを指定して注文する天竜川の鮎は、カウンターの向こうの炭焼き台で炎を操る荻野氏の手によって、見事に焼き上げられていく。お椀は、夏は塩気を感じる香深産の利尻昆布、冬は丸みと甘みをしっかり感じる真昆布と使い分け、締めのご飯を数種類用意するところにも、満足してお帰りいただきたいという荻野氏の思いが感じられる。日本酒は氷温熟成のセラーで寝かせており、プレミアムな銘柄も揃えている。「自分はクリエイティブというよりも、手先が器用なタイプ。伝統的な料理を正確にやりたいのです」という、真っ直ぐな荻野氏の性格をそのまま表したような店である。

☾：34,650円～40,425円

川田

15.5/20

Kawada

シェフ 川田治司

日本料理

Tel: **03-6667-0329**

東京都中央区日本橋
人形町1-5-5 B1F

定休日：日曜、祝日

☾：17:00-20:30
（最終入店）

※仕入れにより価格の変動あり

個性的な店が集まる人形町にある気鋭の割烹店である。人形町駅近くのビルの地下、奥まった入り口を開けると、店内には静謐な空気が流れている。川田氏は、名店「京味」の流れを汲む「井雪」で13年間研鑽を重ね、2019年2月に開業した。カウンターでは、川田氏が丁寧に調理をする姿を目の前に、贅沢な時間を過ごすことができる。川田氏やスタッフの間の声掛けも、清々しい。料理は同時に始まり、まずは、修業先の系譜を思わせる芋茎の煮物から。シンプルで深い味わいは、ここにも脈々と受け継がれている。カマスの棒寿司にバチコをのせた一皿は、日本酒との相性も良い。グジの栗蒸しでは、グジの火入れの塩梅が素晴らしく、栗の甘さとの味わいの対比も興味深い。お造りは、明石の鯛を厚めに切り、明石ならではの旨みを感じさせる。季節の松茸は、鱧とともにお椀で、フライで、松茸ご飯で、と様々な切り方、火の通し方で豊穣の秋を香りで彩る。土鍋で炊き上げる魚沼産コシヒカリは、香の物、イクラ、胡麻だれの鯛、牛肉の時雨煮とともにいただく。この店には、最後に目の前で作り上げる自家製のわらび餅まで、素朴な中の深さという「京味」の精神が宿っているようだ。

☾：33,000円～

カビ

15/20

Kabi

シェフ 安田翔平

日本料理

Tel: **03-6451-2413**

東京都目黒区目黒4-10-8

定休日：日曜、月曜

☼：土 12:00-
一斉スタート

☾：19:00- 一斉スタート

※半個室あり

※季節により価格の変動あり

目黒通り沿いにある古民家は古くて新しい。柱と天井の梁はそのままに、陰影が美しいシックでスタイリッシュな空間だ。安田氏は国内での研鑽を経た後、コペンハーゲン「Kadeau」で、北欧の前衛的な料理シーンに浸り、ソムリエの江本賢太郎氏もメルボルン「NORA」でシェフソムリエを務めていたという高い経験値がある。そんな背景があっての脱力系だ。オープンキッチンを舞台に一人一人が無駄のない動きと洗練された所作で料理を創り出す。そのワクワク感がゲストに直に伝わってくる。発酵を巧みに活かした調理技術と食材の組み合わせは独創的で、1皿に使われる食材の種類も多岐にわたる。野菜や果物の自家製オイルやパウダーも加わり、口に運ぶまで、味の想像がまったくできない。スペシャリテの鯖は、レンガ色の種子島焼に、締め鯖とマンステールチーズ、生姜の甘酢漬けと味噌を大葉で包みケールパウダーでコーティングしたものがのっている。味や色の見事なコントラストに驚く。運ばれてくる料理が、意外性と多様性、視覚を裏切る独創性を持つからこそ、「Kabi」のストーリーは味わい深いのだ。陰翳礼讃、食を通して感じる日本の美意識を見つけに出かけたい。

☼：8,800円　☾：21,780円

日本料理 炎水

Nihonryouri Ensui

シェフ 伊藤龍亮

15/20

日本料理

「日本料理 龍吟」で長年炎を操る焼方・水を扱う煮方を務めてきた伊藤氏が、自らの店につけた名前は「炎水」。訪れた季節は夏、汗ばむ屋外から風情溢れる蔵戸を開き店内に入ると、カウンターの向こうから冷やしたおしぼりが氷の桶で供された。「香りをダイレクトに感じてほしい」と、厨房との段差をなくし、客の目の前で鰹節を削り、出汁を引く。奥井海生堂の香深浜・一等検の蔵囲昆布をたっぷりと使った出汁は、「聞香杯」をイメージして特注した小さな器で、まずは調味をせずにいただく。同じ出汁を使った、続くお椀は冬瓜と天然の車海老で、あえてミキュイに仕立てた車海老の甘みと旨みが昆布の柔らかな味わいと重なり見事だ。調味を控え、食材そのものの味を組み合わせてバランスをとる。無駄を削ぎ落とし、まるで素材の内側の声を聞くかのような、日本料理らしく奥ゆかしい構成だ。体力を消耗する時期だからこそと、野菜を多めに、鉄分豊富な鴨肉を炭焼きにし、薄切りにして提供するなど、食べる側を思いやる繊細な心配りに伊藤氏の人柄が偲ばれる。器は人間国宝の手によるものなど一流の品ばかり。確かな技術ともてなしの心、温かな空気に満ちた期待の日本料理店だ。

☾：35,310 円

Tel: 03-5860-7530

東京都目黒区中目黒
1-5-12 ATRIO 1F

定休日：日曜、他不定休あり

☾：17:00- /19:30-
(L.O.21:30)

※季節により価格の変動あり

野田

Noda

シェフ 野田雄紀

15/20

日本料理

ここ数年、日本料理「重よし」佐藤憲三氏のもとで和食を学び、その傾倒ぶりを見せていた野田氏が、2023 年 10 月、「キキ ハラジュク」から、自身の姓を冠した店にリニューアル。その料理は、独創的で、和と洋、どちらに寄るのでもなく、野田氏の中で醸成された様々な要素が融合し、ジャンルを超えた「日本の料理」とでもいうべきものであった。まず、丹波産の栗ご飯は、ミルクの泡と白トリュフ、少量の発酵バターを合わせ、秋の味覚に新味をもたらしている。また、シトロネラグラスというハーブによるスープは、鰹節で出汁をとり、赤出汁の味噌汁に山菜のみずの実を潜ませ、鰹節や味噌という日本人には馴染みの味に、ハーブで未知の風味を生み出していた。スッポン鍋も、佐藤氏直伝の水と酒と塩だけの味つけだが、鍋をベトナムコリアンダーの葉で覆い、スッポンの旨みにアジアの香りを加え、伝統の鍋物に広がりをもたせている。こうした料理が、「創作」の面白さに留まらないのは、野田氏がフランス修業で身につけた技術や、改修工事の間に研修で訪れた北欧など、世界の食に対する幅広い見識を持っているからだ。ここでは料理の枠などさておき、虚心に野田氏の世界を遊びたい。

☼：18,000 円　☾：24,200 円

Tel: 070-3882-3150

東京都渋谷区神宮前
6-9-9
アヴニール表参道 1F

定休日：日曜

☼：12:30- 一斉スタート
☾：19:00- 一斉スタート

Tel: **03-6812-9613**

東京都港区南青山4-11-2
南青山Kビル 1F

定休日：日曜、月曜

☾：17:30-23:30

※季節により価格の変動あり

伯雲

Hakuun

シェフ 坂本慎吾

15/20

日本料理

僅か８席という小さな店ながら、名店ひしめく港区にあっても、その存在感にはとりわけ光るものがある。「日本料理 龍吟」の料理長を務めた坂本氏が生み出す料理は、確固たる技術に基づきつつ、「今」を映した勢いのあるものだ。「伯雲」とは流れる雲のように自由な心を表しているが、この店の料理も器も室礼も、どこをとっても本流の日本料理の名に恥じないものばかりだ。一枚板のカウンターなど、自然素材を活かした店内は凛とした空気が漂い、目の前で鰹節を削り、一番出汁を引く坂本氏からは、鮮度を追求し、基本の出汁に向き合う真摯な姿が見てとれる。調味料を使わず、毛蟹の殻と葱を煮出して詰めた汁で味をつけた毛蟹など、自然の味を生かした料理の数々は、時代の流れに沿うものだ。炭火焼きの技術が冴えわたる鮎や鰻、鴨は、それぞれが理想の状態になるよう火を使い分け、ベストの温度感で提供される。また、「鰹の塩たたき」は敢えて大きめのサイズに切ることで、カリッとした皮と身の滑らかさのコントラストを楽しめるよう、最上の美味を届けるための工夫が凝らされている。龍は雲を得て天に昇るというが、若々しい勢いを感じる料理に、さらなる飛躍を予感させる店である。

☾：36,300 円～ 48,000 円

Tel: **03-3453-6888**

東京都港区芝2-22-23
冨味ビル 1F

定休日：不定休

☼：12:00-15:00
(L.O.13:00)
☾：17:30-24:00
(L.O.21:00)

江戸前芝浜

Edomae Shibahama

シェフ 海原 大

14.5/20

日本料理

全面の白い壁に蔵を思わせる扉とセンスの良い暖簾、簡素の美を極めた外観に江戸の粋を感じ、洗練されたインテリアの清潔感溢れる空間に漂う香の香りに癒される。鮨・天ぷら・蕎麦と、江戸前を称する料理は有名だが、この店は「江戸料理」を謳っている。海原氏は、江戸時代の文献を読み、研究を重ねながら、今の時代に合った江戸の美味の数々を再現している。味付けは全体にシンプルで、薄味だが、それは引き算の調味と言ってもいいだろう。素材の旨み、香り、美しさを生かす丁寧な仕事が紡ぎ出す一皿一皿を、食材や日本文化を慈しみながらいただく。どこまでも飾らない味でありながら、満足感を覚えるのは、食感や提供温度も含め、海原氏の計算し尽くされた調理技術があるからに違いない。かつて芝の海では海老が大量に獲れ、「芝海老」と名付けられた。その芝海老をすり潰して柔らかい団子にし、鰹出汁と合わせた芝海老の真丈は、この店の定番料理だ。香り豊かな鰹出汁は澄みきった風味で、ふんわりした食感とともに芝海老の旨みが口いっぱいに広がる。地元に蔵を構える東京港醸造の地酒「江戸開城」と合わせるとさらに味わい深い。芝の地で温故知新のひと時を過ごしたい。

☼：8,800 円～ 27,500 円　☾：16,500 円～ 27,500 円

サーモン アンド トラウト

Salmon & Trout

シェフ 中村拓登

14/20

日本料理

珍しい食材とドリンクペアリングを提供する店は数多あるが、そこに必然性を感じる店は稀少だ。ここは、そんな数少ない店の一つだろう。オーナー兼カヴィストの柿崎至恩氏は、フードライター、翻訳編集者を経て、シチリアのワイナリーで醸造を学んだ異色の経歴の持ち主。シェフとして組むのは、「コム・ダビチュード」や「八雲茶寮」と方向性の異なる店で研鑽を積んだ中村氏。2人のコンビネーションは、前菜から最後のデザートまで、既存の枠にとらわれない展開で驚きを与えてくれる。魚料理は、鮒鮓でよく使われるニゴロブナを梅酢で締め、ビーツのシャキッとした食感と共に、オーツミルクとオリーブオイルのソースでいただく。ドイツのナチュラルワインと合わせると、酸味がよりふくよかになる。この日のメインは、猪と野性味溢れる天然茸の鍋。猪肉と数々の茸が、鰹出汁の鍋に仕立てられ、なんとも滋味深い。華やかな吟醸香と素朴な甘みの玄米焼酎と一緒に味わうと、複雑な甘みが口中に染み渡る。それぞれの料理が、適切なペアリングで提供され、決して、サプライズありきではない。必然の食のコンビネーションを味わうなら、ここは定席にすべき一軒であろう。

☼：18,700 円　☾：18,700 円

Tel: **080-4816-1831**

東京都世田谷区代沢
4-42-7-101

定休日：火曜、水曜

☼：土・日 12:00-15:00
(L.O.14:00)
☾：18:00-24:00
(L.O.20:45)

※ランチは前日までに要予約（ディナーと同じコース）

※コースはペアリングフリーフロー込み

たきや

Takiya

シェフ 笠本辰明

16.5/20

天ぷら

四季折々の一流の食材を用い、伝統に敬意を表し、常に驚きと新鮮さを追求する「和の心」で魅了するのが「たきや」の天ぷらだ。また、八寸もこの店を象徴する一品。味覚に添う器選び、皿を置くバランス、彩りなど、まさに絵になる美味しさである。旬の松葉蟹、濃厚な鮟肝、紅葉の下にはセリと甘鯛のお浸し、鮮やかな鮪の漬けなど、様々な旨みの相互作用で酒が進む。「たきや」の天ぷらの特徴は、「軽さ」。丸ごと揚げる、ダイナミックな香箱蟹は、この時季ならではのスペシャリテ。その赤い宝石箱は、濃厚でコクと旨みに満ちている。舞茸は、紅花油一番搾りのみを使うという、さっぱりとした油との相性をダイレクトに感じ、噛むごとに素材の味が深まっていく。白子の天ぷらは、餡と白トリュフで。香りに導かれながら、衣という器の中で、包み蒸された白子の濃厚な旨みの凝縮に驚く。名物のシャトーブリアンの大葉巻きは、まさに伝統を繊細な職人技で開進させた逸品だ。柔らかな口当たりと上品な風味で、トリュフ塩がさらに美味しさを引き出す。締めは、しっかり火入れされ、ふんわりと仕上がったノドグロの天丼。甘みのある脂を山椒が爽やかな余韻に導く。五感に響く美食に、至福の時を刻む名店だ。

☾：40,000 円〜

Tel: **03-6804-1732**

東京都港区麻布十番
2-8-6
ラベイユ麻布十番 2F

定休日：不定休

☾：17:30- /20:30-

※季節により価格の変動あり

Tel: **03-6408-9591**

東京都渋谷区広尾5-25-4
宝ビル 1F

定休日：不定休

☾：18:00-23:00

天てんぷら うち津

Tempura Uchitsu

シェフ 内津貴久

16.5/20

天ぷら

店に入ると、一枚ガラスの向こう、伸びやかに枝葉を広げる樹木をライトアップした箱庭が目に飛び込んでくる。店主・内津氏自ら手を入れるこの景観は心を落ち着かせ、贅沢なひと時がはじまることを感じさせる。料亭での修業時代、「カウンターに立ち、対面での仕事をしたい」と天ぷらの道へ。ホテル日航東京「天麩羅 吉野」で12年研鑽、料理長を務めた経験を持つ内津氏の接客は、兎に角、穏やかで柔らかい。そして、揚げる天ぷらはサクッと軽い。舞茸、椎茸、銀杏や松茸といった旬の食材は、何度もこまめに打粉を変えられ、衣という空気を纏ったかのような天ぷらになることで、滋味深く昇華する。甘さを引き出す火入れ加減は素材によって変化し、車海老や毛蟹は水分を感じる旨さが、自家製の塩をアクセントに円やかで深みのある味わいに。出汁がぐつぐつと音を立てた小鍋で、蕪のおろしと九条ねぎでいただく甘鯛の天ぷらは身体を浄化させるように優しい。中身がとろっと溢れる卵黄の天ぷらがのるかき揚げ丼は、口いっぱいに無敵の旨さが広がる。心を和ませるすべての調和。一度訪れたなら、誰しもが再び帰ってきたくなる店だろう。

☾：34,485円

Tel: **03-5568-0923**

東京都中央区銀座
5-5-13
坂口ビル 9F

定休日：日曜、月曜が
祝日の場合休み

☼：12:00- /13:30-
☾：17:00- /18:00-
19:00- /20:00-

てんぷら近藤

Tempura Kondou

シェフ 近藤文夫

16/20

天ぷら

店主の近藤氏は御茶ノ水の「山の上ホテル」の「てんぷらと和食 山の上」にて料理長を23歳から約20年務める。作家の池波正太郎氏をはじめ、多くの美食家に愛され43歳で独立。長きに亘り天ぷらの世界に貢献し、2019年には「現代の名工」にも選出されている。水分を飛ばすことをよしとしていた天ぷらを、「天ぷらは、水と油を利用した蒸し料理」と捉え直し、江戸前の魚介が中心であった天ぷらに軽い衣で野菜を重用するという新しい概念を作り上げた稀代の料理人だ。近藤氏が2種の箸を使い、黙々と揚げ台に向かう姿は、特別な存在感があり目が離せない。時間をかけて揚げられた南瓜は、そっと脇に置かれペーパータオルで蒸す。海老や墨烏賊、メゴチなどの魚介も瑞々しい美味しさが印象的であったが、南瓜の一品は香り高く、充分に素材を余すことなく味わった口福感を得る。水分をたっぷり味わえる堂々としたアスパラガスや椎茸もまったく胃袋を圧迫せず、流石の近藤流。飴細工のようにふわっと絡まる人参は、甘みが引き立つ、目にも美しい創意工夫の詰まった逸品だ。半世紀を超える近藤氏のひたむきな追求心が、味わいと共にひしひしと心に響いてくる。

☼：9,900円～13,200円 ☾：16,500円～27,500円

日本橋 蕎ノ字

Nihonbashi Sonoji

シェフ 鈴木利幸

16/20

天ぷら

静岡県島田市の蕎麦店に生まれ、日本料理を学んだ鈴木氏が、江戸前の本場・日本橋に移転した店は、天ぷらから始まり〆に蕎麦という美食尽くしで評判を呼んでいる。暖簾をくぐると直ぐに麺打ち場があり、店内ではカウンターの中から鈴木氏が笑顔で迎えてくれる。おしぼりで手を拭き一息つくと、しなやかに女将が飲み物の注文をとり、鈴木氏が目の前で天ぷらの準備をする。穏やかな至福の時間の始まりだ。先付の蕎麦の実、蛤の潮汁を口に含めば、その香りと旨みに口中が清められ天ぷらへの期待が高まっていく。車海老は部位により揚げ方を変えて供され、一口目は甘みを強く感じる優しい揚げ具合、次はプリッとした食感と共に香りが強く感じられ、一品目から鈴木氏のプロフェッショナルな手技を目の当たりにする。静岡・島田の野菜や茸を中心に、鈴木氏が「鮨には小肌、天ぷらには銀宝」と語りながら揚げていく貴重な魚介類にも感動だ。終盤には蕎麦の香りが強く立つように挽かれた蕎麦がきが箸休めとして出され、〆の蕎麦へと導かれる。その流れの中に、鈴木氏の蕎麦職人としての高い力量が見てとれる。天ぷらと蕎麦の美味しさを余すところなく堪能できる贅沢な店である。

☼：28,875 円～　☾：28,875 円～

Tel: **03-5643-1566**

東京都中央区日本橋
人形町2-22-11

定休日：月曜、第 2・3
日曜、他不定休あり

☼：12:00-14:00
☾：18:30-21:00

※季節により価格の変動あり
※車いすのまま食事が可能

天ぷら 元吉

Tempura Motoyoshi

シェフ 元吉和仁

16/20

天ぷら

ビルの 3 階でエレベーターを降りると純和風な空間が広がっている。店主の元吉氏は、鮮魚店を営む両親のもとに生まれ、母の得意料理であった天ぷらに興味を抱き、その可能性に惹かれて日本料理の道を志す。2006 年に南青山で開業、2022 年 5 月には、その店を一番弟子に引き継ぎ、自身は恵比寿に移転している。天ぷらという料理法そのものを探求する元吉氏は、芋の天ぷらや、とうもろこしを揚げた「角もろこし」で、商標登録や意匠登録を取得するなど、アイデアマンとしても知られる。初夏に訪問した際には、東京湾の太刀魚を揚げて、大根おろしと酢橘、醤油を加えた一皿が供されたが、太刀魚を揚げる際に鍋の中に水を加えて蒸し焼きにすることで、フワフワの食感を実現していた。また、「鱧茄子そうめん」という、そうめんの上に鱧の天ぷらをのせ、賀茂なすのペーストを合わせる一皿を考案するなど、天ぷら単体から「天ぷら料理」と呼ぶべき領域へと進化を見せ、さらに、熟成させた魚で旨みを引き出す天ぷらにも取り組んでいる。2024 年には、台北の天ぷら店の立ち上げにも協力するといい、台湾の素材で地元の人が知らない天ぷらの魅力を引き出そうと国際化にも努めている。

☾：30,800 円～

Tel: **03-6455-0200**

東京都渋谷区恵比寿西
2-8-11
グランベル恵比寿IV 3F

定休日：日曜、月曜
または水曜、祝日の月曜

☾：17:30- /20:30-
(L.O.23:00)

てんぷら 深町

Tempura Fukamachi

シェフ 深町正男

15.5/20

天ぷら

Tel: 03-5250-8777

東京都中央区京橋
2-5-2 A・M京橋ビル 1F

定休日：月曜、第 1・3
日曜

☼：火 - 金
11:30-14:00
土・日・祝
12:00- /13:45-
☾：17:00- /19:30-

※ランチは売り切れ次第
終了
※車いすのまま食事が可能

長い歴史を誇る老舗が点在する京橋に店を構える。車海老、雲丹、きすご、メゴチ、帆立など厳選された魚介類は、これぞ江戸前天ぷらの極みといえるだろう。衣はサクサクで、中はふんわりと、口の中でほどけていく至福のひと時は、素材本来の旨みと香りを存分に堪能させる。スペシャリテでもある北海道産雲丹の大葉包みは、零れんばかりの雲丹を大葉で包み込み、極薄の衣を纏わせる。ほぼレアで供される雲丹は、ひとくち口にするだけで思わず唸ってしまう。濃厚で滑らかな食感と甘み、そして時間の経過とともに入る熱で、またその味わいが変化するのだ。すべて計算された火入れには誰しも驚きを覚えるに違いない。二代目の一真氏が見せる、一つ一つの素材に向き合う技は、食材はもちろん、その場の空気感への繊細な配慮も感じさせる。天ぷらの名店「山の上ホテル」の料理長であった父・正男氏からその技と心を受け継ぎ、洗練された見事なパフォーマンスでゲストに感動を与える。古き良き店の雰囲気を醸し出し、天ぷらの「神髄」を体現したこの店は、住人が減少する京橋で、街の伝統を守る役割も果たしている。その味を心に深く刻みこんだゲストは、必ず再訪を期すことだろう。

☼：12,650 円～ 18,150 円　☾：22,000 円～ 28,600 円

日本橋蛎殻町 すぎた

Nihonbashikakigaracho Sugita

シェフ 杉田孝明

18/20

寿司

Tel: 03-3669-3855

東京都中央区日本橋
蛎殻町1-33-6
ビューハイツ日本橋 B1F

定休日：月曜、火曜不定休

☼：水 - 日
12:00-14:30
☾：17:30-20:15
/20:30-23:00

※営業時間は変更の可能
性あり

杉田氏の真骨頂は、それぞれの魚の個性を引き出す仕立てにある。春子鯛は儚い瑞々しさを生かし、極上の鯵はもっちりとした身質を愉しむ。表面を乾かすように熟成させることで旨みを凝縮した鮪は、分厚く切ってあるにもかかわらず、とろけるようだ。車海老も自然な甘みが米の甘みを存分に引き立てる。一貫一貫が異なった味のバランスと余韻をもたらすのだ。つまみも然り。蛸の柔らか煮は、クレッシェンドのように噛むたびに旨みが爆発的に増加して、最後にしっかりとした余韻を感じる。甘辛く煮付けた鮟肝は、新政酒造の貴醸酒「陽乃鳥」のとろりとしたテクスチャーと優しい甘みと合わせるなど、飲み物も含めたコース構成で、味の体験はいや増してゆく。杉田氏は、江戸前らしく手をかけるが、決して過ぎることはない。その所作は魚の「声」とも言うべき個性に耳を傾け、まるで魚と会話するかのよう。鮨店らしい清潔で凛とした店内だが、客を緊張させるのは無粋というもの。杉田氏の表情に一切の堅苦しさはなく、場を和やかな雰囲気で満たし、ゲストは常連のような気持ちで鮨と向き合っている自分に気づくことだろう。そんな懐の深さを併せ持つ、江戸の気風を感じる鮨の名店だ。

☼：43,560 円～　☾：43,560 円～

青空
Harutaka
シェフ 高橋青空

17.5/20

寿司

「すきやばし次郎」での12年の修業ののち、銀座で独立して早17年。群を抜く鮨種と、鮨の完成度の高さで、鮨通の間でも一目置かれる存在だ。一斉スタートではなく、客の嗜好に柔軟に対応し、自分のペースで鮨を愉しめるところも嬉しい。旬の食材の魅力を存分に生かしたつまみは、出汁の美味しさとしっかりした味付けで高い評価を得ている。夏には、おばんざい風の茄子の煮浸し、玉葱醤油でいただく鱧の焼き霜など、どれも酒が進む魅力的なメニューばかり。握りの序盤のマコガレイ、酢と塩を効かせたパンチのある酢飯との一体感は見事で、口に入れた瞬間の香りと甘みが記憶に残る。毎朝、高橋氏自ら豊洲に出向き仕入れる鮨種は、東京一とも言われ、めったにお目にかかれないものばかり。極上の美味しさの萩の雲丹は、海苔を巻かずに握りにして雲丹の美味しさを最大限に生かしていた。親方譲りの、小肌、車海老、鮑、鰹などの、正統派江戸前鮨の握りは健在で、伝統はしっかり受け継がれている。カウンターの片隅で、馴染みの客が一人盃を傾けながら肴をつまみ、その横では仲間同士がワインを片手に鮨を味わう。開店から閉店まで客が途切れることのない銀座の鮨の代表格である。

☾：50,000円～

Tel: **03-3573-1144**

東京都中央区銀座8-3-1
銀座時傳ビル 6F

定休日：日曜、祝日、
他不定休あり

☾：17:00-23:00 (L.O.)

※仕入れにより価格の変動あり

銀座 すきやばし次郎 本店
Ginza Sukiyabashi Jiro
シェフ 小野禎一

17/20

寿司

ふんわりと空気をはらんで握られた酢飯に、きめの細かい、とろけるような食感の魚を合わせるのが身上、酢飯と魚の一体感が鮨の醍醐味、ということを改めて感じる。齢98歳を迎えた小野二郎氏が付け台の前に立つことは少なくなったが、そのスタイルは見事に長男・禎一氏に受け継がれている。はっきりとした酸の小肌や、鮪のトロは香りがありつつもさらりとした品の良い脂が乗った個体を選んでおり、味わいはまさに「江戸前」。昔ながらの美意識が生きている。みそと身の甘みが感じられる茹でたての温かい車海老、箱から二重になった雲丹を切り出して丸ごとのせる、まるで海のアイスクリームのような軍艦など、さまざまな温度帯の魚介類が、口の中で柔らかく解ける酢飯と溶け合う。江戸前の仕事を施した蛤は、幾つもの味と香りのレイヤーがある素晴らしいハマヅメと相まって、豊かな余韻を含む。さらに絶品は穴子だ。ベルベットのような食感は長く記憶に刻まれることだろう。海老の香り高い、真ん中がふんわり、とろりとした玉子をデザートに、起伏豊かに構成されたおよそ20貫。二郎氏が今も夢にまで見るという鮨。その味覚世界の豊かさに浸る時間は何物にも代えがたい。

☼：55,000円～　☾：55,000円～

Tel: **03-3535-3600**

東京都中央区銀座4-2-15
塚本総業ビル B1F

定休日：日曜、祝日、
土曜ディナー、ゴールデンウィーク、8月中旬、
年末年始

☼：12:00-14:00
☾：17:30- /19:00-

※仕入れにより価格の変動あり

鮨 あらい

16.5/20

Sushi Arai

シェフ 新井祐一

寿司

Tel: 03-6264-5855

東京都中央区銀座
8-10-2
ルアンビル B1F・2F

定休日：水曜、他不定休あり

☼：12:00-14:00
☾：18:00-23:00

※仕入れにより価格の変動あり

2015年の独立から8年。父親が鮨職人という、鮨の申し子ともいえる新井氏の店は、既に堂々たる風格を漂わせ、銀座の地に根付いている。「銀座久兵衛」で8年、四谷「すし匠」で6年と、日本を代表する鮨店での修業で培われた確かな知識と経験に、持ち前のセンスと愛嬌が合わさり、他に類をみない「また来たくなる」鮨店を作り出した。暖簾をくぐると、赤い絨毯と7席のカウンター。大将の元気な掛け声とスタッフの柔和な笑みが、場の緊張をほぐし、心地好い空気に包まれる。フレッシュな三つ葉と油揚げの炊き合わせでそっと口を温めると、まずは、つまみから。お造り一つ取っても丁寧な仕事によって、酒と合うように工夫が凝らされている。そして、美しく磨き上げられた漆黒のつけ台に輝く鮪の握り。最適な温度でいただく最高の鮪はまさに世界一と言っても過言ではない。赤身の概念を覆すような上品な甘みに、脂が舌の上でさらりと流れる大トロの極み。酢飯がふわっと解けて鮨種と溶け合い、極上の時間が流れる。後進の育成にも力を入れる新井氏のもとから、既に幾人もの弟子が独立。常に笑顔を絶やさない新井イズムは、愛弟子たちを通してさらに伝播していくのだろう。

☼：39,930円～　☾：55,660円～

くろ﨑

16/20

Kurosaki

シェフ 黒﨑一希

寿司

Tel: 03-6455-4596

東京都港区南青山
4-16-15
FPG links
MINAMIAOYAMA B2F

定休日：日曜

☾：17:30- /20:30-

南青山の一隅、つい通り過ぎてしまいそうなモダンなビルの地下2階に、店主・黒﨑氏の美意識を体現した異空間が広がる。1組毎に丁寧に案内された先には、間接照明の優しい光に包まれた美しいカウンター。木と石で統一された店内は、すべてがバランスよく配置されており、弟子たちの威勢の良い掛け声が場を活気づけ、黒﨑氏の佇まいが空気感をさらに清澄なものにする。全員に飲み物が行き渡り、期待という一体感に包まれたところで、まずは温かい白子が優しく胃を整える。続いて、ヤイトガツオの甘みと上質な脂が舌を溶かし、白身のお造りは、純米酒に梅干しを入れて煮詰めた煎り酒でさっぱりといただく。鰆は皮だけ藁で焼き、半生の状態でからしと合わせる。どれも巧みな火入れと温度感に、客から感嘆の声が漏れる。合わせる希少な酒も魅力だ。握るタイミングから逆算して漬けた大粒のイクラは、あっさりとした味付けが濃厚な卵の味を引き立て、口の中で旨みが弾ける。崩れやすいからと手渡しでいただくノドグロは、蒸すことで余分な脂が落ち、何とも上品な仕上がりだ。丁寧な仕事、卓抜したセンスに美しい所作、そして細やかな気配りに、今日もまた「くろ﨑」の虜となる。

☾：49,500円

鮨 なんば

16/20

Sushi Namba

シェフ 難波英史

寿司

複合商業ビルの一角に、気づかず通り過ぎてしまいそうな引き戸と店名が書かれた小さなプレート。中に入って衝立沿いのアプローチを進むと、大きな一枚板のカウンターがある。まず、口にするのは酒と水だけで柔らかく煮た佐島の蛸、キンキの煮付け、生イクラ、ニタリクジラ、炙りたての海苔で包んだトロなどの先付。その後に配られるのが、魚と酢飯の温度が記された握りのお品書きだ。そこには、難波氏が辿り着いた温度への探究の成果が示されている。同じ鮪でもトロは赤身よりも 2℃温度を上げるのは、口に入れた後にトロの脂の香りが一層広がるようにするためだ。魚と酢飯の温度差が 19℃もあるシロイカは、ひんやり口の中で解けるように細い千切りにしてあり、やや高い温度の鯖には針のような柚子をのせ、2 日間締めた小肌は温度を低めにして自家製カラスミの粉をのせる。「唯一無二の鮨」を心がける難波氏の世界観が、手間をかけた握りに味の奥行きを与えている。握りの合間に、北海道産「シャイニングコーン」のすり流しや穴子焼きなどの小皿を挟み、流れへの工夫もする。難波氏の優美な所作と、雑味の感じられない綺麗な鮨が、食後の余韻となって長く残っている。

☼：41,800 円～ 49,500 円　☾：41,800 円～ 49,500 円

Tel: **03-6273-3334**

東京都千代田区有楽町
1-1-2
東京ミッドタウン日比谷
3F

定休日：日曜、月曜

☼：12:00- 一斉スタート
☾：18:00- 一斉スタート

鮨 みずかみ

16/20

SUSHI MIZUKAMI

シェフ 水上行宣

寿司

皇居や駐日英国大使館に近く、閑静で清高な一角に暖簾を掲げる。扉を開けると、白で統一された清々しい内装が目に飛び込んでくる。カウンター席のみの小さな空間には仄かに酢が香り、威勢の良い掛け声が一層、鮨への期待を高めてくれる。水上氏は 16 年に及ぶ「すきやばし次郎」での研鑽によって、真の正当性をもって江戸前鮨を継承する。酢飯は米酢のみで酸味を際立たせ、米の甘みも生かし、鮪など味や香りの強い鮨種はもちろん、白身や貝などともバランスを取り、鮨種と酢飯の調和という鮨の醍醐味を如実に表現している。鹿児島産の鯵は、酢飯との調和を考慮して敢えて脂が少なめの個体を使用するが、鯵特有の身質や旨みは存分に発揮されており、水上氏が追求する美味しさのポイントが端的で、かつ腑に落ちる。修業先と同様に握りを主体としつつも、いくつか供される酒肴も白眉の出来だ。お造りのスズキやたいらぎ貝の磯辺焼きは、シンプルなだけに素材そのものが問われるが、質の高い魚介の香りと旨みが堪らない。磨き上げられた技の裏には、仲買人との強固な信頼関係があり、確かな素材力が下支えする。明確で強い個性を持つこの鮨店は、今日もまた多くのゲストを魅了している。

☼：20,000 円～　☾：27,000 円～

Tel: **03-3230-0326**

東京都千代田区一番町
3-8 大宮ビル 1F

定休日：水曜、火曜（月 2 回）、ゴールデンウィーク、お盆、年末年始等の市場が連休となる時

☼：12:00-14:00
☾：17:30-21:00

※仕入れにより価格の変動あり

波濤

Hatou

シェフ 熊切大地

16/20

寿司

Tel: **050-3138-5225**

東京都新宿区神楽坂5-7

定休日：日曜、祝日、他月２回月曜

☼：土 12:00-
☾：17:00-

※車いすのまま食事が可能

※季節や仕入れにより価格の変動あり

日本料理界を牽引する「石かわ」グループの系列店で約10年学び、さらに「東麻布 天本」で鮨の修業を１年。そんな輝かしい経歴を引っさげて登場した熊切氏の「波濤」は、周囲の期待に違わず、開店から３年、既に鮨通を唸らせる店として名を馳せている。魚の扱い方を熟知し、鮨のノウハウも持ち前のセンスで吸収した熊切氏。和食と鮨が融合した、独自のアイデアから生まれた「野菜の寿司」は、既に店の定番となっている。冬はまるでクリスマスツリーのように愛らしい形の春菊、夏は緑鮮やかな蓮の葉の上にのせた白ズイキ、どちらも酢飯とのバランスに優れ、出汁のジュレや白胡麻がよく合う。その日の朝に締めたという「小肌」は、見事な塩梅で、２枚重ねてキュッとひねった握りが誠に美しい。締めの「スッポンの煮麺」は、季節を問わず出される人気メニューだが、熱々の滋味溢れるスッポンのスープとスルスルと入るそうめんが、まるで締めのご飯のように客を満足させ、他とは一線を画す鮨店にしている。店の皆が総じて笑顔で、醸す温かい雰囲気も魅力の一つ。熊切氏の才能もさることながら、短期間でこのレベルの鮨店を定着させた、「石かわ」グループの底力には感服しかない。

☼：42,350円　☾：42,350円

いちかわ

ICHIKAWA

シェフ 市川克海

15.5/20

寿司

Tel: —

東京都港区南麻布
2-10-13 OJハウス 101

定休日：水曜、他不定休あり

☼：日 12:00-
☾：18:00-

無駄のない空間で目に留まるのは額に囲まれた「ありがたし」の文字。そこに、ゲストを主役に、一歩下がって程よい距離感を保つ市川氏の心配りの精神を垣間見る。何と言っても、江戸前の握り鮨の代名詞「鮪」中心のラインアップが、この店の潔い個性の一つだ。赤身や大トロの漬け、中トロ２貫、大トロ２貫と聞くと、少々好みが分かれるかという気もするが、食すとその懸念は不要と知るだろう。口に運ぶと、しっかりと輪郭を感じさせながらもフワッと解ける酢飯と、繊細な鮪の脂や酸味との調和を感じている間に、スッとそれは舌の上で溶けていく。最上質の鮪を、目を瞑り「もう一回」と噛み締める旨みは、喩えようもない。解けがよい小ぶりの酢飯が、テンポよく鮨種を味わわせる。市川氏の熟達した職人技が見てとれる細やかな切り付けの墨烏賊は、スッと歯が通り甘みが豊かに広がっていく。小肌は上品な酸味が印象的で酢飯との一体感が抜群。熱々の穴子はふっくら、柔らかで厚みがある正統派だ。丁寧な仕事が施された本物の魚の旨さが伝わる味わいが重なっていく。自身のスタイルに益々磨きがかかった握りの数々。まさに、脂が乗ったと言える市川氏の、さらなる究極に期待が高まる。

☼：42,000円　☾：42,000円

すが弥

Sugaya

シェフ 菅谷崇之

15.5/20

寿司

菅谷氏は15歳の頃から料理の世界に入り、22年の修業を経て、2018年東麻布に開業。静謐な店内だが堅苦しさがなく、すぐに落ち着けるのは、物腰柔らかな菅谷氏が醸し出す空気感があるからだろう。謙虚で実直な人柄が穏やかな笑顔に滲み出る。つまみは4、5品で、特徴的な酢飯が個性となる握りを中心とし、独自のスタイルを確立している。酸味のパンチが効いた酢飯は、古米と新米のブレンドで、硬めに炊かれ、一粒一粒が輝くようだ。2週間寝かせた香り高い大トロ、中トロの漬けの旨み、海苔を忍ばせた一工夫ある赤身などに合うのは勿論だが、しっかりと締められた小肌や、タワーのように積まれた雲丹の軍艦巻きとも、とても相性が良い。また、雲丹のソースとオリーブオイルが上品なアクセントとなる炙りの金目鯛は、この酢飯の風味があってこそ。思い切った「くせになる酢飯」で勝負する菅谷氏のセンスが光るのは、握りだけではない。山葵の他に、帆立の炙りにはXO醤を、白子のバター焼きの薬味にはブルーチーズを添え、旨みの掛け合わせの妙味でも独自性を発揮する。豊富な経験で培った確かな腕前を礎としながら、常に新しい味わいに挑む姿勢も、ファンを離さない理由の一つだろう。

☾：66,000円

Tel: 03-6230-9545

東京都港区東麻布1-29-15
東麻布296ビル 1F

定休日：水曜、他不定休あり

☾：月・火・金・土
18:00-20:00
/20:45-22:45
木 19:00-21:00
日・祝
16:00-18:00
/18:45-20:45
全て一斉スタート

※仕入れにより価格の変動あり

鮨 あお

Sushi Ao

シェフ 岡﨑 亮

15.5/20

寿司

美しい扇形の握り、米酢の効いた酢飯の美味しさは親方譲り。「寿司の神様」小野二郎氏に見込まれ、江戸前鮨の真髄を10年間叩き込まれた。表参道の地で独立して3年、美しい所作、まっすぐな人柄はそのままに、貫禄が加わり、格式高い鮨の名店への道を歩んでいる。計算し尽くされた握りはすべてが芸術品のようだが、中でも「小肌の握り」の素晴らしさは筆頭であろう。ピンと張りつめた立ち姿の美しさは言うまでもなく、肉厚でハリのある小肌、締め具合、切りつけ、温度、酢飯とのバランス、他所でこのレベルのものにはなかなかお目にかかれない。そして、誰もが口を揃えて言う「鮪の握り」の見事さ。岡﨑氏が信頼を寄せる仲買の藤田浩毅氏が選ぶ赤身は、上品な旨み、酸味と鼻に抜ける鉄分の香りが特徴だ。舌先に触れる酢飯は人肌の温度で、すっと鮨種を包み込むように口の中で解ける。鯵は冷たく、海老は熱く、鮨種は温度を変えて最高のハーモニーを生み出す。酢飯の配合も試行錯誤し、本家の味を継承しながらも独自の味にたどり着いた。活気に満ちた店内は、着物姿の女将のサービスも心地好く、美味しい酒も堪能できる。若く才能溢れる店主の求める高みは果てしない。

☼：28,600円　☾：36,300円

Tel: 03-6450-5235

東京都港区北青山
3-10-13
FPG links
OMOTESANDO B棟 2F

定休日：日曜、月曜

☼：水・金・土
12:30-
☾：火・木・金
17:00- /20:00-
水・土 19:00-

※プライベートカウンターの営業時間はホームページを参照

Tel: **03-3561-6503**

東京都中央区銀座1-14-14
吉電ビル 1F

定休日：水曜

☾：17:00- /19:30-

鮨 たかはし

Sushi Takahashi

シェフ 髙橋 潤

15.5/20

寿司

名店で研鑽を積んだ髙橋氏は、2014 年、20 代で銀座に店を構え、いよいよ 10 周年も見えてきた。まず、何をいただいても美味しいつまみだが、中でもほぐした身とみそを甲羅に詰めた毛蟹は、ゲストを唸らせる逸品だ。磯の風味が豊かな蟹の甘みと、のせられたキャビアの塩味のバランスが秀逸である。叩いたトロを挟んで握る、細かく包丁が入った鰹は、髙橋氏の感性が際立つ握りの一つ。酸味がしっかりした硬めの酢飯に、トロと秋の鰹の脂が重なり、味わいを深めている。鯵にはイクラを裏ごししたソース。意外な組み合わせだが、髙橋氏は見事な調和で、必然と思わせる。鯵の旨みを包むイクラの濃密なソースは、後から入れる酢飯とも相性がいい。また、鮮やかな車海老は旨みを引き出す茹で加減で、歯ごたえ、風味も格別な一貫だ。繊細な仕事が伝わる穴子の美味しさも忘れられない。澄んだ味わいに仕上げられ、ふわっとした食感の小ぶりの握りは上品で滑らかだ。居心地の良さを創り出すのも技であるが、髙橋氏は、その才覚も持ち合わせ、ゲストを惹きつける。技術指導で参加している書籍『すしのサイエンス』では、美味しさに到達する理論とその技術を追究。ますます輝きを放つ鮨店である。

☾：**33,000 円〜**

Tel: **03-3543-6311**

東京都中央区築地3-7-2
第五銀座ウェスト築地
ビル 1F

定休日：不定休

☼：12:00-
☾：17:30- /20:10-

※クレジットカードは Visa・Master のみ利用可

鮨処 やまと

Sushidokoro Yamato

シェフ 安井大和

15/20

寿司

東京を代表する鮨店の一つ「日本橋蛎殻町 すぎた」出身の安井氏が、築地駅からほど近い場所に 2021 年に開店。8 席のカウンターのみの落ち着いた空間で、江戸前鮨を比較的懐に優しい価格で提供している。昼 1 回転、夜 2 回転で、予約も毎月の営業日から 1 ヵ月分のみと限定しているため、取り易く、鮨好きにはありがたい存在だ。「銀座小十」で日本料理も修業した安井氏は、まず、ヒラメやアオリイカの刺身から始め、季節のホタルイカの味噌漬け、蝦蛄の漬け込みなど、日本酒を意識した佳肴を繰り出し、つい盃を傾けたくなってしまう。鮨に入ると、小肌、春子といった締めものはすっきりとした味わいで、カンパチ、鯵、シマアジなど定番の素材もよく吟味されている。鮨は大振りで丸みを帯び、赤酢がすっきりとしたゆっくりと解ける酢飯とのバランスも良く、鮨をいただく醍醐味が感じられる。さらに、煮烏賊といった古典的な変化球の鮨種も織り込み、ふっくらとした穴子、そして海老の香りが感じられる玉子に至るまで、江戸前らしい鮨を堪能できる。名店の DNA を受け継ぐ鮨職人の独立が相次ぐが、安井氏はそのまっすぐな姿勢で、江戸前鮨の若き担い手として最も期待される一人である。

☼：**24,200 円**　☾：**24,200 円**

Gault&Millau

RESTAURANTS

レストラン

北海道

HOKKAIDO

Tel: **011-640-6955**

北海道札幌市中央区
宮の森1条14-3-20

定休日：第1・2日曜、
第3・4月曜

☼：12:00-14:00
一斉スタート
☾：18:30-21:00
一斉スタート

ル・ミュゼ イデア

Le Musée IDEA
シェフ 石井 誠

17/20
フランス料理

石井氏は感性豊かな表現力で、地に足のついたリアルで豊かな北海道の自然を、料理という芸術作品に創り上げている。生態系自然観という副題のついた「森」という前菜では、ヨモギやヤチブキ、タラの芽といった風味溢れる山菜と名残の桜を追想するかのような桜餅を複数の皿で提供し、テーブルの上に北海道の大地と桜を立体的に表現。春の味覚ホワイトアスパラガスや“春の使者”モリーユ茸といったメイン食材だけでなく、ハーブのように用いられているホンナやアズキ菜、ワサビ菜、アイヌネギといった山菜も、彩りはもちろん香りや辛みといった味覚の広がりを担う役割を果たしている。ミズナラの薪と炭火で火入れした仔羊は、アイヌの小刀“マキリ”を使うことで、食べる者にこの地に根付いている精神性を体感させている。散りゆく桜の美しさを表現した「今年最後の桜」というデザートでは、キリッとした塩味を感じる桜のジャムを添えたり、カカオのアイスには爽やかなレモンの酸味と蕗の薹のジャムの苦さが添えられ、甘さの中にも五味の広がりがある。最初から最後まで、美しさ、美味しさ、そして食の豊かさを育む自然への敬意が、石井氏の高度な技術によって表現されている。

☼：24,200円　☾：24,200円

Tel: **011-206-1789**

北海道札幌市中央区
南3条西3-3
G-DINING 1F

定休日：不定休

☼：土・祝
12:00-13:00 (L.O.)
☾：17:30-19:30 (L.O.)

アキナガオ

aki nagao
シェフ 長尾彰浩

16/20
フランス料理

東京とフランスで経験を積み、札幌の中心部に店を構えて13年。長尾氏のクラシカルの上にモダンを積み重ねる料理表現と、北海道への愛は深さを増しているようだ。それは地元食材のオリジナルな表現法だけでなく、葡萄園を引き継ぎ、委託醸造してきたワインが、自社ワイナリーの設立やそこでのワインの製造を間近にするまでとなったことからも窺える。食の豊かな時間を思い描き、「アキナガオ」をどう表現していくか、地元に根付くレストランとはどういうものか、長尾氏の思いがテーブルのゲストに伝わってくる。コースで展開される料理は以前よりパフォーマンスが抑え気味になったようにも感じるが、しっかりした基盤と艶やかさは失っていない。カリフラワーのムースの滑らかさと適度な甘み、オマールのコンソメジュレのコクとムラサキウニの旨みが口の中で混ざり合う一品は、まさに北海道をフランス料理で表現したもので、味わい深い。また、フルーツトマトと白桃のガスパチョは、程よい甘さが口の中に広がるとともに季節の名残を心の中まで染み込ませてくれるようだ。ライトに浮かび上がる一皿を前に、今後、この店がどのように印象づけられるようになるのか、興味は尽きない。

☼：31,075円　☾：31,075円

モリエール

Molière

オーナーシェフ 中道 博　シェフ 今 智行

16/20　フランス料理

広くとられた窓から四季折々の木々を望み、テーブルの白いクロスは清々しく優雅な雰囲気を醸し出している。円山という緑溢れる閑静な場所に根を張り、地元の人々に愛され続けるグランメゾンのオープンは 1984 年。長きに亘り、人々のハレの日を祝い、思い出作りをし、ドラマを生み出し続けてきた。このレストランの美点は、札幌で最高級の料理を提供する場でありつつ、開放的でフレンドリーな接客により、地元の人々が様々な節目の日に何度となく足を運ぶ親密性にある。そこには、変わらない、変えてはならないものへの中道氏の信念があり、同時に、ゲストが求める新しい食のデザインを提供し続けられる柔軟性がある。このレストランではテロワールという言葉が浸透する前から、北海道の食材に向き合い、素材の個性を美しい姿に変え、プレートの上で輝かせてきた。24 種の野菜のプレート、つぶ貝と帆立のリゾット、牛蒡のポタージュなど、海と里の融合だけでなく、その土地の香りが伝わるようなコクの深さがある。変化球ではない、ストレートな旨さを追求した料理。10 年、20 年先も地元とともに歩み、愛されることがグローバルに繋がる、北海道を代表する名店である。

☼：7,920 円～ 16,280 円　☾：18,700 円～ 25,300 円

Tel: **011-631-3155**

北海道札幌市中央区
宮ヶ丘2-1-1
ラファイエット宮ヶ丘 1F

定休日：水曜、他不定休あり

☼ : 11:30-
☾ : 17:30-

※季節により価格の変動あり
※車いすのまま食事が可能

タテオカ タケシ

TATEOKA TAKESHI

シェフ 館岡武士

15.5/20　フランス料理

開店以来 7 年、館岡氏は常に北海道のフランス料理界をリードするシェフの一人であり続けている。3 年前のリニューアルでは、カウンター 4 席を増設、ゲストはシェフが料理を仕上げる様を目のあたりにすることが可能になった。それを機に、館岡氏の料理へ向かう姿勢も一段とストイックになったのではないか。その一番の変化は、道産食材に対するより深い愛情だろう。北海道各地から届いた夏野菜をワンプレートに表現した一皿では、野菜それぞれに合った調理を施し、どれも素材そのものの味とエネルギーが直に感じ取れ、館岡氏のスペシャリテといってもいい一皿になっていた。函館産の真烏賊を使った料理も、今までにない鶏胸肉と大根のムースという組み合わせであり、烏賊の食感とムースとのコントラストも新鮮で、シャーベット状にしたトマトのフレークが夏の定番ガスパチョを思い起こさせる粋な仕立てになっている。また、厚岸の牡蠣を使った料理では、生牡蠣とバジルオイルの相性の良さに今更ながら驚いた。館岡氏の料理は、基本技法をしっかりと身に付けた料理人だけが上れるもう一段先へ進んだもの。まさに、ここへ来なければ体験できない、現代のヌーベル・キュイジーヌだ。

☾：24,200 円

Tel: **080-4045-8879**

北海道札幌市中央区
南 3 条西 2
KT3条ビル 1F

定休日：月曜（祝日の場合は営業、翌火曜以降に休みを振替）、年末年始

☾ : 18:00-21:00 (L.O.)

メゾン フジヤ ハコダテ

maison FUJIYA Hakodate

シェフ 藤谷圭介

15.5/20

フランス料理

Tel: **0138-76-9653**

北海道函館市元町17-17

定休日：水曜、第 2・4 火曜

☼：12:00-15:00
(L.O.13:00)
☾：18:00-22:00
(L.O.19:30)

早くから西洋文化が根付いた街、函館。洋館や教会が建ち並び、異国情緒を感じる元町エリアの一角、石畳が美しい二十間坂を上ったところに店はある。白を基調としたダイニングからは、市街地と海を望み、白いクロスがグランメゾンの風格を漂わせている。函館にほど近い江差町の漁師の家庭で育った藤谷氏は、幼少の頃から料理に興味を持ち、東京の専門学校を出た後、フランスで研鑽。札幌ではシェフを務めた。料理のスタートは、函館らしくスルメイカのアミューズから。2 品目には蝦夷鮑を登場させ、函館の豊かな海を印象付ける。鮑の上には深くコクのあるコンソメゼリーを纏わせ、茄子と肝のムースを添えて意外性のある組み合わせをみせ、口の中を贅沢な美味しさで満たす。その後も北海道の「大地」と「海」の融合を感じる料理が供されたが、最も印象に残ったのは、「とうもろこし」と書かれた一品だ。とうもろこしのヴルーテの甘さとフォアグラのコクや塩味のバランス、黒トリュフとバニラの香りが個性を放ち、パンケーキの柔らかさに優しさを感じる新しい味覚の発見に導かれた。北海道のフランス料理は、ここから進化していくのではないか、そんな予感もするレストランである。

☼：5,500 円～ 24,200 円　☾：15,730 円～ 24,200 円

アグリスケープ

AGRISCAPE

シェフ 吉田夏織

15/20

フランス料理

Tel: **011-676-8445**

北海道札幌市西区小別沢177

定休日：不定休

☼：12:10-15:30
(L.O.13:00)
☾：17:40-22:00
(L.O.19:30)

札幌の市街地から車で約 20 分、里山の森の間に、畑や鶏舎、豚舎などが連なっている。ここは、玉葱畑だった場所に 150 種類以上の野菜やハーブ、鶏、豚、羊、山羊、ミツバチなど、食材を育てることから始めた、循環型農園レストランだ。天井が高く窓の大きなダイニングから隣接する林や飛び交うミツバチを眺めていると、吉田氏が大きなプレートでその日に使う食材をプレゼンテーション。どの食材も生き生きとし、期待の高まるプロローグだ。自家農園の野菜とハーブ、野菜の花などを使ったサラダは 2 種類、他にアスパラガスのスープ、じゃがいものピューレを包んだチップス、ローストしてキャラメリゼした無農薬栽培の玉葱・札幌黄など、バラエティーに富んだ野菜料理の数々。フロマージュ・ド・テットは、自家飼育ならではの、豚の内臓や耳などすべての部位を使った味わい深いテリーヌだ。メインは甘さとコクのある脂身が特徴の黒豚と、弾力があって旨みの深い 180 日間飼育の鶏・プレノワール。黒豚は皮ごとローストすることで香ばしさが加わり秀逸だ。ここは、自らが育てた食材に向き合い、余すことなく使い切り、美食と環境循環の両立を実践する数少ないレストランの一つだ。

☼：4,840 円～ 21,780 円　☾：14,520 円～ 21,780 円

マリヨンヌ

Marions Nous

シェフ 小久保康生

14.5/20

フランス料理

帯広の名所「北の屋台」は、街を元気にしたいという人々によって 2001 年に作られ、今では十勝の食材を活かした 20 もの店が軒を連ねる一大スポットとなっている。中でも「マリヨンヌ」は、とりわけ人気を集め、その近くに 2020 年に移転した。手渡されたメニューの裏側には、生産者の一覧に QR コードを載せ、読み取ると YouTube の「十勝グルメ」と題した動画で、わかりやすく紹介している。この土地の食材に対する誇りと自信、そして生産者とのゆるぎない信頼関係が伝わる。提供される野菜や魚、卵や肉は十勝産を主とし、豊かな旬の食材、果物や野菜のソースの香りがしっかり重なる 10 皿は、この地の強い息吹を感じさせる。「ボーヤ・ファーム」の羊肉は余計な脂肪がつかないよう、のびのびと山に放牧されたもの。弾力あるホゲットの旨みは格別で、添えられた熟成メークインや人参、トマトは、小久保氏の手によって大切にエキスが引き出され、まるでフルーツのような甘さだ。スペシャリテは滋賀県の「サカエヤ」に依頼する熟成肉の炭火焼き。柔らかく、仄かな炭の香りが印象的な逸品だ。北の大地を愛する小久保氏の想いが伝わるこのレストランは、帰路、既に郷愁の情を抱かせている。

☾：8,800 円〜 13,200 円

Tel: **0155-29-2838**

北海道帯広市西 1 条南
10-2-1
マスヤビル 1F

定休日：火曜

☾：18:00-24:00

タカオ

TAKAO

シェフ 高尾僚将

16/20

イタリア料理

自らの姓を店名にした 2016 年以降、森に入り、山菜や草木を採取し、時にアイヌ文化の調理法を活かす「森を料理する」高尾氏の世界観は、より広がりと深まりを増し、日本のみならず世界に、「道産子ガストロノミー」の存在感を示すものとなっている。その代表作の一つが、アイヌの人々が森のオオウバユリから澱粉を抽出し乾燥させる「トゥレプ」を再現し、自家製のパスタに取り入れた一皿だ。国産の香り高い黒トリュフがたっぷりかかった泡ソースとともにいただくパスタは、いわば北海道の味覚と文化を練り込んだもの。また、「山のエキス」は一皿で 30 個のマッシュルームを用い、その水分を抽出し、ここにエゾイソツツジの蒸留水を微量加え、帆立にも赤蝦夷松のオイルを塗るという、まさに森の精分を凝縮したような逸品だ。運ばれてきた時の、香りと一口目の味わい、そのすべてが記憶に残る。これらの料理はそれぞれの草木について説明があり、美味しいと楽しいが同時に体感できる。高尾氏がいかに生まれ育った北海道を愛し、そして北海道の食材と文化に魅了されているかがわかる 3 時間。新たなゾーンに入った高尾氏の“森へ帰っていく進化”を見届けたい。

☾：21,780 円

Tel: **011-618-2217**

北海道札幌市中央区
南 3 条西23-2-10
Condo Maruyama
KIRARI 1F

定休日：日曜

☾：18:00-

Tel: **070-1139-0283**

北海道札幌市手稲区
稲穂１条4-8-10

定休日：不定休

☼：12:00- 一斉スタート
☾：18:00- 一斉スタート

パルコ フィエラ

PARCO FIERA

シェフ 中條大輔

15/20

イタリア料理

店に入ると目を引く熟成庫。中には、所狭しと多種多様なサルーミ（食肉加工品）が出番を待っている。この店では、自家製のサルーミを軸に、おまかせコースで、オリジナリティー溢れる料理が楽しめる。まず、カウンター越し、中條氏がそれぞれの特徴を説明しながら切りたてのサルーミをサーブする。旨みを舌の上で転がすようにして感じ取り、その個性を探る。フロマージュや胡瓜のフリットなどを纏ったバージョンも登場。すると熟成されたハムが目を覚まし、新調の服を羽織るかのように、新しい味へと変化していく。特に、セロリを発酵させた酢で混ぜ合わせたご飯を、プロシュートで巻いた一品は、味の融合が長く印象に残った。また、ニョッコ・フリットを包んだ道産豚のハムは、脂身が甘さを増し、忘れがたい味となった。その間を縫うように供される料理も素晴らしい。イカゲソのラグーのコク、米茄子に鮑をすり潰したソースを配する一皿など、個性が光る。この独自性を、どう表現すればいいのか、中條氏に聞くと、「発酵屋」と思ってほしいと言う。発酵を軸に、これだけの構成ができる店は、全国でも稀だ。どこにもない中條路線の今後も楽しみにしたい。

☼：**20,900 円**　☾：**20,900 円**

Tel: **011-242-0808**

北海道札幌市中央区
南２条西1
アスカビル 2F

定休日：不定休

☼：11:30-13:00 (L.O.)
☾：18:00-20:00 (L.O.)

リストランテ カノフィーロ

RISTORANTE CANOFILO

シェフ 小川智司

15/20

イタリア料理

狸小路にあるビルの２階、エレベーターを降りるとダークブラウンを基調とした落ち着いた空間が広がっている。2002 年に創業、札幌の老舗リストランテとして、道産素材を用いた正統的なイタリア料理を提供している。小川氏は、「料理の力でゲストを笑顔にすること」をモットーに、「奏でるように、友情や愛を紡ぎたい」という思いを店名に込め、精進を重ねてきた。ソムリエやサービススタッフも老舗に相応しい心温まる接客で、ゆったりとした時間を過ごすことができる。また、イタリアワインを中心としたペアリングもよく考えられており、リーズナブルな価格にも注目したい。料理では、大助に精妙な火入れを施し、ほぐした毛蟹と山わさびとの相性を楽しませる。また、秋刀魚と舞茸の自家製タリアテッレでは、ケッパーと松の実をアクセントに。北海道の名産「びらとり和牛」のモモ肉のローストでは、トリュフと赤ワインソースで滋味深い味わいを堪能させる。最後は、ハスカップやピスタチオ、トマトなど７種類の味わいの自家製チョコレートやマシュマロで締め括る。北海道の自然の恵みを感じながら、ゆったりとした時間を過ごすことのできる、大人のためのリストランテである。

☼：**2,750 円～ 11,000 円**　☾：**9,680 円～ 18,150 円**

余市サグラ

Yoichi SAGRA

シェフ 村井啓人

15/20 イノベーティブ

今や全国有数のワイン産地になった余市町。特に「SAGRA」のある登地区は全国的に有名なワイナリーがあり、「ドメーヌタカヒコ」などの入手困難なワインも多く存在する。その環境下、料理だけでなく、葡萄作りまで始めた村井氏。札幌から余市町に移住して6年が経ち、既にすっかり余市の人だ。地元で採れる旬の食材を誰よりも把握し、時には自分でも採取する。1皿ごとに料理の説明をするが、その熱量がすごい。カウンターから見える厨房のシェフの表情は険しいが、目を輝かせて料理について語る姿を見ると、用意した一つ一つの食材をいかにリスペクトしているかが伝わってくる。村井氏はイタリア料理をベースとするが、和食を思わせるような素材の味を大事にしたシンプルな味付けには、地元の塩や野草なども積極的に使用。まさに余市だからこその料理が次々に運ばれてくる。この日は全11品もあったが食べ疲れはなく、終始ワクワクさせてくれた。ワインも地元の銘柄で揃え、ペアリングはブラインドで提供し、すべて食べ終えた後に説明。手作り感のあるサービスで、アットホーム且つ地元愛に溢れた時間が流れ、わざわざでも訪れる価値のあるレストランである。

☼：11,000円　☾：15,000円～20,000円

Tel: 0135-22-2800

北海道余市郡余市町登町987-2

定休日：月曜

☼：12-3月
日 12:00- 一斉スタート
4-11月
水・木・金・日
12:00- 一斉スタート
☾：火-土 18:00-
一斉スタート

ゴ・エ・ミヨの歴史

ゴ・エ・ミヨの気概と独立性 1

その頃、一流の料理というものは戦前から変わらないまま、マンネリに陥っていました。『ミシュランガイド』も、19世紀から受け継がれてきたフランス伝統の「時代遅れ」の地方料理の擁護者で、大量に盛った皿に重くてカロリーの高いソースと、豪華でブルジョワ的なレストランを評価する傾向にありました。フランス料理が体現するイメージに合わせ、少し「ありふれた」評価になっていたのです。いつも同じレストランが紹介され、一流のシェフや店が神聖であるかのように崇められていた時、ゴは、それを「最悪」と遠慮なく貶し、ウルシュルおばさんのビストロのラグーを「美味しい」と評価しました。

伝統的なフランス料理は、このようにして金曜日のコラムによって一刀両断にされたのです。権威あるものに批判の目を向け、公表する彼らの気概と評価の独立性は多くの読者に支持され、金曜日のコラムは成功を収めました。ゴが新しいレストランを紹介すると、その店は翌日には予約で満席になったほどです。『パリ・プレス』は追い風に乗り、ゴはその後、毎日1ページの記事を執筆する傍ら、週末にはパリに特化したコラムも書くようになります。

Tel: **011-688-8024**

北海道札幌市中央区
大通西17-2-8
グラシアス大通 1F

定休日：水曜、第３火曜

☾：18:00-23:00
(L.O.21:00)

壽山

Suyama

シェフ 高橋秀人

16/20

日本料理

札幌中心部からやや離れた通りに、柔らかな光が揺らめき、特別な風情を醸し出している。格子戸をくぐると、ここからは別世界、名店を手がけてきた建築家による数寄屋造りが非日常へと誘う。朱塗りの盃が運ばれ、まずは一献と挨拶を交わし、すぐに一品目の白子の茶碗蒸しが供された。日に日に寒くなる頃、温かな料理での始まりは心も身体も落ち着く。すべてに季節の息吹が込められた品々は、滋味があり、美しい。北海道産のトラフグに添えられた脇役の薬味と調味料は、フグの淡白さがこんなにも美味しいのか、と思わせる味を引き出す。グジと松茸の椀物は、グジという主役を前面に押し出し、グジの味が口中に広がった後、出汁の優しさが身体の奥深くに染み渡る。一瞬の静寂の後、笑顔になる客人達。実に心豊かな時間だ。また、炭火を使用し、目の前で焼き上げる焼き物は、カマスの幽庵焼きで、カリッとした皮とふっくらした身の対比が見事であり、皮目に塗られた調味料の塩梅も完璧だ。京都や東京で経験を積んだ高橋氏。客人にそれとなく目をやりながら話しかける間合いも心地好い。季節の移ろいと食材の豊かさ、美意識に浸りながら美食を楽しませてくれる日本料理店である。

☾：26,620 円

Tel: **011-520-6858**

北海道札幌市中央区
南10条西6-3-2

定休日：月曜、第４日曜

☾：18:00-21:00
（最終入店）

温味

Nukumi

シェフ 山本真樹

16/20

日本料理

何故、山本氏が繁盛していたすすきのの店を閉め、中島公園の近くに移転したのかと思われるむきは、改めてこの場所を訪れてみるといい。ここでは繁華街のビルの中では感じることができない風の流れや緑の匂いを堪能することができる。それが温もりある料理を、より身体全体で味わえるようにしていることがよくわかるはずだ。山本氏の料理はすべてが基本に則っており、丁寧な仕上がりには安心感があり、それがいただいた後の喜びに繋がっている。七夕にちなんだ天の川を思わせる滝川豆腐や祇園祭を意識した粽など、控えめながら遊び心に溢れた品々に、つい微笑んでしまう。個室もあるが、ここでは可能な限りカウンターで山本氏と若手の料理人達の仕事ぶりを見ながら味わうことを勧めたい。包丁捌きや盛付からも、料理に向き合う真摯な姿勢が伝わってくるからだ。飲み物は、手頃な価格から高級なものまで一通り揃えており、客のニーズに合わせて対応できるようになっている。日本酒を注文すると、小さな桶に氷を敷き詰め、そこにガラスの徳利を置き、涼しさを演出してくれた。日本料理の真髄を垣間見ることのできる、札幌では希少な店。身も心も温かみを感じる癒しの和食店だ。

☾：17,600 円～ 26,400 円

味道広路

15.5/20

Ajidokoro

シェフ 酒井弘志

日本料理

何度訪れても驚きと感動しかない、酒井ワールド。それでいていつも控えめで、酒井氏は、「その辺で拾ってきたものばかり使っていますから」などと、その場を和ませてくれる。夫妻で二人三脚の営業であるため、限られた人数だけを受け入れていると聞くと、過ごす時間がさらに贅沢なものに思えてくる。料理は、先付の昆布オイルの旨みに圧倒された後、今まで味わったことのないような滑らかな蕎麦がきと、秋ならではの茸の存在感。特に、茸はそれぞれに味も食感も明確に異なり、肉は使っていなくとも食事をいただいたという充足感がしっかり残る。酒井氏は地元と北海道、そして自家畑の様々な旬の恵みをふんだんに用い、今まで考えられなかった組み合わせでも、まとまりのある一皿に仕上げている。そして、どれもが薫り高く、身体に染み渡る出汁の旨みに包み込まれているのだ。見た目も味も派手さはないが、強烈に印象に残るものばかり。水菓子と和菓子も、その佇まいからホッとさせられ、点てられた抹茶も含め、流れの締めに相応しい。食事の間も、次はどの季節に伺おうかという会話が自然に出る。札幌から車で約１時間､この地だからこその持続可能な食を求めて、北の味処を訪ねてみたい。

☼：7,260 円～ 14,520 円　☾：7,260 円～ 14,520 円

Tel: **0123-73-6677**

北海道夕張郡栗山町
字湯地40-35

定休日：火曜、第２水曜、他不定休あり

☼：12:00-14:30
（最終入店 12:30）
☾：18:00-21:00
（最終入店 18:30）

日本料理 潤花

15.5/20

Nihonryouri RUKA

シェフ 中田 潤

日本料理

閑静な住宅地として知られる円山地区は有名店が散在し、美食の街でもある。この店は、美しい色彩と個性ある器との共演が、この地の佇まいに似つかわしく、味のバランスの良さと、出汁の旨みで定評のある日本料理店だ。季節を愛でるという日本の心を忘れず、テーブルの上に置かれた和紙には特別誂えの季節の絵が描かれ、料理には季節や行事を取り入れた盛付がなされている。夏の訪れを感じる頃、キンキの真丈は七夕仕立てで、行事食であるそうめんや星を象った野菜が添えられていた。季節への心配りと汁の深い味わいが心と身体に染みる。また、ここではお造りのつまの細かな細工も見どころの一つ。料理のファッションを鑑賞するような感覚が楽しめる。中田氏は、定山渓温泉の旅館で料理長を務めていた頃、フランス料理店の厨房に足しげく通い、多くのことを学んだというが、その経験が、目で愛でる独自の様式に繋がっているのかもしれない。そして、食事の締めには土鍋ご飯。選び抜いた土鍋で炊くご飯は、どのような具材を加えても米に染み込んだ味がバランス良く、お代わりせずにはいられない。この店は、五臓六腑に染み渡る旨さが味わえる、心に残る一軒である。

☼：6,600 円～ 16,500 円　☾：11,000 円～ 22,000 円

Tel: **011-213-8518**

北海道札幌市中央区
南１条西22-2-15
シーズンビル B1F

定休日：月曜、他不定休あり

☼：12:00-15:00
（L.O.13:30）
☾：17:30-22:00
（L.O.20:00）

東京
北海道
青森
秋田
岩手
宮城
山形
福島
茨城
栃木
群馬
埼玉
千葉
神奈川
山梨
長野
新潟

花小路さわ田

Hanakoji Sawada

シェフ 加後朋也

15.5/20

日本料理

Tel: **011-562-0088**

北海道札幌市中央区
南７条西4
プラザ７・４浅井ビル 3F

定休日：日曜、祝日、
第１月曜

☾：17:30-22:00
（最終入店 19:00）

※期季限定ふぐコース
（天然 34,650 円、半天然
23,100 円）

繁華街すすきのに位置する「花小路さわ田」が、札幌を代表する和食店の一つであることに異論はないだろう。飲食店が集うビルの３階、店内はカウンター席と大小の個室を備え、幅広い用途に対応している。加後氏の料理に対するモットーは、お客様へ押し付けない料理だといい、その考えは１皿目に供される「海老芋と銀杏のから揚げ」をいただくと直ぐに理解できる。見た目には何の変哲もない料理だが、口にすると何とも優しい、何処となく懐かしい味がする。なるべく素材に触らない、いうならば究極のシンプルを目指したものだ。この感覚はコースの最後まで続き、期待を裏切らない美味しさだ。それを可能にしているのが、和食の基本的な調理技術と丁寧な下拵え、加えて季節感溢れる質の高い食材である。「キンキの潮汁仕立て」は、それをよく表した一品。基本になる出汁の引き方から香ばしく炙ったキンキの火入れに至るまで、技術が凝縮した料理に仕上がっている。この店は海外のゲストにも対応しており、老若男女、国内外の客を迎えるが、加後氏の料理に対するスタンスは開店当初から変わらない。会席料理に気後れするという人も安心して利用できる日本料理店である。

☾：17,325 円～ 23,100 円

料理屋 素

Ryouriya So

シェフ 姉崎貴史

15.5/20

日本料理

Tel: **011-621-6222**

北海道札幌市中央区
北１条西28-2-18

定休日：不定休

☼：予約に応じて
☾：予約に応じて

円山公園のすぐそば、昼夜各２組限定で完全予約制の和食店だ。姉崎氏は、この店を 2005 年に、2018 年にはニセコ店を開き、近年は夏季限定だがニューヨークでケータリング・シェフとして、活躍の場を世界へ広げている。こうした外国人に料理を提供する経験が、日本の伝統を見つめ直し、本来和食では使われない食材を取り入れるメニュー作りに寄与しているのかもしれない。ホッケと松茸のすまし汁にズッキーニの茎をあしらったり、アブラガレイの薯蕷蒸しにはエノキとルッコラを使った餡かけを用いたりと、日本料理の本流から外れない範囲で新しい食材を取り入れる試みがなされ、既存の献立にも、一般の流通に乗りにくい、通常は雑草として扱われるスベリヒユなどを積極的に使用している。豚肉の味噌漬け焼きは、肉を硬くさせないため、事前に塩麹で漬け込み、旨みと柔らかな食感を演出するというように、すべての料理が丁寧な下処理と調理によって作られる。コース全体に言えることだが、各食材の旨みを可能な限り引き出すことで、調味料、とりわけ塩味を限界まで減らすことに成功しており、そこにグローバルな展開の中での「素」の味わいの神髄を見る。

☼：24,200 円～　☾：24,200 円～

御料理 ふじ田

15/20

Oryouri Fujita

シェフ 藤田哲聖

日本料理

住宅街にひっそりと、民家を改装した店構えは、遠目にはそこが日本料理の店だと気づかないほど控え目だ。藤田氏は、京都の「桜田」や神戸の「料理屋 植むら」など、名だたる店で料理の基礎を身につけ、故郷の札幌で開業して５年、今では本格的な料亭の味をアットホームな雰囲気の中で楽しませてくれる店として定評がある。その技術の確かさと丁寧さは、京料理の技法で仕上げた鱧の椀物の蓋をとれば一目瞭然だ。店内は、カウンター８席のみ。開店当初から設置している炭焼台では、特別に仕入れた稲藁でのパフォーマンスも楽しめる。オープンキッチンは、店主との距離も近く、包丁捌きや盛付を眺めながら食事が進み、気さくな藤田氏との会話にも花が咲く。食材は北海道産に限定せず、旬のものを最適な場所から仕入れ、基本に則りながら、仙鳳趾産のブランド牡蠣などを用いた新たな食材の組み合わせにも挑戦している。店のスペシャリテともいえる卵黄の醤油漬けを使ったメニューも進化しており、今回は雲丹と酢飯を和え、その上に卵黄をのせ、横にさらに雲丹を添える仕様となっていた。名店仕込みの技で全国の名品や北海道の味が楽しめる一軒である。

☼：9,900 円　☾：16,500 円

Tel: 011-215-0318

北海道札幌市中央区
南６条西21-4-6

定休日：不定休

☼：日 12:00-
☾：18:00-

鮨 一幸

17/20

Sushi Ikko

シェフ 工藤順也

寿司

すすきのからは少し離れたエリアに建つ、モダンなビルの２階にその店はある。そこは工藤順也というマエストロが、細部にわたって体験をコントロールする空間だ。樹齢 350 年の木曽檜のカウンター、静謐な店内に漂う程好い緊張の中、その物語は鯛の刺身で美しく静かに始まる。鰹の炙りには、もはや定番となった海苔醤油が寄り添い、その後は白子、バチコと酒に合うつまみが続き、春子から始まる握りへと向かう。酢や米品種のブレンドを追究し尽くした末に得られた酢飯と、それぞれの相性を楽しめる墨烏賊、鰆、中トロと徐々に盛り上がりを見せ、大トロで一度クライマックスを迎える。しかし、さらなる展開がこの後に待ち受けている。季節のスペシャリテ「トロ松」だ。松茸の妖艶な香りがトロの脂を纏い、永遠とも思われるうっとりする響きを心に残し、そして、儚く消えていく。その余韻の中、穴子、玉子焼きと江戸前鮨の伝統に則った形で物語は終わる。全体を通しての鮨体験を統制するために一つ一つのクオリティーはもちろん、前後のつながりや、コースとしての流れ、余韻など、すべてが計算され、綿密に設計されている凄み。まさに究極の一つの幸せを見つけられた夜だった。

☾：37,400 円

Tel: 011-200-1144

北海道札幌市中央区
南２条西5-31-4
スカレッタビル 2F

定休日：水曜、他不定休あり

☾：18:00- /20:30-

※季節により価格の変動あり

すし 宮川

Sushi Miyakawa

シェフ 宮川政明

17/20

寿司

Tel: **011-613-2221**

北海道札幌市中央区
北 4 条西25-2-2
リヒトラーレ円山 1F

定休日：水曜、他不定休あり

☾：17:00-23:00
（17:00- /19:30-）

白木の美しさが凛々しく、緊張感を含んだカウンターに客人が揃うと、スッと目の前に供されたのは、長芋と松茸にイクラが添えられた温かな一品。長芋に絡まる旨みが味覚の扉を開くと、心の中で、さぁスタートだ、とつぶやいてしまう。常連客も待ち望む、醤油漬けにして脱水し藁で焼いた鰹は、香りが全身を包み込み、皮目の歯ごたえと身の柔らかさの対比が口の中でリズムを生む。黒鮑と蝦夷鮑の肝和えは、その微妙にコントラストの異なる味わいを一皿で楽しませる。誰もが一度は食べ比べてみたかったと口にし、客人同士が和んでいく。残った肝ソースには、切りたての酸が立った酢飯を入れる。この少し尖った酢飯が何とも言えず、ソースと最良の関係を築いているようだ。握りの酢飯は数種の赤酢のブレンドで、香りと熟成具合を細かく調整するという。時に強く、頼もしく、時に優しく感じるのは、それぞれの鮨種とのバランスが精巧に仕組まれているからだろう。握る宮川氏の所作も、鮨のフォルムも美しい。空気を含んだ酢飯は、ふわっと呼吸をしているかのようで、口の中で解ける様まで美しく感じられる。北の名店は、鮨も人も、すべてが主人公のように、輝きを保ち続けている。

☾：28,000 円

鮨菜 和喜智

Sushisai Wakichi

シェフ 田村光明

16/20

寿司

Tel: **011-640-3768**

北海道札幌市中央区
南 2 条西25-1-22

定休日：月曜、月 1 回
不定休あり

☼：日 12:00-
☾：18:00- /20:30-

間口の狭い趣ある格子戸の脇に小さな行灯が、隠れ家のような風情を醸し出している。多くの名店が軒を連ねる円山地区にあり、国内外にその名を馳せるこの店は、道外からと思われる客も多い。東京で江戸前鮨を習得し、20 年ほど前に地元で独立した田村氏の握りの魅力は、何と言っても酢飯にある。道産の米に岩手の穀物感の強い米をブレンドし、粘りの強弱を最適化させている。硬めに感じる炊き具合でしっかりと握られてはいるが、口に含んだ途端はらりと解け、熟成した赤酢の個性が広がる。じわりと後から来る鮨種の旨みや甘さが舌に絡みつき、まろやかさを最後に残す。この酢飯の味わいを求め通いつめる客も多いという。つまみは、寒い時期には、温かな料理から始め、「コウバガニの茶碗蒸し」は、滑らかな卵と、控えめではあるが、味の裏方である出汁が引き立つ餡のまろやかさが、コウバガニを際立たせ、底に敷かれた酢飯が個性ある一品にしていた。キンキの炙りのポン酢の加減も的確なものだ。個性を出すため足し算が多くなりがちな昨今だが、最適な塩梅ができるところに客は店の価値を見出す。見た目ではなく、味のエンターテインメントが、この店には深く根付いている。

☼：34,800 円　☾：34,800 円

鮨しょう太

Sushi Shota

シェフ 小田将太

15.5/20

寿司

Tel: **090-6802-8306**

北海道札幌市中央区
北1条西3-3-14
敷島プラザビル別館 B1F

定休日：日曜、祝日

☼：水・土 12:00-
☾：月・火・木・金
18:00- /20:30-
水・土 17:00-

東京・銀座の「鮨とかみ」で店主を務め上げた小田氏が故郷である北海道に帰り、2022 年 12 月、自身の店を開いた。札幌中心部、小さな行灯のみが目印で、オフィスビルの地下に隠れ家のように潜んでいる。始まりは「境港の鮪の突先の手巻き」から。つまみと握りを織り交ぜる構成で、鮪の美味しさを楽しんでもらうべく、握り 14 貫中 5 貫が本鮪だ。突先の味の強い部位は、舌の上で深く印象を残し、期待感を次へとつなぐ。酢飯は大粒の北海道米で、しっかりとした炊き上がりと相まって存在感がある。そこに 2 種の個性ある赤酢を混ぜ合わせ、小田氏ならではの握りになっている。本鮪との相性は流石だ。対して、酒菜は食材の持ち味を前面に出し、優しい味付けが多く、攻めたり、引いたり、休ませたりとドラマチックに進んでいく。終盤の「鮟肝最中」は、鮟肝にクリームチーズ、ハスカップソースという組み合わせに、道産ワインが振る舞われ、マリアージュの提案という興味深いプレゼンテーションもある。鮪を追究し、この店の方向性を客人に理解させる、そのぶれない姿勢が心地好い。当初は若さと活力に面食らう場面もあろうが、札幌に個性ある店が登場したことは嬉しい限りである。

☼：30,800 円　☾：30,800 円

鮨処 有馬

Sushidokoro Arima

シェフ 有馬正隆

15.5/20

寿司

Tel: **011-215-0998**

北海道札幌市中央区
南 3 条西4
南3西4ビル 4F

定休日：日曜、祝日

☾：18:00- /20:30-

※車いすのまま食事が可能

季節ごとに様々な表情を見せる北海道の魚介類が、独自の手仕事を施され品の良い一貫の握りに仕上げられていく。「蝦夷前鮨」を代表する一店である有馬氏のもとには、その豊かな味わいを求めて国の内外からゲストが引きも切らない。新鮮さを前面に、手数を少なくし素材の味をという料理人も多いが、有馬氏は鮨種の良さに依存することなく、その価値をさらに引き上げるよう、ひと仕事を加えている。そうした技の足し算引き算に、有馬氏の卓抜した腕とセンスが光る。「では、まず」と出されたつまみは、器の中に魚介類を詰め込み、大和芋で蓋をしたような蒸し物。出汁の濃度のバランスが見事であり、旨みが絡んだ素材が身体中に染み渡る。誰もが期待に胸を膨らませるであろう始まりだ。酢飯は、米酢でまろやかな風味に仕上げられ、脂の乗りや甘み、塩味と相まって心地好く鮨種を包み込むようだ。鰊にエシャロットを挟んだ握りは、脂の旨みが口の中に広がると同時にさっぱりとした薬味が全体を調える。ボタン海老は、さっと湯引きすることで甘みを頂点まで引き上げ、ねっとり感とともに舌に絡み、いつまでも余韻が残る。派手なパフォーマンスはないものの、じんわりと心に残る鮨店である。

☾：19,800 円

Tel: **0134-23-1425**

北海道小樽市稲穂
3-15-3

定休日：水曜、第１・２
火曜

☼：11:30-14:30 (L.O.)
☾：17:00-21:00 (L.O.)

※車いすのまま食事が可能

伊勢鮨

Isezushi

シェフ 小伊勢貴洋

15/20

寿司

小樽はレトロ感のある街並みで人気の観光地であり、新鮮な魚介類が水揚げされることから数多くの鮨店が軒を連ねている。 その中でもまず名前が挙がるのが、この店だ。杉玉が吊るされた門構えは、下町らしさが漂う地域でもひと際目を引く。店内は個室とカウンターが２つあり、小伊勢氏と長年腕を振るう職人がそれぞれのカウンターで客人をもてなしている。つまみから握りまで北海道の四季の風情が随所に感じられ、魚介類の新鮮さをダイレクトに生かし、細かな味の強弱でキラリと個性を光らせる。バフンウニの茶碗蒸しは、雲丹のコクと甘さが瞬時に口の中で広がるよう、出汁が一歩引くようなバランスで素材を優しく包み込んでいる。握りでは葱、生姜、山椒、柚子胡椒、ポン酢などを合わせた薬味も使い、辛みや酸味を利用したリズミカルな美味しさを表現する。毛蟹の身と蟹みそ、雲丹を混ぜ合わせた通称「おはぎ」、ボタン海老の漬け握りなどは、まさに「ザ・北海道」を満喫させるもので、素材の美味しさの頂点まで味を引き出し、言葉を失うほどだ。優しい米酢の酢飯とのバランスも心地好い。蝦夷前に「伊勢鮨」あり。北海道で鮨を楽しむ嬉しさをつくづく感じさせてくれる店である。

☼：7,700 円～ 15,400 円　☾：7,700 円～ 15,400 円

Tel: **011-215-4144**

北海道札幌市中央区
南１条西22-2-15
シーズンビル 2F

定休日：木曜

☾：17:00-22:00
（最終入店 20:00）

※仕入れにより価格の変動あり

東雲

Shinonome

シェフ 中原 渡

15/20

寿司

異業種から鮨の世界に入った中原氏は、2016 年、鮨激戦区といわれる円山地区で開業以来、着々と客の心を掴み、存在感を増している。店はビルの２階､店内が見えない扉､さらにはカウンター８席のみと、緊張感のある設定だが、席に着き、いざ食事が始まると直ぐに空気がほぐれていく。出される料理に対する丁寧な口調からも、一つ一つ真摯に向き合う中原氏の姿勢が窺える。そして、時折見せる笑顔が、派手とはいえない一皿であっても、その深みを存分に味わわせてくれる。鮑そうめんの、１滴も残したくないと思わせる出汁の旨み。また、余市産の鮟肝は、奈良漬けと無花果、そして赤酢を煮詰めたソースという組み合わせで深く記憶に残る一皿となった。握りは、鮨種が厚めだが、口の中でほぐれる赤酢ベースの酢飯とのバランスが群を抜き、10 貫いただいてももう少しと思わせる軽やかさだ。１人で握っているにもかかわらず、デザートのアイスクリームまで自家製で、春先に摘んだ木の芽を牛乳で煮て作るという手のかけよう。これもまた、握りやつまみに劣らず印象深い美味しさであった。中原氏はクオリティーの高さを保ちながらアットホームな雰囲気も併せ持つ、得難い鮨店を作り上げた。

☾：19,800 円～ 20,900 円

鮨こいせ
Sushi Koise
シェフ 小伊勢健太

15/20

寿司

鮨界のサラブレッドともいうべき小伊勢氏は、叔父の経営する小樽の鮨店や札幌、東京の有名店で修業を重ね、2022 年に独立した。コースの流れは、つまみを 2 品程度、その後、握りを味わいながら中間で焼き物や酒のアテがある。つまみには、鰊の白子やイクラの西京漬けなど、いずれも細かな仕込みがあり、特に奈良漬けとラ・フランスを和えて添えた鮟肝は絶品であった。鮟肝を漬け込む加減、ラ・フランスとの甘さの調和、舌の感触の面白さ。これは旨いね、と小伊勢氏との料理談義でゆるりと時間は進んでいく。握りは、3 種の米のブレンドを炊き上げた少し硬めの酢飯で、2 種の赤酢を用いる。酸味と塩味を重視しつつ、少し甘みを加えてまろやかさを出し、品が良い。そこに北海道で水揚げされた魚の個性がのり、握りは完成されていく。赤酢に漬け込んだ鯖にはバッテラ昆布をかぶせて甘みをプラス、白子は甘鯛の出汁で火入れし、旨みに深さを加える。牡蠣の煮汁を含んだ煮切りは、牡蠣の個性をさらに際立たせるなど、素材の持ち味をワンランクアップさせるものばかりだ。ゲストの頬も緩み、楽しげな表情がカウンターに並ぶ。さらなる進化と変わらぬ心地好さに期待の鮨店である。

☾：18,000 円

Tel: 011-522-7939
北海道札幌市中央区
南 5 条西3-1-4
第11グリーンビル 4F

定休日：日曜、祝日、
他不定休あり

☾：17:30- /20:00-

鮨ノ蔵
Sushinokura
シェフ 井川 大

15/20

寿司

隠れ家のような店で、日々、研究を続ける井川氏の料理は、馴染みの食材でもその手にかかると「そう来るか！」と、斜め上を行く一品になる。この日のスタートはズワイガニとホワイトアスパラガスのスープ。器のサイズ感からは想像できないほど具がたっぷりと入り、全体の味もさることながら、ホワイトアスパラガスの茹で加減が完璧で、シャキッとした瑞々しさが堪能できる。数皿後にグリーンアスパラガスを使った料理が出てくるのだが、こちらもまた理想的な火の入れ方で、まさに北海道の旬を愉しませるものだ。ヤリイカの寝かせ具合も素材以上の旨みを引き出し、トラフグや水蛸の処理、火入れ加減も精妙だ。ほとんどの人が、握りに入る前に腹八分を超え、これでコースが終わってもよいと思うだろうが、握りが出てくると皿に吸い寄せられ、全 9 貫をあっという間に平らげてしまう。いずれも見た目に美しく、口に入れるとホロホロとほぐれていき、その後に強烈な旨みが広がる。中でも、サクラマスのラズベリーソース掛けは、全体の印象を一気に引き上げるものであった。井川氏自身はまったく呑まないというのに、日本酒は呑兵衛の心をくすぐる品揃えで、ついお代わりを頼んでしまう。

☾：17,600 円

Tel: 080-3296-0202
北海道札幌市中央区
南 2 条西4 乙井ビル B1F

定休日：日曜

☾：18:00-21:00 (L.O.)

姫沙羅

Himeshara

シェフ 田中 彰

15/20

寿司

Tel: 011-520-5656

北海道札幌市中央区
南 8 条西20-1-2

定休日：水曜

☾：17:00-19:00
/19:30-21:30

すすきので営業を始め、鮨の世界へ新風を吹き込み、その後、現在地に戸建ての鮨店として移転、広めのスペースに個室もあり、モダンでシックな内装も相まって鮨店としてはユニークな空間を創り出している。室内にウェイティングスペースもあり、二回転制の店として、冬場にはありがたい設えだ。田中氏は、2023 年末、札幌市内から車で 40 分の小樽市朝里川温泉に「すしオーベルジュ流雅」を開き、新たな挑戦も始めた。それに伴い、本店の板場は新しい大将に任せているが、これまで培ってきた鮨への情熱はしっかりと継承されているようだ。それは、八寸スタイルによるつまみの提供や、既に店のスペシャリテにもなっている幾つかの握りに表れている。トロたくの手巻きは、中に酢漬けした山芋の千切りを忍ばせ、食感と味にアクセントが加えられている。中トロと雲丹を二段に重ねた鮨や、特に、意匠登録もされているボタン海老を使用した海老全部のせは、海老の胴体で輪を作り、中に頭部分のみそを入れ、海老の卵で蓋をする独特なスタイルをとる。濃い目の赤酢を使用した酢飯との相性もすこぶる良い。新たな業態へと挑戦を始めた「姫沙羅」。本店の今後を期待し、見守る鮨ファンは多い。

☾：33,000 円

抽斗

Hikidashi

ソムリエ兼シェフ 松村恵太

pop

創作料理

Tel: 011-522-5252

北海道札幌市中央区
南6条西24-2-24

定休日：不定休

☾：16:00-24:00
(L.O.23:00)

控え目な看板に気づかなければ、そこが店舗であることがわからないほど周囲の住宅街に溶けこんだ小料理と酒の店だ。2022 年 4 月にオープン、L 字型のカウンター席とテーブル席を備え、店内の壁面や床にはモダンなオブジェがさり気なく飾られ、食と工芸やアートの融合が企図されている。メニューに載る品数は多くはないが、ナチュール系ワインや日本酒、そのどちらにも合うオリジナリティー溢れる料理が用意されている。桃とマスカルポーネの白和え、香ばしい出汁醤油でいただくニラ玉、本鮪と三つ葉の玄米醤油糀和えなど、魅力を感じるものばかりだ。ソムリエで店主の松村氏が創り出す落ち着いた雰囲気の中、隠れ家的な店で洒落た時間を過ごせる一軒である。

Gault&Millau

RESTAURANTS

レストラン

Tel: **0172-33-8299**

青森県弘前市本町56-8

定休日：日曜、第３月曜

☾：18:00-22:00
（最終入店 19:00）

オステリア・エノテカ・ダ・サスィーノ

OSTERIA ENOTECA DA SASINO

シェフ 笹森通彰

15.5/20

イタリア料理

レストランの理想形の一つだろう。弘前市出身の笹森氏は、仙台や東京、イタリアで修業を積み、イタリアでは郷土愛とも訳される“カンパニリズモ”の精神を受け継いだ。2003年に弘前に戻り、店を開いた笹森氏は、菜園で野菜やハーブを育て、チーズや生ハムも自家製のものを供する。また、岩木山の麓にある葡萄園ではワイン用の品種を栽培し、醸造した極上のネッビオーロはレストランで提供するだけでなく全国からも注文が舞い込む。さらに、「奥入瀬ガーリックポーク」や金木町の馬肉は、現地に赴き、生産者の思いを汲み取りながら調理する。赤石川の「金アユ」はラルドを巻いてフリットに。岩木山麓で育てたとうもろこし「嶽きみ」を使ったラビオリには、今別の「奥津軽いのしし牧場」で飼育された猪のパンチェッタを合わせる。締めのドルチェは、津軽のメロンに自家栽培の香り高いミントのグラニテやメレンゲが使われており、弘前という地の豊穣さを強く感じさせる逸品が並ぶ。料理人としてだけでなく生産者としての顔も持つからこそ、店を訪れた客は笹森氏のもてなす「ご馳走」の貴重さ、有り難さが伝わり、最高の食体験となるのである。

☾：18,700 円

Tel: **0178-20-9646**

青森県八戸市湊高台
1-19-6

定休日：日曜、月曜

☼：土 12:15-15:00
☾：19:00-22:00

※前日までの予約制

カーサ・デル・チーボ

Casa del cibo

シェフ 池見良平

15.5/20

イタリア料理

北の海のイタリア料理として、世界を含めても指折りの店ではないか、池見氏の料理にはそう感じさせる魅力がある。スペチャリタの八戸産鮟鱇のテリーヌは「鮟鱇の七つ道具」をすべて入れた逸品で、グレモラータで爽やかさを出し、味の濃いテリーヌとして仕上げている。アブラツノザメは以前から身の部分は地元で食べられていたが、イタリア料理として扱うためにフカヒレと青森の干し貝柱とカッソピーパソースの組み合わせを見出し、海の旨みを存分に味わえるメニューを完成させた。山のものも負けてはいない。青森県産香茸を使った焼きリゾットには敢えてトリュフを合わせるが、お互いの香りが打ち消し合うことなく、聳える2つの山のように独立した香りが愉しめる。肉の味が極めて濃い「銀の鴨」によるメインは、胸や腿だけでなく内臓と皮の部分も全部使ったバロティーヌ仕立て。極上の鴨の全部位を凝縮させた味わいはフランスの鴨にも劣らない。すべての料理が、試作を重ね、丹念に仕込みを行い、熟練した技術の上で成り立つ素晴らしさだ。食材を余すところなく使う精神や、八戸でなければ食べられない料理を作るという矜持も合わせて、これがシェフの仕事と言えるだろう。

☼：11,000 円　☾：14,300 円

アルチェントロ

14/20

AL CENTRO

シェフ 葛西 淳

イタリア料理

青森駅から徒歩で約 20 分。街の喧騒から少し離れたところにあるイタリア料理店。煉瓦色の壁、ドライフラワーのアレンジメントがモダンな雰囲気を醸し出す。訪問は駅から歩くとじんわり汗ばむ季節。青森産のシードル、前菜のリコッタチーズとパッションフルーツのソースの酸味が身体に沁みる。鮎の包み揚げは、酢漬けにした干し菊を添えて。鮎の頭や内臓をすり潰したソースはほろ苦く、良いアクセントになっていた。三方を海に囲まれた青森県は魚介類が豊富。自ずと魚料理に期待が膨らむ。陸奥湾で獲れたヒラメは肉厚でふんわり。蕗、乾燥させたエノキ、山菜のソースとともにいただくと、口の中で海と山の恵みが融合する。料理はテンポ良く運ばれ、スタッフが一つ一つ丁寧に説明してくれる、その柔和な表情に親近感が湧く。肉のメインは十和田産短角牛のビステッカ。火入れに定評がある葛西氏の肉料理は、シンプルに塩のみで味を噛み締める。実は、この店、ドルチェが楽しみでもある。イタリアの郷土菓子「ボネ」は、栗のジェラートをのせ、上に青森産のリンゴチップスを花びらのように添える。シェフがセレクトしたナチュラルワインと味わいたい、青森イタリアンの店だ。

☼：7,800 円～ 12,100 円　☾：7,800 円～ 12,100 円

Tel: 017-723-5325

青森県青森市長島2-15-2

定休日：日曜

☼：11:30-14:00
☾：18:00-23:00
(L.O.21:30)

※ランチは前日までの予約制

イル フィーロ

14/20

il Filo

シェフ 林 隆寛

イタリア料理

東京や弘前「オステリア・エノテカ・ダ・サスィーノ」で経験を積んだ林氏が、2022 年 3 月にイタリア語で「糸」を意味する名前の店を弘前市にオープンした。料理はコースとアラカルトの両方で楽しむことができる。陸奥湾のムール貝の白ワイン蒸しは、貝の甘さが引き立つ味付け。カルボナーラは、国産豚を用いた自家製のパンチェッタで、コクをより感じてもらうため生クリームを使わないレシピにより、ソムリエ資格を持つ林氏がセレクトするワインが進む料理となっている。生雲丹とイカスミを練り込んだタリオリーニも海の幸のパスタでありながら力強く、雲丹の美味しさが活かされている。さらに、狩猟免許も所持する林氏自身が獲ってくることもあるというジビエは得意料理の一つで、熊肉をメインにしたジビエのパテは臭みも一切なく、豊かな旨みが口の中にたなびくようだ。黒ニンニクのペーストとバルサミコ酢がさらにアクセントを加え、忘れがたい味となっている。地元のビール工房とコラボするなど、青森、弘前という地域の特色も生かしており、ソムリエ資格と狩猟免許を持つ料理人という、林氏独自の強みを活かすイタリア料理は今後、さらに魅力を増していくことだろう。

☼：1,800 円～ 3,500 円　☾：4,000 円～ 15,000 円

Tel: 0172-55-9979

青森県弘前市土手町107
2F

定休日：水曜、他不定休あり

☼：11:30-14:30
(L.O.14:00)
☾：18:00-22:00
(L.O.21:30)

※ランチはセットメニュー

※ディナーは基本アラカルトメニュー、2 日前までの予約でおまかせ 10,000 円コースあり

Kashu

Kashu

シェフ 花田秀樹

14.5/20

創作料理

Tel: **017-718-7399**

青森県青森市新町1-10-4

定休日：不定休

☾：18:00-22:30

青森駅から徒歩５分。路地裏にひっそり、隠れ家のようなレストランだ。表には「Kashu」の文字と家紋が光るのみ。白いドアを開けると、洞窟のような内装に僅か６席ばかりのカウンターがある。花田氏は東京「エスキス」で修業後、2020年３月、この店を開いた。まるで、友人を迎えるようなやりとりが心地好い。地元のクラフトビールで喉を潤し、コースがスタートする。まず、アミューズから心を掴まれた。新玉葱のブランマンジェの上には大間産の雲丹、調味料は塩のみ。生クリームを使っているのかと思うほどクリーミーな口溶けに驚く。次は、金木産馬肉のカルパッチョ。津軽平野が広がる金木町はシェフの地元でもある。ガーリック、塩、アンチョビの足し算が馬肉に風味を加える。奥津軽の猪のパテは、蕗の薹と山椒のソースでいただく。肉の甘みに山菜の滋味がこの上なく相性良く、津軽鴨とモリーユ茸のソテーには、ブルゴーニュのピノ・ノワール。肉、山菜、魚介…、津軽の食材の豊かさよ。軽妙なトークを交えながら一品一品丁寧に供する花田氏。彼もまた津軽衆である。これほど楽しく、且つ、洗練された料理が味わえるとは。津軽ガストロノミーがここにある。

☾：21,780円

陽

YO

シェフ 成田陽平

15/20

日本料理

Tel: **0172-40-0496**

青森県弘前市北川端町
36-3

定休日：日曜、月曜

☾：18:00- 一斉スタート

弘前という土地の魅力が最大限に引き出された見事な日本料理店だ。成田氏はフランス料理の道を歩み、フランスの名店で修業中、「菊乃井」の村田吉弘氏と出会い、感銘を受けて日本料理に転じた。「菊乃井 本店」に入り、９年間研鑽、地元である弘前で2022年12月に開業した。成田氏の作る料理は地元への深い愛情が源泉だ。海の物にも山の物にも恵まれた地である一方、厳しい自然条件で思うように食材が手に入らないこともあるという。このような環境の中、地元の食材を活かすことに徹し、津軽の伝統や食文化を料理に反映する。陸奥湾のミズダコや深浦のノドグロといった海の皿には、ミズの実や食用菊などの山の物を合わせ、椀物も深浦のハマダイと下北の松茸を使って食材の味を引き出す。「東北すっぽんファーム」のスッポンや、天然鰻の北限である小川原湖の鰻など、川の恵みも秀逸だ。メインの「NAMIKI牛」は、卓越した火入れがなされており、成田氏が培ってきた技術の粋を味わうことができる。また、成田氏と同じく「菊乃井」で働いていた女将の快活で心のこもった温かなもてなしも心地好く、食事の楽しみをより高めており、何度でも訪れたいと思わせる店である。

☾：16,940円

スシュ

Sous-sus

シェフ 澁谷瑛子

15/20

フランス料理

日本に本場の味を持ち込んだフランス料理界の草分け的存在、アンドレ・パッション氏から、東京で最もフランス人が集まるレストランと言われた代官山「ル・プティ・ブドン」のシェフを任されていた澁谷氏が、2019 年、秋田に帰郷して開店。今では、県内外からその料理を味わうため、多くの食通が訪れる。街中にありながら、ここはまるで南フランスのような明るさに満ちている。店内にはボサノヴァの BGM、窓の外には木々の葉が揺らめき、心地好い風を運んでくれる。澁谷氏のスペシャリテ「牛ほほ肉の赤ワイン煮」は、修業時代にパッション氏から受け継いだ味。肉はほろりと柔らかく、ソースは芳醇で奥行きがある。澁谷氏自ら「一番繰り返し作っている料理だ」という、ここ秋田で味わえる珠玉の一皿だ。澁谷氏は師から受け継いだクラシカルなフランス料理に加え、秋田の食材と生産者へのリスペクトも忘れない。阿仁の鮎や増田の桃など、地元の食材がルセットに加わり、その魅力を存分に発揮する。料理は盛付も美しく、食べる人の感性も刺激する。店内は澁谷氏の笑顔が伝播するかのように、笑顔と笑い声に溢れていた。食材の宝庫・秋田から輝きを放ち続けるレストランだ。

☼：3,520 円～ 4,620 円　☾：6,160 円～ 11,000 円

Tel: 018-853-7614

秋田県秋田市大町1-2-40
あくらフォー・スクエア・ハウス

定休日：月曜、第 1・3 日曜

☼：金・土・隔週の木・日
11:30-14:00
(最終入店 12:30)
☾：18:00-22:00
(最終入店 19:00)

レメデ ニカホ

Remède nikaho

シェフ 渡邊健一

15/20

フランス料理

日本海に沈む夕日が美しいにかほ市。レストランは平沢漁港から徒歩で 10 分ほどのところにある。整えられた青い芝生の庭園を進むと、吹き渡る風に潮の気配を感じた。店名の「レメデ」には「自然の力で治癒する、癒す」という意味がある。渡邊氏は、自然との共鳴、生産者との絆、文化への敬意を大切にする。アミューズ・ブーシュのプレートは「埋もれ木」。紀元前に噴火した鳥海山の泥流によって地中に埋もれていた樹木を使ったものだ。コースの初めから、太古のエネルギーと、この地への畏敬の念を感じずにはいられない。前菜は茄子と鯵のテリーヌ。鯵はフランボワーズピューレを使って締め、茄子は懇意にしている生産者の「ダイヤのしずく」を用いる。仄かにベリーが香り、胡瓜のガスパチョと紫蘇のソースが爽やかな一品。山王の漁師から届いた岩牡蠣は、カリフラワーのエスプーマで仕立てた。レモンバームのジュレとマンゴーソースで、見た目はデザートのようだが、岩牡蠣の力強い味わいとクリーム感が口の中で溶け合う。調味料はほとんど使わず、食材の味の駆け引きで勝負する。この土地だからこその料理を創出する渡邊氏が、にかほの食材が秘めた魅力を輝かせている。

☼：10,500 円～ 15,000 円　☾：15,000 円

Tel: 0184-74-7065

秋田県にかほ市平沢
家ノ後49-1

定休日：火曜、水曜、第 2・4 木曜

☼：11:30-14:30
(最終入店 12:30)
☾：18:00-22:00
(最終入店 19:30)

アフェット アキタ

affetto akita

シェフ 村上 茂

14/20

イタリア料理

Tel: 0184-44-8333

秋田県由利本荘市本荘64
AIBAビル 1F

定休日：日曜、他不定休あり

☼：12:00-13:00
（最終入店）
☾：18:00-20:00
（最終入店）

※コペルト 550 円

秋田県南に、その味を求めて全国からゲストが訪れる店がある。ここは東京・麻布台の「affetto」で腕を振るった村上氏が 2017 年、地元の由利本荘市に戻り、開いた店だ。料理、サーブ、ワインのセレクトなど一切を 1 人で取り仕切る村上氏は、スマートで動きに無駄がない。そして、柔和で明快な語り口でゲストをリラックスさせている。料理はどれも丁寧な仕事が施されて美しい。秋田の特徴のある食材が使われているが、村上氏は、その個性を個性として際立たせるのではなく、さりげなく至極当然のように巧みなバランスに仕上げている。象潟の岩牡蠣の上には畑のキャビア「とんぶり」がのり、秋田の海と畑がテーブル上で出合う。甘鯛のソテーには、佐藤養鶏場の卵と秋田の魚醤「しょっつる」のソースだ。秋田ならではの「しょっつる」が味に奥行きをもたらす。メインは経産牛のロースト。黒毛和牛の赤身肉は、火入れの具合も良く、弾力があり、しっとりとした食感だ。デザートにも地元の酒蔵の酒粕をパウダーにして用いるなど、秋田の食材を、さらりと皿の上で調和させてみせる。「affetto」は愛情の意味。村上氏は、イタリア料理で秋田への愛を表現し続けている。

☼：3,850 円～ 6,050 円　☾：8,800 円～ 11,000 円

リストランテ ジュエーメ

ristorante giueme

シェフ 佐々木章吾

14/20

イタリア料理

Tel: 0187-73-5053

秋田県大仙市戸蒔
字谷地添100-1

定休日：水曜、木曜、
他不定休あり

☼：12:00-15:00
一斉スタート
☾：18:30-22:00
一斉スタート

※車いすのまま食事が可能

秋田市内から車で約 1 時間、全国的に有名な花火大会「大曲の花火」が催される大仙市にある瀟洒な一軒家レストランだ。佐々木氏は、東京・祖師ヶ谷大蔵にあるイタリア料理店「フィオッキ」で 3 年ほど修業した後、2014 年、地元である秋田に戻り、自身の店を開いた。店名は、てっきりイタリア語かと思いきや、農業を営んでいた実家の屋号である「十文字」を秋田弁で発音したものだという。ここにも佐々木氏の地元への愛と遊び心を感じる。料理は、農家から直送される野菜や山菜をふんだんに用い、素材を生かすシンプルな味付けの北イタリア風で、気候風土が似ているという大仙市の食材と好相性を見せる。八郎潟で獲れた 10 年物の天然鰻は、炭火で皮目をしっかり焼かれ、コシアブラやタラの芽などの山菜とともに供される。生命力を感じさせる土のニュアンスは、素朴で実直ながら、思いのこもった奥行きのある味わいだ。ペアリングには爽やかな酸味が特徴的な地元の日本酒や、山ぶどうのワインなどがセレクトされ、料理の香りをより引き立てている。秋田の風土を五感で体験させ、誰もが心に持つ「郷愁」に訴えかけるような力強さを感じるレストランだ。

☼：4,598 円～ 7,260 円　☾：9,075 円～ 12,705 円

すし匠

15.5/20

Sushi Sho

シェフ 佐々木啓仁

寿司

赤れんが郷土館の向かい側に、表札のみ。打ち水に清められた通路を進み、銅板のドアを開ける。ここは、東京・四谷の「すし匠」で修業した佐々木氏が、故郷の秋田市に開いた店。握りから始まり、つまみと交互に出される。この日の鮪は赤身、トロ、漬けの3貫と、なんとも贅沢だ。基本的に赤酢の酢飯だが、鮨種によって酢飯を変える。鰊・胡瓜・茗荷の海苔巻きは螺鈿細工のような美しさである。この日、客の間で歓声が上がったのが雲丹の握り、そして雲丹の海苔巻き。繊細な味のムラサキウニは握りで、味に力があるバフンウニは海苔巻きでと、提供方法を変える。「できるだけ秋田のものを使いたい」と話す佐々木氏。海の幸はもちろん、地元の野菜の美味しさも表現する。秋田の冬瓜、茄子の揚げ浸しも絶品だ。最後に“おはぎ”をいただいた。師匠の鮨から転じて、秋田らしくいぶりがっこを使った佐々木氏のオリジナル。口の中でほぐれて一つになる。秋田の蔵元「新政酒造」が店のために醸した酒もまた良い。大満足の表情を浮かべると、優しい笑顔で応える佐々木氏。そんなカウンターの間合いも心地好い。東北で一流の鮨店に行きたければ「すし匠」、という声が上がる名店だ。

☾：23,320 円

Tel: **018-866-0014**

秋田県秋田市大町3-2-36
赤れんが郷土館前

定休日：日曜、祝日

☾：18:00-22:00

鮨駒

15/20

Sushikoma

シェフ 生駒憲正

寿司

日本海に面した由利本荘市。ここに全国から食通が駆けつける鮨の名店がある。生駒氏は、秋田近海で獲れる魚を種に鮨を握り、時には山を越えて三陸の漁師のもとに赴くこともあるという。ただ、生駒氏の鮨は、鮮度や種の良さだけに頼ったものではない。多くの魚は仕入れた後、熟成によって旨みが引き出されている。秋の訪問時、カサゴは1週間熟成させた後、1日昆布で締めて、まな板の上に上がっていた。熟成させた石鯛の握りは、少し焼きを入れ、柚子胡椒、ポン酢で味を調えている。研究熱心な生駒氏には、握り方にも工夫がある。ノドグロは極低温で湯通しし、葱を内側に仕込んで空気をはらむように握る。口の中で解けて三つの味と食感が一体となる口福。聞くと、季節や魚の雌雄によっても握り方を変えるという。圧巻は秋刀魚の握りだ。昆布で締め、皮目を炙った後、桜チップで燻す。昨今、秋刀魚が不漁で味を心配する声も多いが、この握りの美味しさに希望を感じた。鮪の中落ちは、いぶりがっこと混ぜて手巻きに。この日、鮪はこの一貫のみ。それでも十分に満足できる「鮨駒」のおまかせ。ここでしか食べられない鮨を求めて、遠方から足を運ぶ鮨通が多いのも頷ける。

☼：8,800 円　☾：11,000 円～ 13,000 円

Tel: **0184-23-5511**

秋田県由利本荘市桶屋町
120 1F

定休日：日曜、月曜

☼：12:00-14:00
☾：18:00-22:00
(L.O.21:30)

ロレオール田野畑

15/20

L'aureole Tanohata

シェフ 伊藤勝康

フランス料理

Tel: **080-9014-9000**

岩手県下閉伊郡田野畑村
明戸309-5

定休日：不定休

☼：12:00- 一斉スタート
☾：18:00- 一斉スタート

※予約受付時間
15:00-17:00

三陸鉄道・田野畑の駅から車で10分ほど行くと、断崖絶壁の道の先に、木造りのレストランが佇んでいる。伊藤氏は、岩手の食材、地産地消に徹し、地元の生産者を食で支え続けている。その姿勢は、フランス料理の根底にあるテロワールの追求を想起させる。厳しくも美しい三陸の海を望むテーブルには、岩手のテロワールが皿の上にギュッと凝縮され、運ばれてくる。ブイヨンで炊いたホウボウのリゾットは、旬の夕顔、肉厚のワカメとバターソースを絡めていただく。舌平目は、夏野菜のズッキーニやオクラ、茄子と共に、北三陸で親しまれるヒラガニのソースで。県の最北、二戸で育てられた「佐助豚」は、岩手の工芸品、南部鉄器でローストする。どの皿も、岩手の魚介や野菜、肉などの素材の個性を引き出し、伊藤氏の食材への深い関わりと確かな技術で仕上げられている。食材について語る伊藤氏の表情には、現状の難しさも垣間見える。しかし、自然災害など幾多の苦難を乗り越え、地元にしっかりと根差しているこのレストランは、日本にありながらもフランス料理の哲学を味わえる貴重な場所だ。岩手の食を深く知りたいなら、まずは伊藤氏のもとを訪ねるべきだと言われる所以である。

☼：5,000円　☾：7,000円～10,000円

バダローネ

14/20

Badalone

シェフ 清水正康

イタリア料理

Tel: —

岩手県花巻市大通り
1-5-12

定休日：不定休

☼：11:00-14:00
（最終入店 13:00）
☾：17:00-21:00
（最終入店 19:00）

※予約はホームページからのウェブ予約のみ

花巻は土壌が古く冷涼な気候から、葡萄栽培に向いており、ワインの産地としても注目されている。ここは花巻を愛してやまない清水氏が、ソムリエで酒ディプロマの資格を持つ妻と営む店。料理と共にワインや日本酒のペアリングが楽しめる。地元のワイナリーとも懇意にしており、栽培から醸造まで一貫して行う高橋葡萄園のワインや、醸造用品種の葡萄ジュースが味わえるのもこの店ならでは。料理、ドリンク共に花巻らしさに溢れている。山に抱かれた里・花巻は夏の終わり頃から茸が豊富だ。和のポルチーニ・アカヤマドリタケのパスタや、ボリとムール貝のスープ、秋刀魚のコンフィなど、山の幸と海の幸が花巻で出合う。メインは、地元のブランドポーク「白金豚」を生ハムと共に焼いた一皿。ゴルゴンゾーラのソースと添えられた葡萄と合わせて味わうと、香水かと思うほどのジャスミン香が口の中に広がった。この香りは地元の佐藤ぶどう園が栽培する「黄玉」だ。芳醇な香りはシャインマスカットを凌ぐとも言われている。愛する地元の食材で料理を作る。そして、地元のワインが料理に寄り添う。まるで花巻への讃歌のようなコース。味わう度に花巻をもっと深く知りたくなる店である。

☼：7,920円～8,800円　☾：7,920円～8,800円

おのひづめ

o no hidume

シェフ 菅田幹郎

14/20

牛乳料理

山間に広がる盆地で、三陸と内陸部をつなぐ拠点としての役割を担ってきた遠野。店名の「おのひづめ」は「遠野の日々を詰め込む」との思いが込められている。その名の通り、菅田氏の料理は遠野の季節や暮らしぶりを集約している。朝、育てている1頭のジャージー牛の乳を搾る。片道30分の「稲荷穴」で湧水を汲む。片道1時間の海沿いの町、山田町に行き、生産者から魚介を仕入れる。また、ある時は山を越えて茸を仕入れ、鹿肉の下処理をする。メインディッシュで供される鹿肉のモモは、家の裏で獲った鹿であったりする。罠猟の肉は質が落ちると言われているが、そんなことを微塵も感じさせない。いただいた命を丁寧に下処理して味わおうという、山への敬意を感じる。また、毎朝搾った牛乳からは、チーズを作り、ホエーも料理に使う。最後のデザートは殺菌しただけの牛乳、それに砂糖を加えたジェラート、そしてプリンと、当日の牛乳の味をシンプルに味わうことができる。牛乳は本来、雌牛が子どもを育むためのものだ。時にはその日の牛乳を使った料理を提供できないこともあるという。それもまた、菅田氏が表現する遠野の日々。じっくりと味わって「いただく」ことにしよう。

☼：2,000円～8,000円　☾：2,000円～8,000円

Tel: 080-1038-8639

岩手県遠野市新穀町2-1

定休日：不定休

☼ : 12:00-14:00

☾ : 18:00-21:00

リストランテ シカザワ

Ristorante SHIKAZAWA

シェフ 鹿澤靖幸

15/20

イノベーティブ

鹿澤氏は、何軒かのレストランで研鑽を積んだ後、生まれ育った盛岡に自身の店を構えた。2011年の東日本大震災を経て、多くの生産者と出会い、豊かな岩手の食を発信できるレストランにしたいという思いを強くしたという。それは徹頭徹尾、岩手の食材を追求した料理から伝わってくる。アミューズだけでも、その地元愛は溢れんばかりだ。たとえば、貝のガスパチョは、芳醇な甘みと旨みをもつイシカゲ貝を使う。この貝は、陸前高田市の広田湾が国内で唯一の養殖地という幻の貝だ。「ジオラマ」と名付けられた一品は、釜石の4年ものの雲丹、八幡平の湧き水で育ったサーモン、奥中山高原の三谷牧場のチーズなど、まさに岩手をそのまま盛り込んだよう。提供されるワインにも、岩手県産のものが揃う。この店のオリジナルワインは、陸前高田の神田葡萄園によるソーヴィニヨン・ブラン。ミネラル豊かな味わいが、料理と響き合う。鹿澤氏の作り出すコースは、味わうだけで広大な岩手県を周遊したような気持ちになる。この地で育った料理人が、誠実に地元の食と向き合った、その料理を同じ空気の中でいただく。最高のシチュエーションで、岩手を丸ごと堪能できるリストランテである。

☼：14,520円　☾：14,520円

Tel: 019-681-8511

岩手県盛岡市菜園2-4-6

定休日：月曜、火曜ランチ

☼ : 12:00-14:30 (L.O.)

☾ : 18:00-21:00 (L.O.)

御料理 寺沢

Oryori Terasawa

シェフ 寺沢勇人

15.5/20

日本料理

Tel: **0197-72-7708**

岩手県北上市大通り
4-4-3

定休日:月曜、日曜ディナー

☼ : 11:30- /12:00-
☾ : 18:00-19:00
（最終入店）

※完全予約制

岩手県の内陸中部に位置する北上市。ここに岩手の四季を映す日本料理の名店がある。数席のみ、茶室のような簡素な美しさの一枚板カウンターが設えられた店内で、もてなすのは寺沢氏。客は一服の茶と向き合うように料理と相対する。先付は、阿房宮、もってのほか、香茸、柿の和え物。その彩りは紅葉の名所、錦秋湖のよう。北上高地と奥羽山脈に挟まれた地の利を生かし、秋は天然の茸を使った料理が続く。椀物は三陸の蟹の真丈。大ぶりな本しめじが香り高い。昆布の量を増やしたという出汁は、海の幸と山の幸が混じり合い、じんわりと身体に浸透していく。あみ茸は黄身おろしでさっぱりと。黄色にイクラの赤が映えて秋を感じさせる。北上特産の二子さといもはシンプルに唐揚げで。ほとんどの料理が、ごく僅かな塩で調味されており、食材そのものの味が堪能できる。魚介類はその日一番良いものが三陸の大船渡から届く。この日は大ぶりの牡蠣。少し燻してから赤味噌で炊いた牡蠣３つと北上産の春菊がたっぷり添えられ、骨董の九谷焼で供された。雰囲気、器、料理の彩り、それらが調和し、空気が凛としている。それでいてこちらに緊張感を与えない寺沢氏に、一流の余裕を見た。

☼ : 12,100 円〜 18,150 円　☾ : 12,100 円〜 18,150 円

とおの屋 要

Tonoya Yo

シェフ 佐々木要太郎

15.5/20

日本料理

Tel: **0198-62-7557**

岩手県遠野市材木町2-17

定休日 : 不定休

☾ : 18:00-

※価格は時価

土を耕し、米を収穫し、その米で酒を醸す。遠野の地で代々営まれてきた「くらし」を表現する料理。土の中の微生物のバランスを大切にした無農薬の米作りと、どぶろくの醸造を行う佐々木氏が、「発酵」を生かした料理を提供するのは、自然の成り行きだろう。ここは、どぶろく造りに魅せられ、料理との合わせ方を提案するため、200 年前の米蔵を移築して開いたオーベルジュ。自家製納豆のスフォルマートは、自然な甘みと香りの奥行きのある黒豆の納豆と、とろりとした卵黄の対比に葱が香る。味の要素は「納豆卵ご飯」でありながら、縁がカリッと焼かれたテクスチャーが食欲をそそる。自家製どぶろくのフルーティーな香りとも好相性だ。発酵の味に雑味がないのは、温度管理などを工夫して、微生物のバランスをとっているから。「豚肉のなれずし」など、どの料理も背景には発酵の文化がある。元々は、ハムやチーズも作っていたが「自分のルーツではないから」とやめて、作り始めたのが、日本の発酵を使った料理だ。粉末イーストなどは加えず、蔵つきの菌のみ。「自然が選んできた」先に残るのは、そこに一番適合しているものだけ。そんな本来の「テロワール」の強さを感じる店である。

ナクレ

15/20

nacrée

シェフ 緒方 稔

フランス料理

フランスの名店「アストランス」などで腕を磨いた後、2012年に開業し、10年以上が経過した今、緒方氏の料理は更なる高みに上ろうとしているようだ。北海道のイクラと根セロリのムースを組み合わせた繊細で彩り豊かな前菜、温度や時間を注視し、精妙に火入れされた松島産の牡蠣、熟成させた宮崎県のクエなど、王道のフランス料理の完成度はそのままに、新たに日本やアジアの調味料などを使いつつ、フランス料理の姿を保った革新的な料理にも挑戦している。多賀城産の古代米を用いる、スペイン料理「オジャ」にインスピレーションを受けた米料理や、秋保の蕪の片面に甘めの味噌を塗り、ミモレットチーズソースとクレソンのソースを添えた皿に、緒方氏が培ってきた経験と引き出しの多さが窺え、和の物を取り入れる余裕とフランス料理のシェフとしての揺るぎない技術、フランス料理を食べ慣れた人から初めて訪れるという人まで、幅広い層を受け止める懐の深さが感じられる。また、コースを一本化し、よりメニューをブラッシュアップする時間をとるなど、現状に満足しない向上心に満ちており、「ナクレ」は、これからさらに声価を高めていくことだろう。

☼：12,650円　☾：21,560円

Tel: **022-748-7115**

宮城県仙台市青葉区
一番町3-1-1
藤崎ファーストタワー館
4F

定休日：水曜中心に他
不定休あり

☼：12:00-12:30
（最終入店）
☾：18:00-18:30
（最終入店）

レストラン エス

14/20

Restaurant Es

シェフ 新村彰人

フランス料理

白石蔵王駅から車で20分ほど。緑豊かな道を走ると、赤い屋根が見えてくる。2022年2月、北海道出身の新村氏が古民家を改装し、静かな田園風景の中に開いたレストランだ。新村氏は、東京でイタリア料理やフランス料理の経験を積み、その中で、料理の美味しさは技術だけでなく、食材のポテンシャルに左右されることを実感したという。優れた食材を求め、産地に近いところで料理作りをしたいと全国を回り、丸森町にたどり着いた。店で提供するのは、地元生産者の食材と自ら熟成させた肉を使うフランス料理である。熟成肉の知識と技術は、有名ブーシェリーで培われたもの。併設された熟成庫で、グラスフェッドビーフの経産牛を中心に熟成させている。メインは、最低限の調味料と火入れでいただくステーキだ。訪れた日は、岐阜県の和牛を2ヵ月熟成させたものと、宮城県のホルスタインの新物の食べ比べであった。和牛は熟成肉ならではのナッツ香が感じられ、ホルスタインは仄かにミルクの風味がある。個々の魅力が引き出された並々ならぬ思いと技の詰まった肉に、地元野菜のグリルが添えられたシンプルな一皿。そこには、この店が目指す地域とともに歩む未来が垣間見えた。

☼：6,160円～9,460円　☾：9,900円～14,520円

Tel: **0224-87-8461**

宮城県伊具郡丸森町
大張大蔵字下柳沢20

定休日：月曜（祝日の場合は翌火曜）

☼：12:00-15:00
☾：18:00-23:00

Tel: **050-3503-0541**

宮城県岩沼市土ヶ崎
2-2-17

定休日：水曜、他不定休あり

☼：11:30-14:30
(L.O.13:30)
☾：18:00-21:30
(L.O.20:00)

レストラン カシュカシュ

Restaurant Cache-Cache

シェフ 猪岡暖子

14/20

フランス料理

JR 岩沼駅から徒歩ですぐの場所にある、赤い扉が印象的な一軒家レストランだ。店名は「かくれんぼ」という意味を持つが、食材の中に隠れた美味しさを一つ一つ引き出したいという思いも込められているという。そうした料理に対する姿勢は、丁寧に作り込まれた前菜から既に窺うことができる。チーズが練り込まれたグジェールの生地はカリッとした歯触りを保ちつつ、炙ったカマスをしっかりと受け止め、「夏野菜のガトー」はまるでパティスリーのような彩りの美しさを持ちながら、夏野菜の美味しさを見事に引き出している。鰻は炭で焼いた後にパイで包み、白ワインをベースにしたソースとブルーチーズのアクセントでいただくが、チーズのコクにも負けない鰻の強い味わいに、まさにフランス料理の力強さそのものが表現されている。メインの仔牛のフィレ肉は繊細な火入れがなされており、猪岡氏の技術の高さが感じられる一品だ。また、デザートはパティシエとしてフランスでの研修も経験した猪岡氏の腕の見せ所で、口直しの赤紫蘇のソルベの爽やかさ、ブルーチーズの味がアクセントになったフィナンシェの豊かな味わいなど、料理の最初から最後まで、存分に楽しめるレストランとなっている。

☼：4,950 円～ 11,000 円　☾：4,950 円～ 11,000 円

Tel: **050-3201-6658**

宮城県仙台市青葉区
国分町3-5-22
清野ビルディング 1F

定休日：火曜

☼：金・土・日
12:00-12:30
(最終入店)
☾：月 - 木 18:00-24:00
金・土・日
18:30-24:00

アルカ

arkua

シェフ 渡邉政也

14.5/20

イノベーティブ

2022 年 1 月の開店以来、創造性溢れる料理を生み出し続けているレストランだ。カウンターから見える調理場で、渡邉氏とスタッフがまるでジャズの即興のようなライブ感で料理を作っていく。ある時は、本来予定していなかった料理として、長芋と帆立と赤大根を使い、魚のあらと比内地鶏のスープにトリュフのオイルを少し垂らしたものが供されたが、こうした驚きもイノベーティブの醍醐味といえるだろう。また、発酵バターを纏わせたカリフラワーの薪焼きは、2023 年 9 月に導入したばかりの薪窯でカリッと焼き上げた一皿。薪火は、この日の秋刀魚や蝦夷鹿に薫香をつける役割も果たしており、良いと思ったことをすぐに取り入れる店の精神を表している。メインの蝦夷鹿は柔らかな火入れで、赤ワインとフォン・ド・ヴォーのソースに少しグリーンペッパーが忍ばせてあり、正統派のフランス料理の技術の高さが感じられる。ソースや付け合わせに至るまでよく考えられており、何度通っても飽きることのない懐の深さが魅力だ。デザートも果物本来のピュアな美味しさを軸にした重層的で華やかな味わいのものが 3 品用意され、食事をしていて楽しく、満足感に満たされる店である。

☼：7,128 円　☾：7,128 円～ 17,280 円

バーム

värm

シェフ 阿久津光

14.5/20

薪焼料理

薪という調理法の醍醐味を心ゆくまで味わうことができる、家族による複合型経営の一翼を担うレストランだ。ここでは両親が自家焙煎珈琲豆を販売する店を、妻が鎌倉で修業を積んだパン職人としてパンの店を、フランスや東京の「ENEKO Tokyo」などで腕を磨いた阿久津氏がレストランを、それぞれ開いている。店に入るとシンボルでもある大きな薪窯で炎が揺れている。趣向を凝らしたピンチョスに始まり、パイナップルやメロン、フルティカトマトを使ったフルーティーなガスパチョ。気仙沼の鰹と名取のビーツを用いたタルタルは優しく軽やかな味わいだ。秋田のシマエビのパエリアに使われている米はササシグレ。大量生産には向かない貴重な米を活かし、東北の食材が持つ力強さをアピールする。メインは青森の「銀の鴨」。薪によって繊細に火入れされた鴨は、皮にはしっかり火が入っているが、身はジューシーであり、これこそ薪料理の真骨頂という仕上がりだ。原始的な炎の揺らめきや暖かさ、時折聞こえる薪のはぜる音がもたらすリラックスした雰囲気は、食事を共にする相手とのかけがえのない時間を演出することに成功している。家族愛、東北の食への愛に満ちた心温まるレストランだ。

☼：6,500 円〜 8,500 円　☾：12,000 円〜 15,000 円

Tel: **022-341-9910**

宮城県仙台市青葉区木町17-15

定休日：火曜、他不定休あり

☼：土・日・祝
12:30- 一斉スタート

☾：18:00-23:00

※車いすのまま食事が可能

楽・食・健・美 – KUROMORI –

KUROMORI

シェフ 黒森洋司

16/20

中国料理

メニューには店に関わる60を超える「宮城県内の生産者・アーティスト」の名前が記されている。店は大きなガラス窓から広瀬川、その先に仙台市街を望み、「宮城県を料理したい」という黒森氏にとってはモチベーションの高まる絶好のロケーションだ。神奈川県横浜市生まれの黒森氏は、香港に本店のある名店の料理長を務めるなど活躍していたが、東日本大震災の復興支援を契機に仙台に移住。産地を訪ねるなかで気づいたことは、この地が中国料理の主要食材、「フカヒレ」「干し鮑」「干しナマコ」の名産地でありながら、ほとんどが国外や県外に出荷され、宮城県に本格中国料理が根付いていないことであった。生産者を回り、関わりを深め、素材を生かす料理を追求して9年余り、その成果を象徴するのが、気仙沼産フカヒレのスープだ。ヨシキリザメの尾ひれは丁寧な手当てによって白色に近く、3年熟成の自家製生ハムだけで味付けされた上湯スープとともにいただく。その清澄な素材そのものの味わいと繊細な食感に、しばし言葉を失う。生産者の顔まで知ると「できるだけ何もしない。調味は素材そのもので、食材の背中をそっと押してあげるだけ」と語る黒森氏。身も心も温まるとは、こういう料理をいうのだろう。

☼：9,500 円　☾：19,635 円〜 34,650 円

Tel: **022-211-0306**

宮城県仙台市太白区向山2-2-24

定休日:日曜、月曜、祝日、他不定休あり

☼：金・土 12:00-
一斉スタート

☾：18:45- 一斉スタート

Tel: **022-200-6220**

宮城県仙台市青葉区
春日町5-16
シエロ春日町2-B

定休日：不定休

☼：12:00-14:00
(L.O.13:00)
☾：平日 17:30-22:00
(L.O.20:00)
土・日・祝
18:00-21:00
(L.O.19:00)

鮨徳

15/20

Sushi Toku

シェフ 岩沼徳太郎

寿司

開業から1年、この店は、仙台で既に独自の存在感を放っている。岩沼氏は、100年以上続く老舗の鮮魚店に生まれ、東京・銀座の「鮨 太一」と「鮨竹」で11年半腕を磨いた後、地元で江戸前鮨の店を開いた。つまみはそれほど多く出さないスタイルで、指定して購入しているという800gの蒸し鮑は塩と酒と鮑から出る出汁だけで味付けされており、噛むと美味しさが溢れる。握りの米はササニシキ。酢飯は、修業先よりも酢の強さは少し抑えたが、塩をキリッと効かせて、魚が一層美味しく感じられるバランスの良さ。だからこそ、締めの穴子や玉子の甘みも引き立つ。気仙沼の鰹や女川の鰯といった地物の魚はもちろん最高の物を仕入れており、さらに北海道の根室の秋刀魚や山形の鰆など、宮城だけでなく、各地に最上の魚を求める柔軟さも魅力の一つだ。極上の素材に丁寧な仕事を施し、新物のイクラはその柔らかさを活かすためできるだけふわりと握ったり、雲丹は逆にたっぷりとのせて、その分酢飯は固めに握るなど、工夫を凝らしている。東北で鮨を食べたいという旅行客と、地元客の両方の期待に応えてくれる得難い店である。接客も心地好く、仙台の鮨の中核として進化が楽しみだ。

☼：6,600円～24,000円　☾：24,000円

ゴ・エ・ミヨの歴史

1962年、初のパリ・ガイドブック

ジュリアール出版の文学部長クリスチャン・ブルジョワは、『クリスチャン・ブルジョワの見たいもの、食べたいもの』というタイトルで金曜コラムのセレクションを出版し、ベストセラーとなります。ここから、パリのレストランだけでなく、ブティックや職人、ワインショップ、魅力的なホテル、散歩道などを現代的でジャーナリスティックな視点から紹介するガイドブックを作るアイデアが生まれました。

クリスチャン・ブルジョワは、迷わずこのプロジェクトに出資します。「ゴ・エ・ミヨ」という、2つの頭と2つの胃袋をもったモンスターが生まれたのです。1962年にジュリアール出版のパリ・ガイドブックが初めて書店に並び、ガイドブックの新しいスタイルが確立しました。

クレド

credo

シェフ 鈴木俊矢

15/20

フランス料理

蔵王の麓。シェフの鈴木氏は、フランスの「ギィ・サヴォワ」やスイスで修業経験があり、自然環境が似た蔵王と山形の食材の魅力を再認識し、Uターンして開業。パティシエとソムリエを兼ねるマダムの円氏も、南フランスや東京の「シェ松尾」などで研鑽を積んでいる。印象に残るのは、付け合わせやハーブの使い方の素晴らしさだ。小さくカットされたケーキのような一皿。目に映るのは、ビーツのピュレを乾燥させたパウダーの赤色と、ピンク色のペンタス。その下にはピクルスと茗荷、茄子のピュレとアンチョビソースを合わせた鰹のソテーが隠れている。ほんのりとバターが香る、すべてのバランスが計算された繊細な料理だ。秋刀魚のソテーの上には、鮮やかな紅芯大根や、マリーゴールドの葉と花、落花生などがのり、ハッとするような、自然が生む色彩と風味の出合いに感動する。メインの庄内の豚肉「めごとん」のローストは、柔らかく甘みが引き出され、添えられた甘長とうがらしを彩る菊やハーブ、かぼちゃのピュレが一段と味わいを深めている。牛蒡チップスと一片のコスモスの花で飾るデザートは、素朴で温もりのある味わいの中に感性が光る。早く誰かに伝えたくなるような、特別なレストランだ。

☼：7,700 円〜 13,500 円　☾：13,500 円

Tel: **023-609-9280**

山形県山形市飯田
5-21-11

定休日：日曜、月曜

☼：12:00-15:00
☾：18:00-23:00

※ 5 名以上で貸切可

レストラン パ・マル

Restaurant Pas Mal

シェフ 村山優輔

15/20

フランス料理

近年、山形の食が面白いという声を聞く。そんな情報の発信源の一つがこの店だ。山形はボリュームで満足させる料理が多いというが、ここでは丁寧な調理と県産食材にフォーカスした村山氏の郷土愛溢れる料理に出合える。それらは一つ一つの味わいはしっかりとしているものの、すべてのコース料理を終えても食べ疲れせず、すっきりと満たされた充実感がある。手間をかけた付け合わせや下処理を行った食材は、ほとんどが山形県産のものであり、自分の目で確かめて納得したものだけを使用する姿勢が、皿の上にも明確に表れている。そうした料理に添わせるのは、弟・竜章氏がセレクトするワインだ。料理には多くの県産食材が使われるが、ワインは県内に限らず、ソースに合わせてフランスやドイツのワインもペアリングし、量を調整しながら愉しめるように、また、フランス料理の良さ、料理の美味しさを引き立てるようなワインの提案を行う。兄弟ならではの連携がなし得る技であり、スマートなサービスは心地好さをプラスしてくれる。天童市でのオープンから 20 年、村山氏の日々の研鑽と食材探求は続いている。山形には満足度の高いフランス料理がある。そう確信して店を後にした。

☼：8,800 円　☾：11,000 円〜 16,500 円

Tel: **023-687-1099**

山形県山形市七日町
2-3-16

定休日：水曜、第 2 火曜

☼：12:00-15:00
(L.O.13:00)
☾：18:00-23:00
(L.O.20:00)

アル・ケッチァーノ

14.5/20

Al-ché-cciano

シェフ 奥田政行

イタリア料理

Tel: **0235-26-0609**

山形県鶴岡市遠賀原
字稲荷43

定休日：月曜（祝日の場合は火曜）

☼：11:30-15:00
(L.O.13:30)
☾：18:00-22:00
(L.O.20:30)

鶴岡市郊外、庄内平野の田園が広がる道路沿いに2022年、移転した奥田氏の新しい拠点は、総面積6,596㎡にレストラン棟と、シェフズテーブルも備えたアカデミー棟からなる。観光バス3台が入る駐車場は、日本海から出羽三山へ、この地の産物と食文化を辿る「フードツーリズム」の発着点だ。テーブル席からは、遥かに月山のなだらかな山容を望み、庄内の自然そのものを味わう「素材料理イタリアン」を謳う奥田氏にとって、ここは絶好のロケーションといえるだろう。厨房への通路脇には小部屋があり、「魚研究室」「味・温度研究室」などと銘打っている。ここは奥田氏が全国から料理人を募り、調理技術と地域に根差す生き方を教え、送り出す教育の場でもある。コース料理は2000年の開店当初から、調味料を多用せず、食材そのものの味を生かし、その時季に得られる庄内の海・山・川・里の幸で構成する。移転から1年を過ぎた2023年8月からは、前店舗でゲストを圧倒した黒板書きの100種類のメニューも復活。「日本一 丸山さんの羊の内臓グリル」など「奥田シェフの奏でるお皿」が板面を埋め尽くす。奥田氏が描く食世界のスケールには驚きしかない。

☼：5,500円～15,000円　☾：5,500円～15,000円

イル・コテキーノ

14/20

IL COTECHINO

シェフ 佐竹大志

イタリア料理

Tel: **023-664-0765**

山形県山形市あこや町
2-1-28

定休日：水曜

☾：18:00-23:00

店の奥に進むと、正面の壁一面にずらりと並んだハムが迎えてくれる。熟成庫で生ハム20種類を含む約100種類ものハムが、旨みを増しながら出番を待っている。佐竹氏は都内で修業後、イタリアで様々な肉の加工技術を習得して帰国。地方で店を出すには個性が大切と考え、2012年、故郷の山形でハムに特化した店を開いた。店内にはイタリア語のBGMが流れ、ホールスタッフがキビキビと動き回り、まるでイタリアの食堂にいるようだ。アミューズは、自家製ソーセージやハムを使った6種類。メインは、皿からはみ出すようにズラリと並べられた15種類のハムの盛り合わせ。それもシンプルなハムだけではない。加熱、非加熱、肉の部位違いはもちろん、バタフライピーで色づけしたラベンダー風味の真っ青なハムや、羊肉を加えてアラブスパイスで仕上げたハムなど、見たこともないハムも並んでいる。コースは、バーニャカウダとイタリア風オムレツ、自家製ピクルスと一緒にハムを食べ進めるというスタイル。スペシャリテは自家製ロングパスタに自家製ソーセージと羊肉を使ったボロニェーゼだ。佐竹氏が情熱までも詰め込んだハムのコース料理は、山形に行かなければ食べられない。

☾：5,280円

スタンザ デッラ シンチェリータ

15.5/20

Stanza della SINCERITÀ

シェフ 原田 誠

イノベーティブ

リニューアルされた赤湯温泉の老舗旅館に、2023 年 4 月、実力派シェフが腕を振るうイタリア料理の食空間が誕生。大きなカウンターの料理舞台を楽しむように原田氏のライブキッチンが間近で満喫できる。店名は、イタリア語で「誠実」、原田氏の名前「誠」の意味でもあり、壁には自身がデザインした山の稜線と米沢牛をモチーフにしたロゴが掲げられている。中央には炉があり、薪火の揺らめきと芳しい香り、これから調理される食材のプレゼンテーションにワクワク感が止まらない。新潟県三条市のイタリア料理店で高評価を得ながら、新境地を追い求めていた原田氏が出合ったのが、この老舗と地元の食材。訪問時も、南陽市産の蕪、舟形マッシュルーム、そして米沢牛…。原田氏を魅了した山形の産物が、独創的な視点によるイタリア料理となりゲストを虜にしていった。ナチュラルワインを中心としたペアリングも料理が進み、香りも味わいも十分に堪能させつつ、口中を次の料理の準備へ移していく。食後はテラスで焚火を囲み、談笑しながらの酒も格別だ。「山形に原田あり」と言われるように、歴史ある旅館とイタリア料理の出合いの僥倖を地域の発展に繋げたいレストランだ。

☾：27,500 円

Tel: **0238-43-7800**

山形県南陽市赤湯3005

定休日：不定休

☾：19:00-

出羽屋

15/20

Dewaya

シェフ 佐藤治樹

日本料理

月山の麓で、山岳信仰の行者宿として始まり、後に「山菜の宿」として広く知られるようになった「出羽屋」が、2023 年 1 月、館内の一部を改装、シェフズテーブルとして新たなスタートを切った。中庭の見える部屋に設えられた真新しいカウンターに立つのは四代目の佐藤治樹氏。自ら山にも入り、自然がもたらす山の恵みを供する。この地方は豪雪地帯で、冬の間、雪に閉ざされていたため、人々は山菜や茸を様々に工夫し、保存食としてきた。佐藤氏はこれらの手法を受け継ぎながら、新しい山菜料理を探究している。月山の山菜が美味しいのは、日照時間が短いという地理的な特性もあるという。草木は少ない晴れの日にぐっと伸びるため、この時、香りが高く柔らかい山菜が採れる。ニリンソウ、山うるい、アイコ、どほいな、しどけ…。軽く湯がいただけの山菜は、採取してすぐに下処理をすることが重要で、その作業体制が作り上げられてきたことも、この店の貴重な財産となっている。「自分が前面に出るのではなく、ここが、地域発展の基点となれば」と語る佐藤氏。創業 94 年、若き後継者の思いが山形の食文化に現代性をもたらし、ガストロノミーとして全国から注目を集めている。

☼：6,600 円～ 22,000 円　☾：6,600 円～ 22,000 円

Tel: **0237-74-2323**

山形県西村山郡西川町
大字間沢58

定休日：火曜、他不定休あり

☼：11:30-14:00
☾：17:00-20:00 (L.O.)

※季節により価格の変動あり

※車いすのまま食事が可能

ひつじや

pop

Hitsujiya

シェフ 西塚洋平

羊料理

Tel:**0237-57-2862**

山形県村山市富並
4220-15

定休日：月曜、火曜

☼：11:30-15:00
(L.O.13:30)
☾：17:00-21:00
(L.O.20:00)

開業35年、敷地内で羊を飼い、自店のみで消費するジンギスカン店。2年～2年半肥育したサフォーク種のマトンを目の前で焼くジンギスカンやしゃぶしゃぶ、羊の脂で揚げたポテト、羊の骨で出汁を取り、骨のすじ肉を余すところなく煮込んだカレーは、羊を1頭使い切るこの店ならではのものだ。これらに合わせるのはナチュラルワイン。店は最上川を望む小高い丘にあり、隣接する畜舎と放牧場では、羊たちが草を食んでいる。ログハウス風の店舗は電柱を再利用した前オーナーの手造り。愛犬の出迎えを受け、靴を脱いで店内に入る。山荘に招かれたようなアットホームな雰囲気は、幾つものディテールの積み重ねがもたらしたものだろう。羊肉の質の良さはもちろん、その空気感も大きな魅力だ。

☼コース ○　☾コース ○

プルピエ

pop

POURPIER

シェフ 武田 悠

気まぐれな料理

Tel: —

山形県山形市桜町2-42

定休日：月曜

☾：日 - 木 18:00-24:00
(L.O.23:00)
金・土 18:00-25:00
(L.O.24:00)

山形駅から霞城公園へ向かう通り沿い。大きなガラス窓から明かりがこぼれ、道行く人の目を引きつける。1人で静かに飲む人、テーブルでにぎやかに楽しむグループ。ゲストのお目当ては店主の佐藤洋一郎氏が選ぶナチュラルワインと、シェフ・武田氏の、東北を中心とした生産者の顔が見える食材を活かした料理だ。佐藤氏と武田氏は別の店で出会い、2人で、この店を立ち上げた。寒河江の「お日さま農園」や宮城県川崎町の「たけし豚」など、生産者の物語をゲストに伝える佐藤氏の語り口は温かい。店名は近くに多く見られる植物の名前から。どこにでも生えて根を広く張る、その姿を自らの理想像にしたという。山形にワインと食の文化を根付かせたいという2人の熱い思いが溢れる店である。

☾コース ○

HAGI

HAGI

シェフ 萩 春朋

15/20

フランス料理

Tel: **0246-26-5174**

福島県いわき市
内郷御台境町鬼越171-10

定休日：無休

☾：18:30- /19:00-
いずれかで一斉スタート

旅の目的地として注目されるレストランは、いわき駅から車で10分ほど、丘陵の住宅地という意外な場所にある。漁港まで15分、畑まで10分という立地を活かした新鮮な食材を中心に、牛肉は萩氏の友人が育てる経産牛、魚は「常磐もの」といわれる近隣の海で獲れたものを使う。萩氏の口からよく出るのが、「近所の農家から分けてもらった」「近くで採ってきた」という言葉だ。「鮮度と命は巻き戻しが効かない」という考えのもと、店から1、2時間の地域内でとれる食材の地産地消を徹底している。調理方法の中心テーマは「薪火」。ほぼすべての品目がカウンターの奥に設えられた窯で薪火を使って調理される。肉や魚介はもちろんのこと、野菜も薪で火を通すとこんなにも香り高く旨みが出るのかと驚く。ウォークインワインセラーの品揃えを見るのも楽しく、ペアリングを頼むと、ソムリエ資格を持つマダムがリーズナブルな組み合わせでサーブしてくれる。震災後も変わらず循環する自然界に力を得たという萩氏が、生産者とともに最高の味を生み出し、地域に活力をもたらす。シェフの温かな笑顔とマダムの丁寧なサービスに心を癒される、旅をしてでも訪れたいレストランである。

☾：19,360円

なか田

Nakata

シェフ 中田智之

14.5/20

フランス料理

Tel: —

福島県郡山市清水台
1-6-23

定休日：日曜、月曜、
祝日

☾：18:00-22:00
(L.O.19:30)

勢いを感じる店だ。中田氏が進める「地元の食材を活かした料理」への注目度は年々高まり、1日2組、または6名までのカウンター席には県外からのゲストも多く、今や福島・郡山のガストロノミーを象徴する存在となっている。中田氏は、東京の有名店でフランス料理の基礎を学び、「アル・ケッチァーノ」の奥田政行氏が郡山市に店を開く際、シェフを任され帰郷、その後独立した。フランス料理を主体にイタリア料理の技術にも習熟しているが、料理の特徴は、これらの多彩な技術をあくまで土台とし、郡山市や近隣の食材の魅力を前面に押し出していることだ。中田氏は生産者のもとを訪ね、時には畑仕事も手伝う。こうして集まる郡山・鈴木農場の野菜、会津伝統野菜のかおり枝豆や余蒔きゅうりなどは、味の厚みが群を抜いている。海産物も、鮮度の良い相馬のノドグロ・毛蟹・ボタン海老を料理の主役とし、合わせるソースは、会津の味噌を忍ばせた北寄貝の出汁をクリーム状にしたり、ノドグロには蛤と赤貝のヒモの旨みを抽出した澄んだトマトソースで、控え目に主たる食材を際立たせている。ソースの滋味が後から追いかけてくるという構成は巧みだ。福島の食を熱く語る中田氏に期待が集まる。

☾：16,500円

小判寿司
Kobanzushi

シェフ 和知慎吾

15.5/20

寿司

Tel: 0247-33-7337

福島県東白川郡棚倉町古町30-2

定休日：水曜、他不定休あり

☼：11:30-13:30（最終入店 13:00）

☾：17:00-22:00（最終入店 19:30）

※車いすのまま食事が可能

東北新幹線新白河駅からバスで約1時間、タクシーを利用しても30分ほどの棚倉町に店はある。城下町として知られる山間の町で、ここから福島県沿岸の海に出るにも車で1時間はかかるという、"旨い鮨屋"の立地としては少々不思議な場所である。その上、店構えもこぢんまりとしており、知らずに通りかかると、まさかここが、全国にその名を知られる鮨店だとは気づかないだろう。そんな奥久慈の町を目指して鮨通が駆けつける、この店の旨さの秘密は、大将の和知氏が日本中に張り巡らした生産者とのネットワークにある。地元・福島からは相馬のメヒカリや毛蟹、北海道・厚岸の秋刀魚、岩手・洋野町の雲丹、対馬の穴子や天草のシンイカなど、日本各地から極上の海産物が大将のもとに集まる。海苔は宮城・アイザワ水産の献上海苔。米ははぜ掛けした地元産のコシヒカリを、酒蔵から分けてもらった仕込み水で炊く。一つ一つに、これでなければならないという理由があり、だからこそ、この美味しさが生まれるのだ。日本酒の品揃えも素晴らしく、肴や鮨種に合わせて、タイプの違う福島産の日本酒や限定品も出してくれる。アクセスは厳しいが、一度いただけば二度三度と訪れたくなる鮨店だ。

☼：7,865円～17,600円　☾：7,865円～17,600円

鮨いとう
Sushi Ito

シェフ 伊藤悦朗

15.5/20

寿司

Tel: 0246-35-7066

福島県いわき市平字南町73

定休日：不定休

☾：18:00- /21:00-

※前日までに要予約

※寿司のみのコースあり

福島県で旨い鮨というと、誰もが思い浮かべるであろう名店だ。伊藤氏は、東京で腕をふるい、2006年に地元の福島で独立。江戸前の細やかな技術と豊富な地物の素材を融合させた独自の鮨を確立している。何処か懐かしさと温かみのある店内は、美しく整えられ、伊藤氏の人柄が偲ばれる。料理は、おまかせの肴と握りがテンポ良く供され、食べ進むに連れどんどん伊藤ワールドに引き込まれていく。福島県の沿岸海域で水揚げされる「常磐もの」を中心に、北は北海道から南は九州まで全国の旨い魚が一堂に会する。地物の北寄貝は備長炭で軽く炙ることで、鼻に抜ける磯の香りと薫香が口内を満たす。雲丹の手巻きは、雲丹はもちろん、炭火で炙った歯切れの良い海苔に唸る。相模湾のウスバハギは濃厚な肝を中に忍ばせて。極めつきは、焼きと生と両方いただく、いわき市の特産品でもあるメヒカリだ。独特な甘みを持つが、足が早いため、水揚げの場所、処理の時間、方法、温度管理を徹底し、メヒカリの常識を覆す逸品に仕上げる。日本酒の豊富なラインアップに、料理に合わせて製作された美しい唐津焼の器の数々。カウンターならではの一体感に身を任せながら、伊藤氏の鮨愛に心を打たれる。

☾：19,800円～24,200円

Gault&Millau

RESTAURANTS

レストラン

茨城県
IBARAKI

栃木県
TOCHIGI

群馬県
GUNMA

埼玉県
SAITAMA

千葉県
CHIBA

神奈川県
KANAGAWA

山梨県
YAMANASHI

長野県
NAGANO

新潟県
NIIGATA

Tel: **0295-53-0330**

茨城県常陸大宮市

定休日：月曜、火曜

☼：土・日・祝 12:00-
☾：18:00-

※2024年春頃、「YOSHIKI FUJI」として移転予定。詳細は、店舗に要問合せ。

雪村庵

Sesson an

シェフ 藤 良樹

15/20

フランス料理

民家が点在する田園風景の中に立派な門構え。伝統的な日本家屋の中に入ると、暖炉があるゆったりとした洋風のダイニングスペースが広がり、大きな窓にはライトアップされた日本庭園が浮かび上がる。料理は、藤氏が学んだスペイン・バスク地方の風景をイメージした3品からスタート。小鳥の巣のような小枝の器にパッションフルーツで味付けした茨城県高萩市のほおずき、常陸大宮市のチョウザメのマリネ、スペシャリテでもあるフォアグラの生キャラメルは、ビーツで色付けしたホワイトチョコレートでコーティングされ、口の中でとろけるようだ。里芋で作った蝶々のチップスも舞い、藤氏のバスクへの思いが表現されている。藤氏のもう一つの大きな柱は茨城県産の食材を活かすこと。「常陸乃国いせ海老」を推奨し、仔牛生産から肥育まで一貫生産する「瑞穂農場」の瑞穂牛フィレ肉のシャトーブリアンは、ダイニングの暖炉で薪焼きにする。赤身が柔らかい瑞穂牛に添えられた無花果の香りが、肉の旨みを引き立てている。藤氏は2024年春、現在地から4kmほど離れた山林を開墾し、里山の風景の中で1日数組をもてなすレストランを開くという。茨城の食の魅力がさらに増しそうだ。

☼：18,150円～24,200円　☾：18,150円～24,200円

Tel: **029-226-8502**

茨城県水戸市白梅1-5-4

定休日：月曜中心に月7日

☼：12:00-13:00
（最終入店）
☾：18:00-20:30
（最終入店）

※完全予約制

レストラン オオツ

Restaurant Ohtsu

シェフ 大津高志

15/20

フランス料理

独学でここまで繊細な料理世界に到達できるものだろうか。大津氏は35歳で脱サラし、料理人に転身して40年余り。誰に師事するわけでもなく、食べ歩き、専門書を読み、試作を重ね、五感のみで自身のフランス料理を進化させてきた。そして、ホールには、程好い間合いで一瞬にして店の空気感を作り上げるマダムの存在がある。磨き上げられた階段を上ると、白を基調としたインテリアに大きな窓が開放的なレストラン空間。料理は、一貫して素材の味を大切に調理している。その時々で、全国の優れた生産者から食材を仕入れているが、近年は、地域の産物も意識して取り入れ、茨城県ならではの味も愉しめるようになった。大粒の白ツブ貝、毛蟹にキャビアと、美しい魚介たちが白いテーブルクロスに映える。スーシェフを務める子息・高彬氏が手がけるメヒカリの一品は、ふかふかに仕上げた身と真挽粉の食感で、地物の魚に新たな光を当てている。伊勢海老の一皿も、魚料理も肉料理も、その美しい火入れに精緻な仕事ぶりが見て取れ、思わず溜息が漏れる。マダムの軽快なトークと巧みなワイン選びに酔いしれながら、大津氏の美意識が行き届いた店内で過ごす時間は、実に心地好い。

☼：22,000円～　☾：22,000円～

リストランテ ツム

15/20

Ristorante TSUMU

シェフ 大井健司

イタリア料理

霞ヶ浦の鯰は、かぼちゃの花に包まれてフリットに。那珂湊のボタン海老は、スライスした自然薯を纏い、霞ヶ浦の川海老の粉末が彩りと香ばしさを添えている。合わせるのはワイン特区つくばで造られるスパークリングワイン。研究学園都市として知られる街に、これほど高品質な素材が集まることに驚く。樹々の緑に囲まれた「つくば国際会議場」の一角、広々とした空間が大井氏の新しいレストランだ。つくば市出身の大井氏は、イタリア・トスカーナで、フランス料理の技法で郷土の食材を仕上げるシェフに出会う。旨みをベースに酸味・甘みを積み上げる美味しさの構図は、ここで体得したものだ。帰国後は神戸「カセント」で、食材への向き合い方を学び、麻布十番「クラージュ」などでシェフを経験し、地元に戻る。駅の近くで２店舗を経営し、基盤を固め、2023 年９月、いよいよ自身の生涯テーマに取り掛かった。それは茨城の産物の美点を、フランス料理の繊細さと、ダイナミックなイタリア料理の技法で引き出すこと。つくば市の周りには農家やワイナリーが控え、海や湖から新鮮な魚介が揚がる。生産者とともに、その付加価値を高めるのが料理人の役割。大井氏の挑戦が始まった。

☼：5,500 円～ 11,000 円　☾：16,500 円

Tel: **029-875-7070**

茨城県つくば市竹園
2-20-3
つくば国際会議場 1F

定休日：土曜、日曜、
祝日

☼：11:00-15:00
(L.O.13:30)
☾：18:00-22:00
(L.O.20:00)

京遊膳 花みやこ

15.5/20

Kyoyuzen Hanamiyako

シェフ 西野正巳

日本料理

JR 勝田駅から車を 10 分ほど走らせると、入り口の上に鍾馗を頂いた数寄屋造りの店がある。まるで京都に来ているかのような錯覚を覚える店構えからも、店主の京の食文化への敬意と憧憬が窺える。西野氏は茨城県の出身。この地に店を構え、故郷の食材の魅力を全国に発信し、地域の食を盛り上げたいと、東奔西走している。料理の基本となるのは「身土不二」。明治時代に広がった、地元の旬の食材、伝統食が健康につながるという考え方で、西野氏は、旬や伝統を強く意識する。関東一の農業県であり、漁場にも恵まれている茨城県。京都で伝統的な日本料理を学び、東京で料理長を務めた西野氏は、県産の食材を洗練された和の技術で自在に表現する。圧巻は八寸だ。白魚の天ぷら、栗の渋皮煮、茹でおおまさり、金柑卵、翡翠桃子など、地元の食材一つ一つが、丁寧な手仕事で器に盛り込まれ、西野氏の、茨城の食の素晴らしさを伝えたいという思いそのものを表したような一品となっている。地元の農家や漁師との交流を深め、時には共に食材づくりに取り組みながら、2023 年、店は創業 30 周年を迎えた。茨城ガストロノミーの旗振り役として、地域を盛り立てる中心的役割を担う店である。

☼：27,830 円～　☾：27,830 円～

Tel: **029-276-7703**

茨城県ひたちなか市
笹野町3-14-26

定休日：月曜、火曜

☼：11:30-14:30
(L.O.12:00)
☾：17:30-22:00
(L.O.19:00)

※完全予約制
※定休日でも６名以上の場合は予約可能な場合あり

オトワレストラン

Otowa restaurant

シェフ 音羽 元・音羽 創

16.5/20

フランス料理

Tel: **028-651-0108**

栃木県宇都宮市西原町
3554-7

定休日：月曜、火曜不定休

☼：金・土・日
11:30-15:00
(L.O.13:00)
☾：17:30-22:00
(L.O.19:00)

ローカルガストロノミーが注目される今、その土地に根差した食をアイデンティティーとするレストランは、地方の文化拠点の役割も果たすようになってきた。しかし、フランスには、地域の中で発展し、国内外から人を集め、地元経済をも潤すレストランが世紀を超えて存在している。いち早くその息吹を日本へ持ち込んだのが、音羽和紀氏であろう。巨匠アラン・シャペル氏のもとで地元の食材を高度な技術で表現することを学んだ和紀氏は、故郷・宇都宮に帰り、地域と共に歩むべく「オトワレストラン」を開いた。その思いは次世代にも受け継がれ、現在、厨房の中心に立つのは長男の元氏夫妻。サービスは料理人でもある次男の創氏が、マネジメントは長女の香菜氏が担う。家族がチームとなって提供するのは、正統派でありながら、日本の食へのリスペクトに溢れたフランス料理だ。アミューズに日本料理のイメージが強い栃木名産の干瓢を用い、パイ包みは蝦夷鮑に生海苔や一番出汁を合わせる。日本の食材が見事にフランス料理へ昇華されている姿を見れば、この店が、この先も、地元のみならず日本全体の食文化を継承し、伝え続ける、かけがえのない場所であることを確信するだろう。

☼：14,520円～21,780円　☾：14,520円～21,780円

天婦羅 まつむら

Tempura Matsumura

シェフ 松村文寛

16/20

天ぷら

Tel: **0284-42-3558**

栃木県足利市有楽町
834-27

定休日：月曜、他不定休あり

☼：日 12:00-15:00
☾：17:30-22:00
(最終入店 20:00)

※完全予約制

遠く筑波山を仰ぎながら電車に揺られ、足利市駅で降りてタクシーに乗り、「天婦羅まつむらさんへ」といえば10分足らずで店の前だ。席に着けば自ずと垂涎必至。何しろこの店の天ぷらのためだけに遥々やって来たのである。松村氏のポリシーは、「何でも揚げて天ぷらにしてしまわないこと」。そうすると季節で入れ替わりはあるものの使える食材は限られる。その制約の下で、遠方から足繁く訪れる食通を唸らせるのは、偏に松村氏の感性と努力の賜物である。それがよく表れているのが2尾出される海老の天ぷらだ。淡雪のようにフワッとした衣に包まれた1尾目は海老の甘みを、2尾目はプリッとした食感を強調した揚げ具合で、敷き紙に油染みがまったく残らないほど油切れが良く、何尾でもいただきたくなる。火加減はもちろんのこと、鮮度の良い海老と油、そして衣の加減が常に高い水準で保たれているからこその、通年の定番だ。一方、季節の食材にも優れた感性が窺える。揚げてから少し冷ました「夕採れの足利産グリーンアスパラガスの軸」の、熱々では味わえないトロトロの食感と甘みは、唸らずにはいられない。松村氏の天ぷらをいただくための小旅行、何とも粋ではないか。

☼：23,000円～34,500円　☾：23,000円～34,500円

ヴェンティノーヴェ

15/20

VENTINOVE

シェフ 竹内悠介

イタリア料理

「変わりました。何もかもが」。竹内氏とマダムの舞さんが東京・西荻窪で９年間営業していたトラットリアの閉店を余儀なくされ、シェフの故郷である群馬県川場村に移転開業したのは 2022 年。当時も実家で育てた野菜を送ってもらっていたというが、地元で生産者と顔を合わせて手にする食材は、料理するとまったく違うものになるという。今はほぼすべてを川場村周辺の食材でまかなう。移住当初は、適宜ほかの産地から取り寄せるつもりもあったが、ここに来るとそんなことはまったく必要なかった、と。ダイニングのオープンキッチンにはガス台がない。薪火の窯と、羽釜用の竈の上の鉄板のみを熱源とする。薪火窯で長時間火を入れた野菜も赤城牛も、旨みと水分を中に閉じ込め、燻製香を纏って強い個性を放つ。修業地フィレンツェの伝統料理ランプレドットを群馬の名物モツ煮に重ねた煮込みは、白いんげん豆を加えて、シンプルで洗練された「ここにしかない料理」として生まれ変わる。店は「土田酒造」の敷地内にあり、２階に宿泊施設を併設したモダンな一軒家で、武尊山（ほたかやま）に連なる山麓の自然が窓いっぱいに広がる。暮れてゆく夕景もまた、店の魅力の一つなのだ。

☾：11,500 円～ 18,500 円

Tel: —

群馬県利根郡川場村谷地 2593-1(土田酒造敷地内)

定休日：水曜、木曜

☾：15:00-21:00(L.O.)

※車いすのまま食事が可能

白井屋ザ・レストラン

15/20

SHIROIYA the RESTAURANT

シェフ 片山ひろ

イノベーティブ

閉館した老舗旅館を最先端のクリエーターが再生するプロジェクトの根幹は、伝統を大切に、新しい価値を創造するという概念。その世界観を「食」で表現するのが、このレストランだ。群馬県に生まれ、「帝国ホテル」で基礎を学び、この店を監修する「フロリレージュ」川手寛康氏のもとでも研鑽を積んだ片山氏は、アミューズで祖父母の記憶に繋がる「冷や汁」を、味噌クリームにした胡瓜･生姜･茗荷のタルタルと米のチップスによるフィンガーフードに構成してみせる。郷土の煮込み麺料理「おきりこみ」は、薔薇の花びらのスープのような華やかな姿で登場。薄切りにした大根・こんにゃく・生ハムを巻き上げ、下に牛蒡と茸を加えたうどんのピューレを敷く。つゆは昆布と鰹の出汁にコンソメもブレンドし、数種のオイルを垂らすとモダンな「オキリコミ」の完成だ。新しい味覚体験の締めは、地元産の赤城牛や超力豚をオーソドックスなトリュフの香りとマデイラソースで仕上げ、バランス良くコースを組み立てている。東京で腕を磨き帰郷した児島由光ソムリエの料理に寄り添うノンアルコールペアリングもオリジナリティーに富んでいる。「上州キュイジーヌ」には郷里への愛が溢れていた。

☼：9,350 円～ 16,500 円　☾：16,500 円～ 18,920 円

Tel: 027-231-4618

群馬県前橋市本町2-2-15
白井屋ホテル内

定休日：無休

☼：土･日･祝
12:00-14:30
(最終入店 13:00)

☾：18:00-22:00
(最終入店 19:30)

Tel: **027-328-1212**

群馬県高崎市竜見町10-8

定休日：不定休

☼：12:00-14:30
☾：18:00-22:00

ファン・ダルクオーレ

FAN×DALCUORE

シェフ 星野弘明

15.5/20 🍴🍴🍴

フュージョン

中国料理とイタリア料理の調和と融合を謳うレストラン。店名も高崎市内で中国料理店を展開する星野氏の「チャイニーズファン」と、イタリア料理店を経営していた鈴木伸朋シェフの「ダルクオーレ」を合わせたものだ。鈴木氏は2023年8月、39歳の若さで亡くなったが、当初から鈴木氏に師事していた富岡由香里氏が、イタリア料理のエッセンスを継承し、コラボレーションを発展させている。高崎駅から徒歩で十数分の住宅街、新しい味の創造のために建てられた店舗はモダンな外観に、シックな内装。料理は地元産でテロワールを表現し、日本やイタリア、中国の各地から選りすぐりの食材を取り寄せ構成する。最初の一皿は、下仁田ネギのパンナコッタ、上海蟹雌マルサラ酒漬けとみそ、雲丹、自家製カラスミのカッペリーニ、イタリア産フレッシュキャビアと、各国の味を「融合」させ、口内で「調和」させるもの。その美味に浸れば、料理のジャンル分けがいかに無意味かよくわかる。必要なのは、食材を活かすために中国、イタリアの料理法をどう応用するか、その見識だ。東京で修業し、台湾で研鑽、スペインにも出店している国際派の星野氏が、富岡氏と創る、スケールの大きな料理世界に期待したい。

☼：12,100円～66,000円　☾：12,100円～66,000円

5	全てに卓越したレストラン	19～20点	クレジットカード
4	非常に素晴らしいレストラン	17～18.5点	
3	素晴らしいレストラン	15～16.5点	個室あり
2	料理人の個性を感じるレストラン	13～14.5点	
1	良いレストラン	11～12.5点	バリアフリー
トックなし	美味しいレストラン	10～10.5点	

モデスト

modest

シェフ 石川直樹

15/20

フランス料理

料理を作り、パンもデザートも、時には接客まで1人でこなす。石川氏の姿にはレストランの仕事が楽しくて仕方がないという思いが溢れている。料理は、100%自家農園のものだという野菜を中心に、魚介や肉は、全国から取り寄せる。夏の名残りの頃、まずは人参を2種類の調理法で、茄子には鰹出汁にライムなどの新鮮な香りを組み合わせていた。キンと冷えた、水貝を思わせる一皿は、ドライトマトから取ったクリアなスープにバジルオイルやライムの香りを重ね、帆立や丸オクラ、ラディッシュを浮かべ、そこに、温かなレモンのパンをペアリングするのだが、冷たい爽やかなスープと温かなレモンが、思いがけない余韻を味わわせてくれた。メインは、北海道の食肉料理人集団「ELEZO」の1ヵ月半熟成させた放牧豚。木の実などを食べていたというストーリーと、熟成によるナッツ香に合わせ、ナッツのソースに、ニラやスモークしたじゃがいも、焼き茄子などを添え、少し早い秋の空気も感じさせていた。2024年春には、現在の店から車で10分ほどの松伏町にある実家の畑の中へと舞台を移す。採れたての野菜の香りや味を伝えたいと目を輝かせる石川氏の新たなステージが待ち遠しい。

☼：6,655円〜18,150円　☾：12,100円〜24,200円

Tel: 未定

埼玉県北葛飾郡松伏町
松伏3382-28

定休日：不定休
（月6〜8日）

☼：11:30-14:30
(L.O.12:30)
☾：17:30-21:00
(L.O.18:30)

※2024年3月末に
上記住所へ移転予定

レストラン カム

Restaurant KAM

シェフ 本岡 将

15/20

フランス料理

義祖父の住まいであった畑のある屋敷を再利用、本岡氏はフランス修業や静岡・富士宮「レストランビオス」のシェフとして磨いた技を活かし、Farm to Tableの料理を展開している。サービスは本岡氏の幼馴染で、調布市の「Maruta」でソムリエを務めた田代圭佑氏。2人の心のこもった料理とサービスで昼夜2組のゲストをもてなす。床の間のある部屋のテーブル席に着くと、庭ではシェフが何かを摘んでいる。ほどなく登場したのが、自家製バニラビネガーでいただく数種類のミニトマトだ。収穫した瞬間から薄れていく香りを逃さないよう速やかに口に運ぶ。露地栽培のグリーンアスパラガスや新玉葱といった野菜だけでなくエストラゴンなどのハーブ類、庭先に咲く人参の花と、今、そこにあるたまゆらの味と香りが愛おしい。本岡氏の料理は鮮度だけではない。ランド産の鳩は、フランスでの研鑽を活かし、骨のソースを合わせて技術の確かさも示す。そこに穫れたばかりのディープパープル（人参）やハーブを添え、自身の風味を付けるのだ。都心とも近い、畑のある郊外という絶好の位置取りで、本岡氏は自らを客観視し、畑の充実がもたらす料理の進化に確信を深めているようだ。

☼：14,520円　☾：14,520円

Tel: 080-4623-0829

埼玉県川口市戸塚3-1-13

定休日：月曜、火曜

☼：12:00-15:00
☾：18:00-22:00

クチーナ サルヴェ

cucina salve

シェフ 坪内 浩

14/20

イタリア料理

Tel: **0494-22-6227**

埼玉県秩父市番場町
17-14

定休日：水曜、木曜

☼：土・日・祝
11:30-14:00
(L.O.13:30)
☾：17:30-22:00
(L.O.21:00)

「今日も、いっぱい野菜を獲ってきました」という言葉から始まるコースは、坪内氏が手をかけ、季節を共に過ごす150種以上の野菜や200羽の鶏、今では20種を超えるようになったという果物、そして秩父の生産者を繋ぐ産物がギュッと詰め込まれた、まるで坪内氏の宝箱のような食材で構成される。1皿目は、撫子、ビオラ、ハイビスカスローゼルといった可憐な花々が彩り、柿や無花果、様々な野菜。横には、フィレンツェの教会の大理石をイメージした「プラチナたまご」のフリッタータに、秩父地鶏の爽やかとも表現したいピュアな味わいの砂肝…。コースのメインとなる食材のお披露目のような一皿だ。卵液だけで練り上げる自家栽培の小麦粉「農林61号」のタリアテッレは、秩父地鶏のササミやガラまで使い切り、その上に横たわる花ズッキーニの中には、「秩父やまなみチーズ工房」でその朝できたばかりのリコッタチーズ。まさにALL秩父の陣容だ。「種をまく料理人」坪内氏は、畑の作物を狙う鳥獣にもあえて分け与え、共生を試みているという。そんな、秩父の自然に愛を注ぐ坪内氏の人柄までもが料理に表れたような、自然のパワーに満たされ、心洗われるレストランだ。

☼：2,310円〜　☾：7,260円〜12,100円

レストラン ソルト

RESTAURANT SALT

シェフ 井上 憲

15/20

イノベーティブ

Tel: **048-829-7205**

埼玉県さいたま市浦和区
高砂4-4-19
TAC 高砂 1F

定休日：水曜

☼：11:30-14:30
(L.O.13:00)
☾：18:00-22:00
(L.O.20:00)

井上氏は、自由闊達に、様々な料理のエッセンスを取り入れる。中国の上湯や香辛料もあれば一番出汁も、とその幅は実に広く、制限を設けない。それでいて、美味しさのポイントは確実に押さえている。フルオープンのキッチンで次々と料理を仕上げていく姿は、店内に流れる音楽のようにしなやかだ。スペシャリテの深谷ねぎは、「鴨葱」を逆転の発想により、葱を主役とし、鴨油と生姜でコンフィ、炭火焼きにする。鴨のつくねには冬瓜、松茸、菊の花をちらし、金華ハムと生ハム、鴨のガラと豚モモ肉でとった上湯スープを注ぐ。和食の椀を思わせる見た目で、つくねを割り、酢橘を搾ることで、より香りは華やかに、旨みたっぷりの一品となる。鰻は、和食店の古い技術だという丸のまま骨を抜く方法で捌き、白焼きに。開かないことで、中の脂が加熱され、揚げ焼きの状態になるのだという。ふっくらと、身の厚みを堪能できる仕上がりだ。そこに、揚げて皮を剥き、チキンブイヨンで煮浸しにしてからソテーした深谷の丸茄子を添え、鰻の骨とペルノ、一番出汁、山葵を使ったソース、と、さらりと見えつつ、食べ手の心に刺さる料理。その柔軟なアイデアとセンス、多彩な技術には、脱帽である。

☼：6,600円　☾：14,300円〜19,800円

ウシマル

Ushimaru

シェフ 打矢 健

15.5/20

イタリア料理

田園風景の中にテラコッタの屋根、吹く風に海が近いことがわかる。2023年3月、リニューアルしたレストランには、緑溢れる庭に臨むウェイティングスペースが増設され、ダイニングも白を基調に、窓から明るい陽光が降り注ぐ、オープンキッチンを見渡す洗練された空間に生まれ変わった。料理は昼夜ともその日の食材を活かしたコースのみ。自家菜園の野菜や九十九里浜など房総で獲れた新鮮な海の幸がテーブルを華やかに彩る。「穴子炭火焼き」では、穴子のふんわりとした食感が魚の出汁とオリーブオイルを乳化したソースとよく合い、口の中で溶けるような味わいである。添えた金糸瓜、コールラビ、ジャージー牛の白せんまい、茗荷の花も、九十九里の食材を知り尽くした打矢氏ならではのセレクトで、食感が口中でリズミカルに弾けるようだ。「落花生と自家菜園のバジリコのジェノベーゼ」は、レストラン裏の自家菜園で採れたばかりだという、南房総の太陽の恵みをたっぷり受けたフレッシュなバジルの香りがコースの締めに相応しい清涼感を残してくれた。マネージャー兼ソムリエの鈴木治人氏が薦める地酒やワインも、南房総での食体験をより豊かなものにしてくれる。

☼：15,000円　☾：15,000円

Tel: **0479-86-1222**

千葉県山武市松尾町木刀
1307-2

定休日：水曜、木曜、
第2火曜

☼：12:00-
☾：18:00-

プレゼンテ スギ

PRESENTE Sugi

シェフ 杉岡憲敏

15.5/20

イタリア料理

マダムに案内されダイニングに入ると、食材を入れた瓶、昆虫が浸かったリキュールや薬草を漬けた試験管、蜂の巣はインテリアのように置いてあり、まるで、杉岡氏の実験室だ。メニューに記された料理だけでなく、良い食材が入るとアドリブで作り、品数が多くなってしまうと話す杉岡氏。デザートを含め20品を超える料理を作り上げる手際は見事というしかない。香取市の「芳源マッシュルーム」を使った料理は、まるで、マッシュルームのサンドイッチ。下段は生のマッシュルームで、その上に、旨みを引き出すため2%の塩に常温で2週間ほど漬けて発酵させたペースト状のソース。そこにソテーした濃厚なマッシュルームをのせ、添える薄いシート状のものまでもマッシュルームだ。マッシュルームと向き合ったと語る杉岡氏の探求心に感服だ。ガストロバック使いに長けた杉岡氏のスペシャリテ「杉寿司」は、この日はシマアジを鮨種に、酢飯は地元米を使用。香りを失わないために、米はノンオイルドレッシングとローゼルで和え、シマアジの肝やキャビア、エディブルフラワーを豪華に盛り付けている。ジャンルを超えた、独創性のある「スギの料理」は、いつも驚きに満ちている。

☼：15,730円～16,940円　☾：15,730円～16,940円

Tel: **043-371-1069**

千葉県佐倉市白銀
2-3-6 1F

定休日：月曜、火曜

☼：11:30-14:30
一斉スタート
☾：18:00-22:00
一斉スタート

フィエルテ

fierté

シェフ 山本悠太

15/20

フランス料理

Tel: **0467-33-5105**

神奈川県鎌倉市御成町
2-14-2
Ever Village (B) 2F

定休日：水曜、他月２日休み

☼ : 12:00-12:30 (L.O.)
☾ : 18:00-18:30 (L.O.)

海沿いの街、辻堂に生まれた山本氏が魚料理を好むことは必然かもしれない。しかし、熟成を得意とし、魚介は全国から取り寄せると聞くと、何故、地元の新鮮な食材を活かさないのか、不思議に思う。その疑問は料理とともに氷解した。この日のメインは、熟成 20 日間を超えた佐賀県唐津の鰆であった。山本氏は日々、身に残る水分量、旨みの乗り具合を見計らい、ここぞというタイミングで調理に移す。皮目をカリッと焼き、中心部に向かって少しずつレア感を残している。この蕩けるような旨みは、熟成を経た魚でなければ得られないものだ。山本氏は、イクラにリキュールのパスティス、牡蠣に中東のスパイス・デュカを使うなど、味と香りを自在に操る。それでも各皿に連関する芯を感じるのは、南仏での修業をはじめ、基礎を「銀座レカン」で、香りの感性を「オルグイユ」加瀬史也氏から学んだ、揺るぎない自信（フィエルテ）があるからだろう。下準備をともにし、開店後はサービスに回る平林元気スーシェフの、マリアージュの着地点まで予想したワインコメントは、料理をよく知る者のみに可能なこと。コンパクトな店だが、舌の肥えた鎌倉の食通の心を掴んでいることにも得心がいく。

☼：**8,250 円～ 19,250 円**　☾：**14,850 円～ 19,250 円**

メシモ

MECIMO

シェフ 葛窪拓真

15/20

フランス料理

Tel: **0465-20-3744**

神奈川県小田原市栄町
2-5-22

定休日：月曜、他不定休あり

☼ : 11:30-12:30 (L.O.)
☾ : 18:00-19:00 (L.O.)

小田原は、日本の料理界を牽引する吉野建氏や成澤由浩氏がシェフとして独立を果たした、ガストロノミーゆかりの地だ。ここで神奈川県に生まれ、「HAJIME」で修業した葛窪氏が、「NARISAWA」でソムリエを務めた山本良憲氏とともに、店名の由来である mer（海）、ciel（空）、montagne（山）の、自然が生み出す素材を活かしたモダンな料理世界を展開している。コースは「日常的でありながら」というコンセプトで、釜揚げシラスのタルトや揚げポレンタのフィンガーフードから始まり、マイクロコリアンダーが香る生魚のサラダや牡蠣・相州牛・鮪・雲丹・キャビア・ハーブ・オリーブオイル・醤油を掻き混ぜていただくカクテルは、オリエンタルな風味もあり、枠にとらわれない発想の自由さが感じられる。ブルーの器に盛られた鰆の身は、ホタルイカ、野菜類とともにムール貝の泡のソースをまぶしていただくと、口内が相模湾の海の豊かさに満たされるようだ。飲料も、料理との相性から厳選したワイン、花弁を浮かせたカクテル、地元の茶を独自にブレンドしたものを揃え、地域を深掘りすることでその世界観を広げ、小田原から新しいガストロノミーを発信している。

☼：**9,196 円**　☾：**14,520 円**

リストランテ イルノード

RISTORANTE IL NODO

シェフ 松井昭憲

15/20

イタリア料理

テロワールを謳い生産者の名前をメニューに記したレストランは今時珍しくはないが、これほど素材への愛が感じられる店もそうそうないのではないか。素材や生産者にできるだけ接していたいと、実家に近く土地勘のある鎌倉に店を構えたという松井氏の料理は、初めて船に乗って海に出た少年の驚きのような瑞々しさに満ちている。自家製のコリアンダーシードピクルス、発酵シラスなどは、ただ美味であるだけでなく、自分で調節してちょうど良い発酵具合のところを料理に合わせるからこそ意味があるのだと納得するし、金柑ピクルスは柑橘類と酢の酸味がアンサンブルとなり､岩牡蠣のホエーソースに色彩を加える。ホタルイカのリゾットは、山菜の混ざった神奈川産の玄米、白米、黒米に、米の野菜としての滋味深さを発見する。晩春の畑の収穫を表した盛り合わせで始まったメニューは、山の香り、蕗や蕗の薹といった名残の山菜と、木苺や山葡萄の新芽など、春の終わりと初夏の間の香りがシンフォニーを奏でるデザートで終わる。都心からディナーに来ても帰れる距離で､これほどの海山の幸に歓待され得るとはと､日本の自然の豊かさに目を開かせてくれる、貴重なメッセージの運び手のような料理だ。

☼：6,600 円　☾：14,520 円

Tel: **0467-38-8296**

神奈川県鎌倉市小町
2-6-12
くすの木443 2F-3号

定休日：月曜、火曜

☼：12:00- 一斉スタート
☾：18:00- 一斉スタート

※要予約

イザ

IZA

シェフ 芝先康一

14.5/20

イタリア料理

鎌倉駅西口から徒歩 1 分。イタリア料理をベースにした 13 品以上を、鮨店のイメージで少量ずつテンポよく提供する。40 代の芝先氏が若手とチームを組み、2 ヵ月ごとに季節のコースを考え、調理やサービスも全員で担っている。料理は多種のパーツを組み合わせる複雑系で、ひと口サイズのスプーンの中には、カリッとしたタラッリ、コリコリしたミル貝、シャキシャキしたウド。それを咀嚼していくと、ウドに吸わせた酢が染み出し、噛み潰されたグリーンペッパー・レモンの皮・フレッシュマジョラムから香りが弾け、赤玉葱のジャムと白バルサミコ酢とともに口内で混じり合っていく。飲み物も調味の一要素として考えられており、合わせた白ワインは甘みと華やかさの増幅を意図したものであった。卓上にはメニューがカードで示され、同じカードに書かれた料理には、この飲み物を組み合わせてくださいというナビゲーションがある。また、コースには「イル テアトリーノ ダ サローネ」でのレシピやイタリア修業時代の味も反映されている。店内のどのゲストも満足させたいというホスピタリティーの高さも素晴らしく、年代の異なるスタッフが芝先氏の指揮のもと、いざ、鎌倉と集結している。

☼：16,500 円　☾：16,500 円

Tel: **0467-81-3791**

神奈川県鎌倉市御成町
11-13 2F

定休日:月曜、日曜ディナー

☼：12:00-15:30
(L.O.12:30)
☾：18:00-23:30
(L.O.21:00)

リスペット
RISPETTO
シェフ 井上 亮

14.5/20

イタリア料理

Tel: 045-534-9685

神奈川県横浜市西区
戸部本町39-8
ストークビル高島 101号

定休日：水曜、第 1・3 火曜

☼：平日
11:30-13:30 (L.O.)
土・日・祝
12:00-13:30 (L.O.)
☾：18:00-20:00 (L.O.)

※個室は 4 名まで

戸部駅から徒歩 3 分、ビルの 1 階にある白と黒を基調としたモダンなリストランテだ。井上氏は 1985 年生まれ。調理師学校を卒業後、都内で研鑽を積み、渡伊。2 年間各地の名店で経験を積み重ね、帰国後は銀座の「ブルガリ イル・リストランテ ルカ・ファンティン」に 7 年勤め、2021 年に開業した。イタリア語で「尊敬」「敬意」を意味する店名には、食材や生産者、職人、家族や仲間への敬意を料理で表現したいという井上氏の思いが込められている。「屋台」と名付けられた一皿は、ビールをモチーフとしたアロマ人参の冷製スープに、ゴルゴンゾーラとバルサミコでたこ焼きのような形を模し、ゲストを楽しませる。北海道産の黄色丸ズッキーニに北寄貝と雲丹を合わせたパスタ、焼き茄子のピューレを添えたメヌケなど、北の食材を堪能させ、その後は、3 時間かけて火入れしたオーストラリア産のラムラックだ。これはクラシックなソースとグリーンマスタードのピューレでいただく。ドルチェも、発酵させたキウイを用いたアイスクリームの仄かな酸味とリコッタチーズを合わせ、創意工夫を見せる。洗練された皿の中に、井上氏の敬意が溢れるイタリア料理が、横浜の地に根付こうとしている。

☼：6,050 円～ 9,680 円　☾：15,730 円～ 21,780 円

アンチョア
anchoa
シェフ 酒井 涼

14.5/20

スペイン料理

Tel: 070-1314-0406

神奈川県鎌倉市御成町
2-14-3
御成ヴィレッジ A棟 1F

定休日：月曜、他不定休あり

☼：木 - 日 12:00-
一斉スタート
☾：火 - 金 18:00-20:00
(最終入店)
土・日 17:30-19:00
(最終入店)

※車いすのまま食事が可能

「より素材に近いところで料理をしたい」。東京・代々木八幡の「アルドアック」で、多くの支持を集めていた酒井氏が鎌倉へ移転して 2 年。出身の埼玉にはない海へ向かった酒井氏は、得意の魚料理にますますの冴えを見せている。その強力な援護は「さかな人」長谷川大樹氏の目利きによる魚介と山菜や茸類。そして、豊富な鎌倉野菜だ。「東京ではメニューに合わせた仕入れ。ここでは手に入った食材から何を作るか考えます」。この日は、長井漁港で揚がったミシマオコゼを蒸して骨とアサリの出汁を合わせていたが、添えられた緑は、長谷川氏が漁港の横で摘んできたツルナだという。優しい白身魚を野性の力が持ち上げている。以前からのスペシャリテ、鱈と海老をペースト状にして赤ピーマンに詰め込んだ「ピキージョピーマン」や魚介のスープで米を炊き上げる「アロス・ア・バンダ」も日々異なる素材の味わいが興味深いのだろう、厨房の酒井氏には料理を作る歓びが溢れている。酒井氏は、モダンスパニッシュにとらわれず、スペイン各地で学んだ郷土料理を、日本人の高度な技術と、産地から直に入る最高の素材を使えば、これほど美味しくできるということを鮮やかに証明している。

☼：6,600 円～ 15,400 円　☾：13,310 円～ 16,940 円

季音
KINON
シェフ 村野敏和

15/20

薪火料理

焼く・炙る・燻す、薪を活かした料理の可能性を追求する村野氏は、L字型カウンターの奥に設えた炉に向かい、薪火や熾火を使い分け、熱源と食材との距離を精査している。サンフランシスコ「セゾン」のペストリー部門に勤めた後、2019年8月に開店。村野氏は当初、鎌倉野菜と地元の食材を主役に、薪焼きで素材の旨みを引き出すことに専心していたが、今では炎・熱・煙の効果に習熟し、豪快であるとともに繊細さも兼ね備えた独自の料理を生み出している。鎌倉産のビーツは、炉の上に3日ほど置き、燻し続けて水分を抜く。そこにフレッシュなビーツの汁を入れ、さらに3日ほど。仕上げに薪火で焼いて香りを出し、ビーツを煮詰めたソースとピクルスにした葉を添える。素材そのものから生まれる自然で濃い甘さには感動だ。村野氏は、薪を使った調理に修業先の「レフェルヴェソンス」や「エスキス」で身につけたモダンフレンチの精細さを加え、薪火料理を大きく飛翔させた。「セゾン」の定番をアレンジし、変容を続ける「ウニトースト」や、ぎりぎりまで鍋に焦げ付かせた「黒いプリン」などのスペシャリテでゲストを唸らせながら、村野氏の薪火への探究心は止むことがない。

☼：13,200円～29,000円　☾：13,200円～29,000円

Tel: **0467-39-5091**

神奈川県鎌倉市御成町
13-22

定休日：日曜、第2・4月曜

☼：12:00-14:30
(L.O.13:00)
☾：18:00-21:00
(L.O.19:30)

※ランチは4名以上で貸切の場合のみ
※4名以上で貸切対応も可
※別途薪料10%

イチリン ハナレ
Ichirin Hanare
シェフ 齋藤宏文

15/20

中国料理

フランス人外交官の住居であったという日本家屋を改装した店内は、落ち着いた雰囲気ながら不思議なモダンさも持ち合わせている。そんな内装に呼応するかのようなバランス感覚を備えているのが齋藤氏の中国料理だ。名物のよだれ鶏は、辛さというよりも、山椒の爽やかな香りで食べさせるもので、鎌倉の美しい山の緑が重なるような一品。フカヒレは一旦焼いてから調理してあり、旨みがありながらくどすぎない。古典のしっかりとしたベースの上にモダンなニュアンスが適度に加えられ、調理スタッフもそのテクニックをしっかりと習得していることが、11皿のコースをスムーズに繰り出すところからも窺える。揚げ物のような料理も、爽やかとでも表現したくなるような最上の状態でカウンターの客すべてに供していくのだ。くっきりとした輪郭と、薬味使いの上手なキレの良い味付けで、安心して料理を堪能することができる。鎌倉の山に囲まれた閑静な住宅地にひっそりと佇む古民家を訪ねる楽しみ、紹興酒に詳しくなくても5種類を少しずつ試飲することができるセットがあることも嬉しく、日本に行けば古民家で食事を、と考えている外国人の美食家などをぜひ案内したい店だ。

☼：9,680円～26,620円　☾：19,360円～26,620円

Tel: **0467-84-7530**

神奈川県鎌倉市扇ガ谷
2-17-6

定休日：不定休

☼：11:30-14:30
(L.O.12:00)
☾：17:30-22:30
(L.O.20:00)

※土・日・祝のランチメニューはディナーメニューと同じ

Tel: **0467-73-7320**

神奈川県鎌倉市大町
4-3-18

定休日：不定休

☼：土 12:00-
☾：18:00-

鎌倉 北じま

Kamakura Kitajima

シェフ 北嶋靖憲

16/20

日本料理

「和久傳」から独立した若きエースが、故郷の鎌倉に店を構えて2年余り。神奈川の食材をふんだんに使った魅力ある料理が話題となり、すでに遠方からも客が訪れる有名店となっている。この店の最大の魅力は、長井港で揚がる魚を心ゆくまで味わえることだろう。北嶋氏が日参する、神経締めの名人、長谷川大樹氏から仕入れる魚の美味しさは格別だ。お造りで登場するのは、相模湾で獲れた鮪の赤身、中トロ、大トロ、そして皮目をさっと炙った釣りものの黒ムツだ。その後も、鎌倉彫の火鉢を用いて北嶋氏が目の前で焼くカマス、メカジキの天ぷらと、三浦半島の海の豊かさを再認識させる料理が続く。歳時を取り入れた華やかな料理も、この店の魅力の一つだ。夏の八寸は、オレンジ色のほおずきのガクにのって出てくる。とうもろこしの葛寄せのひんやりとした食感と甘さ、ゴーヤとワタの白和えの旨みと苦み、夏の風物詩を美味しく楽しめるものばかりだ。季節ごとに変わる、ご飯と麺の締めの5品も素晴らしく、「太刀魚の棒寿司」は、持ち帰りを希望する客も多いと聞く。長きに亘る修業で培った技を駆使し、地元の食材を敬愛し、独自の料理に変貌させる北嶋氏。その展開が楽しみでならない。

☼：36,300円～　☾：36,300円～

ゴ・エ・ミヨの歴史

1969年、新しいガイドブックの誕生

「ゴ・エ・ミヨ」は資金面で自立し、やがて志を同じくする小さなチームが結成されました。ゴの二人の義理の姉妹マリーとニコル、ミヨの友人で、プロのジャーナリストであるイヴ・ビドー、軍在籍時の同僚で経理と管理を任されるアンドレ・ガイヨ、アート評論家のジャン＝リュック・ルダー、そしてあらゆる情報に精通するサイクリストのロジェです。彼らは、モンマルトル通りにある3つの小さな屋根裏部屋を使ってスタートし、その後、モベール広場の近くに引っ越しました。「見事に散らかっていました。ボルドーワインの木箱に来客を座らせました。しかし、その汚れたワイングラスやテーブルの隅っこから、1969年3月、再び新しいガイドブックが誕生したのです。我々の貧しさが切り札でした。これは料理も全く同じです。バターやクリームが多すぎると、素晴らしい料理も台無しになります。本当の才能はシンプルであること。しかし、それが一番難しい」とクリスチャン・ミヨは語っています。

ツシミ

TSUSHIMI

シェフ 都志見セイジ

16.5/20

フランス料理

食材と生産者のもとを訪ね歩いていた都志見氏が産地に居を移し、林間のレストランを開いて1年。その料理は、素材と厨房を直に結び、フラットにするという理想へ向け、確実な歩みを見せている。80種類の野菜が6つの調理法で大皿に踊る「Noen 2」は、自家農園や近くで採れる山野草が4分の1にまで増えたという。森の妖精のような彩り豊かな野菜からは大地の息吹が伝わってくる。1日1組、会食の時間に合わせ、12時間前から準備を始め、木の芽を採り、ハーブや花を摘む。「柚餅子（山梨 韮崎）」は、秋に庭で穫れた柚子の実をくり抜き、自家製味噌を詰め、織布を巻いて冬の風に晒したもの。山栗を加えて、さっと炙って香りを出す。柚餅子に覆われているのは昆布と塩で蒸した秋田産のキンキだ。ヘーゼルナッツオイルと仕上げの青柚子も、伝統の発酵食を洗練された「料理」へ昇華させている。都志見氏の本領は、食材そのものではなく、そこから湧き出るイメージをアートのように表現する多彩な技術にある。新鮮な素材を得てイマジネーションを刺激するためにも、この地への移住は最良の選択だったのだろう。瀟洒な建物の周りには、無限の表現世界が広がっている。

☾：50,000円

Tel: —

山梨県韮崎市

定休日：不定休

☾：15:00-17:00 (L.O.)

※車いすのまま食事が可能

キュイエット

La Cueillette

シェフ 山田真治

14.5/20

フランス料理

葡萄畑に囲まれた一軒家レストラン。緑の畑の先には遥かに富士山を望む山梨らしいロケーションが楽しめる。山田氏は都内のフランス料理店を経て渡仏、パリやシャンパーニュで研鑽を積み、20年前にこの地に店を構えた。夏の日のコースは、スペシャリテ「冷製桃のスープ」から。桃の甘みだけで作られた優しい味わいのスープには山梨産のオリーブオイルがアクセントとして加えられ、この一皿のためだけにでも毎年訪れたいと思わせる美味しさだ。前菜は、八ヶ岳山麓の鹿肉と甲斐路軍鶏の白レバーをパテにし、コンソメのジュレと地元・穂坂の黒無花果を添えている。鯛のポワレにはフォン・ド・ヴォーにタイムとカボスを効かせた爽やかなソースを合わせ、鴨胸肉のローストにはマデイラ酒をベースに茄子のピューレを加えたクラシカルなソースに、白州町「山の水農場」の茸や金美人参をあしらうなど、山梨の食材をふんだんに取り入れた料理が続く。デザートは、目の前の自家畑から収穫した大粒の葡萄に、山梨のマンゴー、ブルーベリー、スモモと、フルーツ王国らしく華やかに締める。ソムリエ資格も持つマダムの温かな接客も心地好く、また訪れたいと思わせるレストランである。

☼：7,150円～17,600円　☾：9,350円～17,600円

Tel: 0551-23-1650

山梨県韮崎市穂坂町
三ツ沢1129

定休日：火曜（祝日の場合は営業、翌日休業）、年末年始、他不定休あり

☼：11:30-15:30
(L.O.13:30)
☾：18:00-22:00
(L.O.20:00)

※要予約

Terroir 愛と胃袋

15/20

TERROIR Ai to Ibukuro

シェフ 鈴木信作

イノベーティブ

Tel: —

山梨県北杜市高根町長澤414

定休日：月曜、火曜

☼：12:00-14:00

☾：17:30-21:00

※ランチ・ディナーともに平日1組、土日2組限定の完全予約制

中央自動車道須玉インターチェンジから15分ほど。東京からなら1泊旅行で出かけたい距離の八ヶ岳山麓エリアだが、鈴木夫妻の笑顔溢れる歓待を受ければ、道中の疲れも癒されることだろう。美しくリノベーションされた大きな屋根の古民家は、かつて問屋場として使われ、本陣としての役割も果たしていたという。もともと蔵にあった古道具などを其処此処に配置したシェフとマダムの世界観に引き込まれる。ダイニングはその一角にあり、大きなテーブルが2つ。ゲストは最大で平日の昼夜が1組ずつ、休日は2組ずつだ。テーブルには信頼関係を築いている生産者から仕入れた食材が並び、味や食感はコースを通して一皿ごとに変化があり、飽きることがない。山梨の食材で作り上げられた料理はわざわざ訪ねる価値のあるものだ。特に8月のみ供される桃のコースは、すべての料理に様々な種類の桃やスモモを使う「ももづくし」。桃好きには堪らない。これほど多くの種類の桃があり、生の状態から加熱することで味が変化していくことにも驚く。ダイニングだけでも訪問可能であるが、できれば別棟の古民家をリノベーションした宿泊棟に泊まり、衣食住すべてを含めた八ヶ岳のテロワールに浸りたい。

☼：21,780円～35,090円　☾：21,780円～35,090円

八ヶ岳 えさき

16/20

Yatsugatake Esaki

シェフ 江﨑新太郎

日本料理

Tel: **0551-45-8707**

山梨県北杜市大泉町谷戸5771-210

定休日：水曜、木曜

☼：12:00-13:30 (L.O.)

☾：18:00-20:30 (L.O.)

※ランチ・ディナーともに1組（1～6名）限定

八ヶ岳山麓、樹々に囲まれたレストランは、モダンで機能的でありながら温もりのある、究極のおもてなし空間だ。室内には6名掛けのテーブルが1台。席に着くと、三面開口の窓から周囲の緑に包まれるようで、自然の息吹を感じながら、冬季はストーブの薪のはぜる音に癒される。昼夜1日1組のみ。オープンキッチンから江﨑氏自身の手で運ばれる料理をいただくことは、この上ない贅沢だ。江﨑氏は海のない県に全国から最良の食材を求め、献立を組む。北海道の黒鮑と合わせる白いソースは、乳製品を一切使わない野菜だけのソース。きめ細かいソースが程よいボリューム感で、柔らかい鮑と野菜の優しい旨みを堪能させてくれる。スペシャリテともいうべき魚の煮付けは、北海道・根室の1本釣りキンキ。熟練の技術で繰り出される日本料理には、枠にとらわれない驚きのエッセンスもちりばめられている。しかし、1962年生まれ、端正な佇まいでキッチンに立つ江﨑氏を悠々自適の料理人と見てはならない。江﨑氏は、「世の中から肥満や病気を減らしたい」と、無添加・低糖質・低塩分に徹する弁当事業を立ち上げ、現代の課題に取り組む事業家でもある。その静と動の生き方が、何とも清々しい。

☼：21,780円　☾：21,780円

トエダ

TOEDA

シェフ 戸枝忠孝

15.5/20

フランス料理

2021年「ボキューズ・ドール国際料理コンクール」の日本代表として話題が沸騰した時も、戸枝夫妻は常に冷静で、周囲が落ち着きを取り戻した今は、シェフ本来の基本に忠実な、さらに骨太になった料理が楽しめる。佐久市「ボスケソ・チーズラボ」のカチョカバロを使ったラビオリは、アサリのスープに花形に開いて浮かび、チーズの旨み、バジルの香り、蕎麦の実の食感のすべてが見事なバランスを保っている。海苔を駆使して模様を描く戸枝氏のスペシャリテ「信州サーモン」は、繊細なステンドグラスのように美しい。また、ホロホロ鳥の一皿も、その技は冴え、しっとりと火が入った部位の異なる肉質を堪能できる。ここでは付け合わせのペコロスに入ったオレンジの粒の酸味も効果的だ。デザートのヨーグルトと蜂蜜のソルベは、甘みと酸味がせめぎ合い、ふわっとした食感が残る見事なデザートだ。そこかしこにキラリと光る、戸枝氏ならではのセンスと技が創り上げる料理の数々。食材は地元の最高級のものを追い求め、シニアソムリエの資格を持つマダムが選ぶ、ワインのペアリングも魅力だ。予約は1ヵ月前からホームページで受けつけるという公正さにも、戸枝夫妻の人柄が偲ばれる。

☼：14,520円　☾：14,520円

Tel: 0267-45-7038

長野県北佐久郡軽井沢町長倉1877-1

定休日：不定休

☼：11:30-12:00（最終入店）

☾：18:30-19:00（最終入店）

※完全予約制
※予約はウェブ予約のみ

ヒカリヤ ニシ

Hikariya - Nishi

シェフ 田邉真宏

15.5/20

フランス料理

松本駅から車で約5分、旧善光寺街道に面し、明治20年（1887年）に建てられた商家「光屋」の堂々たる町家がある。大きな水盤の花や木々が茂る庭を、ガラス張りのオープンキッチンや登録有形文化財の旧文庫蔵を見ながら進んだ先、米蔵をリノベーションした建物がレストランの客席だ。蔵の高い天井、太い梁の木肌の温もり、天窓から差し込む光に、白い漆喰の壁に響くクラシック音楽が相まって、気品溢れる落ち着いた空間を形成している。肉の出汁のソースでいただく「Artisan」は、地元の野菜農家への敬意を表す一品。池田町で収穫した長芋、蕪、スティックセニョール、グリーンアスパラガス、ヤングコーン、ズッキーニ、とうもろこしなどを、それぞれの野菜に合わせた料理法で、味だけでなく季節の彩りや香り、食感を愉しむ。フランス在住の祖母の料理に影響を受け、料理人を志したという田邉氏は、国内で修業後、リヨン、フィレンツェ、バルセロナ、ロンドンで研鑽、「二期倶楽部」の料理長などを経て、「ヒカリヤ」の母体である「明神館」の統括料理長に就任した。以来10年以上に亘り、農家や生産者との関係を深め、長野の食材の美味しさを発信し続けている。

☼：10,000円～12,500円　☾：20,000円～22,500円

Tel: 0263-38-0186

長野県松本市大手4-7-14

定休日：水曜、日曜
ディナー、他不定休あり

☼：11:30-14:30（L.O.13:00）

☾：18:00-22:00（L.O.19:30）

※半個室あり

カエンネ

ca'enne

シェフ 臼井憲幸

15/20

イタリア料理

茅野駅から車で20分ほど、八ヶ岳山麓の別荘地エリアに神奈川県出身の臼井氏が2020年に開いた薪火を活かしたレストラン。カウンター席の前に据えられた炉では、炎を燻らせながら薪がパチパチと音を立てている。最初の一品は、臼井氏がイタリア修業中に習得したクラテッロの伝統製法をベースに、地元の銘酒「真澄」の麹を用いて自然熟成させた生ハムだ。酒粕と発酵させたじゃがいもをパスタ生地に練り込んで揚げ、スライスしたての生ハムで包んでいる。シャンパーニュとともに、手づかみでサクッといただくと、フレッシュな塩味が心地好い。「八ヶ岳湧水鱒 / 高原レタス」は、ハンドルを廻して焼き台の高さを調節し、食材を出し入れして休ませながら、炉で焼き上げたもの。八ヶ岳の湧水で育てた鱒は皮も身も香ばしく、薪の遠火で炙った出始めの高原レタスのシャキシャキとした食感、発酵させた香り高いホワイトアスパラガスの歯ごたえをトマトウォーターと愉しむ。庭で摘んだハーブも使いつつ、地産地消の岩魚や稚鮎、サフォークラム、そして目の前で打つ自家製パスタへと続く。八ヶ岳の自然、薪の香り、食材の旨みがいつまでも余韻として残るレストランだ。

☼：16,500円　☾：16,500円

Tel: 050-3159-5561

長野県茅野市豊平字東嶽
10222-25

定休日：木曜、他不定休あり

☼：12:00-
☾：18:00- 一斉スタート

レストラン ナズ

Restaurant Naz

シェフ 鈴木夏暉

15.5/20

イノベーティブ

軽井沢・追分の地に2020年9月、彗星のごとく現れた鈴木氏のレストランは、光度を増しながら飛翔を続け、席を求める全国の食通もただ眩しく見上げるだけの存在になっている。地元のピッツェリアでキャリアをスタートした鈴木氏は、ピザを究めるためイタリアへ渡り、帰国後、さらにニューノルディック料理に触れたいとデンマークの「noma」「Kadeau」で働き、郷里で独立。信州の食材と食文化を、習得した技術で生かし、「発酵」と「熟成」をテーマに据える。信州サーモンと蕪の一皿は、20日ほどの熟成に耐えられるよう、信州サーモンを通常より1年長く養殖場で飼育してもらうことで凝縮した味わいを実現している。また、岩魚は生きたまま届けられ、店の裏の小川で網に入れて泳がせ、調理の直前に締める。身が透明で皮の模様が透き通って見えるほどのものをフリットにすることで、驚くほどふっくらとした仕上がりとなっている。そこに生クリームを煮詰め、野沢菜の古漬けとセミドライトマトの酸味が効いたソースを合わせる。料理もドリンクも鈴木氏自ら説明し、ゲストの反応を見守る。深みを増す鈴木氏の料理に、誰もがシェフズテーブルでの食事のような特別な時間を楽しむことだろう。

☼：44,000円～　☾：44,000円～

Tel: 0267-46-8840

長野県北佐久郡軽井沢町
大字追分134-3
GREEN SEED軽井沢内

定休日：水曜、第3木曜

☼：12:00-15:00
☾：18:30-23:00

※完全予約制
※ランチ2組、ディナー1組（5～8名）限定
※価格はペアリング代込み

すし崇

Sushitaka

シェフ 久保崇嘉

15/20

寿司

善光寺門前にある江戸前鮨が味わえる店。久保氏は実家の鮨店で修業をスタート、浅草の「すし游」で熟成鮨を学び、2008年に地元に戻り、自身の店を開いた。ここには各地から新鮮な魚が集まり、それぞれの素材の旨みを引き出す熟成という時間を経た素材に丁寧な仕事が施される。最初の一品、蛸の桜煮には蓋付きの器に入れられた安曇野の献上山葵が添えられ、香り高い山葵が蛸を引き立てる。続く、炭火で炙った白子は、天龍村の柚子で作った自家製のポン酢餡とともに出され、クエの湯引きに合わせた煎り酒には梅干しではなく、干し杏を使用するなど、どのつまみも長野の食材を効果的に使用している。7品のつまみの後、この日は石垣貝の握りから鮨が始まった。酢飯は富士酢と赤酢をブレンドしたもの。しめ鯖の握りは、塩麹で締めることで柔らかな旨みを感じる。水揚げ量が少なく、幻の海老といわれるブドウ海老の握りも素晴らしく、雲丹は海苔ではなく、胡瓜の軍艦。また、イクラは醤油漬けが多いが、ここでは味噌を作る際に出てくる旨みが凝縮した上澄み液の「味噌だまり」に漬けたものを出している。熟成鮨だけでなく、長野の豊かな食材と食文化を巧みに融合させた鮨店だ。

☾：26,000円～

Tel: 026-235-5565

長野県長野市県町477-15

定休日：不定休

☾：18:00-22:00

※車いすのまま食事が可能

ゴ・エ・ミヨの歴史

ヌーヴェル・キュイジーヌ

ゴとミヨは、フランス料理のブルジョワ的で時代遅れのイメージを刷新する決意で、フランス中の新しい店を探し、調査しました。ホテル、レストラン、ブティック、職人、ワインショップと、彼らの好奇心にはとめどがありませんでした。

自分の足で歩いて得た経験と多くの料理を食べた結果、2人は、未来の「ヌーヴェル・キュイジーヌ」をポール・ボキューズの料理の中に見つけます。シンプルな「インゲンとトマトのサラダ」の美味しさに触れ、新しい料理はこうした皿の中にあると確信します。その後、ロアンヌでトロワグロ兄弟と出会い、ハーブで風味を付けたカエル料理を供されます。前日に下拵えをせず、すべて「今」調理したものでした。忘れていた風味、シンプルさと軽さを重視する「ヌーヴェル・キュイジーヌ」はこのようにして生まれたのです。彼らはこの新しいコンセプトを記事を通して広く発信し、ガイドブックは人気を呼びます。

Tel: **025-290-7330**

新潟県新潟市中央区
春日町7-13

定休日：火曜、水曜、
他不定休あり

☾：18:00-22:30
(L.O.19:00)

レストラン イソ

Restaurant ISO

シェフ 磯部冬人

15.5/20

フランス料理

往来の多い通り沿い、日本家屋に掛かる白い暖簾がライトに浮かび上がる、ひっそりとした佇まいのレストランだ。フランスで腕を磨き、その後、東京、長野、佐渡島のレストランで料理長を務めた磯部氏が、2016年に開業した。店内の和モダンな雰囲気に自然と緊張がほぐれる。コースのスタートは、佐渡産アオリイカのコンフィと茄子をスプーンにまとめた一品に、根セロリのソースと南蛮海老をのせたクリスピーなタルトという2種のアミューズ。口の中に広がる味わいと、香りや食感の多彩さに、その後の料理の期待が高まる。さらに、神経締めの岩船産の鰆や黒埼産の枝豆、佐渡産の無花果「おぎビオレー」など、新潟の旬の食材を用いた季節感溢れる料理が続く。メインの肉は越後牛または月替わりの肉から選択するが、2名以上の場合、ハーフサイズで両方味わうことができるという配慮も嬉しい。ボトルワインはフランス産を主としながら、新潟県内のワイナリーのものも紹介し、佐渡をはじめとした新潟県内の日本酒も取り揃えている。ワイン、日本酒に精通したマダムに、料理とのペアリングを提案してもらうのが良いだろう。その穏やかな接客もまた、この店の魅力の一つである。

☾：15,400円

Tel: **0256-38-4179**

新潟県三条市東大崎
1-10-69-8

定休日：月曜、火曜

☼：土・日・祝 12:00-
一斉スタート
☾：18:30-
一斉スタート

※ランチは 11:30-11:45、ディナーは 18:00-18:15 入店

レストラン ウオゼン

Restaurant UOZEN

シェフ 井上和洋

15.5/20

フランス料理

2023年夏に改装したレストランは、ソファのあるラウンジでアミューズとアペリティフを愉しみ、カウンターへという流れを作り、贅沢にとられた空間を活かしている。食材のほとんどは、井上氏自らが山で獲るジビエ、海で釣る魚、野山で摘んだり自家畑で栽培したりする野菜など。水は車で2時間かけて汲みに行く湧き水だ。自らが大谷石で組み上げた石窯で薪を焚いて火を入れる。アミューズの盛付から趣があり、数種類のジビエのソーセージを使ったアメリカンドッグは山を想わせる木の幹の上に。また、アオリイカの新子に米と海苔のスナックを使ったアミューズは、海をイメージさせる、白い玉砂利の上に盛り付けるなど、意匠を凝らしている。臭みがなく綺麗な猪肉は石窯でゆっくりとローストし、付け合わせの南魚沼の「あかもんかぼちゃ」もレモンチェッロでマリネしてロースト。佐渡の黒鮑は低温でじっくり火を入れて最後にポワレし、合わせるソースはジビエの出汁を煮詰めて自家製のドライトマトを加える。狩猟や漁で鍛えた豪快な風貌の井上氏が、石窯の温度を自在に操りながら、時にはピンセットを使って繊細に盛り付け、新潟の自然の恵みを芸術のような一皿へと昇華させている。

☼：19,360円　☾：19,360円

オステリア バッコ

15/20

Osteria BACCO

シェフ 三善将則

イタリア料理

新潟市の名所、どっぺり坂のすぐ脇で 2011 年から営業。窓の外は人や車の往来が多いものの、どこか隠れ家的な店だ。アンティークを随所に配した店内は温かな雰囲気で、付かず離れずの接客も心地好い。三善氏のモットーは、シンプルに素材の持ち味を生かして料理を作り上げること。特に、修業を積んだ東京やイタリアで習得した手打ちパスタは、店の代名詞ともいえる存在だ。この日は、タヤリンとガルガネッリの 2 種類。歯切れのよい卵麺、タヤリンは桜海老とホワイトアスパラガスとともにレモンの香るトマトソースで、ガルガネッリは地元産の蒲原牛の旨みが凝縮したラグーソースで、と異なる個性が存分に堪能できた。さらに鱗のパリパリとした食感が楽しい甘鯛のクロッカンテ、火入れが巧みなフランス産仔羊のアッローストなど、どの料理もしっかりとボリュームがあり満足度も高い。また、ワインをはじめドリンクの充実ぶりにも目を見張る。ワインは、ソムリエ資格を持つマダムに好みや予算を伝え、料理に合うものを薦めてもらうか、2 コース用意されているペアリングを選ぶ。ミネラルウォーターやジュースのみならず、ノンアルコールのワインやビールなども豊富だ。市民が憩うオステリアと呼ぶに相応しい店である。

☼：4,400 円～ 7,700 円　☾：7,700 円～ 11,000 円

Tel: 025-211-4994

新潟県新潟市中央区
西大畑町591-1
異人池ハウス 103

定休日：火曜、水曜

☼：12:00-13:00
（最終入店）
☾：18:00-19:30
（最終入店）

灯りの食邸 KOKAJIYA

14.5/20

KOKAJIYA

シェフ 熊倉誠之助

イタリア料理

佐渡海峡近くの温泉地、岩室温泉にある築 120 年の古民家を改装したイタリアンレストラン。新潟市街から車で約 1 時間と交通の不便な場所ではあるが、この地は食材に恵まれ、新潟漆器や燕三条のカトラリーなど、地域の魅力を五感で体感できる。熊倉氏のスタートは、バーテンダー。その後、独学で料理を学び、出張料理人として訪れた岩室温泉で古民家再生プロジェクトと出合い、2013 年に開業した。秋の訪問時は、地元の平茸、佐渡産の毛蟹、蓮根饅頭に切り干し大根と和牛のスープを加えた一皿からコースが始まった。新潟名物の食用菊の「かきのもと」は、その紫色とイクラが華やかに映える一品に。茶碗蒸しのようなスフォルマートは佐渡産南蛮海老のみそを用いたソースをアクセントにいただく。さらに、アオリイカのイカスミのタリオリーニでは、マリーゴールドの花が漆黒の中に、黄金色の華を添え、味わいも軽やかだ。山古志和牛は、ローストした後、稲藁で少し炙って香りを付け、添えられた発酵ニンニクソース、さつまいもとじゃがいものペースト、糸魚川産の天然山葵と好相性を見せる。古民家の落ち着いた雰囲気の中で、この地の恵みと文化が堪能できる貴重なレストランである。

☼：8,800 円～ 16,000 円　☾：8,800 円～ 16,000 円

Tel: 0256-78-8781

新潟県新潟市西蒲区
岩室温泉666

定休日：不定休

☼：12:00-
☾：18:00-

※個室利用は 5 名から

鍋茶屋 光琳

Nabejaya Kourin

シェフ 高橋英司

16/20

日本料理

Tel: **025-223-2015**

新潟県新潟市中央区
東堀通8番町1420

定休日:月曜、日曜ディナー

☼ :12:00-14:30
☾ :18:00-22:00

江戸時代に多くの産物を運び、その寄港地新潟に繁栄をもたらした北前船。日本海に面した港町である新潟市随一の繁華街である古町には柳が植えられ、花街の面影を今も残す。「鍋茶屋」は弘化３年（1846年）開業、木造３階建の建物は有形文化財に登録され、新潟を代表する料亭として風格ある佇まいを見せる。その料亭「鍋茶屋」の料理だけを純粋に楽しめるのが、2016年に誕生したこの店だ。包丁を握るのは七代目主人の高橋氏。時には高橋氏自ら料理をカウンターのゲストに手渡すという親密感のなか、新潟食材を用いた気品ある料理が味わえる。無花果など地元の果物の優しい甘さを生かした八寸。甘鯛の焼物には牛蒡を合わせ、ノドグロの鍋には南魚沼の伝統野菜、神楽南蛮を使った柚子胡椒を添える。松茸の土瓶蒸しには天然のスッポン。スッポンは店の印の由来にもなった食材だ。季節感のある滋味深い料理が「光琳」の真骨頂。料理に質実な印象を加えているのが、佐賀・唐津の中里太亀氏作の、刷毛目が美しい器たちだ。そして漆器の折敷いっぱいに描かれた、葉を揺らす柳の木。かつてその街の賑わいから「柳都新潟」と呼ばれた空気は、時代が変わった今も目の前に確かにあった。

☼：14,850円～22,000円　☾：14,850円～22,000円

割烹 新多久

Kappou Shintaku

シェフ 山貝真介・山貝亮太

15.5/20

日本料理

Tel: **0254-53-2107**

新潟県村上市小町3-38

定休日：水曜、第1・3
火曜、他不定休あり

☼ :11:30-13:00 (L.O.)
☾ :17:00-20:00 (L.O.)

創業は慶応３年（1867年）。城下町・村上の通称「黒塀通り」の一角にあり、黒く仕上げられた外観は、格別の存在感を放っている。村上は、岩牡蠣に鮑、鮭、蟹、そして村上牛と、一年を通して産物に恵まれる食の宝庫だ。「新多久」は、これらをいかに美味しく調理するかを大前提に、食材のほぼすべてを地元産でまかない、料理を通して村上を全国にアピールしている。板場に立つのは兄の山貝真介氏と煮方を担当する弟の亮太氏。共に京都の日本料理店で修業を積み、腕を磨いてきた。村上は鮭の町としても有名で、鮭料理は100以上もあるというが、お造りの一品として供された「鮭の漬け」は、鮭の出汁に漬け、その後、皮目を軽く炭火で炙ったもので、香りと深い味わいが秀逸であった。このように、山貝氏兄弟は受け継がれてきた食文化を、アレンジではなく、アップデートしながら発信している。日本酒は、市内の２蔵のものを取り揃え、「日本酒おまかせ」とともに味わえば、さらに村上の食を満喫できるだろう。店内は、大将との会話も楽しいカウンター席とゆったりとしたテーブル席で構成。数寄屋造りの離れ個室もある。羽越本線の村上駅から車で５分。何度も訪ねたくなる魅力のある店だ。

☼：6,600円～17,600円　☾：8,800円～17,600円

割烹渡辺
Kappou Watanabe
シェフ 渡辺大生

15.5/20

日本料理

素材への理解と探究心、酒のペアリングの知識と技術、料理への自信と責任、加えて、ゲストを喜ばせる雰囲気作りと天性の話術。「本日はお越しいただきありがとうございます」から、もう会話の糸口を探っている。そして、狙いを定めたら掴みの一言。一瞬でその場は明るく和やかに。いくつもの料亭や割烹があった新潟市巻地区。この店も、大小の個室と大広間という昔ながらの料理店だった。その四代目として後を継いだのが、新潟市の割烹で腕を磨いた渡辺氏だ。店を切り盛りする傍ら、日本料理はもちろん、イタリア料理やフランス料理など、他ジャンルの料理人とも交流を持ち、教えを請い、経験値を高めてきた。そうして2021年、カウンターをメインに、テーブル席と個室という形態にリニューアル。その後も交友関係は広がり、全国に及んでいる。しかもその行動は、新潟料理界の底上げをも考えたものである点が賞賛される。以前より自家農園で野菜を育てていたが、「地方でできること＝野菜作り」とし、野菜作りを優先するために平日のランチ営業を取りやめたほどだ。新潟の海のもの、山のもの、自家栽培の野菜を基本に、渡辺氏が紡ぎ出す新潟物語を味わいたい。

☼：11,000円～22,000円　☾：11,000円～22,000円

Tel: **0256-72-2859**

新潟県新潟市西蒲区巻甲2443

定休日：水曜、第1・3火曜

☼：12:00-15:00
（最終入店 13:00）
☾：18:00-23:00
（最終入店 20:00）

※12月1日 - 2月15日
鴨会席も選択可能
（16,500円）

古門
common
シェフ 長谷川信司

15.5/20

日本料理

「なだ万」で長年料理長を務めた長谷川氏が、故郷・新潟で2012年に開業。古町の一角、風情ある石畳の道に面したビルの1階にある店は、ひっそりとした佇まいながら明るく温かな空間が広がり、迎える長谷川氏やスタッフの笑顔にほっと心が和む。日本料理に合わせ、日本酒を豊富に揃えているが、注目はワインだ。この店ならではの銘柄もあり、ワイン目当ての常連客も多い。コースには鮮魚をはじめ、新潟の旬の食材をふんだんに使い、新たな食材や調理法を取り入れた創作的なメニューも登場する。その一例が、鮪を瑞々しい旬の水茄子とともに、南魚沼で製造された和からしマスタードで和えたお造りだ。ツンとした辛みと独特の風味のある和からしマスタードと、脂の乗った鮪の相性の良さに驚く。また、鮑の肝のグラタンは、磯の香りの爽やかなソースが絶品だ。料理もさることながら、器選びも巧みで、季節感を取り入れ、カクテルグラスや洋皿も効果的に用いた華やかな盛付に、思わず見入ってしまう。長谷川氏とともに店を盛り立てている前田裕貴氏も「なだ万」出身で、「古門」には8年ほど。手際の良さに、時折見せる柔和な笑顔も印象的で、新たな魅力の開花にも期待したい。

☾：11,000円～19,800円

Tel: **025-222-2120**

新潟県新潟市中央区
東堀通9番町1407
イーストモートⅡビル
1F

定休日：日曜、祝日、
第1・3月曜

☾：17:30-21:00（L.O.）

Tel: **0570-001-810**

新潟県南魚沼市大沢
1209-6

定休日：なし

☼：朝食 8:00-9:00
☾：17:00- /19:30-

里山十帖 ー早苗饗ー

SATOYAMA JUJO - SANABURI -

シェフ 桑木野恵子

15.5/20

日本料理

「最も重要なのは水です」と桑木野氏は言う。南魚沼コシヒカリの生産地の中でも、かつて幕府献上米を作っていた大沢地区。ここを流れる水は、「里山十帖」にとっても大きな財産だ。昆布出汁が出過ぎるほどの軟水で炊かれた煮えばなのご飯は、新潟の地味の良さや可能性を伝える。豪雪に耐える築 150 年の古民家を改修し、雑誌『自遊人』の岩佐十良氏が開業したのは 2014 年。桑木野氏はオーストラリアやインドでアーユルヴェーダを学んだ自らのキャリアを、ここで新たな形で深めようとしている。新潟という土地を料理でどう表現すべきか。たとえば地元の伝統野菜である神楽南蛮を用いた落ち鮎の料理や、肉厚の椎茸「天恵菇」と鯛を合わせた一品。伝統野菜や地元生産者が手がけた良質な食材を生かした料理を通して、現地の保存食や発酵技術の継承と共に地産地消の概念をさらに掘り下げ、ゲストをはじめ料理につながる人々も健康で幸せに生きることを目指す。店名にある「早苗饗」とは、豊作を祈願して田植えの労働をねぎらう祝いのこと。この土地と水を生み出す自然に思いを馳せた時、人は自然と共にあるのが最も理想的な姿なのだと、「里山十帖」の料理は教えてくれる。

☾：16,500 円

Tel: **025-250-6739**

新潟県新潟市中央区天神
1-13-1

定休日：不定休

☼：11:30-
☾：18:00-

新潟浦島 小平

Niigata Urashima Kohei

シェフ 阿部 広

14.5/20

日本料理

新潟市にいながら佐渡島の食の豊かさが味わえる店である。新潟市から船で約 2 時間半の距離にある佐渡島は、暖流と寒流の接点にあり、ひとつの島の中に、平野と山地、湾と外海という対照的な地理的条件を持ち、北海道と沖縄の両地方に特有の植物が同居する。米、野菜、果物、蟹などの甲殻類、鰤や鮪といった海産物をはじめとする食材の豊富さは、佐渡が「自給自足できる島」と称される大きな理由だろう。店主の阿部氏は新発田市の出身、東京で修業後、縁あって佐渡島に渡り、「Ryokan 浦島」の料理長を長く務めた。2020 年秋に暖簾分けという形で独立する際、「浦島」が鮮魚店であった頃の屋号「小平」の名を受け継いだ。その由来からも、店は佐渡島と深く繋がっている。使われる食材は、ほぼすべて佐渡からだといい、里芋と佐渡の米を揚げた団子が俵型の器で登場した。季節感のある八寸や具だくさんの沢煮碗など、品良く、また親しみやすい料理が続く。鮑あり、毛蟹あり、本鮪あり。食材の多さはそのまま佐渡の豊かさだ。料理とともに地酒を傾けつつ、心はひと足先に佐渡へ飛ぶ。新潟駅から徒歩 5 分、佐渡島への旅の「最初の一歩」がここにある。

☼：6,600 円〜　☾：13,200 円〜

my farm to table おにや

15/20

my farm to table oniya

シェフ 鬼嶋大之

鶏料理

リニューアルした店舗は、シンプルでモダンな白い建物、鶏のオブジェが出迎え、鬼嶋氏の「自社農場の鶏を、丁寧に育て、調理し、店で出す」という理想を現実のものにしている。刺身で、素材本来の味に安心して向き合えるのも、肉が健康で新鮮であるからこそ。名物の約 16 種の刺身は、ラベルとともにまるで標本のように美しく盛られている。胸肉、レバー、ささみ、それぞれを今日締めと昨日締めで食べ比べると、肉質、食感、香り、味の違いがはっきりとわかる。さらに脂、背肝、小笹、キンカン、ぼんじり、ハツ、砂肝、鶏みそ、砂うち…、およそ生で食すことのない部位が次々と登場。サラッとした清らかな脂、鶏みその優しい甘み、サクッとした歯触りの砂肝、その濁りのない初めての美味しさに驚くばかりだ。シャポンの素晴らしさがダイレクトに伝わる炭火焼きも店の名物で、胸肉、もも肉ともに、皮の美味しさ、弾力、旨みの濃さが際立っている。自社農場の卵の美味しさも格別で、鶏すき焼きの最後にご飯を入れて、卵かけご飯にしていただくのが定番。アルコールも充実。客自ら卓上でシャポンを焼いたり、店主の作るすき焼きを楽しんだりと、鶏肉の新たな魅力に出合える店である。

☾：5,800 円～ 14,300 円

Tel: 025-210-7939

新潟県新潟市中央区
東堀前通8番町1377

定休日：不定休

☾：18:00-22:30
(L.O.22:00)

ゴ・エ・ミヨの歴史

1972 年、『ゴ・エ・ミヨ』ガイドの初版

1972 年、フランスで『ゴ・エ・ミヨ』ガイドの初版が出版され、料理業界に変革をもたらします。価値のあるレストランを探して、ゴとミヨはフランス中を歩き回りました。彼らは、ミシュランが価値を置く、店の豪華さや食器、清潔さではなく、味とプレゼンテーションとシェフの想像力に着眼します。完全な独立性のもと、ゴとミヨは堂々と会計を済ませ、他のガイドブックの評価に関係なく、点数をつけていきました。

Tel: **025-224-9581**

新潟県新潟市中央区
東堀通8番町1427-2

定休日：日曜（月曜祝日の場合、日曜営業、月曜代休）

☾：18:00- /21:00-

兄弟寿し

Kyodaisushi

シェフ 本間龍史

15.5/20

寿司

2023年、店は古町地区にある料亭街の入口、石畳の風情ある鍋茶屋通りに移転。清々しい木の香りが漂う数寄屋造りの新店舗は、壁や柱、天井、椅子や壁掛け一つまで本物を追求、客席の主役は、美しい檜の一枚板のカウンターだ。コースは握り、料理合わせて約20品。「新潟を感じてほしい」と魚をはじめ、ほとんどの食材を新潟産でまかなう。日本酒も然りで、中には「加茂錦 HONMA EDITION」というこの店でしか味わえない銘柄も。南蛮海老を食べて育った佐渡産ノドグロの握りに南蛮海老のみそを仕込み、佐渡産南蛮海老の握りに続けて出したり、烏賊を主な餌とした漁場で捕れた本鮪を、烏賊の旨みを加えた醤油で漬けにして握ったりと、一品一品のクオリティーの高さに加え、工夫を凝らした構成も見事だ。新潟名物の胡桃入りの太巻きを味わい、南蛮海老入りの玉子焼き、北限の茶所・村上市産の紅茶で締めれば、新潟を味わい尽くした気分になれるだろう。最近では国内はもとより、この店を目指して来日する外国人客も増えているという。日本らしい美しさに満ちた店舗という新たな魅力を加えた新潟の鮨店が、日本を代表する一軒となる日もそう遠くないかもしれない。

☾：20,000円

Tel: **0254-22-3358**

新潟県新発田市中央町
3-7-8

定休日：不定休

☼：木・金 12:00-
土・日・祝 11:30-

☾：18:00- /19:00-
いずれかで一斉スタート
土のみ 17:30- /20:30-

※2024年から月-金のみ下記住所にて営業予定

新潟県新潟市中央区
本町通7番町1151

鮨 登喜和

Sushi Tokiwa

シェフ 小林宏輔

15.5/20

寿司

「鮨は飲み込むまでにどれだけ咀嚼するだろう」、この店で佐渡産バイ貝の握りを口にするまでは意識することもなかった。しかし、今回は口の中でバイ貝と酢飯、そして梅肉が一体となって混ざりゆく時間を随分愉しんだ気がする。タタキにされたバイ貝がとても旨く、飲み込むのが惜しいくらいだったのだ。新発田市の繁華街、新道・掛蔵で昭和29年（1954年）に創業という老舗は、東京での修業を経た小林氏が、改装を機に三代目を襲名。メニューもおまかせ主体に一新した。カウンターは、主人の明るい人柄と所作で、和らいだ雰囲気に包まれている。コースは、料理と握りを合わせて20品ほど。赤甘鯛の鱗揚げや米粉麺が入った甘鯛の骨の白湯スープをはじめ、珍しい料理も出されるが、長野産山葵「正緑」や村上市の塩「白いダイヤ」、乱切りされた生姜など、つまみ代わりに出される品々も秀逸だ。圧巻は、地元の醤油会社で醤油づくりの際に出る醤油玉にノドグロの身をたっぷり加えて天日に晒し、さらに山羊乳のシェーブルチーズで甘辛く仕上げたフレークだ。「とにかく手間がかかっている」という小林氏。料理に注ぐその熱意こそ、「鮨 登喜和」が多くの人に愛される理由だろう。

☼：8,800円～19,800円　☾：19,800円

Gault&Millau

RESTAURANTS

レストラン

富山県

TOYAMA

石川県

ISHIKAWA

福井県

FUKUI

Tel: **0763-68-2115**

富山県南砺市利賀村
大勘場田島100

定休日：水曜

☼ : 12:00- /12:30-
☾ : 18:00- /19:00-

レヴォ

L'évo

シェフ 谷口英司

17.5/20

フランス料理

岐阜との県境に近い五箇三村の一つ、南砺市利賀村に移転したオーベルジュが世界的な評価を得ているのは、富山の自然はもちろん、この地で育まれる数多の生命に畏敬の念を抱き、その一つ一つを料理に活かす、谷口氏をはじめとするチーム・レヴォと、協力者である生産者や作家たちの結束があってこそだ。砺波市名産の大門素麺は本来乾麺で出荷するものだが、ここでは特別に半生の状態で仕入れ、オリジナルの料理としてスペシャリテの一つとなっている。黒部市「吉田興産 Y&Co.」の山羊チーズと鶏ブイヨンがベースのスープに半生の大門素麺を絡ませ、春の名残を感じさせる蕗の薹オイルの香りを纏わせており、味、麺の食感、香りが精妙なバランスをみせる。器は木工家のユニット「Shimoo Design」の椀を用いる。五箇山合掌造り集落では 15 年から 20 年に一度、茅葺き屋根の葺き替えを地域住民が協力して行い、その共同作業の仕組みを「結（ゆい）」と呼ぶ。近年は住民も減り、作業もままならなくなっているが、「結」の精神は、「食」という形に姿を変えて、この地に深く根を張ろうとしている。「レヴォ」は地域の新たな「結」の精神を象徴しているようだ。

☼ : **24,200** 円　☾ : **24,200** 円

Tel: **076-471-5556**

富山県富山市東岩瀬町
102 森家土蔵群2番

定休日：月曜

☼ : 12:00-15:30
(12:30 スタート)
☾ : 18:00-22:00
(18:30 スタート)

カーヴ・ユノキ

Cave Yunoki

シェフ 柚木栄樹

15.5/20

フランス料理

かつて北前船の交易で賑わった東岩瀬の街並みの一角、土蔵造りの建物の重い木の扉を開けて中に入ると、梁のある高い天井に土壁の落ち着いたスペースが広がっている。穏やかな表情を浮かべる柚木氏に迎えられ、よどみなく料理が仕上がる動きを目で追うことができるカウンターは、全面シェフズテーブルの特等席である。柚木氏の料理は一見静謐でシンプルだが、実に豊穣で手が込んでいる。魚津産桜鱒のコンフィは、網で獲ってシェフが手ずから神経締めした桜鱒に冷凍をかけコンフィにした後、皮目をパリッと、中はしっとり火入れしたものだ。付け合わせの緑が映える彩りと味わいの妙は格別である。また、3 時間かけて蒸し上げたニシバイ貝は、硬すぎず柔らかすぎず、何度も咀嚼することで漸く本来の姿を現す。その滋味深い旨さを湛えた大型のバイ貝とオカヒジキの歯切れ良い食感、黄ニラのまろみある甘さが、野菜のパウダーとバイ貝のジュのソースと相まって心地好く胃の腑に収まっていく。「天然の生け簀」といわれる富山湾の魚介の、知られざる旨みを教えてくれるこの店は、富山の食に惹かれて訪れる人々が、もう一歩扉の奥に踏み込んでこそ知ることのできる味わい深いレストランである。

☼ : **24,200** 円　☾ : **24,200** 円

シンポジウム
SYMPOSIUM
シェフ 廣野智之

15.5/20

イタリア料理

大地を想起させる風合いの皿に盛られた富山県産野菜や果物がゲストの前で披露され、新生「シンポジウム」の料理はスタートする。「大地の雫」と名付けられた食前の一杯は、リンゴと柚子のとろりとしたジュースで、ほっこりとゲストの心を和ませてくれる。「大長谷」という一品は、仔熊肉のしゃぶしゃぶと八尾町大長谷の天然ヒラタケが主役。同じ八尾町「Shimoo Design」の温かみのある木の椀に盛り付けられた、優しい味付けでサッと火入れされた肉は、臭みも脂っこさもなく、じんわりほんのり身体も心も温めてくれる。「里芋」は、カマスと里芋のソースで、パサつかないよう火入れされたカマスは程良く水分があるものの、水っぽさはなく、里芋のソースとともにボーダーレスな味わいのグラデーションが楽しめる。これら 2 品の料理をいただくだけでも、廣野氏の目指す方向性が明確に感じられるに違いない。移転により、いよいよ一戸建てレストランとしてのスタートを切ったこの店は、「富山県産食材とイタリアの食文化との出合い」というコンセプトから、富山の野菜を慈しみ、寄り添いながら旬の食材との組み合わせを楽しむ店へとシフトチェンジした。さらなる飛躍の舞台は整った。

☼：12,100 円　☾：18,150 円

Tel: **050-3091-3088**

富山県富山市新根塚町
3-5-14

定休日：水曜

☼ : 12:00-
☾ : 18:00- /19:00-

ひまわり食堂 2
Himawari Shokudo 2
シェフ 田中穂積

15/20

イタリア料理

大通り沿いにひまわりの花が飾られた扉。ガラス張りのキッチンを右手に見ながら奥へ進みテーブル席に着く。「食堂」と銘打ってはいるが、店内は居心地が良く、リストランテ風の面持ちになっている。田中氏は、世界を放浪する中でイタリア料理に出合い、帰国後、就職するが 27 歳で料理界に転じ、東京で腕を磨いて故郷富山に U ターンした。3000m 級の山々と水深 1000m を超える海を抱き、標高差 4000m という富山。この土地で育まれた豊かな食材を使ったイタリア料理は、直球そのもの。素材の持ち味を手を加え過ぎずに引き出すのは、田中氏の炭火を駆使した火入れの妙だ。富山湾で揚がった新鮮な鰆は、皮目をカリカリに、身はレア。そこにハーブや豆を合わせて爽やかな味わいに仕上げる。親指ほどの太さのホワイトアスパラガスも、焦げ目をつけて香ばしくリゾットに。富山湾の神秘、ホタルイカは、愛らしい姿がそのままガレットに並んでいる。ぷっくりとふくよかに火を入れてあり、ワタもみそも一緒に楽しめる。決して凝ったプレゼンテーションではないが、その味や食感を最大限に堪能してほしいという、田中氏の海より深い「食材愛」を感じるのだ。店は 2024 年 3 月、神通本町に移転。「ひまわり食堂 2」と称す。

☾：17,600 円〜

Tel: **076-482-6091**

富山県富山市神通本町
1-5-18 Banque-et 1F

定休日：日曜、他不定休あり

☾ : 18:00-22:00 (L.O.)

Tel: **076-471-5555**

富山県富山市東岩瀬町
93

定休日：月曜、第３火曜

☼：12:00-15:00
（12:00- 一斉スタート）
☾：18:00-22:00
（最終入店 19:00）

御料理ふじ居

Oryouri Fujii

シェフ 藤井寛徳

17/20

日本料理

江戸から明治初期にかけて北前船の交易で栄えた岩瀬の情緒溢れる町並みをそぞろ歩いていると現れる豪奢な屋敷。店名が染め抜かれた格調ある暖簾をくぐり、庭を抜けて引き戸を開けると三つ指をついて迎えられる。掘り炬燵式のカウンターに案内されると、目の前にはガラス越しに日本庭園が広がる。ゲストに向かいながら、藤井氏が繰り出す匠の技は、富山の海・山・里の幸を変幻自在に操る。冬には、氷見の蟹尽くし。蟹の部位すべてを異なる技法で変容させる。和紙を被せて水分を吹きかけながら目の前で焼かれる蟹の身の、なんとジューシーでふっくらしていることか。春にはホタルイカ。灯りが落とされ、青い焔を放つプレゼンテーションに続いて登場するのは、漁船の上で獲れたてを生きたまま調味液に漬けこんだ沖漬けだ。アンティークの火鉢に横一列に並べ、レアに炙ったものと、さらに強めに炙ったものの２つのバージョンの火入れは、表面の香ばしさと滑り感ある舌ざわりのコントラストが微妙な時間差で迫りくる。お椀の出汁の引き具合や、お造りの包丁の冴え。藤井氏の華麗なるマジックをかけられた逸品たち。ゲストは口福感に浸りながら次の季節の饗宴に思いを馳せることになる。

☼：30,250 円　☾：30,250 円

Tel: **076-432-3181**

富山県富山市安野屋町
2-4-10

定休日：日曜、他不定休あり

☼：12:00-14:30
（12:00- 一斉スタート）
☾：18:00-22:00
（最終入店 19:30）

海老亭別館

Ebitei Bekkan

シェフ 村 健太郎

15.5/20

日本料理

花吹雪舞う松川沿いの桜並木を抜けてたどり着く、海老の姿が描かれた門。名料亭は四代目・村氏により、モダンなフォルムの一軒家に趣きを変えて蘇った。２階のカウンターに通されると、村氏が探し当てた奇跡の眺めに圧倒される。春、窓一面に満開の桜が咲き乱れるのだ。老舗料亭に生まれ育った村氏は、幼少の頃から厨房の料理人に畏敬の念を抱き、徳島や東京などの名店で修業。自身の「海老亭別館 いきいき亭」は、高い評価を受けていたが2018 年に閉店、再修業へ。４年半後、老舗復活をかけて富山に戻り、そこで知ったのが地物の山海の幸を旬の間に仕立てる楽しさと難しさだ。全国の逸品が揃う東京では味わったことのない臨場感。地方市場は日々の海況により仕入れが限定されるため、即座に献立を組み直さなければならない。春爛漫の頃にはホタルイカや白海老、秋深くには香箱蟹、何種もの手法で様々な美味に昇華させる。ソムリエ資格も取得、珠玉の料理と世界のワインのマリアージュも巧みだ。キリッとした手打ち蕎麦に続き、女将の実家で育てた米を羽釜で炊いたつやつやご飯で締める。歴史を背負った料理人が、活況を呈する富山の料理界で再び脚光を浴びている。

☼：24,200 円～　☾：24,200 円～

冨久屋

15.5/20

Fukuya

シェフ 大屋丈二

日本料理

大屋氏は高価な珍味佳肴を用いたり、押しの強い味付けをしたりするわけではない。食材と向き合い、その持ち味を生かすためにデータを取りながら最適な料理法を試行錯誤することによって、演出が突出する華麗な料理とは対極をなす、瀟洒ながらも調和のとれた逸品を生み出していく。ホタルイカはシーズンには誰もが使う食材であり、しゃぶしゃぶや辛子酢味噌和えといった伝統的な料理、沖漬けや黒づくりなどの酒肴、ピザやパスタにも用いられるが、大屋氏のアプローチはまったく異なる。しっかり冷凍して寄生虫の心配をなくしたホタルイカを、じんわりと柔らかな味わいの酢に漬け込むことによって、プリッとした食感の身の中にコクのあるワタの旨みを湛えた、新たな美味しさを導き出すのだ。新しい御馳走の発見は、まさに食材と料理法の中にこそ見出されるものであり、そこに必要なエレメントは、イデアを追い求めるかのように食材の美質を導き出す努力を惜しまない料理人の心意気であろう。

☾：9,075 円～ 19,965 円

Tel: 076-461-3589

富山県富山市白銀町7-7
2F

定休日：日曜、第３月曜

☾：18:00-23:00
（最終入店/L.O.21:00）

鮨 大門

15.5/20

Sushi Daimon

シェフ 大門太郎

寿司

そっと置かれた瞬間にふっと沈み込む、慎ましさとしなやかさを兼ね備えた握りは口の中で瞬時にほぐれ、香りや一体感のあるテクスチャーを口腔全体で受けとめながら味わえる。それがこの店の最大の魅力である。そして、そこに至るまでに出合う酒肴の数々もまるで綺羅星のようであり、酒好きには堪らない。「バイ貝の炙り 肝のタレ」は豪奢な香気、咀嚼するごとに感じられる歯切れの心地好さ、舌にねっとり絡みつく旨みが怒涛のように押し寄せ、瞼を閉じると、口蓋から鼻腔へと抜けていく余韻を追体験できる。残ったタレは酢飯と合わせてリゾット風に。チーズを加えずとも、充分に豊かな広がりが感じられる。酒肴の重層的な旨みをワインや日本酒で堪能するうち、いよいよ握りとなる。魚津産の毛蟹は軍艦ではなく、ほぐし身を握りでいただく。甘みのある毛蟹の身とみその旨みが醸し出す味わいは、海苔を介さず堪能したい。魚津は、港に水揚げされる富山湾の魚とともに飲食店の多い街として知られる。その駅前にある店には、常に遥かな高みを目指す料理人がいる。ここは味めぐりに訪れた旅人が富山の海の幸をいただきながら、これからの旅に思いを馳せる始発駅のような店でもある。

☾：20,000 円

Tel: 0765-32-5868

富山県魚津市釈迦堂
1-2-3

定休日：月曜

☾：17:00-20:00
（最終入店）

※車いすのまま食事が可能

インスタレーションテーブル エンソ ラシンメトリー ドゥ カルム

Installation Table ENSO L'asymetrie du calme

シェフ 土井 誠

16/20 フランス料理

Tel: **076-208-4052**

石川県金沢市池田町
4番丁33

定休日：月曜、他不定休あり

☼：11:30-12:30
（最終入店）

☾：18:00-19:30
（最終入店）

金沢で一番賑わう交差点から細い路地に入っていくと、いきなり静かな住宅街になる。温かな光に誘われるように近づくと、瀟洒な洋館。もとは洋裁学校だったという建物に、このレストランはある。扉を引くサービススタッフに誘われて中に入ると、４つのテーブルと、仕切りがまったくないアイランド形式のキッチン。どのテーブルからも、シェフの動き、調理の音、香り、盛り付けの緊張感などを感じ取ることができる。土井氏はもちろん、スタッフ全員が、見られること、聴かれることを前提に料理をしているに違いない。考えられた動線、無駄のない動き、そして何より料理ができあがるまでの臨場感まで楽しむことができるのだ。しかし、過程を見届けているにもかかわらず、運ばれてくる一皿ごとに感嘆の声が上がるのは、意表を突く食材の組み合わせや、仕上がりがあまりに繊細で美しいからだろう。その一方で、舞茸のスープは、日本料理の経験を持つ土井氏らしい、極限まで削ぎ落としたシンプルな姿ながら、香りや味は馥郁として魅惑的、という両面を併せ持つ。土井氏が積み重ねてきた様々な技法は、山や里、海の幸の豊かな金沢で常に磨かれ、訪れる度に新たな幸福感をもたらすのだ。

☼：12,100円～24,200円　☾：24,200円

マキノンチ

MAKINONCÎ

シェフ 牧野浩和

16/20 フランス料理

Tel: **050-3503-3318**

石川県金沢市山の上町
25-18

定休日：木曜、日曜ディナー、他不定休あり

☼：日 12:00-
一斉スタート

☾：18:00-
一斉スタート

洒落っ気たっぷりの名前が付けられた店は文字通り、牧野氏の自宅に招かれたような温もりで満たされている。木材を多く使ったアットホームな店内では、コの字型カウンター席にゲストが相対し、その中心に牧野氏が立ち、圧倒的なライブ感で驚きと笑顔を誘う。遊び心いっぱいの料理と、極上の素材で埋め尽くされた時間は、ゲストに鮮烈な食体験を与えるに違いない。無論、パフォーマンスだけで常連客は付かない。自身が習得したフランス料理をベースに、地元食材にスポットを当て、自由な発想で繰り出す料理は独創的で、かつ美味しい。品数が多くたくさんの素材を扱うため、仕入れの努力も並大抵のことではないだろうが、そんな苦労は微塵も感じさせない牧野氏の懐の深さも魅力だ。締めに登場する18種類もの茸を混ぜ入れた土鍋ご飯は、秋の味覚をこれでもかというほど詰め込んだ一品。波状的に押し寄せる茸の香りは、軽やかでありながら深く、旨みは繊細でありながら重厚。この一品だけでも牧野氏の仕入れ力と大胆な発想力が卓越したものだとわかるだろう。ゲストが向かい合うことで生まれる一体感と、牧野氏やスタッフがともに作り上げる楽しい時間、その記憶は一生ものだ。

☼：30,800円～　☾：30,800円～

ラトリエ・ドゥ・ノト

16/20

L'Atelier de NOTO

シェフ 池端隼也

フランス料理

歴史ある輪島の朝市エリアから程近い古民家、元は輪島塗の塗師屋の工房であった。入り口はこぢんまりした造りだが、中に入ると意外と広いことに驚く。小さな中庭からダイニングへ自然光が入り、趣ある設えが心地好い。ここでは、昼夜季節を変えて何度訪問していても、「戻ってきた」と感じる安定感のある味と再会できる。同時に、毎回新鮮な驚きを覚える食材の組み合わせもあり、「今年のこの季節は、こうきたか」と興味は尽きない。そこには輪島に生まれた池端氏の、能登の海・山・畑の生産者との絆の強さ、懐の深さ、技量の高さと人間性が体現されている。料理にはそれぞれテーマカラーがあり、シグネチャーの小松菜入りのクレープ生地で包んでいただく一皿は緑。鰆はソースの黄色が際立つように盛り付けされており、味はもちろんのこと、目でも愉しめるコース料理となっている。近年、能登半島に続々とレストランやオーベルジュがオープンし、能登の食が注目されるようになっているが、その先駆けはこのレストランであり、牽引役は池端氏だ。フランス修業で身につけた技術に、能登での経験値が加わり、一頭地を抜く存在。しみじみ訪ねて良かったと思えるレストランである。

☼：6,776 円～ 15,246 円　☾：10,890 円～ 24,200 円

Tel: **0768-23-4488**

石川県輪島市河井町
4-142

定休日：不定休

☼：11:30-13:00 (L.O.)
☾：18:00-19:30 (L.O.)

※車いすのまま食事が可能

ラ・クロシェット

15.5/20

la clochette

シェフ 橋田祐亮

フランス料理

自然栽培の盛んな能登の羽咋市。シェフの橋田氏が 6 年半のフランス修業を終え、縁あって移住したのは、2015 年のことだ。それから 8 年、大きな窓の外に広々とした田園が広がるこの場所で、四季折々の海・山・里の食材を使いこなし、自ら畑で野菜を育てながら、能登の素晴らしさを皿の上に表現し続けている。ビーツの赤をそのまま生かしたインパクトのある一品もあれば、花オクラで包み込む愛らしいアミューズもあり、コースは始まりから終わりまでカラフルだ。色鮮やかな野菜を華麗に使いこなし、きめ細かなプレゼンテーションで魅了するのだが、そのベースにあるのは、ソースで食べさせるというクラシックな手法。一皿の中に様々な風味が存在するのだ。そのソースも、伝統的なものを今の能登の食材に合わせてアレンジしているのだろう。絵画のような魚料理も、泡のソースがかかった牛肉も、なぜかほっとする味わいに仕上がっている。「10 年前は、フランスと同じことをしようと思っていました。でも、今はこの羽咋でしかできない料理で、来てくれた人を喜ばせたい」と語る橋田氏。この才能が、羽咋という場所だからこそ味わえる料理を極めていくに違いない。

☼：6,800 円～ 22,000 円　☾：7,800 円～ 22,000 円

Tel: **0767-23-4712**

石川県羽咋市柳田町ほ
79-1

定休日：日曜、月曜（祝日の場合営業、翌火曜代休）

☼：11:30-13:00 (L.O.)
☾：18:00-19:30 (L.O.)

Tel: **0761-41-7080**

石川県小松市観音下町ロ48

定休日：火曜、水曜
（祝日の場合は営業）

☼：土・日・祝
12:00-15:00
(L.O.13:00)
☾：17:30-22:00
(L.O.20:00)

オーベルジュ オーフ

15/20

Auberge eaufeu

シェフ 糸井章太

フランス料理

小松駅より車で約20分。山々に囲まれて広がる水田、中央に立つ白い建物。それが廃校になった小学校をシンプルモダンにリノベーションしたオーベルジュだ。立ち上げから1年、未知の地の官民連携事業に、糸井氏は芦屋のグランメゾンからチームで乗り込んできた。フランス修業も経た実力派シェフ、糸井氏が挑む新プロジェクトとしてさっそくメディアの注目を浴び、四季が巡った今、「近くで採れる食材で表現する」スタンスも加速を見せている。周囲は森の野草や山菜、白山の伏流水、山のジビエと、自然の恵の宝庫。自家農園で食材を調達するカリフォルニア「ザ フレンチ ランドリー」のトーマス・ケラー氏のもとでの研修で得たヒントから生まれた野草タコスは、ジビエのソーセージを米粉とアザミのガレットで包みハーブをたっぷり利かせる。地物の鮎は丸焼きにして杜仲茶の出汁に漬け込まれ、小松産のコシヒカリ「蛍米」と合わせてお椀で登場。王道のフランス料理で培われた食材を活かす技術や知識をベースに、この地にしかない世界観の構築に意欲を燃やす。人里離れた地に美食を求めるフードツーリズムが定着しようとしている中、糸井氏と若いスタッフの挑戦に期待は高まる。

☼：21,780円　☾：21,780円

Tel: **076-234-5665**

石川県金沢市北安江2-7-31

定休日：不定休

☼：12:00-
☾：18:30-

レストラン エクティル

15/20

restaurant ecoutières

シェフ 川本紀男

フランス料理

フランス共和国農事功労章「シュヴァリエ」受章のベテラン、川本氏の新しい店は、金沢駅から徒歩7分ほどの住宅地にある。2023年6月、自宅敷地内にレストランを併設、コロナ禍による閉店からの再スタートだ。庭のテラスを抜けてドアをくぐると、店内は手前にテーブル席、その奥にレンガ造りの薪窯を備えたオープンキッチンとカウンター席という配置。各席の燭台に蝋燭の火が灯されると、北陸の食材を中心にしたコースの始まりだ。カトラリーも北陸三県のものを主にし、富山のユニークな木工食器にのせられて出てきたのは、「Amuse-Bouche 出会い」。シェリービネガーでマリネし、自家製の海老の殻のパウダーを添えた石川産の甘海老だ。昆布に、ころ柿のコンフィチュールをのせたフォアグラの自家製テリーヌは、盛付を見ているだけで楽しい。川本氏の真骨頂は一つ一つの素材に時間と手間をかけて、新たな味わいを引き出すところにある。食材に合わせて薪や炭火を使い分け、料理の過程でとる出汁や、様々な食材で、手の込んだソースを創り上げる。驚くほど多彩なバリエーションを駆使し、北陸三県の産物からこれまで味わったことのない感動を引き出す腕は健在だ。

☼：24,200円　☾：24,200円

レストラン エンヌ

Restaurant N

シェフ 西山昭二

15/20

フランス料理

金沢駅から徒歩 10 分ほど、大通りに面した店はスタイリッシュな外観が目を引く。店の中もシックに整えられ、高い天井と広々とした空間が開放的だ。西山氏は、富山や北海道などのレストランで研鑽を積み、前身となる店舗でシェフを務めた後、独立とともに引き継いだ。料理は素材ありきとの考えから、県内はもとより県外の優れた生産者を訪ね、その思いを皿の上で表現しようと心を砕く。しっとりしたフランに胡瓜や自家製のイクラをのせた一品は、胡瓜やディルの爽やかでほろ苦い風味がフランと溶け合い、イクラの塩味が引き締める。地元の大型の鰤はミキュイに仕上げ、サラッと切れの良い脂とさっぱりとしたビーツのソースがお互いを引き立て合っている。ミキュイという加熱方法以外は考えられないほど素材の持ち味が生かされたこの一皿には、食材の状態を見極め、美味しいポイントへと導く料理感覚が発揮されている。西山氏は調理の合間を見ながら、サービスにも努め、ゲストの反応をダイレクトに感じながら関係を築こうとしている。その心構えからも氏の意識の高さが窺える。生産者の思いに熟練の技と真摯な心で応える西山氏の料理には、美しいほどの誠意と真心が込められている。

☼：9,130 円　☾：15,730 円

Tel: **076-213-8118**

石川県金沢市本町2-1-2

定休日：水曜、月1回
不定休あり

☼：金・土・日
12:30- 一斉スタート

☾：18:30- 一斉スタート

ヴィラ デラ パーチェ

VILLA DELLA PACE

シェフ 平田明珠

15/20

イタリア料理

和倉温泉駅から海沿いに能登半島の穏やかな入り江を車で 15 分ほど。七尾湾と能登島を望み、海・山・里の幸が揃うこの地に魅入られた平田氏が手にした２棟のコテージは、窓一面に広がる海と、その先の山々が映える。能登のすべてが体感できるオーベルジュを作りたいという平田氏の夢の実現だ。海水浴場として賑わった浜辺も、今ではこの一角だけ心整う静けさが漂い、まさに「パーチェ（平和）」の心境に至る。野菜は自家農園で育て、茸や山菜は近くの山で採取。多彩な魚種と風土の実りの集積で、イタリア料理をベースに能登の自然そのものを皿に描く。シエナの栗粉を使ったクレープ「ネッチ」にはツルムラサキのサラダやアンチョビを詰め、ジェノベーゼのパスタは氷見うどんで仕立てる。ソムリエの塩士卓也氏のマニアックなラインアップは、ゲストの細かいリクエストに柔軟に添いながら、シェフの地元愛溢れる一皿をそっと後押しする。裏山で見つけた野草や山菜、近隣の生産者の野菜やハーブの持ち味をそれぞれジャストな調理法で際立たせたサラダ「畑」は、まだまだ未知との遭遇の真っ最中。テロワールの引力に引き寄せられ、能登の自然資源の可能性を追い続ける。

☼：18,000 円　☾：18,000 円

Tel: **0767-88-9017**

石川県七尾市中島町塩津
乙は部26-1 地先（渚）

定休日：火曜、水曜、
木曜

☼：12:00-

☾：18:00-

Tel: **076-225-8681**

石川県金沢市博労町67

定休日：月曜中心に月６日

☼：12:00- 一斉スタート
☾：18:00- 一斉スタート

レスピラシオン

respiración

シェフ 梅 達郎・北川悠介・八木恵介

16.5/20

スペイン料理

スペイン語で「呼吸」という店名の通り、深呼吸をした後のような、口から鼻に抜ける香りや余韻、それがこの店の魅力だろう。築140年ほどの町家をリノベーション。蔵を改装したウェイティングルームは、室内に石川産のハーブが香り、加賀三山をイメージしたテーブルを囲み腰を下ろす。スペインなどで修業した幼馴染の３人が、６年前に開業したレストランは、生産者と交流するなかで、テクニックより食材そのものの味を引き出す方向へ移行した。とはいえ、料理の繊細さは特筆ものだ。甘海老を余すところなく使ったシグネチャー「インパクト 甘海老」は、タルト生地の厚みや塩分濃度まで計算し尽くされている。また、石川県で水揚げされた魚は温度帯を変えた複数の冷蔵庫で手当てを重ね、厨房に持ち込む前に理想の状態を引き出す。それをフライパンと炭火を併用して丁寧に火入れするのだ。この日のクエには、キャラメリゼしたリンゴの皮を煮出したものを塗りながら焼いたエンダイブに、マリーゴールドなど、香りのレイヤーを重ねることで軽やかに素材同士を響かせあっていた。店舗のリニューアルを経て、地元食材の魅力をさらにどう引き出していくのか、飛躍を続けるレストランに注目だ。

☼：26,400円　☾：26,400円

Tel: **0761-58-1058**

石川県小松市吉竹町
1-37-1

定休日：日曜、月曜、
火曜ランチ、他不定休あり

☼：12:00-14:30
（最終入店 12:00）
☾：18:00-22:30
（最終入店 19:00）

ショクドウ ヤーン

SHÓKUDŌ YArn

シェフ 米田裕二・米田亜佐美

15/20

イノベーティブ

くすんだ山小屋風の平屋が異彩を放ち、窓ひとつない外観が既にただモノではないオーラを放っている。扉を開くと眩しいほどの陽光が、中央に設えられた庭の樹齢200年を超えるオリーブに降り注ぐ。大木を囲むガラス張りのキッチンには、イタリアやスペインで研鑽を積み、日本料理の修業も経験した裕二氏、デザートシェフとハーブコーディネーターを務める妻の亜佐美氏が、実験道具らしき器具を動かしている。二人が目指すのは家庭の味。食材を解体して組み立て直し、本来の旨みの何倍にも上乗せする巧みなワザの数々が繰り出されるのだ。「ソイラテ モカエスプレッソ」には、出汁を合わせて揚げ出し豆腐を生み出す。「Union Ika」は Ika が赤字で記され、赤イカに雲丹をのせゲソのソースを合わせる。「一二九十二九」は、「いちじくとにく」と読み、能登牛ランプ肉にすき焼きの割下風無花果を添わせた。ジョーク満載のメニューから予想も困難な答えが告げられると、爆笑しながら食材のミラクルな変身ぶりに拍手喝采だ。ガストロノミックのルール逸脱すれすれのパンチの効いたシャレが、王道の手法を凌ぐ。完璧なまでに計算し尽くされた味覚の力学に脱帽するばかりだ。

☼：13,200円～　☾：19,800円～

片折

Kataori

シェフ 片折卓矢

17/20

日本料理

対岸に続くひがし茶屋街の喧騒をよそに、静けさ漂う浅野川沿いに店を構える。片折氏は金沢の名店「つる幸」で修業、「玉泉邸」料理長を経て2018年に開業するや、瞬く間に北陸の名店へと登りつめた。 自ら毎朝、何時間もかけて氷見や能登の漁港に足を運び、自身の目利きで納得のいく最高峰の食材を手に入れる。まず心を奪われるのは、客の前で丁寧に引く鹿児島・枕崎産の特注の鰹節。店内を包み込むようにふわっと上品な香りが漂い、振る舞われる黄金色の一番出汁は、心にも体にも沁み渡る格別の美味しさだ。修業先より継承する「紅ずわい蟹の焼売」は、蟹の風味が引き立つ味わいから、素材を活かした引き算の美学が冴える。箸休めとなる「胡瓜、海月、椎茸の胡麻酢和え」は、甘露煮の椎茸など手間暇を惜しまず食材一つ一つに丁寧に仕事が施されている。伝統手法を守った古典的な料理が供されるのも嬉しい。氷見牛の八幡巻や鰹の漬け、削りたての鰹節ご飯など最後まで楽しみが続く。 繊細な味わい、設えや器はもとより、店主が実直に料理を突き詰める姿、素材を求める飽くなき探求心が紡ぎ出す和食の真髄。この店でのひと時を、どれだけ多くの人が待望していることか。

☼：43,560円～66,550円　☾：43,560円～66,550円

Tel: —

石川県金沢市並木町3-36

定休日：日曜、祝日、他不定休あり

☼：12:00-15:00（営業日は要問合せ）

☾：17:30-20:30

※価格は仕入れにより変動

料理 小松

RYOURI Komatsu

シェフ 小松隆行

17/20

日本料理

静かな住宅街の瀟洒な日本家屋。ここで小松氏は、正統派の日本料理を骨董の器に引き算の美学で盛り付け、高い完成度で食べ手に感銘を与えている。螺鈿の朱色の椀の中には、白カレイと小さな白い柚子の花一つ、そこに淡い緑色の芽ねぎをほんの少しだけ。見事な吸地と良い塩梅に脂の乗った白カレイ。柚子の花を噛むと味に奥行きが増す、小松氏の真骨頂ともいうべきお椀である。日々使い込まれた魯山人の器や輪島塗の椀などが、料理と場に自然と馴染んでいる。お造りは、小松氏自ら客の目の前で切りつけ、「なめら」と呼ばれるハタ科の高級魚は、卓越した包丁使いにより断面がキラキラと輝き、歯ごたえや僅かなねっとり感、そして甘みが引き出される。つまは、2cmほど茎を残した開きかけの「春蘭」を湯がいたもの。その美的センスと遊び心に感じ入る。春蘭の微かなえぐみと感触が新鮮で、刺身のつまとしての役割も完璧に果たしていた。金沢では馴染みの「ノドグロの焼き物」さえも、見事な焼きのノドグロの下に春の息吹を感じる野草「ソバナ」を敷き、花山椒をのせ、春の爽やかさを添えている。心から料理を楽しみ、サービス、設えのすべてに「余裕」と「粋」を感じる名店である。

☾：30,000円～

Tel: 076-224-0118

石川県金沢市幸町11-29

定休日：日曜

☾：18:00-19:30（L.O.）

つば甚

TSUBAJIN

シェフ 川村浩司

16.5/20

日本料理

Tel: 076-241-2181

石川県金沢市寺町5-1-8

定休日：水曜

☼：11:00-14:00
（最終入店 13:00）

☾：17:00-21:00
（最終入店 19:00）

※車いすのまま食事が可能

見事な松が出迎える名料亭は、宝暦２年（1752年）の創業。金沢で最も歴史があり、初代内閣総理大臣・伊藤博文ゆかりの「月の間」をはじめ、文人墨客をもてなしてきた部屋が、今も多くの客に特別な時間を提供している。席に着き、地元の酒蔵が、「つば甚」のために醸した日本酒で一献。朱塗りの盃を傾けると、いよいよ食事の始まりだ。付出は、時間と技を駆使したであろう、柔らかく旨みを閉じ込めた鮑。生ハムで包んだ焼き茄子と生クチコ、かきのもとが添えられ、鮑の風味を引き立てる。「里山里海の恵み」と名付けられた八寸は、艶やかな塗りの器に、コノワタをかけた生湯葉、菊花を模した烏賊の手まり寿司、自家製カラスミなど、繊細で愛らしい細工をした山海の幸が絵画のようだ。厨房を仕切る川村氏は、2002年、33歳で料理長に就き、二十余年もの間、伝統を背負いながら、金沢の食文化を牽引してきた。それは決して「守り」一辺倒ではない。椀物の種は、真丈ではなく、甘鯛をもっちりした加賀れんこんで包んだ蓮根餅。焼き物は、金沢らしくノドグロ。しかし、朴葉で包んで焼き上げる手法は、加賀料理と一線を画す。270年を超える老舗料亭は、今もなお進化中なのだ。

☼：20,000円　☾：27,500円～38,500円

日本料理 銭屋

ZENIYA

シェフ 髙木慎一朗・髙木二郎

16.5/20

日本料理

Tel: 076-233-3331

石川県金沢市片町2-29-7

定休日：日曜不定休

☾：17:30-22:00
（最終入店 18:30）

海に囲まれた能登半島や、珠洲をはじめとする山々の旬の産物が揃う金沢。その豊かな風土に恵まれた地に「金沢で随一、世界で随一」を店の心得とする老舗料亭がある。ここにはお品書きはない。あらかじめ決められた料理を出すのではなく、その日の食材、天候、気温から、客の求めるものを提供する「随一」の料理を目指しているからだ。最初の一品は、花が添えられた「壬生菜、松茸、甘海老」の前菜。香りも食感も優しい松茸が添えられ、程よく冷やされた酢のジュレが、まだ暑さで疲れの残る身体を癒してくれた。出された松茸は市場を通さず、珠洲の山から朝採れの松茸が下りてくるのを麓で待ち、わざわざ店まで運んだという。産地が近い利点を活かし、客に合わせて趣向を変える最高のおもてなしだ。総料理長で弟の二郎氏と共に腕を振るうのは、兄の二代目主人・慎一朗氏。米国留学後、「京都吉兆」で修業し、1996年に実家の「銭屋」に入店。2008年にニューヨーク日本総領事公邸晩餐会で料理を担当したことをきっかけに、国内外で日本料理の普及・発展にも努めている。海外からのゲストも多い金沢から、世界に向けて日本の料理文化と心を発信する名料亭である。

☾：27,720円～54,120円

一本杉 川嶋

16/20

Ipponsugi Kawashima

シェフ 川嶋 亨

日本料理

江戸時代、北前船の寄港地として栄えた街道筋は、今も当時の風情を残している。「一本杉 川嶋」の建物も町の有形文化財の一つ。外壁の万年筆の装飾やペン先の形をした窓は万年筆店だった名残だ。店内に入ると、地元名産の和蝋燭の灯りが迎えてくれる。川嶋氏は大阪、京都で研鑽を重ね、コンテスト優勝などの実績を携えて故郷の七尾市に戻った。旅館内の割烹で料理長を務め、独立したのは2020年。頻繁に地元の生産者を訪ねて信頼関係を築き、能登最高の食材を最適の状態で調理する。出汁を引く水は地元の霊水を使い、利尻昆布とたっぷりの鰹節で、バカラのボウルに受ける。お造りに添えられる醤油も自家製という徹しようだ。八寸には一輪挿しを添えて、自家製烏賊の塩辛、毛蟹のクリームコロッケ、能登の生湯葉などが盛り付けられ、全体が生花作品のように美しい。見事な霜降りの能登牛はさっと割り下にくぐらせ、卵黄とすり下ろしたじゃがいもですき焼き風に。締めは、掘り出してから30分で釜に入れた筍を使った炊き込みご飯、胡瓜の粕漬けや昆布の佃煮などを添えた白飯、鯛茶漬けの3種類。能登の極上食材を最大限に生かし、食後も余韻が残るほど印象的な料理となっている。

☼：14,520円～　☾：24,200円～

Tel: **0767-58-3251**

石川県七尾市一本杉町32-1

定休日：不定休

☼：水 12:00-一斉スタート

☾：18:00-一斉スタート

※季節により価格の変動あり

※完全予約制

料亭 穂濤

16/20

Ryotei Honami

シェフ 坂田宏之

日本料理

金沢市の犀川沿いに、明治時代の邸宅の面影を残す風雅な建物。温かな灯りに誘われて門を入ると、打ち水されたアプローチが続いている。通された部屋の縁の向こうは、庭の緑。街中にあることを忘れさせるような大木や下草が美しく、程よく野趣に富んだ風景だ。歴史とモダンが共存する建具も、床の間の掛け軸や季節の花も、主人の越沢晃一郎氏が先代から受け継いだ審美眼の賜物に違いない。その金沢らしい美意識が、訪れた人を非日常へと誘い込む。料理は、金沢の旬や風土を、ときに実直に、ときに少し捻りを加えながら、古今の器と共に供される。半月の漆器に、胡麻豆腐、茸のすり流し、鴨ロース、穴子、牡蠣…といった7品が緻密に並ぶ八寸は、派手さはないものの、丁寧に作られていることがよくわかる。一方、焼き物は、カマスを雲丹焼きにし、酢漬けの加賀れんこんと織部の器に潔く。緩急のあるコースの締めは、食べ終わる頃合いを見計らって作り上げられるデザートの葛切り。この得も言われぬタイミングに、「穂濤」の神髄があるように思えてならない。料亭の主役は、料理でもしつらいでもなく、客である。そんな当たり前のことを貫いているからこその、心地好い空間なのだろう。

☼：9,405円～15,730円　☾：16,940円～60,500円

Tel: **076-243-2288**

石川県金沢市清川町3-11

定休日：不定休

☼：11:00-14:00

☾：16:00-22:00

Tel: **076-252-6657**

石川県金沢市観音町
1-5-8
東山のオーベルジュ
薪の音 金澤 1F

定休日：月曜、他不定休あり

☼：12:00- 一斉スタート
☾：18:00- /19:30-
いずれも一斉スタート

※完全予約制

東山 和今

HIGASHIYAMA WAKON

シェフ 今井友和

15.5/20

日本料理

昼間は観光客で溢れるひがし茶屋街も、日が暮れると人通りも少なく、本来の艶っぽい街並みに戻る。ちょっと秘密めいた細い路地を奥に進み、庭を眺めながら潜り戸を入ると、モノトーンのスタイリッシュな空間。料理にスポットライトが当たるような、少し暗めの店内だ。カウンターで目配りをきかせながら料理をする今井氏は、金沢創作和食の草分け的な「a.k.a.」「嗜季」を経てこの厨房に立つ。繰り出す料理は、確かに日本料理なのだが、どれも思わぬ姿で登場する。独創的な食材の組み合わせや意表をつく小さな仕掛けに心が躍る。たとえば蟹。花ズッキーニに包まれた塔のようなプレゼンテーションだが、一口いただくと、この姿は味わいのためだと納得する。また、6月の日本料理では必ずといっていいほど登場する鮎は、蓼酢ではなく、表面をカリッと仕上げた茶豆と合わせる。その茶豆を抱くように生き生きと鮎を盛り付け、甘酸っぱいソースをさりげなく添えるのだ。香ばしさと苦み、豆の甘みが渾然一体となる。個性的な取り合わせやアーティスティックな見た目だが、一つ一つは意外にもシンプルな味つけ。素材にとことん向き合ったからこそ辿り着いた、今井ワールドに違いない。

☼：9,680 円～ 16,500 円　☾：16,500 円

Tel: **076-272-0570**

石川県白山市三宮町
イ55-2

定休日：火曜、他不定休あり

☼：11:30- /12:00-
/12:30-
☾：17:30- /18:00-
/18:30-

※全室個室

和田屋

WATAYA

シェフ 関 直斗

15.5/20

日本料理

白山神社の総本宮「白山比咩神社」の境内。風情ある門をくぐり、細い坂道を下ると、目の前がさっと開けて、時間軸がずれたような錯覚に陥る。現れたのは、威風堂々風格に満ちた建物。150余年の歴史を持つ「和田屋」だ。打ち水されたエントランスには涼やかな空気が流れ、家紋を染めた暖簾が揺れている。館内の黒々と磨き込まれた柱が歴史を物語るようだ。女将が山で摘んできたという花に導かれて部屋に入ると、仄かに炭の香りが漂い、窓からは緑の庭。どこからか聞こえる水の音と蝉の声。静かだ。味わう料理は、山の麓らしい食材を使いながらも、どこか洗練された印象。その絶妙なバランスと、やや硬度の高い白山の伏流水で、1時間以上かけてじっくりとった出汁を使った優しい味わいが、「和田屋」の真骨頂だ。キリリと冷えた鮎の洗いは季節の野菜と共に九谷の器に高く盛られ、鮎のコンフィの色鮮やかなジュレはまろやか。しかしなんといっても、一番は目の前の囲炉裏で料理人が串打ちから手がける鮎の塩焼きだろう。遠赤外線効果でほっくりと焼き上がった鮎の味もさることながら、炭のはぜる音、香り、そしてゆったり流れていく時間も、スペシャリテなのだ。

☼：12,000 円～ 30,000 円　☾：16,000 円～ 60,000 円

味処 大工町 よし村

15/20

Ajidokoro Daikumachi Yoshimura

オーナーシェフ 吉村良一郎　シェフ 島崎 茂

日本料理

金沢市片町の交差点から徒歩数分。大工町は、落ち着いた店が並ぶ静かな通りだ。その一角にある「味処 大工町 よし村」は、昭和 52 年（1977 年）に暖簾を掲げ、現在は二代目の吉村良一郎氏が主人となり、先代を支えていた島崎茂氏が料理長として、二人で包丁を握る割烹だ。個室もあるのだが、この店の特等席は、1 階店内を縦断する長い朱塗りのカウンター。座ると、目の前で料理人が魚を捌き、刺身包丁を引いている後ろでは、炭火が赤い炎を上げている。天ぷら油がコロコロと小気味好い音を立てているかと思えば、次の瞬間には、揚げたての加賀れんこんが、隣の席の敷き紙にヒョイとのせられる。料理人との会話も、注文を通すスタッフの声も、客同士の話し声も、すべてが心地好い BGM のよう。この臨場感が、「よし村」の醍醐味だ。コースもよいが、アラカルトで注文できるのも、この店が長年愛される理由の一つ。毎日 80 ～ 100 種類を手書きするという巻物のようなお品書きを見ながら、食べたいものを頼む。メニュー名を見れば、どんな料理か想像がつくものがほとんどなのだが、そんな手堅いスタイルだからこそ、食材の目利きや料理人の腕が物を言うのだ。

☼：4,400 円～　☾：7,700 円～ 16,500 円

Tel: 076-232-3001

石川県金沢市大工町22

定休日：日曜（月曜が祝日の場合は日曜営業、翌月曜休み）

☼：11:30-14:00
(L.O.13:30)

☾：17:00-22:30
(L.O.22:00)

※ランチは要予約

茶寮 杣径

15/20

Saryo Somamichi

シェフ 北崎 裕

日本料理

塗師・赤木明登氏のゲストハウスがリノベーションを経て、1 日 1 組のオーベルジュに生まれ変わった。食事のみの利用も可能で、料理人は京都「京懐石 吉泉」で修業後、地域の自然や食文化を探求してきた北崎氏。この道に入るきっかけは、「日本の伝統や文化に興味があり、突き詰めていくと、そこに料理があった」からだという。石川県出身の北崎氏にとって、能登は馴染みのある場所。移り住んでまだ日は浅いが、すっかり周囲の自然や食材に馴れ親しんでいる。自身で山に入り、季節の山菜や茸を採る。収穫したばかりの茸を数種類使った土瓶蒸しは、まさに自然の恵みを堪能する一品だ。丁寧に引いた出汁の旨みが、茸の香りと味をさらに豊かにする。シンプルな料理ではあるが、手間や出汁の取り方に北崎氏の識見と技術が表れている。地元の加賀れんこんのすり流しには、焼き茄子が入っており、芳しい香りが立ち昇り、蓮根と茄子の異なる食感の取り合わせが楽しめる。昆布・椎茸・玉葱からとった精進出汁に蓮根や玉葱の甘みなどが混ざり合い、滋味ある一品だ。赤木氏の透徹した美意識による器と、能登の自然を生かした北崎氏の料理。ここから新たな食文化が生まれそうな予感がする。

☾：22,000 円

Tel: 090-6245-3737

石川県輪島市門前町
内保コ30甲

定休日：不定休

☾：18:00-19:30
(最終入店)

Tel: **076-287-5677**

石川県白山市八幡町リ145

定休日：日曜

☼：12:00-13:00
（最終入店）
☾：18:00-19:30
（最終入店）

御料理 良所

Oryouri Yousyo

シェフ 吉田和裕

14.5/20 （トック2）

日本料理

白山の麓、獅子吼高原の登り口近くに 2022 年 9 月にオープンすると、瞬く間に評判は広がった。店主の吉田氏は、金沢の日本料理店「御料理 貴船」で腕を磨いた後に独立。生まれ育ったこの地に戻り、夫婦でこの店を開いた。引き戸を開けて店内に入ると、3 つの土鍋が並んでいる。昼夜共に 3 組限定。自分の目と手が届く範囲で料理と向き合いたいという志が見て取れる。そんな吉田氏の料理は、土地の恵みを大切にしながらも、定番ではないひと捻りが加えられている。最初に登場するのは、笹の葉を敷き詰めた器に何やら細長いもの。丁寧に紙にくるまれた、鮎の味噌春巻きだ。味噌味を加え、皮でくるんで揚げることで鮎の苦みや甘みがより際立つ。サクサクとした食感も楽しい。椀物は、枝豆のすり流し。翡翠色の吸地に、糸瓜の真丈と皮目を香ばしく焼いた太刀魚が並び、量感もある。また、造りの天然カンパチは漬けにして、焼き茄子ペースト、たたきオクラを合わせ、下には千切りにした長芋を忍ばせる。異なる香りや食感を加えることで生まれる心地好い違和感。とはいえ、奇を衒うのではなく、どれも丁寧に作られ、食材へのリスペクトがじわりと伝わる、真摯な料理だ。

☼：5,500 円～ 8,800 円　☾：9,040 円～ 12,430 円

（トック5）	**5**	全てに卓越したレストラン	19 ～ 20 点
（トック4）	**4**	非常に素晴らしいレストラン	17 ～ 18.5 点
（トック3）	**3**	素晴らしいレストラン	15 ～ 16.5 点
（トック2）	**2**	料理人の個性を感じるレストラン	13 ～ 14.5 点
（トック1）	**1**	良いレストラン	11 ～ 12.5 点
	トックなし	美味しいレストラン	10 ～ 10.5 点

クレジットカード

個室あり

バリアフリー

すし処 めくみ

Sushidokoro Mekumi

シェフ 山口尚亨

17/20

寿司

Tel: 076-246-7781

石川県野々市市下林
4-48

定休日：月曜（4 月-10月は月曜、火曜）

☼：日 12:00-14:00
☾：18:00- /20:30-

調味はごく僅か。余計なものを加えずに、自然が与えてくれる魚を、いかに美味しく仕立てるか。海から揚がった直後の魚の状態を知り、何を食べてどう育ったかという、個体差のある魚の「今」から考え抜いた鮨を握る。１年半以上かけて水分を抜き、昔ながらの鉄の羽釜で湯炊きしたパラリと解ける酢飯に、寝かせてもっちりした食感を生み出した魚介類を合わせる。すべては山口氏が「本人」と呼ぶ魚介の状態で仕立てが変わる。福井産の赤雲丹は、2、3 段重ねて、握りのような大きさに整え、そこに少量の酢飯を合わせて大きめの握りとし、豪快に「わしづかみでどうぞ」と供する。やや硬めの鮑は細切りにしてから握る。福井の三方五湖の天然鰻を串焼きにし、鮑や蛤の出汁で作った煮つめを塗って手巻き寿司にするなど、創意工夫に溢れた鮨。また、一つ一つの食材に手間暇をかけて向き合う姿は、身にたっぷりの旨みを持つものの、ワタの苦みが強い、石川・七尾特産の赤西貝の握りの丁寧な処理からも感じられる。魚介類はほとんど地元から、この日はすべて北陸産だった。自然の理を学び、「ここだからできる味」を真摯に考え抜き、「能登前」が食通たちの信頼を勝ち得ている。

☼：41,580 円～　☾：41,580 円～

乙女寿司

Otome Sushi

シェフ 鶴見和彦

15.5/20

寿司

Tel: 076-231-7447

石川県金沢市木倉町4-10

定休日：水曜、日曜、祝日、年末年始

☼：12:00-14:00
（最終入店 13:00）
☾：17:00-21:00
（最終入店 18:30）

数寄屋造り、打ち水、灯籠のある前庭、おまかせのみ、値段はどこにも書いていない…。緊張する要素が目白押しのカウンターなのだが、何故かここに座るとほっとする。店内を照らす温かな色の光や、四半世紀を超える歴史が醸し出す程好いこなれ感、そして何より、鶴見氏の柔らかな物腰がそうさせるのだろう。スタートは、旬の魚の造り数種。まずはアラが花穂紫蘇と共に魚を象った陶器で、次の鯵と海老には小さな花きゅうりが添えられてガラスの皿で、続いて細切りにした烏賊は、香ばしく煎った胡麻をのせて白磁の小鉢で、と趣向を変えて登場する。見た目だけではなく、それぞれの魚の旨みを際立たせるプレゼンテーション。しかも、そのどれもがさりげない。そして、ゆるやかに流れるように鶴見氏の大きな手と指から繰り出されるのは、腰高だが優雅な握り。太くとろりとした舌触りの甘海老も、キュッと身の締まったバイ貝も、鏡のような漆黒の塗りの上に斜めに置かれるのだが、鶴見氏は客の利き手を素早く観察し、角度を変えることも忘れない。魚にうるさい地元客は言わずもがな、全国の鮨愛好家からも支持されるのは、その味や技だけではないようだ。

☼：6,600 円～　☾：19,800 円～

Tel: **0776-29-0026**

福井県福井市文京
4-28-16 1F

定休日：火曜、水曜

☼：11:30-15:30
(L.O.13:30)
☾：18:00-23:00
(L.O.20:30)

※季節により価格の変動あり

ル・ジャルダン

Le jardin

シェフ 堀内 亮

15.5/20

フランス料理

堀内氏は「ロオジエ」などで基礎を修め、渡仏。ティエリー・マルクス氏やレジス・マルコン氏に師事し、帰国後は、東京の「エステール」でアシスタント・シェフ。＜ル・テタンジェ＞国際料理賞コンクールで世界大会１位という輝かしい実績を携え、2022年９月、この店のシェフに就任した。料理は、奇を衒わない実質本位のもので、火入れやソースの旨さ、ガルニチュールの仕上げにも細心の注意を払う。前菜の「汐うにのエキューム」は、福井県産の大麦や烏賊を同じ大きさに刻んで敷き、汐うにの磯の香りの泡を纏う、３つの県産品を一皿にまとめた逸品だ。火入れも巧みで、熟成鹿肉はコーヒー豆で燻製してロースト。赤ワインソースに「今庄つるし柿」の囲炉裏端で燻した香りと干し柿の優しい甘みを生かしている。パティシエの工藤隆浩氏が作るデザートは、福井梅そのもののように模ったホワイトチョコレートの外殻を崩すと、中から酸味と甘さのバランスが良いジュレ状の梅が溶け出すシグネチャー的な一皿。「エステール」の元同僚という堀内・工藤両氏は、深夜まで試作を繰り返し、福井の食をフランス料理としてどう昇華するか、探求にいとまがない。

☼：7,260円〜30,250円　☾：21,780円〜30,250円

Tel: —

定休日：火曜、他不定休あり

☼：12:00-15:00
(12:00- 一斉スタート)
☾：18:30-22:00
(18:30- 一斉スタート)

※季節により価格の変動あり
※2024年夏に福井県吉田郡永平寺町に移転予定。詳細はカードルのウェブサイトにて告知予定。

カードル

cadre

シェフ 濱屋拓巳

15/20

フランス料理

福井の食材のみならず、伝統や文化までもテーブルの上に表現したいと、店全体で福井の魅力を発信しているチーム・カードル。地方のガストロノミーを盛り上げるシェフは意外に県外出身者が多いが、濱屋氏も静岡生まれ、名古屋で研鑽を積み、このチームに加わった。料理は、アミューズのタルトが目にも美しく、一つ一つに小さな驚きがある。魚介類は、船上血抜き神経締めの魚を扱う「越前魚信」から鰆やスズキや若狭グジが届き、それを１週間ほど熟成。綺麗な魚の味に旨みを加えている。皮目はカリッと身はしっとりと火入れされ、魚のスープとともに口に入れれば、レモングラスや、季節によっては蕗の薹の香りを纏う垢抜けした旨さがある。そして、池田町の山﨑康史氏から寄せられる鹿や猪などのジビエや徳太夫クレソン、黒文字。ジビエは丁寧に火入れされ、黒文字は清涼感のあるアイスクリームになる。シェフの、生産者と対話を繰り返しながら、ともに切磋琢磨して成長しようという姿勢が、福井の食にインパクトを与えている。銀行の支店跡をリノベーションしたレストランは、2024年２月末でクローズ、福井の食材に寄り添う濱屋氏の新たな場所での展開にも期待が集まる。

☼：7,150円　☾：13,750円

御料理　一燈

Oryouri Ittou

シェフ 倉橋紀宏

16/20

日本料理

福井の日本料理界を牽引する一軒だ。ここ数年の進化の裏には、倉橋氏の日々の研鑽がある。地元の食材を突き詰める努力を惜しまず、自らその地や人を訪ねて交流し、信頼関係を築いていく。田植えを手伝い、稲を刈る。魚の扱いを学び、切磋琢磨して最上級の魚介類を仕入れる。船上血抜き神経締めの甘鯛や鰆、寒鰤にノドグロ。池田町の天然の鮎は生きたまま店に届けられ、北潟湖の天然の鰻や日本海の迷い鰹など、倉橋氏によって掘り出される福井の宝物は枚挙にいとまがない。カウンターの内側では、それらの最高の食材が捌かれ、炭火で焼かれる。迷い鰹は完全無農薬の稲藁で焼き、その輝く上品な脂を纏った赤身を、地元の地がらしと醤油でいただく。鰹の旨みと香ばしさが地がらしの香りある辛みに押し上げられ、相乗効果をもたらす。蟹の時季には、越前蟹の白味噌仕立ての椀にも地がらしを効かせ、松茸の季節の飯蒸しでは、目に見える松茸の量の何倍もの香りで口の中が満たされる。「田んぼの天使」という名の完全無農薬の米は、綺麗な水で作られた透明感のある味。ある日は薄く切った鮪とともに、またある日は蟹の餡かけ、そして、イクラと鮭の親子丼。福井の食材で満たされる日本料理店だ。

☾：21,600 円～ 70,000 円

Tel: **0776-22-1323**

福井県福井市春山2-1-7

定休日：日曜、第 1・3 月曜、他不定休あり

☾：18:00-22:00
（カウンター 18:30-一斉スタート）

※季節により価格の変動あり

料亭　開花亭

RYOUTEI KAIKATEI

シェフ 竹内直也

16/20

日本料理

料亭のある一帯は、かつて「浜町」と呼ばれ、足羽川を利用した舟運の拠点として栄え、昭和 30 年代には町のあちこちから三味線の音が聞こえる高級料亭街であった。明治 23 年（1890 年）創業の老舗は、空襲や震災による二度の焼失という災厄を経ながら、その風格ある佇まいを復活させ、国指定登録有形文化財として、往時の繁栄ぶりを今に伝えている。客室は 200 畳を超える大広間と少人数に向けた個室からなり、京都で修業後、厨房に入った竹内氏が福井ならではの季節の献立と味わいで、この地の食文化を表現している。まず座付で出される取り肴は、「鯖へしこ大根」や「甘海老黒龍漬け」など、緻密に作られ小さな器に盛られた 9 種。彩りも鮮やかで味の強弱も程好い。隣接する「開花亭 sou-an」が、畑地久満料理長による現代感覚も取り込んだ軽やかさを感じさせる料理であるのに対し、ここでは厚みのある伝統の味を継承している。特に印象深いのが、新玉葱を奥井海生堂の昆布で包み焼きにして熱々の器で出される一品だ。あたりは昆布の香りで満たされ、結び目を解くと鯛味噌に浸った、ほくほくの新玉葱が顔を出す。福井の食と料亭文化に触れるため訪れておきたい名店だ。

☼：16,280 円～ 30,195 円　☾：16,280 円～ 30,195 円

Tel: **0776-23-1009**

福井県福井市中央3-9-21

定休日：日曜、祝日

☼：11:00-14:00
（最終入店 13:00）

☾：17:30-22:00
（最終入店 21:00）

※全室個室（お座敷）

Tel: **0776-24-3080**

福井県福井市文京5-17-5

定休日：日曜、他不定休あり

☼：12:00-14:00
☾：18:30-23:00

※ランチは前日までの完全予約制

※おまかせの場合多少の価格の変動あり

鮨 十兵衛

Sushi Jyubei

シェフ 塚田哲也

15.5/20 🍳🍳🍳

寿司

先代の店を知る者には、二代目が札幌「すし善」の修業から福井に帰り、店をすっきりと檜の一枚板のカウンターにして冷蔵のケースをなくしただけでも驚きであった。「鮨 十兵衛」は、鮨種を越前塗の箱に並べ、おまかせコースのみ。赤酢を使い、まろやかな酢飯は、脂の乗った北陸の魚はもちろん、鮪や青魚にもよく寄り添う。本鮪を豊洲の仲卸「やま幸」から取り寄せるなど、見据えるのは全国有数の鮨店だ。定置網の鯖やアオリイカも、その新鮮さに頼り過ぎず、鯖は酢締めの後に軽く塩で締めている。アオリイカも丁寧に隠し包丁が施され、口の中でねっとりと酢飯と絡み合い、甘みと旨みが渾然一体となって消えていく。近年、北陸でも良いものが揚がるというクエは、炭火で一瞬炙ったものを握る。むっちりとした身が、噛み締める歯を軽く押し返す。歯ごたえとは異なる新鮮さを纏った心地好い弾力だ。噛み締めた後に、軽く炙ることによる上品な香ばしさが残る。北陸の味覚、ノドグロは、小さな器からはみ出すほどの切り身をのせた小丼仕立て。かつては地元客が主であった「十兵衛」の鮨を求め、今では海外からもゲストが訪れている。そんな時代を象徴する福井を代表する鮨店である。

☼：15,400円　☾：26,400円～

ゴ・エ・ミヨの歴史

サンドランス、ロブション、ガニェールなどを見出す

『ゴ・エ・ミヨ』ガイドの歩みとともに、フランス人は未来の巨匠を知ることになります。例えばパティスリーのスターになったルノートルをはじめ、パリでも地方でも、ゴとミヨの２人は、アラン・サンドランス、ジョエル・ロブション、ギィ・サヴォワ、マルク・ヴェイラ、ピエール・ガニェール、ミッシェル・ロスタンなど、今では紹介するまでもない有名シェフを見出します。ゴ・エ・ミヨは、ヌーヴェル・キュイジーヌを発見したパイオニアとなったのです。その発見はフランス料理を昏睡状態から抜け出させ、新たなライフスタイルを創出しました。

Gault&Millau

RESTAURANTS
レストラン

静岡県
SHIZUOKA

岐阜県
GIFU

愛知県
AICHI

三重県
MIE

Tel: **054-272-0066**

静岡県静岡市葵区常磐町
1-8-5
BROOKLYN SQUARE
2F

定休日：不定休

☼：12:00-
☾：18:00-

※要予約

カワサキ

KAWASAKI

シェフ 河崎芳範

15/20

フランス料理

煉瓦色の建物の外階段を上った2階。路面店の雰囲気を持ちながらも車道の喧騒からは離れている。入り口にある肉の熟成庫の前を通って中に入ると、壁やテーブルに美しく飾られたジビエの羽や骨。河崎氏はハンターでもあるのだ。音楽専門学校卒業後に和食店で働くが、食べ歩きで出合ったフランス料理に魅了された。都内の名店で修業した後、静岡の「レストランビオス」でシェフを務め、2014年に独立。自ら山に入り、丁寧に処理をしたジビエを端肉や骨まで使い切る。アミューズは、猪や鹿など6種類のジビエの端肉を使ったテリーヌ、ニジマスのマリネ、6年熟成の見事な生ハムの3品。ヒヨドリを丸ごと使ったビスクは、みかんの香りと皮の苦みをアクセントにスプーンでいただく。野菜は、火口にはプラックを使い、鍋にバターと塩だけを入れ、野菜の水分で蒸し焼きにする。旨みが失われる手前の温度で調理されるので味は濃い。メインは雑味が一切ない鮮やかな色の鹿肉のロースト。締めの手打ちラーメンは骨のスープと肉醤を使った奥深い味だ。すべての皿で、山に息づく命のエネルギーを感じるのは、河崎氏が自然に対して抱く尊敬と愛情があってこそ。唯一無二の料理といえるだろう。

☼：16,500円　☾：16,500円

Tel: **054-625-8818**

静岡県焼津市西小川
4-8-9

定休日：火曜

☼：12:00-
☾：18:00-

馳走 西健一

Chisou Nishi Kenichi

シェフ 西 健一

15/20

フランス料理

「サスエ前田魚店」前田尚毅氏が目利きし、仕立てた魚介で料理を構成したいと広島の店を閉め、2022年に焼津に移住した西氏。そのひたむきな姿勢と技術が食材の新たな魅力を引き出し、多くの支持を集めている。前田氏の店から徒歩で数分という日本家屋。水の惑星・地球を表す壁面を背に長身の西氏、スーシェフ、西氏のマダムもサービスに加わり、カウンター8席。「30分前まで魚店で素材を選んでいた」という最初の一皿は、ふっくらしたカマスのフリットに自家製カラスミの粉末を振りかけている。脂の乗った活き締めの鯵には紫玉葱のソース。白ミル貝には地元産のうすい豆と、塩だけで味付けした新玉葱のピューレ。いずれも主食材を前面に出した直球の料理だ。スペシャリテ「魚のパイ包み焼き」は工夫を重ね、サイズを小ぶりに、詰め物も整理され、朝獲れシラスが口の中で溶けていく様がより実感できるようになった。メインの肉は故郷・広島の榊山牛。巧みな火入れで身は柔らかく、締めに桜海老を目の前で揚げ、リゾットに掛けられると言葉も出ない。「馳走」の語源、「馬を走らせて食材を集める」までもなく、極上の素材がすぐそばで手に入る西氏のアドバンテージは圧倒的だ。

☼：13,200円　☾：13,200円

メゾンケイ

Maison KEI

シェフ 佐藤充宜

15/20

フランス料理

富士山を眺めながらフランスで高評価を得ている小林圭氏のスペシャリテをいただける贅沢。和菓子屋「とらや」社長・黒川光晴氏と小林氏が数年の歳月を掛けて構想し誕生した、唯一無二のレストランだ。内藤廣氏の設計は、深い緑で繋がる数寄屋造りの東山旧岸邸とも呼応する名建築。ガラス一面の富士山に、日常を忘れて静かに時間が流れていく。ここでは、パリの小林氏のもとで研鑽を積んだ佐藤氏が采配を振る。スペシャリテ「ジャルダン・ドゥ・レギューム・クロッカン」は、レモンの泡にエディブルフラワーの花弁をちりばめた、ドレスを纏ったサラダだ。静岡産の野菜を30種以上合わせ、鱒の燻製、レモンのジュレ、3種のソースすべてを緑色になるまで混ぜていただく。美しさに感嘆し口に運べば、爽やかで瑞々しい香りに燻製やオリーブクランブルの食感、甘みが混ざり合い、計算され尽くしたテクスチャーに感動する。パリ店と同じランド産ピジョンのスペシャリテは、ムネ肉に味噌を塗って焼き、その風味、苦みや旨みは選び抜かれた赤ワインと長泉町「ADACHI」の特注カンパーニュが止まらなくなる。日本に居ながらこの美食のVOYAGEができるなら、御殿場は近い。

☼：6,050円～15,400円　☾：6,050円～15,400円

Tel: 0550-81-2231

静岡県御殿場市東山
527-1

定休日：火曜、水曜

☼：11:30-12:30 (L.O.)
☾：17:30-18:30 (L.O.)

シンク

SINQ

シェフ 保﨑真吾

14.5/20

炭火料理

新旧の個性的な店が集まり、注目度を増している人宿町エリアの一角にレストランはある。炭焼き台が目を引くオープンキッチンのカウンターには、その日に使用する食材が並んでいる。どれも保﨑氏が信頼をおく生産者から仕入れた魚肉類や野菜だ。御前崎の漁師から届く魚介を、麹を用いて発酵熟成させることで、魚介本来の旨みに麹の旨みを加える一手間を施すのが保﨑流。一方で、野菜はシンプルに炭火でじっくりと火を通し、野菜の持つ味や香りを引き出す。契約農家から届く、瑞々しく鮮やかな色彩の野菜と、熟成によって全体に脂が回り、照りの出た魚を見ていると、「これからどんな料理が出てくるのか」、期待と想像は膨らむばかりだ。ゲストに好評だという「熟成塩サバ」は、塩漬けした神経締めの鯖を麹でマリネして1ヵ月熟成させ、仕上げに皮目を炭火で炙り、甘みの増してきた旬の南瓜の炭焼きと組み合わせている。鯖のねっとりした食感と旨みに、南瓜のホクホク感と甘みがマッチして、後を引く美味しさだ。保﨑氏は、山あり海あり、豊かな自然が生み出す静岡のテロワールを、炭火焼きと発酵の技という独自のフィルターで表現し、工夫を重ねながら常に進化を図っている。

☼：6,600円～11,000円　☾：11,000円

Tel: 050-1809-5583

静岡県静岡市葵区人宿町
2-5-22
HITOYADO KADO 1F

定休日：日曜、他不定休あり

☼：火-金 12:00-
☾：18:00-

富山
石川
福井
静岡
愛知
岐阜
三重
大阪
京都
兵庫
奈良
滋賀
和歌山
岡山
広島
山口
島根
鳥取

シンプルズ
Simples
シェフ 井上靖彦

15/20

西洋料理

Tel: **054-330-8289**

静岡県静岡市駿河区丸子
3262-1

定休日：火曜

☼：土・日 12:00-
☾：17:30- /19:00-

東海道、丸子宿の面影を残す街道沿いに漆黒のスタイリッシュな建物。2023 年 5 月、葵区から移転した井上氏の新しいステージは、広いキッチンを囲むコの字型カウンターに個室。高い天井と椅子席の背後に配されたガラス窓が大きな開放感をもたらしている。活きの良いスタッフも増え、本格レストランとしての陣容を整えた。ベルギー・フランス・イタリアなどで修業した井上氏の料理は、静岡や出身地・大分から届けられるジビエをはじめ、一つの皿に一つの主食材を据え、国内外の多彩なスパイスや香りで味わわせるボーダーレスなものだ。井上氏も「サスエ前田魚店」前田尚毅氏が仕立てた魚介類を分かち合う一人だが、朝揚がった鯵は、静岡で栽培されているアマゾンのしびれ草ジャンブーやブラジルの発酵うま味調味料トゥクピーでピリピリ感や酸味と旨みを添え、数年前、アマゾンの旅で受けたという強烈な味覚体験を取り入れ、独自の風味を出している。近くに養蜂場や牧場もあり、柑橘の蜂蜜や新鮮な牛乳で作るチーズもアミューズに清新さを加えている。海から里山に至る鮮度の高い食材を、経験豊富な井上氏がどう調理するか、スケールの大きなレストランの展開が楽しみだ。

☼：16,500 円　☾：16,500 円～ 22,000 円

温石
Onjaku
シェフ 杉山乃亙

15.5/20

日本料理

Tel: **054-626-2587**

静岡県焼津市本町
6-14-12

定休日：不定休

☼：12:00-
☾：18:30-

焼津駅から車で 10 分ほどの住宅街の一角にある茶懐石料理の店。昭和初期の創業時は、杉山氏の曾祖父母が始めた蕎麦店だったが、杉山氏の父親が東京・目白にあった名店「和幸」で修業して実家に戻り、茶懐石の店とし、杉山氏も同じ「和幸」で研鑽を積んで後を継いだ。木造一軒家の暖簾をくぐると、敷地内の中庭を通ってカウンター席に案内される。杉山氏は、焼き台の前に控え、「サスエ前田魚店」前田尚毅氏が手当てした駿河湾の魚を扱い、野菜などほとんどの食材が静岡産。鮮度と質の高い地元食材を、熟練の技で極上の美味へ昇華させている。コースは、先付から甘味まで 20 品近く。梅肉と生姜を効かせた鯵の胡瓜巻に始まり、甘鯛と蓮根、牛蒡のお椀、ハタと平貝のお造り、金目鯛の鱗焼きには実山椒醤油、枝豆のすり流し、知床牛の炭火焼きと折戸なすの炊き合わせ、金目鯛と万願寺とうがらしの混ぜご飯などが続き、最後に山梨の桃、薄皮のどら焼き、そして抹茶となる。ご飯とともに供される味噌汁の出汁がスモーキーな荒節を使っているのは、代々続く蕎麦汁の名残だという。独自の茶懐石を追求しながら、先祖への敬意も忘れない、杉山氏の思いの詰まった懐石料理店だ。

☼：19,800 円　☾：19,800 円

日本料理 FUJI

15.5/20

Nihonryouri FUJI

シェフ 藤岡雅貴

日本料理

Tel: **054-260-5166**

静岡県静岡市葵区栄町
3-6

定休日：日曜、第３月曜

☼：12:00-
☾：18:00-

静岡駅前から徒歩数分のところでいただける海と山の恵み。静岡ガストロノミーの一翼を担う藤岡氏は、焼津市の「サスエ前田魚店」前田尚毅氏との繋がりによって、格段に料理の幅を広げた。日々の飽くなき探求心の強さも相まって、年々その才能を伸ばしている。魚介は毎朝、焼津市の前田氏の元に出かけて仕入れ、近隣の農家の産物とともに料理に仕上げる。基本の調味の優しさや丁寧さから、素材自体の美味しさが前面に打ち出されている。シンプルな一品からじっくりと仕上げられた一皿まで、十を超える料理はいずれもそれぞれの顔を持っているが、共通するのは、香りや風味が、どの料理においても引き立っているということだ。一品目の冷たいとうもろこしのすり流しの香りから始まり、椀物には、出汁用の鰹節を目の前で削り、桃の胡麻和えも、その場で藤枝の胡麻を煎って擂る。この日、小川港で上がった鰆の焼き物にも、活き締めの鰆の旨みを引き立てる山椒が使われていた。胡麻、山椒、味噌などを巧みに用い、選び抜かれた静岡の食材を、さらなる冠たる料理へと仕上げている。藤岡氏のセンスと努力から生まれた料理が、静岡の食を全国に知らしめる大きな力となることは間違いない。

☼：19,800 円　☾：19,800 円

成生

17/20

Naruse

シェフ 志村剛生

天ぷら

Tel: **054-295-7791**

静岡県静岡市葵区丸山町
12-2

定休日：土曜

☼：12:00-
☾：18:00-

静岡という地名の由来となった賤機山の麓。平屋建ての日本家屋に待合、茶室、カウンター席を備えた広々とした店舗は、古代から神聖な地とされてきた山の緑を借景とする。大きな富士石が目を引く待合を抜け、窓越しに太田道灌ゆかりの庭園や静岡浅間神社の緑を望むカウンター席に着けば、いよいよ口福な時間の始まりだ。志村氏の天ぷらを特徴づけるのは、静岡という地の利と人の和だ。数時間前まで駿河湾を泳いでいた鰹や浜名湖の大アサリ、手作業で掘り出されたあさはた蓮根など、いずれも産地に近いという地の利がなければ味わえないものだ。それらの新鮮で上質な食材が揃うのも、素材の持ち味を活かす志村氏への信頼と、支える人々の和があるからこそ。とりわけ「サスエ前田魚店」前田尚毅氏と、漁法にまで関わる前田氏の情熱に応える心意気のある漁師。個体ごとに最適の仕立てを施す前田氏のプロフェッショナルな技。この熱源に引き寄せられるかのように集まった料理人による切磋琢磨。いずれも託された素材を至極の天ぷらに昇華させる志村氏には、欠かせない存在だ。全国から人々を引き寄せる「成生」の天ぷらは、そんな奇跡のような出会いがもたらしたものといえるだろう。

☼：34,500 円　☾：34,500 円

レストラン レミニセンス

16.5/20

Restaurant Reminiscence

シェフ 葛原将季

フランス料理

Tel: **052-228-8337**

愛知県名古屋市東区筒井
3-18-3 南口

定休日：不定休

☼：12:00 (L.O.)
☾：18:00-18:30 (L.O.)

2023年7月23日、葛原氏は9年目のスタートを車道駅近くの新天地で迎えた。古い家屋や細い路地が残る静かな住宅街、その裏路地に設けられたエントランスから一歩踏み入ると、そこには夢の迷宮に入り込んだような優しい光に包まれた白い世界が広がっている。組子を模したライトから木漏れ日のように光が降り注ぐテーブルに着けば、口福体験の始まりである。“余韻と記憶”をテーマにしたコースは従来の4章から第2章に「創造」を加えた5章構成にバージョンアップしている。食材の持ち味や香りに軸足を置いた他の章とは異なり、新しい「創造」の章は、これまでにない試みをする挑戦の場である。たとえば「鱧」は、海苔を練り込んだ生地でベニエにした鱧にコンテチーズのソースとトマトソース、アーモンドクリームを添えたもの。海苔が香る鱧のベニエにチーズの旨みとコク、トマトの酸味、アーモンドの香りが渾然一体となり、複雑で重層的な風味を生み出している。食材の味にソースを重ねる、伝統的なフランス料理の技法で見事にまとめ上げた一皿だ。葛原氏の理想を具現化した店舗とブラッシュアップされた料理は、新たな余韻となり、記憶に残る食体験になるだろう。

☼：19,200円～23,950円　☾：23,950円

壺中天

16/20

KOCHUTEN

シェフ 上井克輔

フランス料理

Tel: **052-508-8850**

愛知県名古屋市東区葵
1-19-30
マザックアートプラザ B2F

定休日：月曜、第3・5日曜、他不定休あり

☼：11:45-15:00
(L.O.13:00)
☾：18:00-22:00
(L.O.19:30)

扉を開けると、高い天井にシャンデリア、木目調の明るい壁の落ち着いた空間が広がる。ここは中国の故事にちなんだ店名通り、美味と美酒で俗世間を忘れる別世界だ。スペシャリテの一つは、2014年、フランスで開かれた「パテ・クルート世界選手権」で優勝した河村英幸氏のパテ・アン・クルート。パテには、フォアグラやピスタチオが彩り鮮やかに配置され、多様な味覚が愉しめる。「鮎のカダイフ包み 賀茂茄子のピューレ」は、フランス料理らしい手間を惜しまない一品。鮎を開き、骨や内臓をすべて取り除き、ペーストにした内臓を身に挟んでカダイフで包み揚げる。鮎本来の味わいを活かすため、ソースは鮎と水だけと軽やかだが、サクサクとした食感と鮎の身の淡さ、内臓の苦みがストレートに伝わってくる。添えられた賀茂茄子のピューレとともにいただくと、和の食材である鮎の新たな魅力が発見できるだろう。デザートは、無花果をワインとスパイス、蜂蜜でコンポートし、10年以上前からアイデアとして書き留めていたという無花果の葉から採ったエキスを生クリームに纏わせた新作だ。フランス料理の技法で新たな世界を見せてくれる、名古屋を代表するグランメゾンである。

☼：8,250円～18,150円　☾：18,150円～24,200円

ラ・ヴァガボンド

16/20

LA VAGABONDE

シェフ 岩本龍介

フランス料理

優れたレストランは、様々なプロフェッショナルのサポートとスタッフのチームワークによって成り立つが、その好例がこの店だ。「Partner」として店のウェブサイトに掲載されている専門業者の共感と協力があってはじめて、岩本氏が求める食材や器が揃う。今一つは、チームワーク。驚くことに、ここではすべてのスタッフがキッチンとサービスを兼任し、仕込みは全員で行い、定期的に担当を総入れ替えするという。こうすることで料理への理解と愛着も深くなる。たとえば「鮎」の料理。低温コンフィしてオーブンでカリッとロティした鮎は、今にも泳ぎ出しそうな躍動感だ。そこに個性的な香りの香草を数種類ちりばめ、すっきりした味わいの胡瓜と胡瓜の泡、茄子のピュレを付け合わせにし、皿の上で初夏の川と畑が共演している。ここでも、どうして養殖鮎を選んだのか、なぜ低温コンフィしてからオーブンで焼くのか、添えられたコンディモンの役割など、キッチンでともに仕込みをしているからこそ、淀みなく正確に活き活きと説明できる。こうして料理はより一層味わいを増し、口福の演出も可能となるだろう。この孤高のレストランは、ワンチームとなって美味しさの追求に余念がない。

☼：18,150 円〜　☾：22,385 円〜

Tel: 052-253-7343

愛知県名古屋市中区
千代田2-14-24
キャノンピア鶴舞 1F

定休日：日曜、他不定休あり

☼：金・土 12:00-
☾：18:00-19:00
（最終入店）

※要予約

アリーニュ

15.5/20

a.ligne

シェフ 高松章浩

フランス料理

京都の割烹やフランスなどで修業し、パティシエとしての経験もある高松氏が、2018 年 5 月に開店。在来種を中心とした完全無農薬栽培の野菜や果物、京都・舞鶴港で水揚げされた魚介や、長崎・五島の魚など、全国の優れた生産者から食材を取り寄せ、モダンなフランス料理に仕上げている。山椒のアイスパウダーに覆われた「グリーンアスパラ 走る豚」のサラダは、北海道の専門農家「ジェットファーム」の太くて旨みのあるグリーンアスパラガスが瑞々しい。「走る豚」は、熊本の放牧豚を滋賀の精肉店「サカエヤ」が手当てしたものでハムになっており、冷たい山椒パウダー、塩レモンとエシャロットのクリームで爽やかにいただく。「近江牛 ズッキーニ」はズッキーニをチヂミ風に仕上げた付け合わせがユニークだ。ズッキーニの甘さとジュのソースの組み合わせの妙に驚かされる。八朔のデザートはアングレーズソースに浮かべた姿も美しく、薄く伸ばした透明な飴の板の上に和歌山・藏光農園の紅ハッサクのジュレやほぐした実をのせ、クレームダンジュとリンゴのピュレが清々しさの中に濃厚さを加えている。旬の食材の素晴らしさをフランス料理の多彩な技法で見せるレストランだ。

☼：9,680 円〜 18,150 円　☾：18,150 円

Tel: 052-253-7155

愛知県名古屋市中区新栄
2-3-12

定休日：水曜、他不定休あり

☼：12:00-15:00
（L.O.13:00）
☾：18:00-22:30
（L.O.20:00）

シケミチレストラン マツウラ
SHIKEMICHI RESTAURANT MATSUURA

シェフ 松浦仁志

15/20　フランス料理

Tel: **052-720-5631**

愛知県名古屋市西区
那古野1-36-36

定休日：月曜、第３日曜、
他不定休あり

☼：11:30-14:00 (L.O.)
☾：18:00-20:30 (L.O.)

名古屋駅から地下鉄で１駅の「四間道町並み保存地区」。商人の街であった四間道は元禄 13 年（1700 年）の大火後に、類焼防止のため、道が４間（約 7m）に整備されたことが地名の由来とされ、古い蔵や古民家の風情ある街並みが残っている。近年、洒落た店が増えるこの地にいち早く開店していたのが松浦氏のレストランで、創業 10 周年を迎えた。店は、380 年ほど前の漆喰の白い壁で囲まれた蔵の雰囲気の中、高い天井と土壁に包まれるようにいただくランチやディナー、芝のテラスのスペースを活かしたイベントなどで賑わう。松浦氏のスペシャリテは、季節の野菜と魚介の旨みが詰まったテリーヌ。18 種類の野菜のテリーヌは、食材ごとに調理し、香り、食感、味わい、切り口の美しさを追求する。黄色いサフラン、緑のバジル、赤いビーツ、橙の人参など、彩りのソースで人気のメニューだ。松浦氏は温厚な人柄から名古屋の食とワインの仲間から慕われ、使用済みコルクを活かす「リコルクプロジェクト」の推進や熟成古酒専門のバーの経営に続いて、2023 年６月には和食店の「四家道 松」を開いた。風雪に耐えて伸びる「松」のようにと、松浦氏は、四間道の地で店と人を育てている。

☼：4,840 円～ 12,100 円　☾：12,100 円～ 18,150 円

ラ・フロレゾン・ドゥ・タケウチ
La Floraison de TAKEUCHI

シェフ 竹内正樹

15/20　フランス料理

Tel: **052-218-6738**

愛知県名古屋市中区栄
2-12-12
アーク栄白川パークビル
1F

定休日：月曜、月１回
連休あり（不定休）

☼：12:00-15:00
(L.O.12:30)
☾：18:00-22:00
(L.O.19:30)

※半個室あり（6 ～ 8 名）
※車いすのまま食事が可能

物価高騰の中、高品質な食材を使いながら価格の維持に努めるレストランの姿勢に敬服だ。オープンキッチンから聞こえてくるのは、スタッフ間で交わされるフランス語のみ。彩り豊かな食材を使って、ジューシーでパリッとした最高の瞬間に料理を提供するため、シェフもスタッフも真剣なまなざしで皿に向き合い、流れるように美しく盛り付けていく。金目鯛の皮が香ばしい「千葉県産金目鯛のポワレ」は、春菊のエスカルゴバターを纏わせた季節野菜の彩りと香りが豊かだ。「京都産七谷鴨のロースト」は、付け合わせのアンディーヴにオレンジを香らせる。蕗の薹の香りを移した富山県産の山羊ミルクのアイスクリームは、蕗の薹の香りを引き出すため、１週間ほど天日干しをする方法に行き着いたという。名古屋市出身の竹内氏はフランスの「ラ・ピラミッド」で修業後、東京・恵比寿の「タイユバン・ロブション」や名古屋「ラ・グランターブル ドゥ キタムラ」などを経て、2013 年、気軽なビストロと格式あるグランメゾンの間、アットホームなサービスと上質な料理を目指し、この店を開いた。以来、10 年を経てなお、訪れる度に進化を感じさせてくれることは嬉しい驚きだ。

☼：9,075 円～ 14,520 円　☾：14,520 円～ 19,360 円

レストラン ホンジン

15/20

Restaurant HONJIN

シェフ 田島裕大

フランス料理

田島氏は東京の「ジョエル・ロブション」や「レストラン ナベノ - イズム」、フランスの「メゾン・ラムロワーズ」などで研鑽を積み、2021 年、実家の鉄板焼レストランをリニューアル、新たなステージに挑戦している。オープンキッチンの中、地元の食材を次々と仕上げていく様は壮観だ。スペシャリテの「牡蠣」は、西尾市「ほうろく屋」の「ほうろく菜種油」で低温調理した牡蠣に、日間賀島産の生海苔と昆布のジュレ、北設楽郡の「関谷醸造」に特注した日本酒の酒粕を使ったフロマージュ・ブランのソルベにキャビアを添えた逸品だ。魚介類は、知多半島の「風間水産」の風間亮佑氏が神経締めしたオマール海老、鰻、石鯛などを用いて、碧南市の「杉浦味淋」の「愛櫻」と赤ワインを使ったソースや、鯛の出汁にブルギニヨンバターを加えたソースを合わせ、鳩は皮をパリッと焼いて内臓にコニャックを用いたサルミソースで仕上げるなど、名店で習得したフランス料理の技法と、地元の食材や調味料を融合させた独自の料理を生み出した。田島氏は、生産者やシェフとの交流を進め、酒蔵や名門ワイナリーとのコラボレーションも企画、地域の食のリーダーとしても期待がかかっている。

☼：9,900 円～ 16,500 円　☾：16,500 円～ 33,000 円

Tel: 0586-43-4129

愛知県一宮市神山2-4-23

定休日：月曜、第 2・4 火曜

☼：平日 12:00-14:00
土・日・祝
12:00-15:00
☾：平日
18:00-20:00 (L.O.)
土・日・祝
18:00-21:00 (L.O.)

※車いすのまま食事が可能

アル

14.5/20

aru

シェフ 鈴木 琢

フランス料理

豊橋駅から徒歩で 5 分ほど、店名は娘さんの名前に由来するという「aru」は、東三河出身の琢氏とソムリエでマダムの彩氏による、優しく、野菜の美味しいレストランだ。東三河の食材、もの、こと、人との繋がりを大切にし、生産者の思いを汲んだ調理法で素材の持ち味を引き出している。新城市で無化学肥料・無農薬の野菜作りを行う農業組織「スフィーダ」の空芯菜は、ほうじ茶で燻し、ほうじ茶で煮た後にローストした三河湾の真蛸、コリンキー、新玉葱のピクルス、橙のソースをかけていただく。各素材が丁寧に仕上げられ、まとめられた感嘆の一品である。メニュー表のオクラの花の絵は、「生産者であるスフィーダさんが描かれました」とマダムが嬉しそうに説明。切磋琢磨する関係性が微笑ましい。設楽産の本州鹿肉は皿の中央に置き、まわりに整然と 20 種類ほどの味付けした野菜が並ぶ。「野菜をソースとしてお召し上がり下さい」と説明され驚くが、シルキーで力強い鹿肉と濃い香りの旬の野菜が口中調味され、確かにソースの役割を果たしていた。そこにはシェフの繊細さ、潔さ、大胆さが凝縮され、食後には体の隅々まで浄化されるような爽快感があった。力を感じる店である。

☼：16,170 円　☾：16,170 円

Tel: 0532-54-5518

愛知県豊橋市広小路2-28
吉田ビル 2F

定休日：日曜、他不定休あり

☼：12:00-
☾：18:30-

イツキ

itsuki

シェフ 大坪和樹

15.5/20

イタリア料理

Tel: 052-252-0300

愛知県名古屋市中区千代田
2-10-2-3
オーシャンスクエア 1F

定休日：水曜、他不定休あり

☾：18:00- または
19:00- 一斉スタート

※季節により価格の変動あり

※車いすのまま食事が可能

名古屋・栄の「カーザ・デッラマンテ」で腕を磨き、鶴舞で開業していた大坪氏が、2020 年 5 月、JR 鶴舞駅の名大病院口から徒歩 10 分弱、石畳の奥のビル 1 階に移転した。木の温もりを感じる広い店内で、笑顔の絶えないマダムとスタッフが切り盛りする繁盛店だ。まず、地元産を中心に日本中から取り寄せ、美しく盛り付けられた、とても鮮度の良い食材を見せてくれる。いやが上にも、この日の料理に期待が高まる。最初の一品は、「長崎 剣先烏賊 北海道 新筋子 なつしずく」。和梨の「なつしずく」と、銀杏ソースを使った冷製スープは、酢橘が涼味のあるアクセントとなり、烏賊と新筋子の柔らかな舌触りが心地好い。「熊本 赤茄子 生ハム」は、この店のスペシャリテで、極薄の生ハムをバゲットの上に被せているようにも見えるが、中身は蒸してトロトロにした熱々の熊本産赤茄子だ。とろりと甘い赤茄子と塩気のあるプロシュートが口の中で溶け、食感の組み合わせが実に秀逸だ。大坪氏は、旬の和の食材をイタリア料理に巧みに取り入れ、さらに進化させ、いつ訪問してもその組み合わせのもたらす驚きを味わわせてくれる。

☾：18,000 円

イル アオヤマ

il AOYAMA

シェフ 青山直之

15.5/20

イタリア料理

Tel: 052-508-7967

愛知県名古屋市東区徳川
1-17-38

定休日：不定休

☾：17:30- /20:00-

※季節や食材により価格の変動あり

※クレジットカードは VISA・Master のみ利用可

扉を開けると笑顔のマダムに迎えられる。ゆったりしたカウンターの奥には大胆に活けられた草花。青山氏は、オープンキッチンで寡黙に料理を仕上げている。特別に誂えた厚手碗に入れられた一品目は、「名古屋コーチンのコンソメ」。丁寧に出汁をとった透明感のある滋味深いコンソメスープに、香りと歯ごたえの良い雲南省の松茸が幾重にも浮かび、和の風情と、オリーブオイルがアクセントになる洋の風味がうまく融合している。徳島のノドグロは、見た目も艶やかな一品だ。高温の炭で皮だけ焼いたノドグロは好い塩加減で締められ、美しく透き通った白身に、オシェトラのキャビアが適度な塩味をもたらし、下に添えられた弥富の白無花果の甘みと食感が、バランス良くマリアージュして全体をまとめている。星ヶ丘「アルキオーネ」などのシェフを経て 2014 年にこの店を開いた青山氏だが、特に修業といったものはせず、よく食べ歩いたという。その中で身につけた技と感性で、地元の食材に和・洋のハーブや調味料を組み合わせ、新たな味わいを創り出している。2024 年 1 月には、徳川に移転。日本人にしか、青山氏にしか作れないイタリア料理は、さらなる高みを目指していく。

☾：30,000 円～

セッタンタ

15.5/20

Settanta

シェフ 水口秀介

イタリア料理

小さな看板が見える黒枠のガラス扉を開けると、シックな内装の店内に心地好いBGMが流れている。イタリア語で70を意味する「セッタンタ」は、ともに1970年生まれの水口氏と成瀬洋之ソムリエがタッグを組んで開店、8周年を迎えている。この日のアンティパスト「青森・本まぐろ 千葉・紅芯大根」は、上質な本鮪の赤身に鰯で作る魚醤「コラトゥーラ」を軽く塗り、漬け仕立てにしたカルパッチョ。上にのせた魚卵のような形をしたオリーブオイルのキャビアロリ、ビーツのソース、冷たい紅芯大根のアイスパウダーと一緒にさっぱりといただく。さりげなく添えられた揚げケッパーの塩味がまるで薬味のように全体の味を引き締めている。秋に訪れたなら「イタリア・白トリュフ」のメニューも堪能したい。透明なガラスのドームを被せた大ぶりのアルバ産白トリュフをテーブルの中央に運び、ドームから取り出して、パスタやリゾット、デザートのパンナコッタにふんだんに削りかけ、旬の香りと味わいを楽しむ。最後の小菓子にカフェ・ラテを選べば、カップに描かれたラテアートに心も満たされるだろう。料理とワインのプロフェッショナルによる大人のリストランテだ。

☼：8,470円　☾：16,940円

Tel: **052-228-7036**

愛知県名古屋市東区泉
1-15-23 1F

定休日：日曜、月曜

☼：11:30-14:30
(L.O.12:30)
☾：18:00-22:00
(L.O.20:00)

MEI

15/20

MEI

シェフ 高畑邦暢

イタリア料理

都市景観形成地区に指定されている四間道は名古屋駅から1駅、車なら5分ほどの所で、風情を残しながら古い建物をリノベーションし、後世に残そうという街づくりが進められている。東区徳川町にあった「サンタキアラ」の高畑氏が、2021年店名を変え移転した「MEI」もその一翼を担う。建物の2階にあるカウンター席のみの店内は、天井が高く、漆喰の壁に黒い梁が見え、開放感がある。銘木のカウンターテーブルに着くと高畑氏が美しい所作で調理をしていた。料理は一斉スタートで、デザートまでシェフ一人で創り上げる工程が見られるのも嬉しい。高畑氏は、猟友会にも入り、ジビエ、茸や山菜を山で採取し、近隣の地産地消にも貢献している。岐阜の山で摘んだ新鮮なコシアブラはアサリと、手打ちパスタで。独特の苦みと香りがアサリの味ともっちりしたパスタに絡み混ざり合う。コシアブラにはロゼワインをというソムリエでもあるマダムの薦めで口に含むと、その切れの良さに野性味が際立った。設えに合わせた作家の芸術性の高い花瓶や置物、高畑氏のオーダーで作られた食器、食材選び、味、盛付、すべてに美意識を感じる、五感を満足させてくれる店である。

☾：19,360円

Tel: **080-8124-0363**

愛知県名古屋市西区
那古野1-23-2
四間道糸重

定休日：不定休

☾：18:30- 一斉スタート

ヴィチーノ
VICINO
シェフ 竹内 健

14.5/20
イタリア料理

Tel: **052-762-3986**

愛知県名古屋市千種区
春岡通7-58

定休日：月曜、火曜

☼：11:30-13:30（L.O.）
☾：18:00-22:30
（L.O.20:30）

※価格は変更の可能性あり

吹上駅から数分、大通りを住宅街へ入り、歩を進めると素敵な建物とおしゃれな小型車 FIAT 500、それにシンボルツリーが一枚の絵画のように見えてくる。店内の飾り棚にも FIAT 500 のミニカーや画集が並び、竹内氏の思いの詰まった空間が広がっている。料理は単品の数々が黒板に書かれ、アラカルトの組み合わせか、おまかせコースを選ぶことができる。食材はフランスやイタリアから取り寄せる季節限定のものや、ストレスフリーで肥育された北海道産仔羊、青森「北の里自然牛」、三重「熊野地鶏」、兵庫の淡路島の豚肉、と幅広い知識と目利きで吟味されたものだ。東郷町・和田農園の新玉葱は、冷製スープとジェラートにし、口中での温度差や食感の違いで自然の甘みを楽しませる。選び抜いた素材をそのまま味わえるよう低温調理して添えるのも説得力があり、食事が楽しくなる心遣いである。アイルランド産ヘアフォード牛のローストは、持続可能性が厳しく管理されているグラスフェッドで育てられたヘルシーな赤身肉。柔らかく脂身もさっぱりといただけ、品質の高さを窺わせる。食材に真摯に向き合い提供される料理は、体に優しく、心も温かくしてくれるようだ。

☼：3,080 円～ 9,680 円　☾：11,800 円～ 15,180 円

ル クーリュズ
Le coeuryuzu
シェフ 渡邊大佑

15/20
イノベーティブ

Tel: **0569-56-9403**

愛知県常滑市熊野町
3-143-1

定休日：日曜、他月２日
不定休あり

☼：水・木・金・土
12:00-14:30
一斉スタート
☾：18:00-22:00
（L.O.20:30）

常滑駅から車で 10 分ほどの住宅地に、2017 年５月に開店した一軒家レストラン。渡邊氏は、父親の実家があり、幼少の頃から過ごした常滑市と、母親の出身地で自身も生まれた岩手県の生産者との繋がりを大切にしながら、豊かな海と大地に育まれた知多の食材を活かした独創的な料理を展開している。知多半島で古くから発展してきた日本酒、味噌、醤油といった発酵食品を組み合わせて調味料として使い、常滑焼の風合いを活かした地元作家のオリジナルの器や、作手村（現・新城市）から伐り出した温もりのある自然木のプレートなど、カウンター６席の店ながら、随所に渡邊氏の地域愛が感じられる。料理は、日間賀島で獲れたカワハギに肝のソースを塗り、岩手から届いたホヤに、ねっとりした食感のおかわかめとオクラを合わせ、南知多の食用ひまわりの花びらを添えて華やかな前菜に仕上げる。「蓮根とビーツ」は、低温でコンフィされたものを、無農薬で育てた野菜を用いた金山寺味噌にバターと自家製スパイスのソースでいただいた。渡邊氏は、地域文化と食材を発信する催し物やコラボレーションなどにも積極的に参加し、地元生産者とともに「知多半島ガストロノミー」をアピールしている。

☼：7,700 円　☾：15,400 円

ピッサヌローク

Phitsanulok

シェフ 石山公一・穂積依里

14.5/20

タイ料理

タイ北部の歴史的都市、ピッサヌローク。この地方の料理や文化に影響を受けたという、石山・穂積両氏は、二人揃ってタイに惹かれ、石山氏はバンコクの有名店「ナーム」での研鑽の他に活気溢れる屋台での料理経験もあるという。ここではその体験を踏まえ豊富な日本の素材を活かし、この店ならではの洗練されたタイ料理を作り上げている。コースは、バタフライピーで炊いたジャスミンライスに数種類のハーブや野菜を加えたライスサラダ「カオヤム」からスタート。サラダを混ぜる前の鮮やかさと、その後の複雑な味わいの対比が面白い。また、焼き茄子と車海老、アオリイカを和えた「ヤムマクアパオ」では、焼き茄子の美味しさが際立っていた。「トムセープ」というスープは、アイタケをはじめとした５種類の茸と見島牛、ハーブが合わさり、複雑で滋味深い。カレーもスパイスを組み合わせて、自家製のココナッツミルクを用いており、ピュアな味わいだ。「タイ料理は日本人にも馴染み深い、発酵と米と魚、さらにそこにハーブを加えた香り高いものです」と謳っているように、タイのスパイスや調理法と日本の食材との出合いが楽しい、稀有な「日泰」料理のレストランである。

☾：13,200 円

Tel: **050-3204-2928**

愛知県名古屋市東区葵
2-2-22
桜通サンダイマンション
1F

定休日：日曜、他不定休あり

☾：18:00-19:00
（最終入店）

虹霓

Kougei

シェフ 篠田昌利

15.5/20

中国料理

東京と名古屋の「四川飯店」で料理長を務めた篠田氏が、2022年６月、古代中国で主虹と副虹の２本の虹を“雌雄の龍”に喩える「虹霓」に店名を変えて四間道に移転した。以前は客に背を向ける形の調理場であったが、新店はＬ字型カウンター 10 席の、ゲストに向かうオープンキッチンとなり、店内もとても明るくなった。この日の前菜は、従来のように赤い丸盆に５品をのせて出すスタイルでなく、一品ずつ。最初は、生の芝海老を紹興酒に漬けた卵黄で和え、蒸しご飯にのせた一皿。紹興酒の香りを纏った卵黄のコクが芝海老の甘さを引き立て、濃厚な味わいが蒸しご飯と実によく合う。二品目は、香ばしく炙った鰹に万願寺とうがらし、ピータンの卵白を使った四川の和え物を添えて。細かく刻んだ万願寺とうがらしと琥珀色のピータンの卵白の美しさ、食感の両方を愉しめる。定番の名古屋コーチンの蒸し鶏と野菜のピリ辛和えや、お好みで最後に自家製麺を入れて味わう和風出汁の坦々スープでいただく黒毛和牛のフィレ肉しゃぶしゃぶなど、旨みが詰まったピリ辛のソースやスープを使った優しい四川料理を、アットホームな雰囲気で堪能できる。さらなる進化に向け、飛躍する双龍に期待が集まる。

☼：30,250 円　☾：30,250 円

Tel: **052-756-3939**

愛知県名古屋市西区
那古野1-34-16

定休日：水曜、他不定休あり

☼：11:30-
☾：18:00-

Tel: **052-954-0225**

愛知県名古屋市中区
丸の内3-9-19
正起ビル 1F

定休日：日曜、祝日、
他不定休あり

☾ : 18:00- /18:30-

※季節により価格の変動
あり

Joe's Kitchen

Joe's Kitchen
シェフ 神農 猛

15/20

中国料理

開業は 2003 年。横浜中華街で上海料理を修業した神農氏は、薬膳をベースに、本場から仕入れる食材と自家製調味料に徹し、仕込みにかける手間を惜しまない。仕入れ時から状態をチェックし続け、活きの良い上海蟹のみを丁寧に下処理した「陽澄湖産上海蟹コース」は、マダムの説明を聞きながら、客が自ら殻を外して身を頬張る。食べやすいように身だけを供するスタイルに慣れた客には戸惑いがあったというが、熱くとろりとした、旨みの詰まった蟹身や卵巣が本場より美味しいと評判を呼び、今日の隆盛に繋がった。2023 年には 3 年ぶりに名物の「冬瓜の蒸しスープ」が復活。1 日目は冬瓜の青臭さを抜くために煮込み、2 日目には金華ハムや旨みたっぷりの干し野菜に干し貝柱、朝鮮人参、棗、牛肉などを煮込んで、皮一枚だけ残るように蒸し上げる。トロトロの冬瓜の実の部分を食べ過ぎないようにと言われるが、薬膳スープが染みた実に、つい手が伸びる。本場の味を楽しんでほしいと、カナダ産活オマール海老ガーリック炒めは、子持ちの雌のみ、フカヒレは気仙沼産のヨシキリザメ以外は使いたくないという。食材高騰の中、本物の味を伝えたいと奮闘する神農氏へ声援を送りたい。

☾ : 19,800 円

Tel: **052-982-8820**

愛知県名古屋市東区東桜
2-12-34
M's GARDEN 2F

定休日：月曜、月 2 回の
日曜

☾ : 18:30-

※季節により価格の変動
あり

眞善美

Shinzenbi
シェフ 河合善行

15/20

中国料理

「四川飯店 名古屋」で料理長を務めた河合氏が、2020 年 11 月に開店。四川料理の伝統を守りつつ、中国料理ではあまり使われない食材も取り入れ、高級とカジュアルの両方を味わえる楽しさが圧倒的な評判の理由だろう。高岳駅から徒歩約 5 分、屋根付きの外階段にある看板を見て 2 階に上がるが、入り口には店名が見当たらず、初めは戸惑うかもしれない。店内に一歩入ると天井が高くゆったりしていて、シックで落ち着いた空間だ。この日のスープは「ワンタンの上湯スープ」。雲南省では乾燥させたポルチーニ茸を用いるが、スープが黒くなってしまうため、ここではイタリア産のフレッシュポルチーニを使っている。立ち上る季節の香りを楽しみつつ、上品な上湯スープに浮かぶワンタンとフレッシュポルチーニの食感をじっくり味わう。京丹後産の黒鮑は、3 時間かけてじっくり蒸し上げ、中華麺、鮑の肝のペースト、大豆、葱、ニンニクを豆板醤で漬け込んだソースを混ぜていただく。辛みと旨みが渾然一体となったソースとクリーミーな鮑の肝のペーストが蒸し鮑や中華麺に絡み、実に奥深い味わいだ。締めはあっさりとスープの美味しさを感じる鶏塩そば。季節ごとに訪れたくなる中国料理店だ。

☾ : 25,300 円

京味 もと井

15.5/20

Kyouaji Motoi

シェフ 本井将樹

日本料理

覚王山日泰寺の西側に面した閑静な住宅街に、黒塗りの塀に囲まれた 160 坪の屋敷がある。白地の大きな暖簾が揺れる門をくぐると庭園が四季折々の表情を見せ、石畳の奥に匠の技が光る日本家屋が控えている。本井氏は、京都の「京料理やまの」や割烹店で修業し、2015 年に地元名古屋の池下でカウンター 8 席の割烹を開店。2021 年 4 月、古民家を改修し、42 歳でこの地に移転した。庭が眺められる 13 席のL字型カウンターでは、奥に据えられた朱赤の炭床が目を引く。「山口産甘鯛と筍の炭焼き」は、炭焼きの筍が春の香りを立ち上らせ、炭火でふんわりと焼き上げた甘鯛の身と、甘鯛の脂が染み込んだマッシュポテト、松笠揚げにした鱗の食感のコントラストが旨みを一層引き立てていた。本井氏の料理の特徴は、粒餡を添えたクリームチーズのアイスにバジルとフランボワーズのソースを合わせるなど、和と洋を自在に組み合わせるところにある。本井氏はジャンルを問わず食べ歩き、そこで感じたものを自分の料理に取り込んでいる。若手が活き活きと働いているのは、その姿勢に共感しているからだろう。次はどんな発想を見せてくれるか、訪れることが待ち遠しくなる日本料理店である。

☼：9,500 円　☾：19,000 円

Tel: **052-750-5942**

愛知県名古屋市千種区
西山元町1-58

定休日：日曜、月曜不定休

☼：12:00-14:30
☾：18:00-22:00

橦木町 しみず

15.5/20

Syumokuchou Shimizu

シェフ 清水陽介

日本料理

橦木町の住宅街に女将と二人で、カウンター 7 席ほど、夜のみ営業の店を 2022 年 1 月に開いた清水氏。今では新しい料理人も入り、料理へのチャレンジの幅を広げているようだ。大阪「本湖月」で 11 年、岐阜「たか田 八祥」で 6 年間研鑽を積んだ清水氏は、全国から取り寄せた貴重な食材を、「節句」にちなんだストーリーとともに楽しませる。「本日の食材」は、岐阜の「岩松茸」の炭火焼き。通常の松茸より、色が白く、濃厚な香りで、味わいも濃い。岐阜山中のごく限られた崖の岩にだけ生えるため、採取が難しく、まず市場に出回ることはないという。こうした貴重な産物を手に入れられるのは、岐阜にゆかりがあるということだけでなく、清水氏の、生産者や食材のお陰で料理をさせていただいているという謙虚な姿勢と、何事も一から勉強したいという、真摯な取り組み方があるからだろう。料理は、勢子蟹を半身ずつ料理法を変えて「冷」と「温」で食べ比べさせたり、食材や格言のエピソードを紹介しながら、思いがけない手法で旬を味わわせてくれたりする。多くの名料理人が老舗料亭での長年の修業を終えて独立しているが、清水氏もこれからが楽しみな実力派料理人の一人である。

☾：35,000 円

Tel: **052-890-5515**

愛知県名古屋市東区
橦木町3-24
プランドール橦木 1F

定休日：日曜、祝日

☾：18:00- 一斉スタート

※季節により価格の変動あり

寿し道 桜田

Sushimichi Sakurada

シェフ 太田雄斗

15.5/20

寿司

Tel: **052-951-8757**

愛知県名古屋市中区丸の内3-10-29

定休日：日曜、他不定休あり

☼ : 12:00-
☾ : 18:00-

「銀座久兵衛」や「鮨 とかみ」で修業した太田氏は33歳。ニューヨークに移った「寿しの吉乃」の主人が、渡米前に店の後継として選んだ職人である。まずは、おろしたての山葵をのせた酢飯を海苔とともに。米は豊橋産の「女神のほほえみ」、酢は赤酢と米酢をブレンドしたものを使う。酢が馴染む前、まだ米の味わいがしっかりした状態で、倍の厚みに特注した熊本・有明産の海苔といただき、パリッとした海苔や米の旨さ、酢飯の酢の変化を愉しむ。三河湾産の大きな車海老は、一人分ずつ茹で、熱々を目の前で剥いて握る。肉厚で朱が美しい身からほとばしる甘さが堪らない。海老の頭は焼きたての香ばしい「海老煎餅」で、余すところなく。手間を惜しまず、食材の旨さを引き出す「地の素材で握る新たな一貫」だ。一方、鮪は豊洲の「やま幸」から、鯵は島根の「どんちっちアジ」、赤貝は宮城の「閖上赤貝」など、全国から一級品を取り寄せる。名物である5時間かけて作る名古屋コーチンの玉子焼きに、岡崎の八丁味噌のソフトクリームから閃いたという白身のすり身と八丁味噌を入れた玉子焼きも加わった。劇場型の鮨店から、店主が寡黙に握る姿に変わった「名古屋前寿司」の進化を楽しみたい。

☼ : 16,500円～28,000円　☾ : 30,800円

ゴ・エ・ミヨの歴史

ヌーヴェル・キュイジーヌ：ゴ・エ・ミヨが生んだ新しいスタイル

ゴ・エ・ミヨが見出したヌーヴェル・キュイジーヌは、より洗練された新しいライフスタイルと同時に生まれました。この表現を作り上げたのはゴとミヨですが、力を持つべく厨房の中で決起したのは料理人たち自身です。この気運は、30代～40代の若手料理人が、料理を近代化させ、消費者の新たな要望に応えるため巻き起こしたものでした。

1973年に発表された記事の中で、アンリ・ゴとクリスチャン・ミヨは、ヌーヴェル・キュイジーヌにおける“十の戒律”を定義しています。これは、料理の新しい価値観を共有したい若い料理人たちに、取るべき行動指針を示すものでした。そのほとんどの基準は今でも通用するものです。

この戒律の中で最も重視しているのが、正確な火入れ、前日に準備されたソースのベースを使わずマルシェの新鮮な食材を使うこと、そして、メニューの選択肢を減らすことです。ゴ・エ・ミヨは、重くて、カロリーの高いソースを一掃し、食餌療法学の原理と、付け合わせの素材におけるシェフの創造性を高く評価しました。当時の雑誌には、この新たなガストロノミーの輪郭が明記されています。軽く、シンプルでありながら常に洗練されていること、これらは現在でも変わらず実践されている原則です。

ニム

NIM

シェフ 大和紀瑛

15/20

フランス料理

観光客で賑わう飛騨高山。国指定重要文化財が建ち並ぶエリアに、築 130 年の土蔵をモダンにリノベーションした「NIM」がある。東京都出身の大和氏は日比谷の「南部亭」で 7 年、フランスで 7 年半の研鑽を積み、帰国、荻窪のフランス料理店で腕を振るった。飛騨の食材に惚れ込み、仕入れ先の生産者と信頼関係を築き、農園との縁から高山に移住し、2022 年に店を開いている。地産地消に重きを置き、最高の食材に最適な調理を施せば、大和氏の美意識を具現化した料理が完成する。高根町の「幻のとうもろこし」といわれる「タカネコーン」のポレンタは、二つの食感を楽しめるように調理、フォアグラとポルト酒のジュレ、マリーゴールドの花弁と合わせて、それぞれが口の中で混ざり合う。姫松で燻した鰆は、蓋を開けて煙、香り、料理の状態を五感で楽しむ演出だ。その鰆に日本酒のソースを添え、高根町の野菜とともに目の前で盛り付ける。丁寧な仕事から生まれる美しい一皿に癒される。この地で外せない食材、飛騨牛のポワレは、柔らかく脂の少ない部位を選んでいる。一貫してヘルシーな食材選びに感動し、マダムの朗らかな接客に心穏やかに過ごせる空間は、すべてが美しい。

☼：7,700 円　☾：12,100 円

Tel: **0577-70-1817**

岐阜県高山市大新町
1-39-3

定休日：火曜、水曜

☼：11:30-15:00
(L.O.13:00)
☾：17:30-21:00
(L.O.19:30)

※車いすのまま食事が可能

ラヴィ

RAVI

シェフ 山下一宇

14.5/20

フランス料理

郡上八幡城の麓、東京や名古屋「ラ・グランターブル ドゥ キタムラ」などでクラシックフレンチの研鑽を積んだ地元出身の山下氏が、2020 年に開業。郡上の食材を中心に作り上げられる繊細で滋味深い料理を求め、遠方からも多くの人が訪れている。山下氏は地元食材を熟知し、生産者との関わりを大切に自らも収穫をする。石をテーマにした洗練された広い店内は飛騨の家具で設えてあり、特注のテーブルの引き出しにカトラリーが並ぶ演出だ。アミューズとともに店内に芳しい香りが漂い、食事に合わせ山下氏が焼いたパンが熱々で供される。ゲストの数によりマダムもサービスに入るが、通常は山下氏が一人ですべてを行い、クラシックな技法に忠実でありながら新しい感覚で調理する姿がオープンキッチンで見られるのも御馳走である。アミューズのパニプリは、ジビエの鹿ソーセージに台湾のスパイス馬告を添え、郡上野菜だけで作られるガスパチョにネパールの調味料スマックと、ローカルガストロノミーに山下氏の感性を加え、モダンフレンチへと昇華している。長良川の鮎は、季節や大きさに合わせて調理され、その美味しさに感嘆する。清流と名水の城下町に、新たな美食が加わった。

☼：8,800 円～ 16,500 円　☾：3,300 円～ 11,000 円

Tel: **0575-65-5558**

岐阜県郡上市八幡町中坪
3-4-1

定休日：水曜

☼：11:30-13:00
☾：18:00-21:00 (L.O.)

ラ・メール

La Mer

シェフ 樋口宏江

16/20

フランス料理

Tel: **0599-43-1211**

三重県志摩市阿児町神明731 志摩観光ホテル内

定休日：なし

☼：朝食 7:00-10:00
(L.O.9:30)

☾：17:30-22:30
(L.O.20:30)

2023年、フランス農事功労章シュヴァリエを受章した総料理長・樋口氏が「ラ・メール ザ クラシック」とともに采配を振る。2016年にはG7伊勢志摩サミットのワーキング・ディナーを担当、各国首脳の食を司り好評を博した。第5代総料理長・故高橋忠之氏の薫陶を受けた樋口氏は、レストランの伝統を守りながら変革も試みている。高橋氏が考案した伊勢海老のクリームスープは、皿の上にクリームムースを美しく盛り付け、目の前でビスクスープを注いで仕上げるスタイルに変え、新時代の料理へと昇華させていた。その華奢な身体からは想像できないほど溢れるパワーの源は、ローカルガストロノミー、SDGsへの取り組み、地域の生産者と連携し、後世へと繋いでいくシェフとしての使命感だろうか。丁寧に作られた上質な料理は、滋味深く身体に染み込む。伊勢志摩国立公園内にあるホテルのレストランからは英虞湾を望み、その夕景の美しさは格別だ。日が暮れるに従い、天井のシャンデリアが輝き、青い照明がまるで海の中で食事をしているような演出である。鮑、伊勢海老、伊勢志摩の幸、海を意味する「ラ・メール」の店名と空間のすべてが調和し、感動のひと時となる。

☾：19,800円～50,000円

ボン ヴィヴァン

Bon vivant

シェフ 河瀬 毅

15/20

フランス料理

Tel: **0596-26-3131**

三重県伊勢市本町20-24

定休日：月曜、火曜、他不定休あり

☼：12:00-15:00
(L.O.13:00)

☾：17:30-21:00
(L.O.19:00)

※車いすのまま食事が可能

大正12年(1923年)に建てられた登録有形文化財の美しい施設。伊勢神宮外宮にほど近いその場に立つだけで歴史と伝統を体感する。美し国、三重県伊勢市界隈の食材を中心とする河瀬氏の料理は、長きに亘り食通から支持され、航空会社の国際線の機内食も監修、その味は世界へと飛び立っている。「遠方からのお客様が多くて驚きます」と語るマダムの声も朗らかだ。志摩沖一本釣りのシマアジは、瞬間燻製し、ビーツソースとともに。茗荷ピクルス、小俣町産の新鮮な野菜を添え、燻製の香りがアクセントとなった逸品である。ブイヤベースソースでいただく金目鯛のポワレは、伊勢の爽やかな空気とサフランの香りが調和する。2024年からはソムリエやチーズプロフェッショナルの資格も持つ河瀬氏が、菓子もパンも焼き、マダムとの二人体制の営業へと移行する。松阪牛の希少部位、伊勢志摩パールポークや豊富な海の幸をどのように仕上げるか、開業以来40年という熟練のシェフが創り上げる料理世界を愉しみたい。調度品はフランスやイギリスの蚤の市で蒐集した品々、食器はヨーロッパだけでなく伊賀焼、伊勢春慶も取り入れ、一期一会の出会いを大切にする心は、ゲストに対しても同じである。

☼：11,000円～22,000円　☾：11,000円～22,000円

センプレ

SEMPRE

シェフ 名和 賢

15/20

イタリア料理

2023年3月、新店舗に移転。「常に」を意味する店名に変わったレストランは、三重県の恵みを長島の地でという基本姿勢はそのままに、より進化した姿を見せている。少人数のゲストへの名和夫妻のもてなし、シックな外観と落ち着いた内装、料理に合わせた食器類もさらにセンスアップした。最初に供される「雫」は、以前のスペシャリテ「菜園」から名前を変えた「彩」を作る際に出る野菜の端材などを活用したスープで、フードロスを考え、環境に配慮した一品。野菜のかすかな旨み、苦み、甘みなど素材の味が溶け込んでいる。「箱寿司」は、この地方で祝い事などで出される郷土料理を一口サイズにアレンジし、細工が施された箱で興趣を添えたもの。「蛤」は、葱のジェノベーゼソースを絡めた葱のローストに桑名産の蛤をのせ、目の前で蛤の泡をかける。新たに「彩」と名付けられた一皿は、文字通り、色とりどりの野菜と食用の花を、ブルーを基調とした皿の上にオブジェのように盛り付け、しばし崩すのをためらうほどの出来映えである。美熊野牛や菜花、四日市の紅茶など終始テロワールを反映した食材で楽しませ、この店は三重県の食を語るには欠かせない存在となっている。

☼：7,875円～15,750円　☾：15,750円

Tel: 0594-42-2500

三重県桑名市長島町西川619-2

定休日：火曜、第1・3月曜、金曜ランチ

☼：11:30- 一斉スタート

☾：19:00- 一斉スタート

割烹 西むら

Kappou Nishimura

シェフ 西村雅也

15.5/20

日本料理

近鉄四日市駅から徒歩5分ほどの場所に、地元だけでなく県外や海外からも注目され、常に活気に溢れる割烹料理店がある。白木の格子戸をくぐると、数寄屋造りの空間に漆塗りのカウンター。大阪の神田川グループの店舗で修業した西村氏の明るい声とユーモア溢れる会話が弾む中、次々と料理が仕上がっていく。まず、紅葉を描いた塗り盆にススキを添えた、季節の「八寸」。柿の葉で包んだ名残の鱧寿司が、夏から秋へ、季節の移ろいを感じさせてくれる。秋になり毛羽立ってふっくらした雀を模った「膨ら雀」の器には、梨を凍らせて崩したパウダーをのせた地元産の渡り蟹。下に忍ばせた煎り酒のソースでいただくと、さっぱりした甘さと冷たさが渡り蟹の風味を引き立てている。虫籠に入れられて供されたのは、2種の栗料理。籠の上にのったキリギリスの葉細工が実に丁寧で、目と舌で秋の訪れを感じさせてくれた。利平栗はカラッと揚げて、栗皮の香ばしさとホクホクした栗の甘さを堪能し、ガラスの器に入った日本原種の山栗のすり流しは、クリーミーでしっとりした甘さを味わう。西村氏は、関西割烹の技と心で、季節感と素材本来の旨さを表現している。

☾：24,486円～32,648円

Tel: 059-355-2460

三重県四日市市西新地12-15

定休日：日曜

☾：17:00-22:30
(L.O.20:00)

※車いすのまま食事が可能

Tel: **0596-24-7300**

三重県伊勢市御薗町長屋1362

定休日：日曜、他不定休あり

☼：12:00-15:00
(L.O.13:00)
☾：18:00-22:00
(L.O.19:30)

※車いすのまま食事が可能

伊勢 三玄

15/20

Ise Sangen

シェフ 松原京介

日本料理

伊勢市駅から車で10分ほどの田園風景の中に、日本神話の絵物語に出てきそうな、“神都”に相応しい和趣に富んだ店がある。松原氏は「京都吉兆 嵐山本店」で9年間の修業を積み、その後、三重の「鄙茅」で5年間料理長を務め、2020年に店を開いた。季節を感じさせる細やかな仕事が施された八寸には、地物の鱧や蛸、「錦爽どり」が使われており、造りには「答志島トロさわら」、志摩・和具の金目鯛、焼き物にはトビハタと椎茸の挟み焼き、蓮根餅と鮑など、用いられた食材すべてに伊勢の海と山の恵みの豊穣さが感じられる。目利きや技術の高さだけでなく、カラスミ餅と帆立の貝柱のカダイフ揚げといった素朴な料理も、餅や衣には味を加えず、中身の塩味、風味で味わわせたりと、シンプルだからこそ光る感性がある。ご飯は伊勢の「御糸米」（みいとまい）を最初は炊きたての白米、次は焼き舞茸ご飯で、上に松阪牛のタレ焼き、最後は卵かけご飯と3種いただけるのだが、松阪牛の脂の迫力ある旨みは想像以上の満足が得られ、構成も練りに練られたものだ。女将の朗らかで温かみのある接客、スタッフのきびきびした態度も心地好く、既に名店の風格を漂わせている。

☼：12,100円〜27,500円　☾：12,100円〜27,500円

Tel: **090-5007-7573**

三重県桑名市江戸町25

定休日：水曜、他不定休あり

☼：12:00-12:30 (L.O.)
☾：18:00-19:00 (L.O.)

江戸町 すぎもと

15.5/20

Edomachi Sugimoto

シェフ 杉本大輔

寿司

東海道の宿場町として栄えた桑名。交通の要衝であった往時を忍ばせる「七里の渡跡」の近くに店はある。杉本氏は、津市の「東京 大寿司」で修業後、100年以上続いた「平和寿司」の四代目を継ぎ、腕を磨く。2021年12月、現在の地に場所を移し、自らの名を冠して新たなスタートを切った。黒で統一されたモダンな外観、店内は明るく高級感のある造りで白木の一枚板のカウンターにゆったりと9席ほど。まずは桑名特産蛤の酒蒸し。一つ目は出汁と一緒にプリッとした身をそのままに、二つ目は酢橘を搾っていただく。汽水域で採れる桑名の蛤は、大ぶりで身が柔らかい。カラスミと穂紫蘇をちらしたホタルイカの餡かけ茶碗蒸しや、日間賀島産の程好い塩味の茹で蛸などのつまみに日本酒も進む。握りは岐阜の「ハツシモ」にブレンドした米酢と赤酢を合わせ、大粒で弾力のある米を優しい甘さに仕上げている。鮨種は全国各地から仕入れるが、定番の変わり種は地元名産の松阪牛の三角バラを使ったおぼろ昆布巻きだ。ミディアムに焼いた霜降り肉の旨みを梅肉の酸味と大葉の香りでさっぱりとまとめている。柔らかな物腰の店主と親しみやすい女将、近頃有難い価格とくれば、人気の程も知れよう。

☼：8,800円　☾：24,200円

Gault&Millau

RESTAURANTS

レストラン

ラシーム
La Cime
シェフ 高田裕介

16/20
フランス料理

Tel: **06-6222-2010**

大阪府大阪市中央区瓦町
3-2-15 瓦町ウサミビル
1F

定休日：日曜、年末年始、夏季休暇、他不定休あり

☼：12:00-15:00
☾：18:00-22:00

大阪のビジネス街、本町に佇む美食の館は、まるでモダンアートのミュージアムのような静かな空間だ。スポットライトが当たる一品一品の料理は「かたちに囚われない」ことを大切にする高田氏が、一瞬のひらめきを留めるための手段のように見える。この日のコースは、酸味や苦み、甘みなどの味や香りを要素分解して口内調味するようなアミューズから始まった。旬の食材を活かしつつも、それ以上に、様々な印象がコラージュのようにちりばめられており、その緻密な構成に、食べる側は思わず料理そのものに没頭し、思考を巡らせる。まるで食べるインスタレーションのような体験。特に人の記憶に残る「香り」を料理の重要な要素と捉え、馬肉のタルタルを檜の香りの箸と共に供するなど、カトラリーさえも料理の一部に取り入れる独創性が印象的だ。また、オクラや金時草などの粘りやぬめりのある食材も多用し、食の新しい地平を開拓している。どこか既視感のある料理を見かけることもある昨今だが、「ベースになっているものは生まれ育った奄美大島で食べてきた味」という高田氏の、自由な創造性が生み出す料理のオリジナリティーは、常に料理界を刺激し続けている。

☼：28,000 円　☾：28,000 円

アドック
ad hoc
シェフ 高山龍浩

15.5/20
フランス料理

Tel: **06-6225-8814**

大阪府大阪市福島区福島
1-1-48 hotarumachi

定休日：水曜、他不定休あり

☼：12:00-12:30 (L.O.)
☾：18:00-19:00 (L.O.)

石や流木、「静」の自然を感じるインテリアは、生き生きとした今が旬の食材の息吹が香る「動」の皿を引き立てる背景だ。G20大阪サミットで世界各国の首脳にも提供されたその料理は、季節感溢れる日本の旬の食材の味を十分に感じさせつつ、香りのレイヤーや温度、刺激の組み合わせ方でハッとする印象を生み出す。盛夏の訪問時には、毛蟹の甘みに赤万願寺とうがらしの自然な辛みを活かした一口サイズのタルトに、極薄の陶器のカップに、冷やしたフレッシュハーブが香る焼き蟹のクリアな出汁を合わせ、美しい水を持つ国、日本らしい季節感を表現していた。メインディッシュは青森産の「銀の鴨」を鉄のフライパンで見事に焼き上げ、鉄分のミネラル感が共通しつつも、軽やかで滋味溢れるシジミの出汁と合わせる。自由で意外性のあるコンビネーションながら「誰もが好きな味」に落とし込む構成は高山氏の真骨頂だ。和のお椀のような鱧とフラン、酢橘という構成には、出汁に新生姜やレモングラスを加えてアクセントに、西瓜には塩のブランマンジェなど、「日本人が食べてきた味」に根差した、自然に体が求める料理の数々は「日本のテロワール」を遺憾なく発揮している。

☼：14,300 円　☾：25,300 円

アニエルドール

agnel d'or

シェフ 藤田晃成

15.5/20

フランス料理

日本でフランス料理を作ることの意味と、日本食材をフランス料理に活かす方法。藤田氏の意識は、今、その２つの方向に注がれているように思える。１つの食材で２品出すという、これまで何年も続けている試みは、一皿の中で完結するデクリネゾン（1つの食材をさまざまな調理法で提供すること）とも異なり手間がかかるが、その中に、藤田氏は何らかの答えを探そうとしているようだ。凍らせてパウダー状にした枝豆と、枝豆をそのまま美しく盛り付けたタルト。２つの料理を食することで、枝豆の食感と味、それぞれの理解が深まるように感じられる。それはそのまま、藤田氏による食材への敬意としても伝わってくる。2013年の開業以来、ビストロノミーな料理をガストロノミーに移行したのをはじめ、藤田氏は料理の世界観を変えてきた。そして日本の食材を活かすことに注力した結果、日本料理との親和性が高くなり、「フランス料理の技術で作っているが、今は日本の料理なのかもしれない」という。それは、日本の多くのフランス料理人が共有し始めている考えでもある。今後どのような料理を作っていくのか、その答えは、日々の積み重ねの中から自ずと導かれていくのだろう。

☼：8,800円～ 13,200円　☾：19,800円

Tel: **06-4981-1974**

大阪府大阪市西区西本町
2-4-4 阿波座住宅三栄ビル
1F

定休日：月曜、火曜ランチ、他不定休あり

☼：12:00-13:15 (L.O.)
☾：18:00-19:30 (L.O.)

オノウエ

ONOHOUÉ

シェフ 阪本充治

15.5/20

フランス料理

漆喰の壁には時が止まったアンティークの掛け時計。ネイビーブルーのカーペットに、ステンドグラスの小さな飾り窓。マンションの地下、阪本氏自ら土を敷いて苔や植物を植えた中庭は、地上から陽光が差し込み、ゲストの目を和ませる。阪本氏は前店の「ユニッソン・デ・クール」時代の比較的モダンな料理から移行し、現在は1970年代のトラディショナルな料理を志向しているという。それは阪本氏がフランス料理の料理人になると決めた原点の味でもある。両手に包めるほどの小さな器に盛られた料理。そのどれもが「何を食べてほしいか」の明確な輪郭を持つ。最初のセロリを刻んだ軽やかなアミューズ、鯵と雲丹のア・ラ・クレーム。魚料理ではヒラメ。メインの鴨にはキリッと熱々のドフィノワ。作り置きのないア・ラ・ミニッツな出来たて感が、ゲストを小粋なフランスへと誘う。50年前の料理を現代に蘇らせるとどうなるのか、その答えの一つがここにある。その時代の料理を今、食べることはできないはずなのだが、ここに、今しかできない進化した当時の料理が確かにある。阪本氏とともに味の旅をすることにより、ゲストは思わぬ感動を覚えることになるのである。

☼：8,800円～　☾：17,600円～

Tel: **06-6910-7123**

大阪府大阪市中央区糸屋町
1-1-6 B1F

定休日：水曜、木曜・
金曜ランチ

☼：12:00-13:00 (L.O.)
☾：18:00-20:00 (L.O.)

ラ・ベカス

La Bécasse

シェフ 渋谷圭紀

15.5/20

フランス料理

Tel: 06-4707-0070

大阪府大阪市中央区平野町3-3-9 湯木ビル 1F

定休日：日曜、水曜

☼：12:00-13:00 (L.O.)

☾：18:00-20:00 (L.O.)

※季節や食材により価格の変動あり

「ラ・ベカス」の夜は、客との対話から始まる。その日の空腹具合、季節の素材の好み、どのようなワインを飲みたいか…その時々に組み立てられるコース料理はまさにオートクチュール。シェフが顧客一人一人のために腕を振るうという、レストランの最もシンプルかつ重要な地点に立ち戻ることができる貴重な場所である。定められたコース料理の提供が増えた昨今、多くの経験を積んだ渋谷氏だからこそ可能な「余白」を残したメニュー構成であり、その即興性は匠の技と言えるだろう。スペシャリテといえども定型表現に陥ることなく、その都度微細な変化を加える。この日の「オマール海老のサラダ」は、定番のオレンジソースにアクセントとしてトマトのソースが添えられた。秋が来たのに昼間はまだ暑い、という着席の際の何気ない会話からこの伝統の一皿に一筋の爽やかさが加えられたようだ。温かみの感じられるサービスも名店ならではのもの。ポール・ボキューズ、ジョエル・ロブション、アラン・シャペルといった名だたる巨匠のもとでの修業時代に培ったフランス料理の神髄を、今日に至るまで大阪の街で伝え続ける渋谷氏の誠意は、フロアの隅々まで行き渡っている。

☼：12,100 円〜　☾：24,200 円〜

フナシェフ

Funachef

シェフ 船岡勇太

15/20

フランス料理

Tel: 06-6450-8565

大阪府大阪市北区黒崎町6-4 2F

定休日：月曜、第 2・4 日曜

☼：木 - 日 12:00-14:00

☾：18:00-20:30

天五中崎通商店街の近く、板壁に隠れるように設えられたモダンな扉。その奥で、東京の「レストラン タテル ヨシノ」やパリの「ステラ マリス」など、吉野建氏の下で研鑽を積んだ船岡氏が腕を振るう。まずは、アミューズ４品。その味わいとボリュームは前菜といってもいいほど手の込んだものだ。カカオのバゲットの上には、茄子のタルタル、軽く炙った秋刀魚、そこに柿をのせ、カカオとスパイスを混ぜたパウダーを振りかける。塩味がありながら、甘さやスパイスの香りが五感を刺激し、合わせるフルーティーなワインとも好相性だ。メインの佐賀牛のローストには、熱々のじゃがいもとモン・ドールのドフィノワがココットで供され、ほっこりとした気分にお腹も満たされる。コース全体のベースには、しっかりとしたフランス料理がありながら、その上に「ゲストを満足させたい」という気持ちをトッピングしたような、ハートフルな料理でもある。今、船岡氏の活動は国内外へ向けられ、国内では新規事業を、海外では、カンボジアの学校に家庭科室をつくり、料理を学べる環境を整えるのだという。出会う人を料理で幸せにしていくという、船岡氏の強い思いが、熱く燃えている。

☼：11,000 円　☾：19,800 円

ミチノ・ル・トゥールビヨン

15/20

Michino Le Tourbillon

シェフ 道野 正

フランス料理

創業1990年、長く料理ファンに愛され続けているレストランだ。かつては「アヴァンギャルド」「異端児」などと評された道野氏だが、1954年生まれのシェフの料理には、伝統と革新に向き合った「つむじ風（トゥールビヨン）」の後の穏やかな時間が流れているように思える。初夏の一皿では、片面だけ火入れした桜鱒と、ピンクや紫色のアスパラガス（香川 さぬきのめざめヴィオレッタ）・アスパラソバージュ・シーアスパラガスの四重奏に、いしる（魚醤）を入れたマヨネーズを配す。香川の新規就農の生産者が創り出した異色のアスパラガスで皿を彩り、いしるにより桜鱒との親和性を高め、一体感のある一皿に仕上げていた。道野氏は「本当の革新をするためには、基となった（古典）料理の土台を知らなければなりません」と語るように、ソースの確かさをはじめ、コースのどの料理にも、積み上げてきたキャリアを感じさせる。料理と人生を重ねる内省的な著作も好評で、『つむじ風の向かう場所』では、自分の手が自身を、他者を助けることができるだろうかと問う。あの一皿も、ピンクのアスパラガスを生んだ生産者の気概に応えようと作られたものであると思えば、味わいも自ずと増すのである。

☼：8,800円　☾：8,800円～22,000円

Tel: 06-6451-6566

大阪府大阪市福島区福島
6-9-11 神林堂ビル 1F

定休日：月曜（祝日の場合は翌火曜）、火曜（月2日）

☼：11:30-14:00
(L.O.12:30)
☾：17:30-22:30
(L.O.20:00)

※車いすのまま食事が可能

ラ カンロ

15/20

La Kanro

シェフ 仲嶺淳一

フランス料理

音もなく開く扉口から誘われる、テラコッタ色の壁に囲まれた通路。ここはどこだろうか。都会の中心部にありながら、エアポケットに入ったような不思議な感覚を覚えつつ待てば、その静けさとは対照的に、花が咲き乱れるかのような極彩色の料理に圧倒される。塩味と甘み、柔らかさと硬さ、あらゆる緩急を利かせながら、コースは進んでいく。燃えるような赤い衣を纏った太刀魚のフリットはパリパリとリズムを刻み、鮑のリゾットはグリーンカレー風味の爽やかな風を吹かせる。食材の名前からは想像もできないような食感や形態で供される品々は、新しい食の喜びを期待させる。それは、料理の再構築とすら呼べるものかもしれない。意表をつくような組み合わせや調理法は、パリの名店「アストランス」での経験に裏打ちされたものだろう。しかしながら、仲嶺氏の技量の輝きを真に見ることができるのは、野菜のガルグイユのようなシンプルな一品ではないか。野菜を選ぶその時点から、料理はすでに始まっている。食材の持つ多様な可能性を引き出し、唯一無二の感性で、「ラ カンロ流」を打ち出す。ここでの時間は、料理とは何か、そう問いかけられたような体験であった。

☼：28,600円　☾：28,600円

Tel: —

大阪府大阪市北区
天神西町3-9
NUI 南森町 南側

定休日：不定休

☼：日 12:00-
☾：18:00-

※電話番号は予約サイトで予約後に通知

Tel: **06-6229-7770**

大阪府大阪市中央区北浜
1-8-16
大阪証券取引所ビル 1F

定休日：不定休

☼：11:30-14:00
（最終入店）
☾：18:00-20:30
（最終入店）

ポンテベッキオ

PONTE VECCHIO

シェフ 山根大助

16/20

イタリア料理

大阪証券取引所ビルの１階に入るリストランテはまさに威風堂々。レセプションやラウンジには、イタリアからの表彰状が数多く飾られ、改めて日本のイタリア料理界を牽引してきた山根氏の存在の大きさを知る。山根氏は 1984 年に渡伊、1986 年に帰国、今では北浜を本店に複数の店舗を展開する関西イタリア料理界の重鎮である。料理は山根氏のスペシャリテを一度に体験できる構成となっており、その軌跡を辿るコース内容でもある。それは長い年月、顧客の支持を得ながら作り続けられた傑作選ともいうべきものだ。注目すべきは、食材に相応しい「最適調理」を施し、どう組み合わせて「料理」にするかという過程の中で、山根氏が持つ、美味しさへのアプローチの多様さだ。どの料理も、調味バランスの良さが際立ち、特に鮎のコンフィに瓜やメロンを合わせた一皿は、鮎に瓜科のものを合わせるだけでなく、前菜の定番でもある「生ハムメロン」を掛け合わせ、一つの「料理」に仕上げていた。スペシャリテといえども、アップデートを繰り返す姿勢が、多くの人に長く愛され続ける理由の一つだろう。イタリア愛に満ちたワインリストも充実。押しも押されもせぬイタリア料理の名店だ。

☼：9,680 円～ 14,520 円　☾：18,150 円～ 30,000 円

Tel: **050-3138-6188**

大阪府大阪市北区曽根崎
新地1-10-2
北新地PLACEビル 6F

定休日：日曜、祝日、
他不定休あり

☼：土 12:00-
一斉スタート
☾：18:00- /20:45-
それぞれ一斉スタート

※季節により価格の変動
あり

カピ

capi

シェフ 小川大喜

15/20

イタリア料理

有名店が集う北新地のビルの６階に構えるカウンター８席のレストラン。「ラ ムレーナ」や「ポンテベッキオ」で研鑽を積んだ小川氏は、2012 年に高槻市で「イル キアーロ」を開業。約６年の営業の後、自身の理想を追求したいという強い思いから、2021 年に現在地へ移転、料理も空間もより洗練され、北新地らしい大人の店へと変貌を遂げている。注目すべきは食材の組み合わせだ。小川氏の料理は、素材の掛け算を企図し、イタリア料理をベースとしつつ、その枠にとらわれない新しい発見がある。明石の釣りの鰆は低温調理した後に皮目を炙り、マルサラ酒で煮詰めた牛蒡を合わせる。甘みとコクをたっぷり含んだ牛蒡はきんぴらのような仕上がりで、食感の対比が面白く、鰆の皮目の香ばしさとも絶好の相性である。七谷鴨を詰めたアニョロッティ・デル・プリンと松茸を、七谷鴨のガラで取ったスープで仕立てた一品は、鴨の豊潤な旨みに松茸の香りが呼応し、複雑な相乗効果を生み出していた。料理も器もサービスも、すべてが上質でスタイリッシュ。移転によって理想へと一歩近づいた小川氏は、洒脱でクールに決めながら、本質として持つ熱い心で、さらなる高みを目指している。

☼：26,400 円　☾：26,400 円

ピ・グレコ

15/20

p greco

シェフ 福本俊輔

イタリア料理

大阪高等裁判所などが並ぶ西天満、オフィスビルの 1 階にあるリストランテは、エントランスの高い天井と柱が印象的で、店に入るとマダムの笑顔に迎えられる。「リストランテ・ヒロ」やイタリア各地で 7 年間の研鑽を重ねた福本氏の料理は、アーティスティックで唯一無二のクリエーションを備えている。コース料理でも、その日にシェフが得たインスピレーションによって即興でいくつかのメニューを変えている。皿の中に感じるチャレンジングな要素は「未だ辿り着くことのない答えを、探し続けたい」というシェフの意欲の表れだ。それが熟練の技術による高い完成度の調理と一皿の中に同居していることもあり、きわめて刺激的だ。食材も、鯨の頬肉、仔猪、タマゴタケなど、独自性のある高品質のものが揃い、器の選択や盛付に至るまで福本氏の美的感覚が煌いている。サービスも、白・紅・金で彩られた九谷焼の柄のワイングラスを用い、そこにロゼワインの色を加えるなど、上質でありながらそれを自然体でこなすエレガントさも持ち合わせている。王者の風格を備えながらも謙虚で、求道者のような真摯な姿勢を感じさせる店である。

☼：21,780 円～ 36,300 円　☾：21,780 円～ 36,300 円

Tel: 06-6809-1800

大阪府大阪市北区西天満
4-1-20 リープラザ 1F

定休日：日曜、他不定休あり

☼：火 - 金 12:00-
☾：17:00-21:30
(L.O.19:00)

※車いすのまま食事が可能

※スタンダードコースは、仕入れにより 30,250 円から 36,300 円の間で価格の変動あり

ラチェルバ

15/20

LACERBA

シェフ 藤田政昭

イタリア料理

北新地のビルにあるクリエーティブなイタリア料理店は、壁面がガラス張りで「堂島の杜」が借景となる贅沢な空間だ。約 4 年間、イタリアでの修業経験を持つ藤田氏は、30 代で郷土料理にフォーカスしたタベルナを開き、40 代の 2015 年に現在の店へ移行して 8 年が経つ。店名の「LACERBA」はイタリアの前衛芸術運動「未来派」に由来し、現在地への移転以来、藤田氏は「伝統を超えた未来へ」というテーゼを掲げ、食とワインの創造的空間をレストラン内に展開してきた。コース料理はどれも華やかで美しい。この日、特に印象に残ったのは「鰻 長芋フリッコ」。北イタリアでじゃがいもとチーズだけで作るフリッコを、ここでは長芋に代えて生地とし、上に黒ニンニクと山椒のソースを絡めた鰻をのせている。合わせて口に運ぶと、これまで経験した様々な味覚が蘇りながら、未知の体験へと導かれた。デザートの「白桃 パンナコッタ」は、桃の香りと白ワインジュレの香りの調和、ジュレに封じ込めた泡の食感など、全体のバランスの完成度が高い。ここでは客同士の会話の時間を尊重し、接客は必要最小限に留めており、藤田氏の食と世界観に浸ることができる。

☾：20,328 円～ 27,104 円

Tel: 06-6136-8089

大阪府大阪市北区堂島浜
1-2-1 新ダイビル 2F

定休日：日曜

☾：17:00-20:30
(最終入店)

イル・チェントリーノ
il Centrino

シェフ 北口智久

14.5/20

イタリア料理

Tel: 06-6762-5901

大阪府大阪市中央区
瓦屋町1-2-2

定休日：日曜、他不定休あり

☼：12:00-14:30
(L.O.13:00)

☾：17:30-22:00
(L.O.20:00)

谷町六丁目駅から徒歩５分ほどの住宅街にある古民家をリノベーションしたリストランテだ。北口氏はピエモンテ州やヴェネト州など４州の５軒で修業し、郷土料理をベースに現代的表現を織り込んだ料理を作り出している。店名は、ピエモンテ州プリオッカの名店「イル・チェントロ」に因み、料理は、大都市のリストランテとして全国や海外から取り寄せた食材を、どう調理し、アプローチするかというスタイルをとっている。店内はテーブル席のみで、ここでの時間がどんな食体験になるかは、サービス陣のホスピタリティーに大きな比重がかかってくるが、どのスタッフも笑顔で活き活きとしており、「ゲストの期待に応えよう」という姿勢が終始居心地の良い空気を生んでいた。メイン料理の「仔羊・燻製」は、肉の火入れが群を抜き、振られた薫香オイルやソースと肉汁が混ざり、提案された土着品種を用いたシチリアの濃厚な赤ワインが良い相性を見せていた。サービススタッフのコミュニケーション力も高く、客との会話から嗜好を汲み取って、時にはブルゴーニュ、別の皿にはスロベニアやニュージーランドのワインを推奨するなど、自由な発想によるペアリングでも楽しませてくれる。

☼：5,702 円～ 8,078 円　☾：12,830 円～ 16,394 円

レストラン マイス
Restaurant MyS

シェフ 菱田雅己

14.5/20

イタリア料理

Tel: 075-285-4170

大阪府三島郡島本町東大寺
1-10-26

定休日：木曜、月２回
不定休あり

☼：12:00-13:30 (L.O.)

☾：18:00-19:30 (L.O.)

大阪府の北東部、島本駅から少し離れた住宅地にある店は、庭に樹木が茂り、タイルが敷かれた長いエントランスから扉へと導かれる。菱田氏は「リストランテ・グアルティエロ・マルケージ」「ダ・ヴィットーリオ」「ラ・ペルゴラ」など、イタリアの名店で学び、かと思えば一転、先端的な試みをしているレストランの厨房にも飛び込んだ。帰国後はハインツ・ベック氏の東京店でスーシェフを務めている。調理技術も世界の料理の潮流も、古いものも新しいものも、料理に関わることすべてを知りたいという菱田氏の情熱は、皿の上にも表れている。各地での経験を反映した料理は、おもちゃ箱を開けたような賑やかさだ。カルパッチョと鮮やかな緑の胡瓜のソース、カラスミの黄色と空豆の緑色のパスタ、ビーツのピンク色のリゾット。色鮮やかでパーツの多い料理が、非日常を求めて訪れる人の目を楽しませる。2021 年に一軒家を自ら改装して開業。厨房にはこれも自身で設計した薪焼き窯を設置した。夜は客数を絞り、サービスも担当するシェフズカウンターでゲストをもてなす。できることはすべてやりたいという執念が形になり、料理への情熱が快い空気となって店を包み込んでいる。

☼：4,000 円～ 13,000 円　☾：6,500 円～ 13,000 円

十皿
Tosara
シェフ 真野 淳

14/20
イタリア料理

淡路島の建築・設計事務所「ヒラマツグミ」の手掛けた店舗の、グレーでスクエアなファサードが目を引く。淡路島で育った真野氏は、大阪のホテルやイタリア料理店で経験を積み、2018 年、故郷・淡路島の要素がふんだんに盛り込まれた「十皿」を開業した。店名どおり 10 皿で構成されるコースは、胃腸を労るための温かい粥や汁物で幕を開ける。フィンガーフードを楽しむ時間では、藻の生えた海の岩のような器と雲丹、海苔最中の一体感あるビジュアルが印象に残る。続く料理群の、海に浮かぶ蛸壺のような甲山ガラス工房の器に盛られた明石蛸・クスクス・ガスパチョジュレのコンビネーションでは、各種パーツの味わいの輪郭がそれぞれクッキリとしていて、奏でる重層的なハーモニーが秀逸であった。ペアリングも、料理の延長線的な味の寄り添いを狙っているようで、この店らしい統一感をもたらしている。オープンキッチンの中では、真野氏を中心とした全員が料理人であり接遇も担っている、そのチームの一体感は見ていて惚れ惚れするほどだ。居心地の良いホスピタリティーは、真野氏の仲間や後輩を大事にする姿勢の表れではなかろうか。ここでは人柄の滲み出た心地好い空間と時間を堪能できる。

☼：11,330 円　☾：13,596 円

Tel: 06-7709-1283
大阪府大阪市北区西天満
2-7-26 徳矢ビル 1F

定休日：日曜、祝日

☼：12:00- 一斉スタート
☾：18:00- 一斉スタート

アラルデ
Alarde
シェフ 山本嘉嗣

14.5/20
バスク料理

2016 年のオープン以来、バスク地方の食文化の魅力を伝え続け、2023 年には州政府から公式に依頼を受けてバスク料理のイベントに携わるなど、山本氏の存在感はこれまで以上に増している。フォアグラのボンボンショコラは、モスカテルの風味が素晴らしく、倉吉すいかのガスパチョに配されたゼリー状のペドロ・ヒメネスも異国情緒を感じさせるものだ。もちろん、西瓜は甘い果肉だけでなく、水分のすべてに果汁を使い、さらに西瓜の瑞々しさを活かすためにあえてガスパチョにパンを入れず、切れ味鋭い仕上げで客を喜ばせる。他にも、バスク名物のイカスミを用いた濃厚な剣先烏賊のリゾットや明石の鯛の焼き物に添えられたピストの優しい味わいなど、多様な料理があり、次の皿が待ち遠しくなるほどだ。メインはコースの序盤でプレゼンテーションされた鹿児島産南国黒牛のリブロースの塊肉を、店の中央に据えられたスペイン式の窯・アサドールでしっかりと火入れする。炭火と薪火での火入れは豪快なように見えて焼き方は実に緻密、味付けも岩塩のみという潔さだ。ゆったりとスペインワインとともに愉しむ時間は、何物にも代えがたい満足感をもたらしてくれる。

☾：16,500 円

Tel: 06-6616-9825
大阪府大阪市西区阿波座
1-14-4
サインカンパニービル 1F

定休日：日曜、祝日、
他不定休あり

☾：18:30- /19:00-
いずれかで一斉スタート

※車いすのまま食事が可能

ハジメ
HAJIME
シェフ 米田 肇

18/20

イノベーティブ

Tel: **06-6447-6688**

大阪府大阪市西区江戸堀
1-9-11
アイプラス江戸堀 1F

定休日：不定休

☾：17:00-19:30 (L.O.)

2023 年秋、改装を経た空間は、照明が落とされた劇場のようにテーブルにスポットライトが当たり、より料理に集中できるようになった。電子工学を学んだ米田氏の技法は、構築的な細密画に喩えられるが、その緻密さは年々増し、約 100 種類の野菜をそれぞれ別の方法で調理し、食感も温度帯も味付けも変えたシグネチャー「地球」に見られるように、設計図を描き、作り込んでいく料理は、開店から 15 年という時を経て、その世界観がますます広がりを見せている。作る過程で失われがちな熱々の温度感や、時々ハッとするような酸味や苦みを織り込むことで、全体をクリアにし、点描画のような料理にさらに精確な輪郭を与えている。フルーツや甘い香りのハーブなどが効果的に使われた皿は、繊細で華やかな仕上がりだ。地球や自然に対する愛を表現するアートのような料理の数々は、軌道修正を重ねながら高みを目指している。フランス料理の技法がベースにありながらも、意匠や味わい、温度感などさまざまな角度から要素分解して構築するその構成の仕方は、日本の職人仕事の精密さを思わせ、この観点からも、まさに日本を代表するイノベーティブなフランス料理といえるだろう。

☾：56,350 円～ 69,000 円

Fujiya1935
Fujiya1935
シェフ 藤原哲也

16/20

イノベーティブ

Tel: **06-6941-2483**

大阪府大阪市中央区鎗屋町
2-4-14

定休日：日曜、第 1 月曜、他不定休あり

☼：木・土・祝 12:00-
☾：18:30-

※仕入れにより価格の変動あり

大阪・鎗屋町で 1935 年に創業した「洋食屋ふじ家」。4 代目となる藤原氏はスペイン「L'Esguard」などで経験を積み、2003 年に店を引き継いで、「Fujiya1935」をスタートさせた。コンセプトに掲げる「美味しい記憶を呼び起こすような料理」は、我々の DNA が喜ぶ味でもあるだろう。コースの中に洋食をオマージュしたような魚のフライがシンボリックに配置されており、この店の料理は、見た目は華やかだが、その本質は、「理（ことわり）を料（はか）る」、基本に則ったもの。だからこそ、我々の心の奥底まで響くのだろう。「ノドグロ 玄米 舞茸」は、魚の身と米を乳化でまとめ、香ばしく揚げた米の香りを加える。パンにラードと塩をすりつけて齧れば、沸き立つような感覚が蘇る。発酵バターを絡めた、小麦の香りが溢れるパスタを、とうもろこしと共に咀嚼すると、何かが目覚めるようだ。エレガントな中にノスタルジーを呼び起こす食体験。締め括りは、照明を落とし、蝋燭の炎の揺らめきに癒される中、温度差やテクスチャーのコントラストを緻密に計算した葡萄のデザート。その完成度に驚愕する。明確な概念と世界観に圧倒されるレストランだ。

☼：16,500 円～　☾：35,200 円～

有 伽藍堂

16/20

U Garando

シェフ 大澤広晃

中国料理

2022年8月、大阪・新町にあった中国料理「酒中花 空心」が、北新地に移転し、コース料理を主体とした「有 伽藍堂」として新たに開業した。大澤氏が生み出す創作中国料理はさらに進化し、「空心」時代からの変わらぬ逸品である「水蛸 四川花山椒あえ」などの美味しさはもちろんそのままに、蓮と梅菜の香り豊かな「金華豚の東坡肉」や、「虎に翼」と名付けられた和牛のミスジのチャーシューに、ピスタチオやバジル、ポルチーニなど香りの良いものを餡にして詰めた手羽先など、どの品も独創的で技術が冴え渡っている。また、2023年夏から「オテル・ド・ヨシノ」「柏屋」などで支配人兼シェフソムリエを務めた松岡正浩氏が加わり、中国料理という新たな世界での挑戦ではあるが、意欲的な組み合わせを提案している。火鍋の要素が入った穴子の料理にはシチリアの赤、蟹と松茸、フカヒレの料理にはドイツのピノ・ノワール、中国のドーナツである開口笑を使ったパフェにはドルンフェルダーという甘口ワインを合わせ、シェフの作る世界観をさらに広く深いものにしている。茶藝師によるノンアルコールのペアリングも充実しており、声価が高まる中国料理店である。

☾：15,000円～22,000円

Tel: 06-4256-6604

大阪府大阪市北区
曽根崎新地1-5-18
零北新地 4F

定休日：日曜、月曜

☾：18:00- /19:45-

上方中華 新瓊

15.5/20

SHINTANI

シェフ 新谷亮人

中国料理

「上方中華」というコンセプトを打ち出す新谷氏は、上方でも生まれ育った大阪にフォーカスした料理をずっと考えてきたという。注目したのはその出汁文化と中国料理の湯（タン）の融合。前菜の鱧を使った「啜滑海鰻（すすりなます）」は、昆布出汁の湯に蓴菜や長芋、山葵を配する「なにわ料理」の構成で表現する。さらに半助（蒲焼を作る時に切り落とした鰻の頭）を用いて大阪の郷土料理である「半助豆腐」を再構成した一皿や、出汁を取り終わった昆布舟に浮かぶフカヒレを昆布出汁でいただく一品は、和風の味というだけでなく、食材を無駄なく使い切る、大阪の“始末の心”という精神も受け継がれている。もちろん新谷氏が培ってきた中国料理の技術も、「獅子頭（ししあたま）」と名付けられたアコウの団子に凝らされた獅子のたてがみのような飾りや、「一品海参」に使われた乾貨であるナマコの見事な味わいで堪能できる。さらに、「菜庭（なにわ）」と名付けられた大阪野菜の料理には、地元食材を愛する心の深さと包丁飾りの技術の高さが表れている。ここは、上方料理と中国料理をただ融合させるだけでなく、新たな食文化を創り出したいという壮大な“なにわの夢”が詰まった店である。

☼：26,620円～　☾：26,620円～

Tel: 06-7410-6334

大阪府大阪市北区中崎
1-4-21 1F

定休日：日曜

☼：水 - 土 12:00-15:00
☾：17:00-22:00

※個室の場合はサービス料15%（記載はサービス料10%の価格）

Tel: **06-6366-0055**

大阪府大阪市北区西天満
1-6-4

定休日：日曜、他不定休あり

☾：18:00-21:00 (L.O.)

※おまかせのみ

月泉

Gessen

シェフ 岡田三四郎

15.5/20

中国料理

名店ひしめく西天満で、屈指の人気を誇る中国料理店。岡田氏は、広東・四川といった中国料理をベースに、和洋の技法も吸収し、独創的で、祝祭感に溢れながらも飽きのこない、他では味わえない料理を作り続けている。おまかせというスタイルをとりながら、初めて訪れる人にはまず店のことをよく知ってもらいたいと、ベーシックな料理を提供。再訪した客には、それぞれの好みやその日の体調に合わせて臨機応変のメニューを用意する。どんなに店が混んでいようとも、「自分の料理を食べに来てくれたのだから、自分が必ず作る」と、すべての品目を自ら調理。最初に供される前菜６種は、挨拶も兼ねて直接説明を行い、随所にゲストを大切に、という岡田氏の心意気が感じられる。料理は定評の通り、「空芯菜塩炒め」は、空心菜そのものの味がはっきり感じられる火入れとスープで。また、一度煮た肉を一晩寝かせて作る酢豚は、トロトロでバターのようなクリーミーさのある脂身と、味の濃い肉の部分のバランスが得も言われぬ美味しさを生んでいる。アサリの汁そばは、毎朝生きたアサリを鶏と豚のスープとともに炊いており、出汁への徹底ぶりもよく伝わってくる。何度訪れても、料理の感動が味わえる稀有な店だ。

☾：**10,000 円～**

Tel: **06-6940-0317**

大阪府大阪市北区西天満
4-4-8 1F

定休日：日曜、月曜ランチ

☼：11:30-13:00 (L.O.)
☾：17:30-20:00 (L.O.)

シーフ

Chi-Fu

シェフ 藤田祐二

15/20

中国料理

長年使い込まれたようなテーブルや壁、表情豊かなアンティークの風合いがある無国籍空間は、まるで上海租界である。白いテーブルクロスを剥ぎ取り、スーツを脱いで、中国料理の保守の枠から飛び出してみたら、現在進行形のスタイリッシュな“ラ・キュイジーヌ・シノワーズ”へと導かれ、店名に冠された「Chi-fu」、すなわち“中国の香気（Chinois-Fume）”を帯びた“未来派（Chinese Futurism）”中国料理の域へと到達した。1947 年に創業した「ビーフン東」３代目の東浩司氏が、フランス料理のバックグラウンドを持つ藤田氏を擁して繰り出した桃源郷。テーブルに置かれたメニューを開くと、不思議な言葉の羅列だ。“雪月花”“悠久”は想像の範囲内。しかし、“Fe”とは何か？　斬新な料理名に想像力がかき立てられる。それは鰹の一皿、鉄分を表す元素記号であった。和洋のハーブに中国料理のスパイスが鰹を異次元の魚に変貌させる。中国伝統料理に西洋の技術や和の素材を融合させると、予想を超えた化学反応を起こす。あまりにも多彩なシナジーに魅せられて、藤田氏が紆余曲折を経て辿り着いたのが、このワンダーランドなのである。

☼：**7,260 円～ 21,780 円**　☾：**14,520 円～ 21,780 円**

本湖月

17.5/20

Honkogetsu

シェフ 穴見秀生

日本料理

法善寺横丁の風情ある佇まい。紺地に染め抜いた「本湖月」の文字。主客が共に空間を生み出す懐石の心に則り、歳時記を織り込んだ器と意匠がさりげなく供され、それに気づくゲストとの対話が成り立つ数少ない店の一つだ。11 月は炉開きの時期。茶人の正月として、吉祥紋を織り込んだ器の中は、本来は子孫繁栄を願った亥の子餅だが、代わりにめでたい伊勢海老を使ったなます。お椀は秋草の図柄が入った木村表斎の名品で、150 年前のものとは思えないほど状態が良く、しばし見入ってしまう。中は上品な味わいの一番出汁に、鱧を叩いた真丈地の上にごくレアな火入れで、瑞々しさと甘みを引き出した松葉蟹。たっぷりと蟹みそが入っている。一口目にはクリアな出汁を、食べ進める度に蟹や蟹みその味が溶け出し、一椀で清浄から芳醇への移り変わりが楽しめる。朴葉に味噌と炭焼きにした琵琶湖の鰻の白焼き、舞茸がのる一皿は、程よく火が入った味噌が朴葉の香りを吸収し、香り高い仕上がりだ。和歌山のケンケン鰹を用いた茶漬けは、朝締めの新鮮さで、濃厚な胡麻だれに負けない存在感がある。パリと日本で研鑽を積んだ穴見氏の美意識の集大成、日本の粋を知る大人のための名店だ。

☾：48,400 円～ 72,600 円

Tel: **06-6211-0201**

大阪府大阪市中央区道頓堀
1-7-11

定休日：日曜

☾：17:00-19:00 (L.O.)

柏屋 大阪千里山

17/20

Kashiwaya Osaka Senriyama

シェフ 松尾英明

日本料理

大阪では数少なくなってしまった、館を構える料亭「柏屋」は、吹田・千里山の閑静な住宅街に溶け込むように佇んでいる。松尾氏は大学卒業後、滋賀県の「招福樓」で修業、実家の日本料理店に戻った。正統派の日本料理をベースにしつつも、食材や調理法に海外の料理手法も柔軟に取り入れる、創意工夫のある、オリジナルな日本料理を生み出している。同時に、未利用魚など、食をとりまく環境問題にも積極的に取り組んでおり、伝統の中に現代性が感じられる類い稀な店と言えるだろう。数寄屋建築の館には茶室も備え、室内は染色家・吉岡幸雄氏の和紙で美しく設えられている。茹だるような酷暑の夏の日。湯引きされた車海老に海老出汁のジュレ、蛸の低温煮といった涼し気な料理が続いた。煮物椀は、蓮根とマカデミアナッツの葛豆腐に薄焼きの玉子で巻いた毛蟹がのせられ、コクのある葛豆腐が椀物に新味を加えている。造里は「柏屋」の夏の名物料理、鱧の 5 種造りである。叩き寄せ、生揚げ、一枚落とし、焼き霜造り、漬け炙り。シンボリックなスフレ風の雲龍焼き、七夕の趣向で用意された美しい八寸と続く。この名店では、料理を通して日本の美を凝縮したような世界を体験できる。

☼：19,360 円～ 55,660 円　☾：19,360 円～ 55,660 円

Tel: **06-6386-2234**

大阪府吹田市千里山西
2-5-18

定休日：日曜

☼：12:00-13:00
(最終入店)

☾：18:00-19:30
(最終入店)

Tel: **080-4015-5050**

大阪府大阪市北区西天満
4-12-27

定休日：不定休

☼：12:00- 一斉スタート
☾：18:00-24:00
（最終入店 21:00）

※クレジットカードは
ディナー時に料理をお召し
上がりの方のみ利用可

老松 喜多川

16/20

Oimatsu Kitagawa

シェフ 喜多川 達

日本料理

古美術商や画廊が集まる文化の香り漂う老松町（現・西天満）に店を構えて11年。前の店から西へ三本筋違いの同じ町内に2023年1月、移転した。新店舗はゆとりのある空間が特徴で、厨房を一望できるフルオープンのカウンター席に個室やウェイティングスペースも加わり、もてなしの幅がぐんと広がった。京町家を思わせる石畳のアプローチを抜けると、広々とした厨房と迫力ある一枚板のカウンターが目に飛び込んでくる。設えに格調の高さを感じながらも、気さくな店主と女将の笑顔に、初訪問でも緊張感はすぐにほぐれていく。カイ・クリスチャンセンの椅子も座り心地が良い。先付のホワイトアスパラガスのすり流しで、まずお腹を温める。特筆すべきは八寸の美しさで、赤の折敷に三種、この日は熟成させ皮目を炙った金目鯛の粽、菖蒲が描かれた作家物の小鉢に風味豊かな胡麻豆腐、河内一寸そら豆と桜海老のかき揚げが盛り込まれた。煮物椀は毛蟹の真丈で、蓋の裏に描かれた大阪市中央公会堂と雨に濡れる紫陽花に癒される。京都と大阪の名店で研鑽を積んだ店主の技の集大成ともいえる出汁の味は、滋味溢れるものだ。大阪の新天地でその存在感はさらに増していくであろう。

☼：11,550 円　☾：27,600 円〜

Tel: **06-7509-3956**

大阪府大阪市中央区
内淡路町3-3-3

定休日：日曜、他不定休
あり

☼：土・祝 12:00-
☾：18:00- /21:00-

※ランチは 2 名から

弧柳

16/20

Koryu

シェフ 松尾慎太郎

日本料理

東横堀川のほとりに2021年、移転した店は、入り口の扉を開けて着席するまでに、設えの見事さに心を奪われる。飛び石の廊下を進み、つくばいの前を曲がると、一直線に続くアーチ状の網代天井と静謐な光の設計の眺望に、しばし立ち止まってしまった。日本建築の伝統を踏襲しながら、モダンな仕上げ。『論語』を援用し「故きを温ねて新しきを知れば以て匠となるべし」を旨とする。松尾氏の考えは、料理にも一貫している。以前は一般的でなかった食材も、日本料理の技法で調理すれば、きちんと日本料理として成立する。例えば、胡麻和えの胡麻をピスタチオに置き換えてみればどうなるかというような、思わず膝を打つ食材の用い方だ。一方で、鱧に鱧の子をすり流しにした料理は、かつて大坂の豪商が食べていたという献立を、古書から再現。大阪の喰い味を、真昆布を使った出汁を始め、コース全体の随所に感じさせる。大阪・茨木の穴織カーボンの鍋で、炒める音を耳で味わわせたりと、すべてが洒落ている。「浪速割烹 㐂川」出身で「大阪料理会」にも所属し、過去の伝統を担ってきた松尾氏は、「この先」を創っていくのだろう。柳のようなしなやかな発想から「当世の日本料理・大阪料理」を発信し続けている。

☼：33,000 円　☾：33,000 円

翠 大屋

Sui Oya

シェフ 大屋友和

15.5/20

日本料理

「浪速割烹 㐂川」で 11 年間修業し、2011 年に独立、2016 年に心斎橋に店を移した大屋氏が、2023 年 5 月に再び移転、天満橋の大川添い、安藤忠雄氏が設計したビルの 2 階を新しい拠点とした。厨房は大屋氏がゆったりと料理に取り組める空間となり、大きな一枚板のカウンター 10 席とテーブル席も明るく、大川に面したガラス窓からは、春の桜、秋の紅葉など四季折々の風景が楽しめる。秋の日、まず出されたのは、「着せ綿」のお飾りをのせた「渡り蟹」。その美しさに思わず見とれてしまう。スッポンの出汁のジュレが渡り蟹の甘さを引き立て、散らされた食用菊と京都のすぐき菜、舞茸のお浸しが華を添える。その昔、重陽の節句に、夜露で菊の香りが移った綿（着せ綿）で身体を拭くと、邪気を払って延命長寿に効果があると言われたことにちなんだ一品だ。高校の美術科で日本画を学んだという大屋氏の料理は、飾り葉や器に頼らず、旬の食材の持つ鮮やかな色彩をそのまま生かした盛付で、手間を加え、食材の意外な組み合わせの妙により、さらに一つ一つの旨みを引き立てている。季節の風物詩にちなんだ新たな日本料理をいただきに、季節毎に訪れたい店である。

☼：11,000 円　☾：24,200 円

Tel: 06-6358-7497

大阪府大阪市北区天満
3-1-2 天満TSビル 2F

定休日：日曜

☼：水・土
12:00-13:00 (L.O.)
☾：18:00-23:00
(L.O.20:30)

※車いすのまま食事が可能

太庵

Taian

シェフ 高畑 均

15.5/20

日本料理

高畑氏は、大阪の「味吉兆」で 15 年の修業を経て、2000 年に地元である島之内に開業。「吉兆」の系譜にありながらも、大阪の食べ手のなかで培われた料理には、この地の「喰い味」がしっかり生きており、そこに高畑氏のユーモアや遊び心によるクリエーションが加わって独自のスタイルを確立している。美的センスも素晴らしく、どの料理も器と盛付が調和し、美しい。松の盆に松葉を添えた八寸。椀物は、函館産真昆布と鹿児島県枕崎産の鰹節で引いた熱々の吸地で、あと口にたなびく余韻が特徴的だ。椀種は新蓮根を使った蓮根饅頭で、吸地と合わさると重層的でメリハリのある奥深い味わいが堪能できる。店の代名詞のような「スペアリブたれ焼」も象徴的だが、「炊き合わせです」と言って、鮑入りの冷たいとうもろこしのすり流しを出すところにも、高畑氏らしい創造性が表れている。先駆者として、和食に「スペアリブたれ焼」を供した当初は、さぞかし勇気のいる挑戦だったのではなかろうか。名声を得た今も、夫妻は、どの客に対しても謙虚で丁寧に接しており、それが居心地の良さに繋がっている。自ら多くを語らない高畑氏だが、積み重ねてきた日々に敬服だ。

☾：24,200 円

Tel: 06-6120-0790

大阪府大阪市中央区島之内
1-21-2 山本松ビル 1F

定休日：月曜

☾：17:30-22:00
(最終入店 19:30)

照屋

Teruya

シェフ 照屋克規

15.5/20

日本料理

Tel: **080-5638-7455**

大阪府大阪市中央区上汐
2-1-24 グレース上汐 101

定休日：不定休

☼：要問合せ
☾：18:00- または
19:00- 入店

※ 19:30 以降の入店希望の場合は要問合せ

繁華街から離れた住宅地、カウンター7席の小さな空間に安らぎを覚える。店主と女将の心を尽くしたもてなしがほっこりと温かく、常連客でなくとも二人が醸し出す人間味に、つい心を預けたくなるはずだ。照屋氏は、京都の「建仁寺祇園丸山」や「飯田」などで研鑽を積み、2018 年に独立。ここでは、お馴染みの料理も新たな魅力を持って現れることに驚く。お造りのイサキは皮目をわずかに炙って包丁を入れ、旨みで舌を喜ばせたかと思えば、上品でサラッとした脂の余韻が口内をくすぐる。剣先烏賊は両面から細かな包丁を入れ、それほど熟成させていなくても口に含んだ時の食感の良さと甘みのインパクトは絶大だ。甘さを引き出し、咀嚼を促す包丁技に、照屋氏の確かな技術を見る。淡路産の上質な鱧は、お椀に仕立て、完璧な骨切りで波を打ったように花を咲かせていた。吸地は柔らかで美しく、昆布が力強く下支えし、椀種にそっと寄り添う。この店の料理は、派手な演出はなくとも、心の中へ降りていくようなしみじみと深い味わいがある。照屋氏は、実直でひたむきに素材に向き合い、多くを語らない。しかし、ゲストは皿を通して照屋氏の謹直な心根を理解し、ただ感嘆するのである。

☼：25,200 円～　☾：25,200 円～

伏見町 栫山

Fushimimachi Kakoiyama

シェフ 栫山一希

15.5/20

日本料理

Tel: **06-6228-3007**

大阪府大阪市中央区伏見町
2-4-12

定休日：不定休

☼：土・日 12:00-
お揃いでスタート
☾：18:00-
お揃いでスタート

※季節により価格の変動あり

日本三大祭の一つ天神祭が 4 年ぶりに完全復活した時期、天下の台所・大阪船場の店を訪ねると、まるで祭を祝うかのような華やいだ饗宴が始まった。天神祭の花火が凝らされた輪島塗りの椀で特大鮑と鮑の肝の真丈を鮪節の出汁でいただいた後は、神輿を船に乗せて川を渡る“船渡御”を模した八寸。鮎の塩焼き、明石の蛸の柔らか煮、自家製の柿の葉寿司に、鮎ざくなど、夏の魅力溢れる品が並ぶ。さらに縁日の定番であるとうもろこしの香ばしい香りが漂ってきたかと思えば、芯をくり抜いたとうもろこしに芝海老の真丈を詰めたものの焼きたてにかぶりつくという、遊び心と美味しさに溢れた演出が続いた。また、江戸時代から薬問屋が集積する道修町に近いことから、薬膳を飲み物やゼリーなどに用いたり、この日使った野菜や魚などの端材やアラの部分を活かした船場汁を振る舞うことで、大阪に根付く“始末の心”も伝えている。数寄屋造り、待合に床の間を配した設えと調度品、料理も鱧の温度や煮えばなの歯ごたえに至るまで繊細な気配りもあり、一度の訪問では堪能し尽くせない。開業してまだ 1 年半ほどではあるが、既に大阪を代表する日本料理店の風格があり、今後さらなる飛躍が期待できる店だ。

☼：16,500 円　☾：30,800 円～

楽心

15.5/20

Rakushin

シェフ 片山心太郎

日本料理

片山氏は調理師学校を卒業後、心斎橋の「懐石料理 桝田」、豊中の「とよなか桜会」で研鑽を積み、阪神本線福島駅から歩いてすぐの場所に 2013 年、この店を開いた。訪れた 6 月には、無病息災を願う夏越しの祓えを象徴する青々とした茅の輪が玄関に飾られ、カウンター席から眺める中庭の季節感も心を落ち着かせる。料理は、天満切子に盛り付けられた湯葉豆腐には雲丹の佃煮を添え、続く八寸は、すっきりと 2 品。葦船を模した器には大阪らしい芋茎とずんだの和え物に、特別に作ってもらっているというキャビアを配し、穴子の酒盗焼きには胡瓜をと、目にも爽やかな色使いを見せる。沢煮椀は、贅沢に山形牛と防風、そしてウドを用い、凝縮した大阪らしい旨さで味わわせる。夏の定番の焼き鮎は、焼き上げたあと、甘酢餡とともに供された。鱧と鮑を出汁でさっと鍋仕立てでいただいたり、圧巻のとうもろこしの天ぷらと海藻のご飯など、片山氏の斬新な発想には脱帽である。大阪らしく、ひと口で旨いと感じさせる料理だが、同時にすっきりと無駄がなく、華やかだ。女将がソムリエも務め、ワインのラインアップも充実し、海外からのゲストも多い。様々なシーンで楽しみたい割烹店である。

☼：7,700 円〜　☾：30,800 円〜

Tel: **06-6451-2323**

大阪府大阪市福島区福島
1-6-14 1F

定休日：不定休

☼：11:30-14:00
(L.O.13:30)
☾：17:30-23:00
(L.O.21:00)

※クレジットカードは
ディナー時のみ利用可

お料理 山田

15/20

Oryouri Yamada

シェフ 山田晃弘

日本料理

山田氏は「和洋遊膳 中村」「弧柳」「纐纈」などの大阪割烹で研鑽を積み、2020 年に店を開いた。サペリの一枚板によるカウンターや還元焼成のタイルなどが使われた店内は、調理台が客席よりも少し高くなっており、山田氏が調理する手元がどの席からもよく見える。出汁は大阪・箕面の天然水に北海道道南産の真昆布で引かれ、厳選された食材による大阪らしい料理が目の前で仕上げられていく。献立は、先付の鯛の真丈から始まり、お凌ぎは、マナガツオの天ぷらがのった飯蒸し。煮物椀は、クエと丸茄子の白味噌仕立てで、夏の白味噌はどこか懐かしくほっとする。造りはメイチ鯛、白甘鯛の藁焼き。牛肉の炭火焼きは完璧な火入れで、上にのる細く切った牛蒡のチップスとともにいただくことで、さらに味わいが増すようだ。最後は土鍋ご飯と自家製のご飯のお供で、生カラスミ、肉と沢庵など、目移りするものばかり。締めは、大阪産の野菜を用いた自家製のアイスクリームと、若い料理人の勢い、大阪の喰い味が光る店だ。2024 年に、店は北新地から西天満に移転するという。さらなる進化を遂げる「お料理 山田」も楽しみにしたい。

☾：26,620 円

Tel: **080-4013-9336**

大阪府大阪市北区西天満
4-7-7
サン・システム西天満
ガストロプラザ 4F

定休日：日曜、他不定休
あり

☾：18:00- /20:30-

※車いすのまま食事が可能

料理屋 稲家

Ryouriya Inaya

シェフ 稲家敬記

15/20

日本料理

Tel: 06-6341-3177

大阪府大阪市北区
曽根崎新地1-10-2
KITASHINCHI PLACE
7F

定休日：日曜、他不定休あり

☾：18:00- /20:45-

※季節により価格の変動あり

神戸の「料理屋 植むら」で修業後、独立、大阪・北新地に店を構えて２年が経つ。ビルの７階という立地だが、訪れるだけの価値のある店だ。店主の人柄が映し出された、丁寧で優しい、そして遊び心も垣間見える10品ほどの料理には、店のポリシーでもある塩と出汁への徹底ぶりを強く感じる。極上の素材とその扱いの巧みさによって、年々料理の質が高まっている。先付の胡桃豆腐の菊花出汁餡掛けでは、出汁の深みとバランスの良さがあり、椀物の松茸と白甘鯛、にゅう麺の出汁には旨みと柔らかさがある。この日の焼き物は、大阪ではなかなかお目にかかれないメダイの西京焼き。付け合わせの梨の甘酢漬けとのコントラストが実に鮮やかだ。料理に合わせる日本酒の種類も豊富だが、それを注ぐ江戸切子の杯と鏡面のコースターが華やかで、杯もすすむ。一方で、ストレートな日本料理の組み立ての流れの中に、鱧と松茸のフライが変化球的に挟まれる。鱧には自家製ウスターソースを合わせているが、ここでも松茸にはしっかり厳選された塩がかけられていた。締めのご飯は３種類あり、最初の煮えばなの白飯の輝きと甘さに驚く。魂にまで響くような、そんな五感を満足させてくれる料理である。

☾：30,250円

ゴ・エ・ミヨの歴史

ヌーヴェル・キュイジーヌの十の戒律

1. 火を入れすぎない
2. 新鮮で品質の良い食材を使う
3. メニューを軽くする
4. 必ずしもモダニストである必要はない
5. それでも、新しい技術で何ができるかを研究する
6. マリネ、熟成、発酵などは避ける
7. 重いソースは無くす
8. 食餌療法を無視しない
9. プレゼンテーションでごまかさない
10. 独創的であれ

鮨 三心

Sushi Sanshin

シェフ 石渕佳隆

15.5/20

寿司

孤高の鮨職人ともいうべき石渕大将が構える店は、内久宝寺町の住宅地にある。夜は営業せず昼のみ。自然光が射す檜のカウンターは、清新の雰囲気に充ちている。その中で、石渕氏の立ち居振る舞いに無駄はなく、包丁使いはもとより、握る所作の美しさに引き込まれる。凛然とした空気ながら不思議と安心感を覚える光景だ。料理はコースのみだが、最後に追加ができるのもありがたい。1品目の噴火湾の毛蟹は、蟹酢ではなく、酢漬けにしたトマトをシャーベットにして合わせている。この店のスペシャリテの一つとも言うべき、サラダ代わりのハーブ巻きを前半に出すという発想も新鮮だ。特に印象に残ったのは、この時期だけという握り2貫だ。1貫目は鮎、2貫目は生鱧。季節限定ということで、どちらも店主の鮨への飽くなき探求心により生まれたもの。生の鮎には蓼酢とうるかの2つを合わせて一体感を持たせ、骨切りした生鱧には煎り酒でバランスを取っている。この店でしかいただけない唯一無二の握りだろう。その一方で、煮蛤や煮穴子の伝統的な江戸前の鮨種の安定感には、石渕氏の熟練を感じる。伝統を守りつつも進化を続ける、大阪のみならず関西を代表する鮨店となっている。

☼：26,400円

Tel: 06-6767-0677

大阪府大阪市中央区
内久宝寺町2-7-14

定休日：不定休

☼：11:30- /14:00-

鮨 原正

Sushi Harasho

シェフ 石川 功

15.5/20

寿司

大阪上本町の住宅街に位置するこの店は、中に入ると、まず鯛の絵に導かれる。そして、カウンターの向こうには、迎える石川氏と二番手の柔和な表情がある。この二人の佇まいが、この店の鮨のイメージと重なる。始まりは定番の蒸し鮑。じっくりと火入れされた程好い柔らかさの鮑は香りも旨みもバランスが良い。ここからつまみが8品続くが、特筆すべきは焼き物だ。この日はノドグロ。皮目はパリッと身はふっくらと。そして、調味は最低限に控えて仕上げられ、ノドグロ自身の甘みと上質な脂が引き出されている。日本料理の経験もある石川氏ならではの技である。つまみの後は12貫の握りと、手巻き・太巻きへ。このおまかせの流れに、飽きという言葉は無縁だ。石川氏の無駄のない、しなやかな握り方から出される、やや小振りのフォルムは、ひと際美しい。酢飯は、赤酢ではなく米酢が使われており、温度は人肌よりも少し低めで、その分この店の鮨種とのバランスは良い。スペシャリテの剣先烏賊には幾重にも包丁が入り、烏賊の甘みと酢飯との一体感を味わわせる。食べ終えた後の余韻は長く、この引き算の鮨は毎週でもいただきたいと思わせられる。

☼：22,000円　☾：22,000円

Tel: 06-6773-5518

大阪府大阪市天王寺区
上之宮町3-30

定休日：日曜、水曜、
他不定休あり

☼：12:00-
☾：18:00-

※クレジットカードはVisa・Masterのみ利用可

モトイ

MOTOÏ

シェフ 前田 元

16/20 フランス料理

Tel: **075-231-0709**

京都府京都市中京区
富小路二条下ル俵屋町
186

定休日：水曜、木曜

☼：12:00-15:00
（最終入店 13:00）
☾：18:00-22:00
（最終入店 19:00）

俵屋町にある大正時代の呉服商の邸宅をリノベーションし、京都ならではの伝統と優美さを湛えつつ、進取果敢な気風も忍ばせる店だ。前田氏のスタイルは、フランス料理でありながら、料理人として最初のキャリアで培われた中国料理の技法が色濃く、結果として極めて独創的な料理となっている。スペシャリテでもある「麻婆豆腐」は、冷製の泡状の豆腐を使い、フランス料理では類を見ない辛みを感じるが、これがフランス料理であれ、中国料理であれ、「攻めた」料理であることに変わりはない。また、この日のオマール海老は、アメリケーヌソースにブール・ノワゼットという王道のフランス料理であったが、帆立の出汁で炊いたイタチ胡瓜を付け合わせにすることで、仏・中二つの食文化の融合を果たすメニューとしていた。さらに、ハマダイのポワレには、前田氏がペルーへの３週間の旅で見つけたアンデスの唐辛子やチョリソといった新しい要素が組み込まれており、シェフが目指し、表現する世界がより広がっていることを感じさせた。設えの優雅さ、料理の美味しさだけでなく、スタッフの朗らかでありながら統制の取れたサービスも心地好く、すべてに良質の歓待が受けられるレストランだ。

☼：12,100 円～ 27,830 円　☾：24,200 円～ 45,980 円

ドロワ

Droit

シェフ 森永宣行

15.5/20 フランス料理

Tel: **075-256-0177**

京都府京都市上京区
東桜町49-1

定休日：不定休

☾：17:00-21:00 (L.O.)

目の前には京都御苑。扉を開けると、磨き上げられたオープンスタイルの厨房から笑顔で迎えられる。テーブル席だが、数を絞り、目の届く範囲で極上の体験を生み出したいというシェフズテーブルだ。森永氏は「コート・ドール」斉須政雄氏の著書に感動し、大好きなフランス料理の世界へ。その料理には、フランスへの真っ直ぐな憧憬が映し出されている。料理は、軽やかながら、クラシックな造りのワインを受け止めるオーセンティックな味わい。シグネチャーの「鮎のガトー仕立て」は、鮎の部位ごとにベストの火入れを行い苦みや香りを活かした鮎のムース、フォアグラのテリーヌ、そして、ラタフィアのアルコール感と甘みが生きるゼリーが層になっており、口溶けと共に解き放たれる味わいと香りのレイヤーの移り変わりが、芳醇な印象を残す。鉄のフライパンで皮をカリカリに焼き上げるだけでなく、その下の脂と肉、それぞれの層にもきっちり焦点を当てたシストロン産の仔羊など、火入れも群を抜き、煎茶をまぶして店で熟成させた岡山・吉田牧場のチーズなど、日本のテロワールもしっかり感じさせる。ソムリエの増田貴弘氏の所作も美しく、思わず上質なワインを開けたくなる、そんな店だ。

☾：25,410 円

真白
MASHIRO
シェフ 小霜浩之

15.5/20

フランス料理

Tel: **050-3164-5815**
京都府京都市中京区
堂之前町 234
OHG 京都六角ビル 2F

定休日：水曜、火曜不定休

☼：12:00-
☾：18:00-

漆黒の深淵から、純白の眩しい世界へ。感情や思考をリセットした心は真っ白に、祇園の黒の空間から場を移し、六角の光のもとで創作した一皿に舌鼓を打つ、これこそ小霜料理の本懐、料理人として三十余年の集大成である。壁一面に一枚ずつ職人が手づくりした京瓦を配した店内には、10m を超えるアサメラの一枚板のカウンター。オープンキッチンに毎朝届くのは、市場にはなかなか出回らない生産者一押しの食材だ。それ自体完成されている素材を最高の味わいに飛躍させる仕掛けは何か。フランス料理がベースながら和食店でも修業し、料理の可能性を追求してきた小霜氏。どの技法を用い、どんな感性を注ぎ込むか。それは最早、何にも属さない、ジャンルレスこそ現在の小霜料理。食材すら自身の理想を生産者に託し、新たに創り出す。甘みをたっぷり含んだふわふわ食感を実現した小さな白菜。意図的に調理は施さず、季節の野菜や果物をのせ、チーズや自家製カラスミのトッピングのみで最旬をサラダ感覚で味わう。カウンター越しにシェフがゲストに直接渾身の作を届け、温かくもてなす。「旨いもの屋でいたい」という小霜氏の思いが成就したガストロノミックな味処である。

☼：15,730 円　☾：29,040 円

ミドル
middle
シェフ 藤尾康浩

15.5/20

フランス料理

Tel: **075-744-0572**
京都府京都市左京区
下鴨上川原町5-3

定休日：不定休

☼：12:00-
☾：17:00-18:30 (L.O.)

※半個室あり
※テラス席あり
※車いすのまま食事が可能

藤尾氏が料理の道に進むきっかけとなったのはパリの大学時代、家族のために作った料理が喜ばれたこと。そこから南仏の「Mirazur」などの修業を経て、開業は 2021 年 10 月。蔵を思わせる白壁の建物には、美しい木目の階段。2 階のダイニングからは北大路通りと賀茂川沿いの緑を望み、今、まさに沈まんとする夕陽が目に入る。夏の宵、宮崎の「みねかおり」で丁寧に淹れられた冷たいひと口煎茶が、外の暑さを忘れさせてくれた。賀茂なすのピュレと雲丹から始まるコースは、生帆立にはヘシコを使ったソース、メヌケの炙りにはアボカドにコリアンダー、山葵を合わせたりと、イノベーティブな要素が新鮮だ。松茸と極薄切りにした生ハムと米のスープは、香りと旨み、塩味が近づく秋を感じさせる。フランス料理らしい鶉のローストには蓮根と自家製の梅ジャムが添えられ、これがまたよく合う。和の食材を巧みに取り入れ、フランスと日本の融合に違和感を感じさせない、まさに「middle」（真ん中）で、きちんと構成された料理がいただける。華やかな経歴を持ちながら、「誰かの食べる喜びのために」という藤尾氏の料理に対する真摯な思いが、すべての皿に凝縮されている。

☼：24,200 円　☾：24,200 円

Tel: **075-223-2337**

京都府京都市上京区
中町通丸太町下ル駒之町
537-1

定休日：水曜、第2・3
木曜

☼：11:30-12:00 (L.O.)
☾：18:00-19:00 (L.O.)

レーヌデプレ

Reine des prés

シェフ 中原文隆

15.5/20

フランス料理

中原氏は京都ブライトンホテルの「ヴィ・ザ・ヴィ」や、パリの「アルページュ」で研鑽を積み、2012年に神宮丸太町駅からすぐの場所に自身の店を開いた。白を基調としたシンプルで温かみのある落ち着いた店内で、コース料理は、スペシャリテ「師へのオマージュ」からスタートする。「アルページュ」アラン・パッサール氏へのオマージュを込めた一品は、美しくカットされた卵の殻に、スパイス、ビネガー、メープルシロップなどの味覚が複雑に交錯する洗練されたアミューズ。一皿に使う食材の量を抑え、1種類の食材の調理法を変えて料理を完成させ、味に奥行きと深みを出す。この日、北海道から取り寄せた鰤を軽く炙ってクリームチーズと自家製カラスミを添えた一品に使われた蕪は、火入れしたものとフレッシュなものを添え、温度と食感の違いを楽しませていた。松茸を酢橘でマリネして揚げたベニエは、シンプルかつ日本料理的な取り合わせではあるが、ベニエという調理法でフランス料理の味わいに着地させる。メインの佐賀産黒毛和牛は、中原氏が得意とする低温ローストの火入れが素晴らしい。「肉の魔術師」と言われたパッサール氏の技術は、ここ、京都でも継承されている。

☼：12,000円〜24,000円　☾：18,000円〜24,000円

Tel: **075-600-9196**

京都府京都市左京区
大原来迎院町400-3

定休日：火曜、他不定休
あり

☼：12:00-
☾：17:30-

ラ ブッシュ

la bûche

シェフ 森 尚平

15/20

フランス料理

食材の宝庫、大原で生を受け、故郷に戻ってきた森氏が目指す料理は、この土地の香りや空気と大地の恵みへの大いなるリスペクトから始まっている。「la bûche」は、フランス語で「薪」を意味するが、森氏は大原の採れたての野菜の魅力を最大限活かせる「薪焼き」を巧みに操り、フランスの「タイユヴァン」や国内での修業経験を踏まえ、薪の炎から生起する素材の美味しさを五感で堪能できる空間を創り出した。野生のクレソンを僅かに炙ったものにシェーブルのソースを絡ませたり、白茄子と万願寺とうがらしを薪焼きし、西洋わさびを加えたシンプルな皿が登場するが、どれも潤いを保たせる素材優先の手法により、咀嚼する度に「土の香り」の如く旨みがほとばしる。スペシャリテ、「スペルト小麦のリゾット」は、白とうもろこしのピューレをリゾットに含ませてアオミズをアクセントに用いていた。季節ごとに風味は変化するのだが、スペルト小麦の食感とともに、口の中に大原の四季の風景が広がるようだ。シェフ、マダムともにソムリエという圧倒的な知識で厳選した個性豊かな自然派ワインを、大原で、森氏が繰り出す変幻自在な薪火の妙技を眺めながら堪能したい。

☼：8,800円〜12,000円　☾：12,000円

チェンチ

16/20

cenci

シェフ 坂本 健

イタリア料理

誰をも満足させる店というのは意外に少ないが、そんな中、「チェンチ」はどんな人にも薦められる店だといえる。料理の魂ともいうべき「人間性」に満ちているからだ。料理から、生産者との長い付き合いの中で選ばれてきた素材が丁寧に扱われていることが見てとれる。サービススタッフの温かみのある対応からも、カウンターの向こうの調理スタッフにも、「チェンチ」を皆で作っているという意識が感じられ、それらのすべてが、この場で提供される料理の、光に満ちた表情に呼応している。多彩な発酵味のバリエーション、鶏節、鰹節、トマトウォーター、昆布など様々な出汁と、酢と柑橘類の、やはり多様な性質の酸味をレイヤーで重ねることによって、後味は爽やかながら、味の重層性は失わない構築がなされている。また、一つ一つの味が舌に残る時間も考慮した料理が多く、グリーンアスパラガスの一品では、最初は鰹の香りが鼻腔をくすぐり、一口飲むとトマトの爽やかさ、それが次第に唐辛子オイルによって熱を持ち始める。時間差のある味覚を楽しんだ後、「良いものを食べたなあ」という気持ちを残す、それが坂本氏が作り上げた真似のできない料理スタイルなのだといえるだろう。

☼ : 12,100 円～ 21,780 円　☾ : 21,780 円

Tel: **075-708-5307**

京都府京都市左京区
聖護院円頓美町44-7

定休日：月曜、日曜・火曜
不定休

☼ : 12:00-15:00
(L.O.12:30)
☾ : 18:00-21:30
(L.O.18:30)

リストランテ ナカモト

15.5/20

ristorante NAKAMOTO

シェフ 仲本章宏

イタリア料理

店の入り口に３つの燕の巣がある。仲本氏は毎年やってくる燕の家族を受け入れ、台を設けて巣や雛の落下を防ぎ、ゲストに迷惑がかからないよう気配りもしている。その巣を見るだけで、仲本氏がイタリア修業で得たものは、料理の技術だけでなく、それぞれの土地の自然や生き物を愛するイタリア文化のSDGsの精神ではないかと思える。その予感が正しかったことは、最初に出された地元産大和橘の飲み物や、華やかでいて鮮烈な味のスペシャリテ「季節の野菜の一皿」、「奈良から届く榛原牛の薪焼き」といった、地域の極上の食材を使ったオリジナリティー溢れる料理が続くことでも明らかだ。もちろん、フィレンツェの名店「エノテカ・ピンキオーリ」で培われたパスタ料理も素晴らしく、打ちたてのタリアテッレの舌触りは、舞茸や万願寺とうがらしとシンクロするかのように舌の上で踊り、地元の甘いとうもろこし「ドルチェドリーム」を使ったソースでいただくリコッタチーズを詰めたアニョロッティも絶品の一言。ノンアルコールのペアリングにも工夫とアイデアに満ちた驚きがあり、食事の愉しさを増幅させる。地に足の着いた、この木津川でしか味わえない唯一無二のイタリア料理だ。

☼ : 15,400 円～ 22,000 円　☾ : 22,000 円

Tel: **050-3134-3550**

京都府木津川市
木津南垣外122-1

定休日：水曜中心に月６日

☼ : 12:00-15:00
(最終入店 12:30)
☾ : 18:00-23:00
(最終入店 19:00)

※コースはペアリング込み、アルコール・ノンアルコールの選択可能

ヴェーナ

Vena

シェフ 早川大樹

15/20

イタリア料理

Tel: 075-255-8757

京都府京都市中京区
鏡屋町46-3

定休日：水曜、木曜・金曜ランチ、他不定休あり

☼：12:00-13:00 (L.O.)
☾：17:30-20:00 (L.O.)

京町屋を改装、モダンなグレーのエクステリアが住宅地に溶け込む隠れ家のようなイタリア料理店だ。カウンターの向こうで迎えるのはオーナーソムリエの池本洋司氏。「ボッカ・デル・ヴィーノ」のマネージャー時代にワインに魅せられ、道を極めて、この店に辿り着いた。カウンター席のゲストの背後に設えられた圧巻のセラーには愛蔵の1960年代のワインをはじめとした約1,200本のイタリアワインが並ぶ。そして、池本氏が集めた北欧のヴィンテージ家具コレクション。ゲストが座る椅子は一脚ずつ異なる愛好家垂涎のデザイナーものばかり。愛するものに囲まれたパラダイスで池本氏は、「イル ギオットーネ」出身の早川氏の、「素材ありき」のイタリア料理に嬉々としてワインをマリアージュさせる。スペシャリテは“あえて”作らない早川氏の一皿は、和洋の食材の個性を際立たせ、常に変貌する。イタリア料理のベースに、筍や木の芽、ホタルイカなど、フレッシュな季節感溢れる和の香りを組み合わせて味わわせるスタイルだ。京都近隣の食材の豊かさを享受し、真の旬を探し当てる目利きが繰り出すイタリア料理は、熟成ワインとともに美味しさのピークをゲストに届けていく。

☼：12,000円　☾：24,000円

ドーディチ

DODICI

シェフ 尾本 寛

15/20

イタリア料理

Tel: 075-221-1238

京都府京都市中京区
麩屋町通御池上ル
上白山町239 白山神社前

定休日：水曜、木曜

☼：12:00-15:00
（最終入店 13:00）
☾：18:00-22:00
（最終入店 19:00）

白山神社の御前にモダンな一軒家リストランテ。ソムリエで支配人の中島丈晶氏の出迎えを受け、ウェイティングルームで一服して2階へと向かう。テーブル席のみだがキッチンが客席に向いて開けており、調理風景も楽しめる。28歳で渡伊し、「リストランテ ペルベッリーニ」などで研鑽を積んだ尾本氏は、王道と新しさを兼ね備えた料理を創り出す。湯葉をモッツァレラに見立てたり、大徳寺納豆や柚子胡椒など日本の発酵調味料を積極的に用いた料理は、独自性が際立つ。食材は、岩手や富山など全国から取り寄せたもので、調理法もベネトやトスカーナなど広域からインスパイア。オリーブオイルも北と南を使い分け、表現の幅が広く、イタリア語で12という意味の店名通り、毎月変わるコース内容は、何度通っても新しい発見がある。今回はパルマ風グラタンを新解釈した湯葉と茄子の冷製前菜の斬新さ、そして、リゾットの米と新玉葱、揚げ白海老の異なる3種の食感でシンプルに魅せる美味が、新しさと王道の両極として印象に残った。ワインやノンアルコール飲料の選択を中島氏に依頼すると、マリアージュについての会話も楽しめ、リストランテらしい体験を満喫できるだろう。

☼：9,680円～14,520円　☾：18,150円～27,830円

ビーニ

15/20

Bini

シェフ 中本敬介

イタリア料理

御所南の京町家をリノベーションし、中庭を含め趣のある店構えと温かみのある内装で客を迎えるレストランだ。中本氏はイタリアやスイスで12年過ごし、スイスでは総料理長として腕を振るった、欧州をよく知る人物である。2010年に京都で店を開き、2017年に現在の地に移転。イタリア料理というカテゴリーではあるが、フランス料理や和食の技法も垣間見える懐の深い料理が供される。岡山･美作の鹿に火入れする「日本鹿」というメニューは、できるだけ生の食感に近づけるための技法が凝らされており、その味は肉食文化である欧州で培われた中本氏の技を堪能できる一皿となっている。「サフラン」と題されたパスタ料理は、スイスから帰国後、京都に店を構えるきっかけになったという「京都大原山田農園」の有精卵を使ったピエモンテ仕込みのタリオリーニ。マダムの故郷である佐賀のサフランも用いており、店を代表する忘れがたい一品だ。さらにデザートは「オレンジ」という「Bini」風のババ。ラム酒の代わりにノンアルコールのオレンジのシロップを使っているが、爽やかで鮮烈なデザートが最後まで飽きさせない。人を惹きつける魅力に溢れ、何度でも通いたくなる店である。

☼：12,100円～　☾：21,780円～

Tel: 075-203-6668

京都府京都市中京区
東洞院通丸太町下ル
445-1

定休日：月曜、隔週日曜のディナー、火曜ランチ

☼：12:00-15:00
☾：18:00-23:00

熙怡

14.5/20

Kii

シェフ 西山哲平

イタリア料理

四条と烏丸の駅にほど近く、仏光寺通沿いの路地の奥まった一軒。古い町家の外観をそのまま残した玄関を入ると、こぢんまりした空間にもみの木のカウンターを挟み、マダムとの語らいが始まる。料理だけでなく会話も、この店の楽しみの一要素だ。西山氏はイタリア修業の後に独立して10年、「日本の食材を用いて、自分が美味しいと思えるものだけを提供する」という理念のもと料理を創る。コース全体で使う塩分量を定め、動物性油脂を多用せず、食べ疲れしない調理を心がけるため「和食のようにシンプルだ」とも評されるが、その実、手が込んでおり、この日のパスタソースには、口頭で説明される食材の他に、アコヤ貝の出汁、酢、カシューナッツなどが隠し味として用いられていた。同時に、露地栽培のハーブは切りたて、チャバタやピアディーナは焼きたて、と時間とともに失われる香りなどの要素にも気を配り、こうした隠し味と新鮮さが料理に深い味わいをもたらしている。ワインはイタリアの自然派に日本酒も揃え、ゲストの好みを聞く。マダムやシェフとの楽しい会話に、つい長居してしまう居心地の良さに、リピートして常連になる客が多いというのも納得だ。

☼：21,780円　☾：21,780円

Tel: 090-7098-4392

京都府京都市下京区
烏丸通仏光寺西入ル
釘隠町242

定休日：不定休

☼：12:00-15:00
☾：18:00-22:00

富山　石川　福井　静岡　愛知　岐阜　三重　大阪　京都　兵庫　奈良　滋賀　和歌山　岡山　広島　山口　島根　鳥取

Tel: **075-343-0690**

京都府京都市下京区
東境町172
ネオヒルズビル 2F

定休日：水曜、他不定休あり

☼：土・日・祝
12:00-14:30
(L.O.13:00)
☾：18:00-23:00
(L.O.21:30)

ジェルモーリオ

Germoglio

シェフ 天谷彰吾

14.5/20

イタリア料理

夏の残照の中、優しい笑顔のマダムに迎えられ、ホッとした気持ちで席に着く。ふと見ると、カウンターの向こう、東本願寺のお濠で蓮の花がまだ美しく花弁を広げていた。七条通の喧騒をすっかり忘れさせてくれる店の雰囲気に包まれ、まず「始まりのお楽しみ」と名付けられたスターターは、こんがり焦げ目の付いた自家製パンの上にモルタデッラのペーストとサマートリュフ。次の雲丹と鷹峯とうがらし、生ハムのゼリー寄せは、雲丹の殻を器にして、キラキラ光る３つの素材をメープル材のスプーンで掬って口に運ぶ。それぞれの風味、塩味が一体となり、鷹峯とうがらしが良いアクセントになっていた。また、賀茂なすのとろりとした食感に、仔山羊のラグーソースがよく絡んだラザーニャは、京都ならではの味わいである。じっくりと火を入れた国分牧場の三元牛は、天谷氏が追求し続ける食材だ。そして、トマトの旨みが濃縮されたシンプルなポモドーロ。こうしたコースの構成が実に巧みで、次は何が登場するのだろうと、わくわく感が最後まで続く。期待と驚きと親しみが三重奏を奏でる天谷氏の料理は、ピエモンテ、ミラノ、リグーリアと、イタリアでの修業と京都での日々の研鑽の賜物であろう。

☼：16,500 円　☾：16,500 円

Tel: **075-253-6290**

京都府京都市中京区
御池大東町590
加納ビル B1F

定休日：火曜、月１回不定休あり

☾：17:00-24:00
(L.O.23:00)

フウド

fudo

シェフ 入江哲生

14/20

イタリア料理

京都市役所に近いビルの地下にある日本の「風土」を生かしたイタリア料理店。入江氏は 27 歳で料理界に入り、京都の「イル パッパラルド」で基礎を学ぶ。「カフェ アンデパンダン」を経てスペインへ渡り、生活に根差した料理文化を体感して帰国。京都の「イルフィーコ」で腕を磨き、独立を果たした。修業時代から醤油など和の調味料を駆使したイタリア料理を作り、それが今の礎になっているという。イタリア料理の枠にとらわれない独創性の高さが特徴で、スペシャリテの「鯛出汁のソース 一面のからすみ 浜名湖の青のりとネギ」は、パスタというよりも、日本人の好きなラーメンを彷彿とさせ、スープをたっぷり吸ったカラスミと青のりが溶けるように麺に絡みつき、乳化とは異なるアプローチで、トロッとした食感を出している。どの料理にも発酵食品と塩を利かせた味付けが顕著で、油脂との相性の良さを活かし、納豆・魚醤などの発酵食品、へしこ・酒盗など塩辛系のものをオイルやバターと合わせて、親しみやすい味を生み出している。この料理には入江氏の推す日本ワインや日本酒も進むことだろう。入江氏が、京都発のイタリア料理にあって独自の存在であることは間違いない。

☾：8,800 円

タカヤマ

TAKAYAMA

シェフ 高山忠司

16/20

イノベーティブ

客席と厨房が一体となった真っ白な空間に、一瞬感じる緊張も、しなやかなサービスと会話ですぐに和らぎ、高山氏のエンターテインメントの世界に引き込まれていく。最初の一皿は、ミントの香りに包まれた一口ジュース。手に取り、口に運んだ瞬間から脳に刺激が走り、胃が動き出すような感覚を覚える。そこから続く40種類にも及ぶ料理は、多彩な色と美しい盛付、様々な香りや食材の意外な組み合わせにワクワクが止まらない。とりわけ感動するのは高山氏のイタリアでの経験を含む確かな調理技術と溢れんばかりのアイデア、そして料理に注がれる熱い情熱だ。向暑の季節、富山湾で獲れた新鮮な鰆は、丁寧に炭火で焼かれ、皮目の香ばしさと柔らかく瑞々しい身が共存する完璧な火入れ。それをグリル・フライ・ソテーなどの調理法による大原の野草15種類が包み込む。トンナートソースは鰆との相性が良く、ケールオイルも上品な香りを口の中に残す。シェフの工夫やアイデア、そして美味しさの進化を実感する一皿だ。この店のサービス精神はパティシエの作るドルチェからも窺えるが、それは訪問してのお楽しみとする。高山氏が描く料理世界は、いよいよ研ぎ澄まされていく。

☼：28,000円　☾：28,000円

Tel: **075-744-6865**

京都府京都市下京区
河原町通四条下ル2丁目
稲荷町318-6
GOOD NATURE STATION
2F

定休日：月曜、他不定休あり

☼：12:00- 一斉スタート
☾：18:00- 一斉スタート

※季節により価格の変動あり

コケ

KOKE

シェフ 中村有作

15/20

イノベーティブ

細い通路を抜け、緑の美しい庭を愛でながら店に入ると、広々とした空間の中にある大きなカウンター越しに見える薪の火と共に、「一座建立」を体現したかのようなもてなしをするスタッフが控えている。建物の根幹でもある地下30mから汲み上げられた水は、素材の味を引き出し融和させるが、それはスペイン料理だけでなく、和食さらには沖縄料理の美点を重ね合わせる包容力と技の切れを見せる、中村氏の存在そのもののようだ。中盤に出る「タパス」はガスパチョやピンチョスなど合計7品の小皿料理だが、一つ一つに技巧が施されて、その質の高さに驚かされる。ミガスや肉料理に使われたシェリー酒のソースなど、スペイン料理のエッセンスを感じる一方で、魚料理に用いられた八丁味噌や、スペイン風のおじやであるカルドッソの味わい深さは日本人にも馴染みやすく、さらにシェフのルーツである沖縄のルートビアやオリオンビールを活かしたメニューは、料理の中に深みと奥行きを持たせて新たな基軸が作られていると感じさせる。2021年の開店から2年余り、「これからもっと京都や他の地域の食材を使っていきたい」と話す中村氏は、今後どんな進化を見せてくれるのだろう。

☼：14,950円〜25,300円　☾：25,300円

Tel: **075-223-5055**

京都府京都市中京区
蛸薬師287 IDO 1F

定休日:月曜、日曜ディナー

☼：金・土・日
12:00-14:30
(L.O.12:30)
☾：18:00-23:00
(L.O.18:30)

Tel: **050-3196-1433**

京都府京都市東山区
石泉院町396

定休日：日曜、月曜

：17:30- /20:30-

ルーラ

LURRA°

シェフ ジェイカブ・キアー

ジェネラルマネージャー 宮下拓己

15/20

イノベーティブ

「sunflower（ひまわり）」と名付けられた、京都の採れたての夏野菜を高温の薪窯で焼き上げた一皿は、白胡麻とターメリックがベースの「ゴールデンタヒニ」なる黄金色に輝くソースが皿一面に塗られ、ゴッホの名作を彷彿とさせる。キアー氏の料理哲学は、デンマーク「noma」やニュージーランドの「Clooney」での研鑽を経て、季節と文化を強く印象付ける京都という地でさらに覚醒したことは確かである。「雲丹のババロア」は、海藻由来のコンブチャなどでマリネしたセミドライトマト、蓴菜を加え、クロモジのお茶ベースのトマトのスープで構成。滑らかな食感の狭間で発酵作用による豊かな風味が押し寄せる。12 品の連なる料理群をさらに昇華させるのは精鋭 7 杯のペアリングで、アルコールとノンアルコールを選べるが、両者同等のフレーバーで料理に寄り添わせる妙技も注目すべきところだ。終盤「irori」（囲炉裏）と称するデザートテーブルに導かれ、すべての客人が顔を合わせるユニークなシステムが存在する。そこは、美味しさの記憶を確認し合う場でもあり、「チーム LURRA°」独自の方向性が、人と人、人と自然の繋がりを「食」を通して深めてくれる。

：**36,300 円**

Tel: **075-748-1154**

京都府京都市左京区
浄土寺下南田町147

定休日：日曜、月曜

：17:00-23:00
（最終入店 20:30）

※予約は可能な限りウェブ予約より

モンク

monk

シェフ 今井義浩

14/20

薪窯料理

店に一歩足を踏み入れた瞬間、日本とは思えないような、グローバルな雰囲気が漂っている。 海外からの客も増えており、そのことが店の懐の深さを感じさせる要因になっているようだ。今井氏は「エンボカ京都」の立ち上げに携わり、その後、デンマークの「noma」やカリフォルニアの「Chez Panisse」の厨房にも立っており、そうした世界を知る経歴が店に独自性をもたらしているのだろう。最初に出されるのは、茶懐石のような始まりを意図しているという素焼きのピザとバターナッツカボチャの冷製スープ。そして、メダイ、蛸、サワラといった魚介のメニューが続く。今井氏が毎日、京都・大原で選んできた野菜を窯の火で調理する「野菜の窯焼き」は、火という根源的な調理法を用い、その場にいる人達とシェアして食べるという最もプリミティブな食事の形態であり、味以上の何かが感じられる。メインのピザは 2 種類選べるが、この日の「天然きのこ」は岩手のヤマドリタケ。ポルチーニ茸の近縁種で、旨みがとても強くメインを張れる食材であり、期待を裏切らない。こうしたすべての要素が相まって、京都にありながら、京都でない、特別な店になりつつある。

：**15,400 円**

仁修楼

Ninshurou

シェフ 上岡 誠

15.5/20

中国料理

Tel: **075-366-8843**

京都府京都市北区
紫竹北栗栖町2-12

定休日：水曜

☾：18:00-20:00
（最終入店）

上岡氏は、「京都ホテル」（現在の「ホテルオークラ京都」）など数軒を経て、中国の広東省で技を磨き、2019年に開業。その卓越した感性は、様々なメニューの味わいを広げる上品な上湯スープにみることができる。スタートの衣笠茸、洋梨、紅ナツメ、陳皮などのエキスが身体を癒す薬膳スープも然り。鱧と紫蘇の春巻きでは、とろみをつけてソースとし、料理の輪郭を洗練させていた。前菜の盛り合わせは、猪の焼売、海老や帆立を挟んだ合鴨の水かきなど８種で、香り、食感、風味、火入れ加減がどれも秀逸。口に入るタイミングで、美味しさの頂点になるよう計られている。上海蟹は、雌を紹興酒漬けで、雄は鴨の塩漬け卵と上湯スープをかけた蒸し物でいただくが、どちらも上品で芳醇なコクは、喩えようも、比べようもない。この日は、ドウマンガニもおこわで登場し、ほぐした身と雄蟹のみその餡かけで、たっぷりと濃厚な旨みと甘みが味わえた。脳裏に刻まれる皿の数々は、どれも圧倒的な時間をかけた丁寧な仕込みと一工夫の仕掛けがあり、ゲストを喜ばせたいという気持ちが溢れている。調味料に頼らない滋味豊かな料理で人を惹きつける、上岡氏の純粋な情熱に触れる食体験は、明日に繋がるエネルギーが湧いてくる。

☾：25,000円～45,000円

ベルロオジエ

VELROSIER

シェフ 岩崎祐司

15.5/20

中国料理

Tel: **075-744-6984**

京都府京都市下京区
河原町通四条下ル2丁目
稲荷町318-6
GOOD NATURE STATION
2F

定休日：水曜、他不定休あり

☼：12:00-15:00
（最終入店 12:30）
☾：18:00-22:00
（最終入店 19:00）

スタッフに案内され仄暗い店内のテーブル席に着く。目の前には眩しく光る舞台。スパイスの香り漂う中、後方で鍋を振る背中越しに、炎に包まれ変化していく食材の推移を思い描く。前方では、調理人が並んで腕をシンクロさせながら動かし、細工を施す。振り付け通り踊るダンサーのようにしなやかな動き。パフォーマンスを終えたシェフが舞台上から放つ一皿が、ステップを踏むように黒服のサービスマンの手で運ばれる。繰り出されるのは、フランス料理のエッセンスを加味したエッジィな広東料理の数々。中国料理の掛け算、フランス料理の足し算から導き出される前衛的なコース仕立ては、大胆なスパイスと乾物を料理のパーツとして組み合わせた知恵の輪のようだ。薔薇に囲まれた最中は、コンフィし紹興酒に漬けたフォアグラが詰まったシグネチャーディッシュ。パーツをバラして再構築する謎の形状で現れる餃子。アメリカンドッグの皮を纏った酢豚。シュールな外観にもかかわらず、意表をついてちゃんと中国料理の味に着地するマジック。なぜ？と思わず聞きたくなるが、種明かしをしないのが「粋」というもの。「これでもか」というほど新機軸を追求する、岩崎氏オンリーワンの料理劇場だ。

☼：12,100円～22,000円　☾：24,200円～

飯田
lida
シェフ 飯田真一

18.5/20

日本料理

Tel: —

京都府京都市中京区
姉小路富小路西入ル南側

定休日：不定休

☾：18:00-20:00

※紹介制
※価格は季節により変動

格別と賞賛される「飯田」の春の季節は、御本手の薄紅色の皿に盛られた春野菜から。帆立の上の、ウド、ウルイ、タラの芽、わらび、ボウフウは、素揚げや酢漬け、お浸しなど、それぞれ異なる手法で仕上げられ、彩り鮮やかに積み重なる。甘酢の銀餡で春色が一つに調和する妙味。山菜の苦みと野趣の香りに五感が活気づく。炙ったクチコを添えたアブラメが浮かぶ、桜と紅葉が描かれた蒔絵椀は、蓋を開けると木の芽の香りが、清明なる風を運ぶ。花見にいただく食習があったという豆腐田楽。美しい青竹に刺さる豆腐は滑らかで舌に瞬時に馴染む。生姜味噌の甘さを引き立てる、炭火で炙った蕗の薹のほろ苦さに、春模様が広がる。京都・塚原の最高級の筍の炭火焼きは細やかに切れ目を入れ、火入れをすることで、よりしなやかで豊かな滋味を感じる逸品に。桜海老のかき揚げ、干しゼンマイの湯葉巻き、と季節の情景を味わい、締めは、桜鱒と筍、山椒の実の炊き込みご飯。鱒の旨み、角切りの筍の際立つ甘みに山椒の放つ香気が絡まり、記憶に残る余韻を生む。料理、器、そして室礼と、すべてにおいて、心ゆかしく、閑雅な空間には、日本文化の尊さにゆっくりと向き合う至高の時間が流れている。

祇園 さゝ木
GION SASAKI
シェフ 佐々木 浩

18/20

日本料理

Tel: 075-551-5000

京都府京都市東山区
八坂通大和大路東入小松町
566-27

定休日：日曜、第2・4
月曜、他不定休あり

☼：12:00-
☾：18:30-

※仕入れにより価格の変動あり

「京料理の世界に風穴を開ける」とばかりに前代未聞の発想で新境地を拓いてきた“割烹界の革命児”佐々木氏。還暦を過ぎて「守りに入ったらアカン」と挑んだのが「ラボ」という発想だ。リニューアルした店舗は、デザイナー・藤田卓彦氏により茶室の工法を取り入れながらの革新的な造り。表舞台とバックヤードの垣根をなくしたフルオープンキッチンで、弟子と共に新たな味づくりを模索する。京料理の枠を超える実験場へ通じる自動扉の手前には、邪気を祓う仁王像。ゲストを迎えるカウンター、8mもの檜の一枚板が圧巻だ。鮑をピザ窯で焼くなど数多のサプライズを生み出した“親友”「石窯」を手放し、炭火焼きという原始の調理法に戻り、勝負をかける。琵琶湖の子持ち鮎は炭火で焼き、廃れつつある伝習を弟子に受け継がせる。かと思うとワイングラスが並び、鱧と松茸に昆布の出汁を投入。香りと味わいをよりストレートに伝え得る土瓶蒸しのニューバージョンだ。食材に何一つ無理をさせず、素材の持ち味をダイレクトに伝える。その一皿の考案者は誰か？　その場で明かされる。若い感性と佐々木氏の経験値の融合は、これからも旧習に攻撃を仕掛け、京料理の未来を拓き続ける。

☼：22,000円　☾：44,000円～

菊乃井 本店

KIKUNOI Honten

シェフ 村田吉弘

18/20

日本料理

賑やかな祇園を抜け、八坂神社横の坂を上ると、あたりは静けさに包まれる。その先の樹々に囲まれた風格ある数寄屋造りが「菊乃井 本店」だ。村田氏は海外のシェフとの交流を進め、和食のユネスコ無形文化遺産登録にも貢献。日本料理の世界発信にも大きな役割を果たしている。日本料理の伝統を守るだけでなく、現代の味覚に合わせた今を生きる料理とするため、「守破離」とも言えるような探求を続けている。その発想は自由自在で、鯖寿司の酢飯を、ブイヤベースを思わせる香りのサフランライスとし、ピンクペッパーを飾ったり、和牛を無花果の葉で包んで甘い香りを纏わせて焼き上げるなど、遊び心と創造性溢れる演出が楽しめる。もちろん、お椀には、まさに京都という品の良い出汁が張られ、これこそが、この店の本質である。日本の情景を思い浮かべさせる盛付も見事で、秋の先付は、ススキをあしらった丸盆でススキの生い茂る湖の水面を表し、舟形の器を浮かべるように置いて湖上の月見の風景を描くなど、意匠が凝らされたもの。村田氏が自らデザインした器もあり、尾形光琳の掛け軸など、美術品としても価値の高い室礼と合わせて総合芸術としての日本料理を未来に伝えている。

☼：16,445 円～ 63,250 円　☾：25,300 円～ 63,250 円

Tel: **075-561-0015**

京都府京都市東山区
下河原通八坂鳥居前下ル
下河原町459

定休日：第 1・3 火曜

☼：12:00-12:30
（最終入店）
☾：17:00-19:30
（最終入店）

未在

MIZAI

シェフ 石原仁司

18/20

日本料理

細部に至るまで石原氏の美意識が貫かれた数寄屋造り。張り詰めた空気の中で心を和らげてくれるのは、そこはかとない雅の趣だろう。真・行・草と構成された天井も見事だ。20 年目を迎えるこの空間で石原氏と弟子が、天からいただいた自然の恵みを恭しく差し出す。盛られるのは、中国・明時代の陶磁器から柿右衛門や永樂など、過去から現代へと幾百年の星霜を重ねた名品や現代作家による器。料理は石原氏独自の茶懐石で、この日の煮えばなに合わせたお椀は、野に行って摘んできたという芳しい天然の蓬の豆腐が入った白味噌仕立てであった。石原氏から一献いただく前に、隣の席に盃を取り回すと、「一座建立」という言葉が思い浮かんだ。供される料理はまさに「馳走」だ。山科の白子筍の「直煮」は、掘り出す時間に合わせて受け取りに行き、地上に出てから 1 時間ほどで火入れをするため、えぐみがまったく感じられない。締め括りの水菓子の果物だけでも 70 種類が使われており、細かく仕事を重ねた料理の数々は日本の海山の豊かさをそのままに映し出す、「欠けるもののない」自然のミニアチュール。時を忘れ、まるで茶室という小宇宙の中で過ごすように、石原氏の世界観に酔いしれたい。

☾：66,000 円～

Tel: **075-551-3310**

京都府京都市東山区
八坂鳥居前東入ル円山町
613 円山公園内

定休日：水曜、他月 4 日の
不定休あり

☾：18:00-22:00

※ 18:00 からの一斉
スタート

※ 1 月・10 月は
70,000 円～

※クレジットカード利用の
場合、別途手数料 10%

京都吉兆 嵐山本店

KYOTO KITCHO Arashiyama

シェフ 徳岡邦夫

17.5/20

日本料理

Tel: **075-881-1101**

京都府京都市右京区
嵯峨天龍寺芒ノ馬場町58

定休日：水曜、年末年始（12月26日-31日/1月4日-10日）

☼：11:30-15:00（L.O.12:30）
☾：17:00-21:30（L.O.18:30）

京懐石の名店は、茶の湯の「一期一会」の考えに基づき、究極の美意識を表現する。夏の盛りに訪れると、室内にはよしずが張られ、涼しさを演出していた。最初に供されるのは大きな蓮の葉の包みだ。蜘蛛の糸を思わせる銀の水引を解くと、花びらと共に切子ガラスの皿に盛り込まれたキャビアや和牛などの酒肴が現れる。大胆で華やかな演出は、脈々と受け継がれてきた進取の気質を表すもの。お造りは中心に季節の花を活け、その周りに砕いた氷を敷き、刺身を盛り込んだ春海バカラの舟形の器を浮かべる。刺身は表面を軽く炙り、甘みを引き立てた、滑らかな食感の伊勢海老など。ここは調理や調味のみならず、室礼や器に至るまで総合的な美意識を継承する場でもある。この日のお椀は、見事に骨切りをした鱧に、糸のように細く刻まれた長芋を白瓜の輪で束ね、水の流れを表した風流なもの。味わった後には塩気や味の強さが好みに合っているかを確認され、それがこの後のコースに反映される。顧客ファーストの、究極のもてなしの形がここにある。魯山人や永樂などの美術品クラスの皿を、用の器として使う贅沢。美しいものにふれ、季節を感じる、妥協なき極上の美ともてなしの体験がここにある。

☼：52,800 円～　☾：66,000 円～

瓢亭

HYOTEI

シェフ 髙橋義弘

17.5/20

日本料理

Tel: **075-771-4116**

京都府京都市左京区
南禅寺草川町35

定休日：水曜

☼：12:00-15:00（L.O.13:00）
☾：17:00-21:30（L.O.19:00）

400 年以上前、南禅寺の腰掛茶屋として創業された当時の趣を留める建物や一棟ごとに独立した茶室。ここには日本文化が大切にしてきた品格や奥ゆかしさがある。それは、ただ伝統を守るだけでなく、まさに「瓢々と」変革を遂げた十五代に亘る長い歴史がもたらしたものだろう。5 月、障子を開け放して、瑞々しい青葉と心地好い風を感じ、敷地内を流れる川のせせらぎを聞きながらいただくことも馳走の一部。料理に凝らされた意匠は流石だ。八寸は、定番の瓢亭玉子が杜若の名所にちなんだ八つ橋の上に供され、端午の節句の名物、粽の下には菖蒲の葉、馥郁とした香りの立派な青梅の蜜煮には桜の若葉と、季節にちなんだ香りの要素が添えてある。甘鯛とクラゲの香酒漬けは、この節句が中国の故事に基づくことによる。言葉はなくとも、繊細な季節に対する感性が小さな皿に織り込まれている。革新を続ける十五代義弘氏のアプローチは、通常は炭火焼きにする稚鮎を、ふっくらと仕上げるため、焼いてから素揚げにするところに見られた。時代に合わせて工夫を重ねながら歩を進め、未来に繋いでいくバトン。受け継がれる感性と微細な変化を読み解きに、何度でも訪れたい名料亭である。

☼：31,625 円～　☾：37,950 円～

草喰 なかひがし

Soujiki NAKAHIGASHI

シェフ 中東久雄

17/20

日本料理

Tel: **075-752-3500**

京都府京都市左京区
浄土寺石橋町32-3

定休日：月曜、月末の火曜

☼：12:00-13:00 (L.O.)
☾：18:00-19:00 (L.O.)

哲学の道に店を開いて四半世紀、今なお多くの食通や料理人を虜にする中東氏は、時代によって聞こえてくる様々な声に左右されることなく独自の道を究め、食材の可能性を引き出し、さらなる進化を見せている。一流の食材を買い集めるのではなく、「ご馳走」の語源通り山野を駆けめぐり、命ある作物を大切に美味しく届けることに徹する中東氏。同じ季節に訪れ同じ食材をいただいても、食材の持つ多様な魅力に驚かされる。そこには素材と対話しながら味を思い描き、イメージ通りの料理に仕上げる知識と技がある。春の逸品の白和えは、蕗の薹であれば豆腐で和えて椎茸を刻み、食材を苦みの少ないタラの芽に変えれば、湯がかずに素揚げしたつくしをあしらうことで上品な苦みを添える。さらに心憎いのは、キハダの実をおくことで、爽やかな春らしい軽やかさも演出しているところだ。また、肥料になる白菜の菜の花を筍とワカメの炊き合わせに、産卵を終えた鮭を鮭節に、お造りにした鯉の骨からとった出汁を煮凝りにしてソースにと、余すところなく料理として届ける知恵は、これからますます貴重になることだろう。優しい料理でお腹が満たされる頃には、次の訪問が待ち遠しくなるに違いない。

☼：8,800 円〜　☾：22,000 円〜

浜作

HAMASAKU

シェフ 森川裕之

17/20

日本料理

Tel: **075-561-0330**

京都府京都市中京区
新町通六角下ル六角町
360

定休日：不定休

☾：18:00-

長刀鉾の扇子が灯明に照らし出される７月。まずは、猪口で一番出汁を一杯。これが蒸し暑い外から来た身体に染み渡る。雲丹と湯葉の葛豆腐の滑らかさに舌鼓を打っていると、鱧の骨切りの音が聞こえてくる。やがて、鱧はぷるんとした葛の衣を纏い、黒い椀の中でまさしく白い牡丹の花となって供された。美しい…。「浜作」の料理はとにかく美しい。カラリと揚げた鮎は、今にも飛び跳ねそうに生き生きとしている。そして、この夜の白眉は黒鮑の水貝。流水で満たされ続ける赤いクリスタルの深鉢に、殻から外された鮑は包丁目を入れ、捌かれて投げ込まれる。臭みは抜け、先に外された肝ソースの風味と塩梅が、コリコリとした食感と相まって最高の一品だ。森川氏の、食材の持ち味を最大限に引き出す調理の技術、音楽や美術をはじめとする芸術への造詣の深さが醸し出す風格、カウンターの端々まで行き届く心配りに魅了される客が多いというのも頷ける。そして、最後に出される出汁巻きと、焼海苔とほんの少しの醤油を混ぜて角の取れた大根おろし、炊きたての白いご飯、香の物、止め椀をいただいて箸を置く時、身の内からしみじみと今宵一期一会の歓びが湧き上がってくるのだった。

☾：60,000 円〜

祇園 きだ

16.5/20

Gion Kida

シェフ 木田康夫

日本料理

Tel: **075-551-3923**

京都府京都市東山区
祇園町南側570-192

定休日：不定休

☾：18:00-20:00
（最終入店）

※季節により価格の変動あり

お茶屋や京都屈指の料理店が軒を連ねる祇園。賑わう通りから路地を入った先、赤い提灯、鍾馗さんなど京の風情漂う門構えが迎えてくれる。品の良いカウンター８席と個室を仕切るのは、「祇園 さゝ木」佐々木浩氏の薫陶を受けた木田氏だ。カウンター越し、礼儀正しく毅然として食材を前にする時の集中力と眼差しが印象的である。その一方、客との会話では笑いが絶えず、コミュニケーションも料理の美味しさの一要素だと改めて思う。コース料理は、季節の厳選素材が木田氏の手によって華やかな装いの逸品となって現れる。ホワイトアスパラガスには米粉フレークを纏わせカラスミと黄身酢ソース、木の芽の香りで仕上げる。甘鯛の揚げ物は、新生姜と九条葱で鮮やかさと個性を。どちらも、美味しさが口の中に広がった後、最後に素材の旨さが印象濃く脳裏に焼きついた。火入れの塩梅、温度、食感ともに素晴らしく、和牛の出汁しゃぶしゃぶでも、添えられた山菜や花山椒という季節の味をいただく歓びだけではなく、計算されたかのような肉とのまとまりの良さに感動する。一品ごとに変える出汁の濃淡が、素材の奥の奥まで美味しさを引き出し、其処彼処に料理への確信と風格を見た。

☾：27,500 円～ 33,000 円

富小路やま岸

16.5/20

Tominokoji Yamagishi

シェフ 山岸隆博

日本料理

Tel: **075-708-7865**

京都府京都市中京区
富小路通六角下ル骨屋之町560

定休日：火曜、第 2・4 水曜

☼：12:00-
☾：18:00-

※仕入れにより価格の変動あり

照明を落とし、打ち水をした静かな石畳の回廊の先にあるカウンターは、活気に溢れている。山岸氏は茶道・華道・書道を極めた達人でもある。「水ありきで、ここに決めたのです」という言葉の通り、地下から湧き出る柔らかく仄かに甘みがある水を生かした茶懐石。食材の味を引き出すこの水により、お椀の繊細な味わいは特筆すべきものとなった。コースは涙豆を使った飯蒸しに始まり、希少な山菜のシオデなど、限られた時季にしか手に入らない極上の食材を端正な技で仕上げていく。「華道は、盛付や色合わせなどに生きています」と、季節に合わせた永樂などの名窯の器使いも巧みだ。実家が鮮魚店であったことから、料理の世界に興味を持ったという山岸氏の魚の目利きは確かだ。この日は綺麗な脂の乗った明石鯛が、中国・明代後期の器に盛り込まれていた。味はもちろん、見目麗しい料理の背景には、美しい「道具」がある。香り高い紀州備長炭で旬のトリ貝を焼き上げる焼き台は、中国の華南三彩にインスピレーションを受けた特注品。焼き網は京都の「金網つじ」のものだ。美意識に基づく世界観でありながら、緊張感を抱かせない。それが山岸流究極の「亭主の心得」なのだろう。

☼：33,000 円～ 110,000 円　☾：33,000 円～ 110,000 円

美山荘

16.5/20

Miyamasou

シェフ 中東久人

日本料理

京都の山々の緑を抜けて辿り着く花脊の地。「美山荘」が掲げる「摘草料理」とは、主人自ら山に入り、この地ならではの味でもてなす料理のことで、古くから文人墨客に愛されてきた。自然の恵みを大切にし、受け継がれてきた味は、都会ではなかなか味わえないものだ。たとえば、ススキの茎の茶とススキの穂の炭を入れた「尾花粥」は、もともとは宮中で疫病除けのために食していたもので、花脊では秋の料理としていただく習慣が今も息づいている。粥をそのまま供するのではなく、その上に天然の鰻の筒焼きと菊芋のチップを添えるなど、オリジナルのアレンジが光る。松茸の土瓶蒸しには、近隣で採れた松茸と、一番出汁に美山町のザリガニの頭や殻を焼いたスープを加えた新しさ溢れるもの。ザリガニの身は湯葉を練り込んだパスタ生地で包み、「ラビオリ」仕立てにするなど、身の回りにあるものを生かしながら、現代の美食家たちの味覚を愉しませる。山栗で作った炊き込みご飯は、栗の渋皮をあえて残すことで栗本来の香りが楽しめ、栗の甘さがより引き立つ。ここでは、古から受け継がれてきた知恵を守りつつ、ここだからこそ作れる、理にかなった現代の美食を生み出している。

☼：22,770 円～ 33,880 円　☾：22,770 円～ 33,880 円

Tel: 075-746-0231

京都府京都市左京区
花脊原地町375

定休日：不定休

☼：12:00-13:00 (L.O.)
☾：17:30-19:30 (L.O.)

御料理 はやし

16/20

Oryouri HAYASHI

シェフ 林 亘

日本料理

出町柳の駅から徒歩で訪れると、街に馴染み、うっかり見過ごしてしまいそうな入り口。戸を開けるのにいささか緊張が走る。通されたカウンターの向こうには、威風堂々とした店主の姿があった。林氏は、50 年以上の京料理の経験を持ち、数多の食通が、その正統派の京料理を求めて通いつめる。訪問時は、国内外の常連や初めての客が入り交じって席に着いていた。林氏はそれぞれと会話を交わしながら、客のペースやコースに合わせ少しずつ仕立てを変え、テンポよく料理を出していく。傍で、弟子に料理の説明をさせたり、料理に合う器を選ばせたり、指導・育成も忘れない。すべては流れるように心地好く進んでゆく。香煎茶から始まる懐石のコースは、どれも繊細かつ柔らかな味わい。印象的だったのは、温物の蕪の餡かけだ。椀の蓋を開けると、ふわりと出汁が香り、湯気の中から菊の細工が施された蕪が現れる。その見事さは、箸を入れるのを躊躇ってしまうほどだ。しかし、そんな逸品に、林氏は敢えて説明をしない。目の前の料理がどういうものなのか、食材や味つけなどに想像力を働かせてほしい。味わうだけでなく想像する、それもまた「御料理はやし」の楽しみ方の一つなのである。

☼：7,260 円～ 13,200 円　☾：15,600 円～ 36,000 円

Tel: 075-213-4409

京都府京都市上京区
河原町通今出川下ル
東入梶井町448-61

定休日：水曜

☼：11:30-13:30
（最終入店）
☾：17:30-19:30
（最終入店）

※ランチでもディナー時と同じメニューを提供可

※カウンターでの写真撮影不可

祇園丸山

Gion Maruyama

シェフ 丸山嘉桜

16/20

日本料理

Tel: **075-525-0009**

京都府京都市東山区
祇園町南側570-171

定休日：水曜

☼：11:00-13:00
（最終入店）

☾：17:00-19:00
（最終入店）

※カウンターのみ車いすのまま食事が可能

織田有楽斎の茶室があったとされる茶道ゆかりの地に建つ数寄屋造りの店は、総合芸術としての日本料理を堪能させてくれる。丸山氏は、木屋町「菊乃井」、「高台寺和久傳」の料理長を務め、1988 年（昭和 63 年）に開店、現在の京料理を牽引する一人だ。初夏の訪問時、通されたのは茶道、華道を能くする丸山氏の美意識が随所に現れた個室。空調設備のない時代、如何に涼を演出してきたか、古人の知恵と風流が感じられる。この店では、個室でも料理人が目の前で焼きたてを供し、料亭でありながら割烹的な楽しさも取り込んでいる。料理は伝統を継承しつつ、正倉院ガラスを模した瓶にタピオカや塩辛を入れたすり流しや、小袖寿司にライムを用いたり、フカヒレ煮凝りにデラウェアを合わせたりと、今の時代も感じさせてくれる。名品の器を用い、おもてなしの心を込めた盛付は、「日本料理は目でも味わう」ことを体感させてくれるものだ。板場には板長の下、10 人以上の若い衆が勤めており、有能な若手は客前の焼物を任され、仲居を含めて全員が「丸山の世界観」を担っている。奥ゆかしさの中に多くの心尽くしが潜み、季節を五感で味わうことのできる名店である。

☼：18,975 円～ 75,900 円　☾：37,950 円～ 75,900 円

木山

KIYAMA

シェフ 木山義朗

16/20

日本料理

Tel: **075-256-4460**

京都府京都市中京区
絹屋町136
ヴェルドール御所

定休日：不定休

☼：12:00-15:00
（L.O.13:00）

☾：18:00-22:00
（L.O.19:00）

名店ひしめく御所南エリアにあっても、この店の存在は抜きん出ている。16 年に及ぶ「和久傳」での修業で蓄えた力が一気に開花し、2017 年の開業と同時に瞬く間に全国の食通の注目の的となった。それを支えるのは、確かな目利きや技に加え、和食の原点ともいうべき水と出汁だ。掘り当てた清麗な井戸水を用い、ゲストの目の前で節を削って合わせる。真剣な眼差しで出汁を引く木山氏の表情が一瞬緩んだとき、極上の出汁が完成する。芳香があたりに漂い、一口含めばふくよかでしなやか。その至極秀麗な味わいに驚かされる。出汁自体の美味しさもさることながら、椀種を生かし、互いが引き立て合うことでお椀としての完成度を高めており、そこに木山氏の技があることは言うまでもない。突出した素材もこの店の旨さの源泉だ。石川・能登産のトリ貝は、分厚い身の中に豊潤な香りを秘め、その力強さは他を圧倒する。軽く炙って甘みを引き出すことで、香りとの相乗効果が生まれ、ただひたすら美味しい。2 階席が新設され、規模が大きくなっても、店の安定感と木山氏の存在感は増すばかりだ。若い弟子たちも一丸となって店を支え、より多くのゲストの笑顔を生みだそうと努めている。

☼：14,520 円～ 30,250 円　☾：30,250 円

高台寺和久傳

Kodaiji Wakuden

シェフ 鶴田信介

16/20

日本料理

石畳が映える、高台寺の風情溢れる佇まい。元は、日本舞踊尾上流ゆかりの日本家屋だという、築 70 年の細部まで意匠が凝らされた土壁の数寄屋造りは、どこか野趣を感じる整えられた室礼も魅力だ。料理を司るのは、ここで 20 年近いキャリアを誇る鶴田料理長。神奈川県の神経締めの名人、長谷川大樹氏の魚を主に使い、未利用魚も活用する。花鯛の炙りの下には紅大根をおろしたものと紫蘇の実の醤油煮を敷き、たっぷりと生雲丹を入れた醤油を客が自分で「雲丹醤油」にしたり、クエの焼き物にキャビアライムを合わせたり、お椀の味付けには刺身に使った魚の頭や骨を煮詰めたエキスを加えるなど、伝統の技術だけではなく、現代の味覚に合わせたアレンジを加えている。米は丹後で蟹殻を再利用し、自分たちで育てた無農薬のコシヒカリ。器は須田菁華や永樂などの見事な品や、400 年ほど前のアンティークがさりげなく使われている。最後の締めの食事はいくつかのご飯ものをお代わり自由でいただく。「小さなポーションで全種類」というような、わがままがきくのも嬉しいところ。伝統的な空間で革新的な今の日本料理を味わう、自由な気風がもたらす新しい京料理の風を感じたい。

☼：33,000 円～　☾：44,000 円～

Tel: 075-533-3100

京都府京都市東山区
高台寺北門前鷲尾町512

定休日：不定休

☼：12:00-15:00
（最終入店 13:00）
☾：17:30-21:00
（最終入店 19:00）

※ 11 月-3 月
焼き蟹コース、蟹会席あり
詳細はホームページを要確認

青蓮院門跡前 月おか

Tsukioka

シェフ 月岡正範

15.5/20

日本料理

皇室ゆかりの格式高い門跡寺院である青蓮院門跡の前に、風情のある一軒家の日本料理店がある。店に入り奥へ進むと、カウンター席の背面には明、李氏朝鮮、そして日本の古美術品が陳列され、店主の美的世界観が構築されている。月岡氏は札幌や東京などで腕を磨いた後、「草喰 なかひがし」で料理に対する向き合い方や感性を体得、独立開業した滋賀の「滋味 康月」で声望を集め、2021 年 4 月に現在の店を開いた。季節感を大切にする料理様式をとり、八寸は銀杏やムカゴとともにイチョウの葉も添えられた吹き寄せ盛り。クエは雲錦が描かれた器で供され、視覚でも秋を楽しませる。食材も秋の豊かさや力強さを感じさせるものが多く、岩手の松茸と北海道の勢子蟹の真丈の椀や、富山の熊肉や香茸などの茸を使った熊蕎麦と、一品ずつでもその日のベストとして記憶されるであろう料理が幾つも提供された。板場では滋賀「サカエヤ」の熟成肉に火が入り、中央にある“おくどさん”では、美山の新米が炊き上げられていく。目の前で料理が作り上げられる様子を眺めるのも、この店の醍醐味の一つだ。朗らかで懐の深い月岡氏の人柄と料理は、日本国内だけでなく海外の客も魅了している。

☼：15,000 円　☾：30,000 円

Tel: 075-366-4918

京都府京都市東山区
粟田口三条坊町16-2

定休日：火曜、月末日、
水曜ランチ

☼：12:00- 一斉スタート
☾：18:00- 一斉スタート

ひがしやま 司

Higashiyama Tsukasa

シェフ 宮下 司

15.5/20

日本料理

Tel: **075-771-4696**

京都府京都市東山区西町
127 三条白川橋ビル 2F

定休日：日曜、月曜、
他不定休あり

☼：土 12:30-
一斉スタート

☾：18:00- 一斉スタート

※仕入れにより価格の変動あり

宮下氏の料理は、何故こんなにも忘れられないのだろう。三条通に面したビルの２階、扉を開けるとキリッとした空気と温かみのある木のカウンターが迎えてくれる。この店には相反する要素が其処彼処に漂っている。山盛りの松茸は季節が秋に向かっていることを告げ、料理はオーソドックスに松茸の天ぷらから始まる。梨「新甘泉」を使った白和えはローストピーナッツが香ばしく、季節によって具材が変わる酢飯粥は翡翠色の銀杏が美しい。毛蟹や白甘鯛には、生姜や素揚げの昆布がアクセントに使われる。そこからまるで曲調が変わるように、鰻の北京ダック風生春巻きでは中国料理かと思わせ、和食には珍しい鳩のローストのシルキーな味わいにも驚かされる。最後の一品まで色々なジャンルの風味が交錯するが、それらは全体として見事な調和をみせている。2021 年秋の開店、「祇園丸山」で６年、「祇園さゝ木」で 10 年の修業が培った宮下氏の実力は、和食の枠や可能性を大きく広げていきそうだ。二人の師匠から学んだこと、氏の料理に対する情熱がこれからも姿を変えて現れ、我々の記憶に残っていくだろう。その視線の先に何が待っているのか、知りたくなるほど魅力的な店である。

☼：27,500 円〜　☾：27,500 円〜

料 かわしま

Ryo Kawashima

シェフ 河島 亮

15.5/20

日本料理

Tel: **075-888-8613**

京都府京都市中京区
車屋町通御池上ル
塗師屋町333-2

定休日：日曜、月曜

☾：18:00- 一斉スタート

烏丸御池駅から徒歩５分ほど、車屋町通に面した築 100 年の京町家に 2022 年９月開業したこの店は、暖簾もなく開店前にさりげなく置かれる入り口の看板も控え目で、初めて訪れる人は気付かず通り過ぎてしまうかもしれない。扉を開けると、「宮川町水簾」で料理長を務めていた河島氏の思い描く店作りの一端が窺える、高低差のない楠のカウンターが目に飛び込んでくる。５月のある日には、ホタルイカ、桜海老、鰹、稚鮎と、使われる食材は春の名残りと初夏の訪れを感じさせ、芽吹いたばかりの柔らかさと陽を浴びて少し長けた緑が綯い交ぜになるこの季節を、河島氏は皿の上に鮮やかに表現していた。早くも出始めた鱧のリズミカルな骨切りの音、目の前で引く黄金色の出汁、そして細かく刻んだオクラの緑は黒い椀によく映えて、まさに五感を楽しませてくれる。先ほどまでカウンターの上の大きな瓶の中で泳いでいた稚鮎は、その姿のまま揚げ物となり、絵画のような構図で供された。積み重ねたキャリアと矜持がありながら、料理に対して素直に向かい合い、形式にとらわれず少しでも佳きものを作り、新鮮な味わいや喜びを提供したい、そんな河島氏の熱意がひしひしと伝わる時間がそこにある。

☾：19,800 円

凌霄

15.5/20

Ryō-shō

シェフ 藤原 誠

日本料理

美食がぎっしり詰まった祇園町南側の一角にひと際オーラを放つ静謐な佇まい。中村外二工務店監修の数寄屋造りが格式高く、手入れの行き届いた坪庭やさりげなく飾られたアンティークが威厳を醸し出す。藤原氏は、「祇園丸山」で研鑽を積み、「ふじ」で評価を得たのち、「高台寺 十牛庵」の料理長を経て、フランス料理のニュアンスをほんのり利かせた自分の思い描く料理を皿に表現したいと、この場を得た。約700本の蔵出しワインを備え、グランメゾンで腕を振るったソムリエの神宮司博之氏が、優雅な振る舞いでワインを開ける。謙虚に存在感を示す藤原氏の仕事に花を添えるのは、グラスで「サロン」や「ドン ペリニヨン」を差し出す脅威のセラーだ。藤をあしらった特注の輪島塗の椀、バカラや古伊万里に置かれるメインの素材には飾りを極力控え、伝統に裏打ちされた技法を駆使しながらも、鹿児島の黒牛にはカダイフを巻き、フロマージュ・ブランで締めてみせる。このエレガントな日本料理が世界の美食家を魅了してやまないことは、海外客が大半を占めるカウンターを見れば、明らかだ。その志を「空を凌ぐ」という名前に込めた店が、京料理の未来を切り拓いていく。

☼：44,000円　☾：44,000円

Tel: 075-541-3557

京都府京都市東山区祇園南側570-166

定休日：不定休

☼：土・日・祝
11:30-14:00

☾：17:00-23:00

※季節の特別コースあり

魚菜料理 縄屋

15/20

Nawaya

シェフ 吉岡幸宣

日本料理

京都の中心地から車で約2時間、山に囲まれた長閑な住宅地を歩くと、風景に溶け込むような密やかな店が現れる。生まれ育った土地で店を営む吉岡氏は、この土地の風土を深く理解し、確かな技術で表現する料理人だ。素材は、京丹後や信頼をおく漁業者からの天然魚、地元の有機野菜と自家菜園の野菜で、自ら山野へ出かけ、山菜などを採取してくることもある。それらを、力強くも繊細な薪火を操り、京丹後の魅力を凝縮した料理へと昇華させる。訪れた日、薪火を用いる理由が強く感じられたのは、焼き物のクロムツだ。皮はパリパリと香ばしいのだが、身は食べる部分によって焼き加減も旨みも食感も異なり、美しいグラデーションを描くような仕上がりであった。万願寺とうがらしにスッポンの餡がギュッと詰まった個性的な皿は、スッポンの濃厚な味わいと焼いた万願寺とうがらしの甘みや苦みが調和し、ヘタからガブリとかぶりつく食感の楽しさも相まって印象に残る一品だ。薪火の音や香りと共に、考え抜かれた設えに身を置き味わうコースは、プレゼンテーションこそ控えめだが、終始心地が良い。薪火と真摯に向き合う料理人の背中を眺めながらの時間は、訪れる喜びを存分に味わえる。

☼：18,150円　☾：18,150円

Tel: 0772-65-2127

京都府京丹後市弥栄町黒部2517

定休日:火曜、水曜、木曜、他不定休あり

☼：12:00-

☾：18:30-

※予約はウェブ予約を推奨

※松葉ガニコース（11/7-3/20）時価49,610円〜

なる屋
Naruya
シェフ 上嶋良太

15/20

日本料理

Tel: **075-252-1199**

京都府京都市中京区
堺町通錦小路上ル
菊屋町539

定休日：月曜、他不定休あり

☾：18:00-22:00
（最終入店 20:30）

南禅寺「瓢亭」で伝統や古典を、「和久傳」で温故知新や革新を学んだという上嶋氏の料理には、その両軸が自然なバランスで溶け合っている。そこにニューヨークの精進料理店「Kajitsu」での経験も、エッセンスとして上乗せされているのだろう。木をふんだんに用いた店内でも、歳時を表現した飾り、茶花のおもてなしや坪庭が楽しめるかと思えば、高窓には以前の造りの名残りだろうか、「PINE」の文字。それらは、まるで春海とバカラの和洋の出合いの如く、上嶋氏の遊び心やユーモアを象徴しているようだ。食材は飛び切りのものを揃え、魚介の質の高さには目を見張る。どの料理にも上嶋氏らしさが表れているが、特に、鮎の焼物にもずく酢と瓜という合わせ方は新鮮で、相性も見事であった。また、ニューヨーク時代からのスペシャリテという、お造りを行者にんにくの醤油漬けで食べさせるアプローチや、コースの中で、さりげない油分の使い方でコクを増す手法は、淡味だけでは満たされない現代人の味覚に寄り添う工夫でもあるのだろう。この店では料理を構成する一つ一つのパーツに丁寧な手仕事が見て取れ、確かな下地があってこその創意や遊びであると感服させられる。

☾：28,250 円

日本料理 研野
Nihonryori Kenya
シェフ 酒井研野

15/20

日本料理

Tel: **075-468-9944**

京都府京都市左京区
岡崎徳成町28-22
聖護院ビル 1F

定休日：日曜、月曜

☾：17:00- /20:00-
火のみ 18:00-

※ 12 月 - 1 月は年末年始の特別価格

※ 2024 年秋以降に移転予定

ガスパチョや冷麺をイメージした皿など、様々な食材や技法を用いながらも、酒井氏が「日本料理」を名乗っているのは、西洋や中国の料理であっても日本人に馴染みのあるものは、やがて日本料理の範疇に入ってくるのではないかと考えるからだ。ここでは人の記憶を、音楽で呼び覚ましてほしいと、一皿ごとにオーケストラのクラシックから歌謡曲まで、様々な曲を合わせている。締めの土鍋ご飯には「米米 CLUB」で、曲のクライマックスに蓋を開けるという楽しい演出だ。食材は故郷・青森産のものが多く登場し、その地域の人が守り受け継いできた郷土料理を、今に生きる形で残していきたいという思いが表れている。酒井氏は「菊乃井」で修業、系列店の料理長を務め、「京、静華」で中国料理も学び、2021 年に開店した。日本料理は食材が命。とはいえ、将来、現在と同じ質の食材を手に入れるのは難しくなるのではないかと考え、中国料理などの技術で食材の味をカバーできる料理法も積極的に取り入れる。サステナブルへの関心も高く、締めのご飯には、鰻の代わりに鰯の蒲焼をつけ合わせるなど、若き店主は、今、自分にできることで未来の食を守っていきたいと、日々研鑽する。

☾：19,800 円～ 22,000 円

料理屋 まえかわ

Ryoriya Maekawa

シェフ 前川浩一

15/20

日本料理

「祇園さゝ木」佐々木浩氏の遺伝子を継ぐ多くの料理人の活躍には、目を見張るものがある。その中でも、「料理屋 まえかわ」の店主・前川氏は、師匠の佐々木氏をして「店を継がせたい」とまで言わせた人物だ。おまかせのコース料理は、京料理の基本を押さえつつ、枠にはまることなく、ジャンルにとらわれない親しみやすい味わいを、磨かれた感性と確かな技術で織り交ぜながら提供している。一品目の白子と蟹の餡かけは、ふわふわの食感で優しく溶けていく白子の滑らかさが印象に残る。豆腐のソースで味わう秋鯖は、柿や落花生やしめじなど旬の食材をちりばめ、彩りも鮮やかだ。椀物ではしっかりとした日本料理の礎を感じさせ、淀みのない出汁の美味しさに包まれる。たたきや造りなどの後に、バルサミコをアクセントにしたフリットを挟み、同じ魚介でも食感やリズムを変えている。甘みが引き出された炭火焼きの牛肉は、甘さと酸味が生きた風味豊かなデミグラス味噌ソースが絡まり、旨みが口の中でふっくらと膨らんでいた。素材への敬意を感じる深い味が染みわたり、思わず溜息が出る。前川氏は、自由な発想で「食べる楽しさの原点」を再認識させてくれる、生粋の料理人といえよう。

☾：20,000 円

Tel: **075-744-0808**

京都府京都市下京区
難波町405

定休日：日曜、月曜、
他不定休あり

☾：18:30-22:00

西入る

nishiiru

シェフ リカルド・コモリ

14.5/20

日本料理

海の京都・宮津市の宮津港に近い花街の趣を残す町の一角に、2022 年、和食を愛するポルトガル生まれの料理人が店を構えた。コモリ氏は、ポルトガルで出会った小森美穂氏と夫婦二人でこの店を営む。ポルトガルの和食店でキャリアをスタートしたコモリ氏は、2015 年に来日。以後、山梨、静岡、群馬、東京、京都と各地で本格的な修練を積み、自らの店を構える時、丹後の素晴らしい食材と地元の生産者たちに惹かれ、宮津に移住したという。日本の魚料理に情熱を注ぐコモリ氏が作るのは、その飽くなき探求心と経験をもとにした鮨割烹。炭火や蒸し、出汁の利いた椀と、どれも確かな技術に基づいている。旬のキジハタとアオリイカの刺身を、自家製の煎り酒で豊かな甘みを引き出した一皿には、優れた和のセンスを感じる。コースの後半は丹後の旬を堪能できる握りで、地元・飯尾醸造の富士酢を使った酢飯で握ったヒラメの昆布締めや鯖寿司などに、端正な仕事が施されていた。最後に出されたのは、ポルトガルの郷土菓子、卵を使った優しい甘さのパォン・デ・ロー。コモリ氏のルーツと日本の食文化への思いを象徴した一品だ。料理を通して、その熱い思いが静かに伝わってくる。

☾：16,500 円

Tel: **080-8370-4537**

京都府宮津市新浜 1968

定休日：水曜、木曜

☾：18:00-

※完全予約制

※ 2024 年 4 月より、コース料金を 18,700 円に変更予定

Tel: **078-855-3571**

兵庫県神戸市中央区
中山手通1-25-6
ラ・ドルレイ神戸三宮ビル
2F

定休日：火曜、水曜（祝日の場合は営業）

☼：土・日・祝
12:00-15:00
（最終入店 12:30）
☾：17:30-21:00
（最終入店 18:30）

アントル ヌー

entre nous

シェフ 高山英紀

16/20

フランス料理

穏やかな光が淡く広がる店内は、「entre nous」（私達だけの秘密）という名前に相応しい西欧の礼拝堂のような親密な空間だ。大きなＵ字のカウンターテーブルの中で、高山氏がにこやかにゲストを迎える。客席とキッチンを繋ぐこのテーブルが、高山氏の新しい店の在り方を示している。その有機的に描かれた弧を介して料理について語り合えば、まるでシェフの秘密基地に招かれたような気分になるだろう。料理とワインだけでなく、食器や照明、家具の組み合わせに至るまで綿密に構想が練られ、あらゆる要素に高山氏の思いが込められている。カウンター越しに語るシェフの表情は明るい。六甲の山並を表現した室内装飾や、瀬戸内海を思わせる漆喰の壁が店内を彩り、「日本のテロワール」を体現するというコンセプトに寄り添っている。ここでは、アーティチョークやシェーヴルといった日本に少ない食材も、可能な限り国産のものを用いる。４時間炊き込んだ鮑や羽のように軽やかなパイ生地など、「メゾン・ド・タカ芦屋」の料理と変わらない丁寧でクラシカルなものをベースとしながらも、躍動するシェフの感性と料理への情熱が直に感じられるレストランとなっている。

☼：18,150 円〜 30,250 円　☾：18,150 円〜 30,250 円

Tel: **078-224-5013**

兵庫県神戸市北区八多町
屏風965

定休日：月曜（祝日の場合は翌日）

☼：11:00-12:30 (L.O.)
☾：17:00-18:30 (L.O.)

※完全予約制

セッタン

SETTAN

シェフ 吉田繁雄

15/20

フランス料理

風が青々とした稲の上を走り、里山の自然を背景に、細やかなシャンパーニュの泡が立ち昇る。まるで西瓜のように清々しく香る揖保川の鮎に胡瓜やメロンを合わせた夏らしい前菜の、最後のひと仕事をしてくれるのは、大きな窓から降り注ぐ澄んだ日差しだ。透明の器は光を通し、爽やかな緑が卓上に溢れている。ここには、「SETTAN」でしか味わえない豊かな時間がゆったりと流れている。この土地を知悉する吉田氏が紡ぐのは、丹波の山々と摂津の海、そして季節の移ろいを閉じ込めた「地の料理」だ。地域の素材を使うことを旨としているため、全国から食材を集められる都会のレストランよりも、一つのメニューを提供できる期間は限られてしまう。しかしそれでも、地元の旬の食材をいただく喜びは何ものにも代え難い。作り手の顔やその季節の土地の様子に通暁した料理人が、今この時、自然から享受する最上のものを提供してくれる。シンプルなようだが得難いこの経験は、確固たるテロワールを有する土地とシェフの感性が出合って初めて可能になるものだ。有馬の湯にもほど近く、食後に立ち寄るのもまた楽しい。豊かな北神戸の粋が、ここには確かに存在している。

☼：6,050 円〜 18,150 円　☾：6,050 円〜 18,150 円

北野坂 木下

15.5/20

Kitanozaka Kinoshita

シェフ 木下憲幸

イタリア料理

名店ひしめく神戸・中山手通で、2020年にオープン。コロナ禍という逆境をものともせず、関西屈指のイタリア料理店として輝きを放っている。木下氏は、ガスやオーブンだけでなく、炭や薪、藁なども駆使し、食材に合わせて様々な火入れを行う。料理における“出来たて”という美味しさの要素を熟知しているかのように、オープンキッチンからカウンターのゲストへ、料理の温かさをそのまま届けるのだ。富山湾のホタルイカも燻した香りは立っているが、ジューシーさは決して損なわれておらず、カヴァを使ったソースで酸味と旨みが渾然一体となった味わいをもたらす。熊本・天草で獲れた海鰻は蒸さずに丁寧に炭で火を入れたものをいただくが、その雑味のない、しっかりとした魚料理としてのあり方に鰻の新たな一面を知る驚きがあった。とちぎ和牛のシャトーブリアンは、炭と薪で2時間ほど焼いて、仕上げも様々な熱源で調整。シンプルながらも「これぞビステッカ」というイタリア料理の神髄を見せてくれる。調理をする火や食事の温かさだけでなく、木下氏の料理に対する並々ならぬ情熱が食材の持つパワーをより増幅させており、訪れる人達は幸せな思いに満たされるのである。

☼：22,748円　☾：30,008円

Tel: **078-221-2261**

兵庫県神戸市中央区
中山手通1-24-14
ペンシルビル 2F

定休日:日曜、月曜ランチ、月2回不定休あり

☼：12:00- 一斉スタート
☾：18:00- 一斉スタート

リストランテ ダ ルーポ322

15/20

Ristorante da'lupo322

シェフ 森 良之

イタリア料理

西宮駅から線路の高架に沿って西へ徒歩5分。前庭の木々に隠れるように建つ小さなレストラン。入り口の扉を開けるとキッチンの中では炭火が赤く燃えている。シェフの森氏とマダムの二人が笑顔で食材やワイン生産者の話をしながら、森家に招かれたような空気の中で食事が進んでいく。最初に登場したのは、炭火と格闘する森氏のイメージを覆す、可憐な一皿。プリッとしたイシダイにプチプチしたキャビアを合わせ、それを繋ぐようにトマトのソースやモヒートのジュレが寄り添う。エディブルフラワーの紫色が涼しげだ。そうかと思えば筒切りにした鰻を炭火で焼いてトマトを合わせる。そして、メインは仔山羊。ローズマリーの香りを纏わせた豪快な炭火焼きだが、表面のカリッとした焼き上がりや肉の美しい赤色、弾力と柔らかさが共存する食感、炭の香りと旨みのバランスなど、細やかな火入れを施したことが見て取れる。肉の厚みに応じて網を工夫し、食べ手と軽い冗談を交わしながらも決して火から目を離さない職人気質な仕事ぶりのなせる業だ。ワイルドの奥にある繊細さ。家に招かれたようなフレンドリーさとプロの仕事。このバランスが、18年以上も愛され続ける理由なのだろう。

☾：17,325円～

Tel: **0798-22-9744**

兵庫県西宮市産所町
3-22

定休日：月曜、第1日曜

☾：18:00-22:00

※季節により価格の変動あり

カセント

16.5/20

Cá sento

シェフ 福本伸也

スペイン料理

Tel: 078-272-6882

兵庫県神戸市中央区
中山手通4-16-14

定休日：月曜、火曜

☼：水 - 金
12:00-12:30 (L.O.)
☾：18:00-19:30 (L.O.)

神戸の地で今、福本氏が生み出しているのは、もはやスペイン料理の枠を超えた新しいジャンルの料理ではないか。いながきファームのトマト、弓削牧場の乳製品など生産者から託された極上の食材を活かしながら、厨房からサービススタッフまで、シェフが料理で表そうとしている信念や揺るぎない思いを共有している。トマトを用いた前菜はタルトやムースという形で提供されるが、トマト本来の甘みや酸味を伝えるために洗練された技巧が凝らされている。ニョラセカスを効かせた鰹の刺身には花穂紫蘇や赤紫蘇で後口を爽やかに。日本の魚は水分が多いからと、金目鯛は薪ではなく炭火で火入れがなされる一方で、大井肉店の赤黒和牛は薪を利用、ジュニパーベリーを使った酸味のあるソースで肉の旨みと甘みを引き出している。おじやのような米料理、アロス・メロッソは日本人が最も受け入れやすいスペイン料理かもしれない。甲殻類や魚介のスープでいただく熱々の米料理は幸福感に満ちた食体験だ。こうした挑戦的な料理を作り続けていても、福本氏はこれまで通り自分にしかできないことをやり続けるという。そのストイックな姿勢こそ、「カセント」の進化が止まらない理由に違いない。

☼：33,480 円　☾：33,480 円

料理屋 植むら

17/20

Ryouriya Uemura

シェフ 植村良輔

日本料理

Tel: 078-221-0631

兵庫県神戸市中央区
中山手通1-24-14
ペンシルビル 4F

定休日：不定休

☼：土・日・祝
12:00- 一斉スタート
☾：18:00- /21:00-

※価格は時価
※完全予約制

「せこ蟹の面詰」や「堀口切子」は、この店から日本料理界に広まったといわれる。外観の美しさが際立つ料理や器だが、ともに植村氏の、奇を衒わない丁寧な下拵えと経験の裏打ちがあってこそ成立する味であり、光る工芸品だ。この店では一皿一皿、温度・食感・香り・調味・彩りのすべてが最高になるよう緻密に計算されている。「鱧の焼き霜造り」は、明石の鱧を骨切りした後、淡泊になりがちな身の部分は、塩を数十分間当てることで旨みを引き出し、水分を適度に残してねっとりとした食感に仕上げる。一方の皮目は、バーナーで炙らず、炭に直接当てることで、身とのコントラストが香ばしさと柔らかさを両立させている。また、鱧には酸味として梅肉を添えることが多いが、ここではおろしたり、身をほぐした酢橘を酢の煮凝りの中に和え、ジュレにして合わせることで、円やかな酸味と爽やかな柑橘の香りを、皮目の香ばしさと調和させている。植村氏は、ゲストが喜ぶ姿を見ることに心血を注ぎ、その心配りは、一級品に囲まれた設えや、特注で作られた什器・器にも表れている。心地好い接客も、訪れた客の気分を盛り立てる。今や関西を代表する名店といっても過言ではないだろう。

日本料理 淡流

15/20

Nihonryori Tanryu

シェフ 中江悠文

日本料理

姫路駅から徒歩８分ほどの場所に、土壁と網代天井の数寄屋造りによる落ち着きと気品に満ちた店がある。中江氏は海外での修業後、「赤坂潭亭」で研鑽を積み、「銀座小十」では料理長を務めるなど和食の腕を磨いた後、地元である兵庫県に戻って、この店を開いた。「小十」では料理の修業だけでなく、盆出哲宣氏の器を買い求めるなど、作品を見る目も養い、最近では大正時代のガラス器も揃え、表現の場である器選びに並々ならぬ情熱を注いでいる。食材も兵庫産のものを中心に据え、「揖保乃糸」を用いた椀物には姫路のすぐ近くにある家島の鮑、赤穂のアコウには、たつのの矢木醤油や家島の塩、土鍋で炊かれた白米は加西の米「にこまる」を使っており、地酒も県内産だけを置いている。さらに、鮎は自分で釣り上げたものを念入りに炭火で焼き、筍も所有する山から採ってきたものを供す。中江氏自らが手に取って、その時感じた食材の持つ力を料理で表現していくことで、ここでしか味わえない料理が生まれるのだ。姫路で、これほどまでにテロワールを意識した日本料理は少なく、しかも、中江氏は現状に満足することなく研鑽を続けている。この地にとっても宝物のような店だ。

☼：26,620 円～　☾：26,620 円～

Tel: **079-240-8872**

兵庫県姫路市朝日町58
メゾンソレイユ 1F

定休日：不定休

☼：12:00-12:30
（最終入店）
☾：18:00-20:00
（最終入店）

※車いすのまま食事が可能

すし うえだ

16/20

Sushi Ueda

シェフ 植田将道

寿司

センスとはこういうことなのかと、この店の料理を前にして再認識させられる。2018 年、25 歳の若さで独立を果たした植田氏のポテンシャルは伊達ではなかった。淡路島出身の店主は、瀬戸内海にも日本海にも面する兵庫県の地の利を生かし、豊富な魚種を縦横無尽に使いこなす。なかでも明石や大阪湾など淡路島周辺の優れた漁場で獲れる鯛やマコガレイ、鯵などの旨さに瞠目する。鮮度を生かし、熟成させずとも、いかに素材の持ち味を引き出すか。漁師や仲買人とともに試行錯誤し、活かし込みや締め方、温度管理など、徹底した手当てを施すことで、他にはない独特の食感や旨みを実現している。類い稀なる感性に努力を重ねた結果、植田氏の明確な個性が生み出された。握りの技術にも確かなものがあり、独特の所作でややしっかりめに握りながらも、解けの良さは格別だ。酢飯の温度や鮨種との相性もごく自然に見えて、実は練りに練って組み立てられていることが窺える。締めの玉子焼きはまるでスイーツのようにキャラメリゼし、中はプリンのようにとろける食感も面白い。固定観念にとらわれず、自由に自らの信じる流儀を貫こうとする植田氏の心意気は、実に清々しい。

☼：28,000 円　☾：28,000 円

Tel: **078-515-6655**

兵庫県神戸市中央区
中山手通3-2-1
トア山手ザ神戸タワー 112

定休日：不定休

☼：12:00-
☾：18:00-

Tel: **0742-40-0066**

奈良県奈良市あやめ池北
1-34-7 HANA 1F

定休日：火曜、水曜、
他不定休あり

☼：11:30-13:00 (L.O.)
☾：17:30-18:30 (L.O.)

※テラス席あり
※テラス席のみペット同伴可

ラ・テラス “イリゼ”

La Terrasse "irisée"

シェフ 鵜鶘 進

16/20

フランス料理

世界的な名店として知られるスイスの「ジラルデ」に6年半、さらにバーゼルの名店「シュヴァル・ブラン」に8年勤めて副料理長にも抜擢され、店の国際的評価を高めることに貢献した鵜鶘（ささき）氏が、2021年、シェフに就任。その声価は、奈良にとどまらず、瞬く間に全国に広まった。欧州の本場で磨き抜かれたシェフの料理は洗練されているだけでなく、遊び心にも溢れている。「タブレ フリュイ・ド・ラ・メール」という料理は、クスクスを使った“タイカレー”として爽やかさとフランス料理では珍しい辛みで印象に深く刻み込まれる。シェフはスイスや奈良といった海のない場所で料理をしているが、元々は島根県の漁師の家に生まれ、実家近くの鳥取県境港の魚介類を取り寄せ、おかひじき、空心菜、海ぶどう、金時草で海底をイメージした鮑のリゾットなど、見た目にも斬新な料理を展開する。もちろん、奈良の伝統的な大和野菜や大和肉鶏、大和榛原牛といったテロワールも重視しており、奈良の魅力をたっぷりと堪能できる。テーブルを広くとった品数の多い前菜やミニャルディーズに至るまで祝祭感が続き、名店仕込みの料理に誰もが満足感を得られるレストランだ。

☼：7,800円～17,000円　☾：14,800円～25,000円

Tel: **0742-33-4000**

奈良県奈良市大宮町
2-1-5 カーサヤマグチ 1F

定休日：日曜、他月2回
ほど不定休あり

☾：18:00-22:00
(L.O.20:00)

ラ・トラース

LA TRACE

シェフ 佐藤 了

14.5/20

フランス料理

JR奈良駅から徒歩3分の好立地に美しく整えられた厨房の中から佐藤氏がゲストを迎える。前菜のあら川の桃と「農と発酵Zen」のブッラータを使った料理は、構成要素はシンプルながらも何度も試食を重ねたであろう巧みなバランスで、食材への思いが伝わってくる。続く鮑の料理は、大ぶりの鮑を昆布と鶏の出汁で一度煮鮑にしたものを薄くスライスし、キタアカリと青海苔のピューレと鮑の肝でつないだソースで、海のない奈良にいながら濃厚な海の味を堪能できる。この日の魚料理は奈良・五條の「金剛うなぎ」。和食で使うものより立派なサイズ感の鰻を万願寺とうがらしのピューレと山椒、レモンの皮などで異国情緒たっぷりのフランス料理に仕上げている。メインの熊野牛は、ランプの部分をとうもろこしのピューレと牛すじなどのエキスのソース、さらに南半球の黒トリュフにりんご酢につけた黒胡椒で味わうが、少し甘めのソースが肉の美味しさをさらに増幅させる逸品だ。新潟出身の佐藤氏がマダムの故郷である奈良に店を開いて7年になるが、既にその“足跡（トラース）”は店の歴史だけではなく、奈良に暮らす人、そして奈良を訪れる人にとっても大切な思い出の場所となっている。

☾：14,300円～16,500円

アコルドゥ

akordu

シェフ 川島 宙

16.5/20

スペイン料理

1300年の悠久の時を感じる古都・奈良。東大寺の緑を借景に、木の質感を生かしたインテリア。自然の息吹を伝えるのが「アコルドゥ」だ。「今ここにない」過去を懐かしむ、サウダージのような感覚。「記憶」という店名にはそんな思いが込められている。奈良は日本の稲作発祥の地とも言われるが、古代の言葉で「とんぼ」を意味する「あきつ」にちなむ秋津穂米の炒り米と倭鴨のリエットを合わせ、米の香りの鴨のコンソメゼリーといただくなど、時空を超えて受け継がれる奈良の自然の風景と物語性が心に浮かぶ。川島氏はスペイン「ムガリッツ」の「あるがまま」に敬意を払うスタイルに影響を受けた。川島氏の味の構成も然り。アスパラガスを敢えて軽く湯がくだけにして、グリーンオリーブのクランブルで自然な塩気と、味と香りに瑞々しい緑のレイヤーを加える。素直な食材の味が感じられる理由は、下味はつけず最後に振り塩だけをするから。調味料を素材に染み込ませないことで、もぎたて、とりたての印象がさらに際立つ。バーベナのジェラートに、甘みを加えないムースを添えるなど、全体を貫くのは、澄んだ水が豊かに流れる日本らしい清らかさ。そんな味が、日本の風土を自ずから表現している。

☼：9,075円～12,705円　☾：17,545円～21,175円

Tel: **0742-77-2525**

奈良県奈良市水門町70-1-3-1

定休日：月曜、他不定休あり

☼：12:00-13:00 (L.O.)
☾：18:00-21:30 (L.O.18:30)

※車いすのまま食事が可能

白

Tsukumo

シェフ 西原理人

15.5/20

日本料理

百から一を引くと「九十九（つくも）」になる。完璧ではないその数字に「未完の美」が持つ侘び寂びを見出し、思いを込めて独自につけられたのが「白」という店名である。西原氏は「京都吉兆 嵐山本店」で修業を始め、京料理の真髄を学んだ。その後は蕎麦懐石の名店やニューヨークの精進料理店、ロンドンの日本料理店という異色の道のりを経て、女将の故郷である古都・奈良で2015年に開店。2021年に現在のならまちへと移転してきた。すべての料理にはテーマが設定され、その多くは奈良の四季の祭事や文化に着想を得ており、地場の食材を用いてそれを表現しようとしたものだという。この日の一品目がまさにその象徴ともいえる白眉の一皿。氷室神社で行われる氷室の守り神を祀る祭事に因んだ夏野菜の氷寄せである。日本で一番小さな胡瓜をはじめ、気が遠くなるような繊細な仕事が施された彩り豊かな野菜たちをゼリーの中に封じ込めた、涼しげで美しい逸品だ。西原氏の料理は、一見足し算であり、情報量は多いのだが、それを押し付けるのではなく、優しくまとめ、柔和な笑顔と物腰で包み込む。ここでの時間は、必ずや店主の秘めた情熱に圧倒される食体験となることだろう。

☼：22,000円～33,000円　☾：22,000円～33,000円

Tel: **0742-22-9707**

奈良県奈良市紀寺町968

定休日:月曜、毎月最終日、火曜・金曜・毎月1日ランチ、他不定休あり

☼：12:00-
☾：18:00-19:00

※仕入れにより価格の変動あり

※個室は別途サービス料10%

※クレジットカードはVISA・Master・Amexのみ利用可

奈良 而今

Nara Nikon

シェフ 清水唱二郎

15.5/20

日本料理

Tel: **0742-31-4276**

奈良県奈良市鍋屋町3

定休日：日曜、月曜

☼：水・土 12:00-
一斉スタート

☾：18:30-21:00
一斉スタート

※クレジットカードは
ディナー時のみ利用可

近鉄奈良駅から程近い一角に小さいながらも美しい庭を持つ、風情溢れる一軒家。自然素材を生かしたカウンターの向かいには炭焼き台、その上には「守孤壘」の文字が掲げられている。持ち場を守るという意味に、一国一城の主としての清水氏の覚悟が見える。「祇園にしかわ」で西川正芳氏を支え、二番手として研鑽の日々を送った包丁技は見事だ。なますの入った柿の器には皮を破らず皮目ギリギリに包丁が入り、とろりとした実が存分に楽しめる。今朝締めだという明石の鯛は、新鮮なプリプリ感がありつつも、滑らかな身質。魚は洗いすぎないこと、なるべく営業時間ギリギリまで鱗をつけて品質を保つといった独自の工夫を凝らし、一瞬のタイミングを逃さない。皮目をカリッと焼いた迷い鰹に添えるおろしは、皮目の食感を損なわず、水分も出過ぎないようにするなど、味を追求するためのアイデアも良い。お椀などに使う水は箕面の軟水を取りに行くという、手間を惜しまない職人肌。月に合わせた塗りの椀を作り、季節の器も楽しめる。コースの締めくくりには茶道を嗜む清水氏が自ら抹茶を点てるなど、日本料理の粋が感じられる。今後さらなる円熟を重ねてゆくのが楽しみな店である。

☼：23,000 円　☾：23,000 円

玄

Gen

シェフ 島﨑宏之

14.5/20

蕎麦懐石

Tel: **0742-27-6868**

奈良県奈良市福智院町
23-2

定休日：日曜、月曜、
土曜ディナー

☼：11:30-13:00
（最終入店）

☾：18:00-21:00
（18:00- 一斉スタート）

※ランチはアラカルト、
要予約

※ディナーは1日2組完全
予約制

※個室はディナー時のみ
利用可

奈良の古い町並みの一つ「ならまち」。細い路地に入ると、打ち水された門に柿色の暖簾。清酒「春鹿」で知られる今西家の別邸であった建物には、しっとりとした空気が流れ、坪庭の金木犀の香りがふわりと漂っていた。木管楽器のリードを作る職人であったという島﨑氏の蕎麦は繊細で、まるで音楽のように、調和に向かって感覚を研ぎ澄ましていく作業を思わせる。開店の直前に蕎麦を挽き、水と合わせて炊き、練り上げて完成する蕎麦がき。更科粉と水でつくる蕎麦豆腐は、儚げだが、上にのる醤油豆や雲丹を、豆腐がなければ成り立たないであろうギリギリの透明感で支えている。白く細いせいろ蕎麦は、まずはそのままで、次に酒造りに使うのと同じ軟水でいただくと、不思議と輪郭がくっきりとし、また、梅たたきと水と合わせれば、たおやかな姿を見せてくれる。梅たたきも、蕎麦に合うよう、かえしや山葵で味をアレンジしているといい、丸く深みのある味に、最後はまったりと梅の香りを愉しんだ。酒器も美しく整えられ、「春鹿」の貴重な酒とともにいただけるのも嬉しい。細心の気配りで作り上げられた蕎麦は、一人の職人の美意識そのものをいただくような、そんなひと時を過ごせる一軒である。

☼：1,320 円〜　☾：15,730 円

ソウアー

SOWER

シェフ コールマン・グリフィン

15.5/20

イノベーティブ

カリフォルニア出身のグリフィン氏は、東京「INUA」のスーシェフを経て、2021年6月、琵琶湖畔のオーベルジュに着任。レストランはスペースを拡大し、氏の希望も取り入れて、内装材やカトラリーまで地元産に徹し、2022年4月に始動した。店内に一歩入ると、オープンキッチンでは世界中から集ったスタッフが活き活きと働き、まるで海外のレストランを訪れたようだ。ここでは四季がもたらす貴重な食材にスポットを当て、料理に仕上げ、この地の食を“「KOHOKU」キュイジーヌ”として表現している。「椎茸、鴨のハム、檸檬」は、滋賀県産の肉厚の椎茸を焼き、椎茸の出汁スープと、自家製の鴨の生ハムをのせて、檸檬の皮を散らした一品。削った鴨の生ハムが鰹節の代わりとなり、椎茸と合わせることで、滋味溢れる味わいを生み出している。厨房からは、トップダウンではなく、スタッフそれぞれの良さを認めるフラットなチームの雰囲気が伝わってくる。それが地元の食材を大切にしながら、新たな魅力を創造する原動力なのだろう。レストランが紡ぐ湖北の物語は、年ごとに深まりを増している。

☼：13,200円　☾：19,800円

Tel: 0749-89-1888

滋賀県長浜市西浅井町
大浦2064
ロテル・デュ・ラク内

定休日：火曜、水曜

☼：12:00-
☾：17:30-19:30
（最終入店）

※半個室あり
※車いすのまま食事が可能

徳山鮓

Tokuyamazushi

シェフ 徳山浩明

16/20

日本料理

余呉の駅で降りると広がるのは、日本の原風景ともいえる里山と湖。この地に継承されてきた発酵の技術に科学的なアプローチを加える徳山氏は、余呉湖のほとり、手入れの行き届いた庭に木の温もりのある、昔ながらの暮らしの息吹を感じる日本家屋で、自ら釣った魚や次男の敬介氏が仕留めたジビエを料理し、ゲストを迎える。湖の恵みと山の幸、身の回りにあるものを活かして生み出される料理は、まさに「馳走」だ。鮨の原型ともいえる鮒鮓を郷土料理の一品に終わらせず、「飯（いい）」の部分を活かしたソースやアイスクリームで、日本に根付く発酵文化、そしてテロワールを余すことなく表現する。主役は葡萄のゼリーや飯のソースをまとった現代の「鮒鮓」。鮎や鰻、イワナにスッポン、猪や熊。どれもこの土地が与えてくれる恵みだ。蒲焼きにした鰻は、一口サイズのピザ生地の上にのせてフィンガーフードに、熊肉はミンチにしたものをパートブリックで包み揚げにして、今の時代の感覚も取り入れた美食へと昇華させている。発酵には清澄な環境が不可欠だ。徳山氏は専用の発酵部屋を設け、ジビエの解体処理施設も作り、素材の源流に遡るアプローチを真摯に追求、料理の革新を遂げてゆく。

☼：16,500円～　☾：22,000円～

Tel: 0749-86-4045

滋賀県長浜市余呉町川並
1408

定休日：不定休

☼：12:00-14:30
☾：18:00-21:00

比良山荘
HIRASANSOU

シェフ 伊藤剛治

16/20

日本料理

Tel: 077-599-2058

滋賀県大津市葛川坊村町94

定休日：火曜、他不定休あり

☼：11:30-13:00（最終入店）

☾：17:00-19:00（最終入店）

※季節により価格の変動あり

伊藤氏の祖父が若狭と京都を繋ぐ鯖街道沿いに開いた料理旅館は、堅田駅から車で約30分、京都駅からは約1時間、山道を走り、トンネルを抜け、比叡山延暦寺の奥の院、明王院と地主神社の門前という山岳信仰ゆかりの地にある。この5室の店に滋味豊かな旬の味を求め、昼夜を問わず、全国から人々が駆け付ける。京都で修業した父親の代に鮎料理が有名になり、夏場は大いに賑わった。京風の洗練を残しつつ、冬の熊を名物料理にし、四季を通して、山の辺の自然の恵みを卓上で楽しめるようにしたのが現当主の伊藤氏だ。夏の鮎だけでなく、秋は炭火で炙った松茸や茸、冬は月鍋、春は花山椒鍋に、5月中旬から6月末にかけては蓴菜鍋も加わり、天然の滋味を味わわせる。白眉の月鍋は、まさに自然の恵み。月の輪熊ならどれでも美味しいというわけでなく、同じ山のどんぐりを食べ、同じ時期に獲れたとしても個体差がある。一頭一頭、厳選する目利きが必要だ。最盛期、癖もアクもない月の輪熊のしゃぶしゃぶを、少し蜂蜜を加え甘めに仕立てた出汁でいただくと、熊肉が黄身を纏ったような風味で甘く溶ける。この味覚体験には、道中の時間と距離を忘れさせるに充分なものがあるだろう。

☼：33,000円〜88,000円　☾：33,000円〜88,000円

湖里庵
Korian

シェフ 左嵜謙祐

15.5/20

日本料理

Tel: 0740-28-1010

滋賀県高島市マキノ町海津2307

定休日：火曜、第1・3水曜

☼：12:00- 一斉スタート

☾：17:00- 一斉スタート

鮒寿しの名店「魚治」が営む料理店。湖上水運の拠点として栄えた奥琵琶湖・海津で創業し、その歴史は200年を超える。元来この地域では琵琶湖の幸とともに、極めて郷土性の強い伝統食を育んできた。現在では嗜好性の高い物とされるが、地域の人々にとっては貴重な保存食であり、栄養源でもあった。七代目となる左嵜氏は、土地に根差した伝統を守り、今の世に伝えるため挺身する。鮒寿し茶漬けなどオーソドックスな提供方法はもちろん、現代の食文化に寄り添った料理にも意欲をみせる。鮒寿しは時に和製チーズに喩えられることに着想を得た「鮒寿しのパスタ」は、鮒寿しの「飯（いい）」をソースに用いた革新的な一品。独特の旨みと乳酸菌がもつ複雑な香気がパスタに絡み、鮮烈に未知なる味覚を刺激される。鮒寿し以外にも琵琶湖特有の幸をふんだんに使用し、いずれも淡水魚のイメージを覆すほどの完成度だ。伝統に甘んじることなく、伝統を守るために攻めの姿勢で挑む左嵜氏の姿は、純粋に尊い。2018年の台風被害により全壊し、2021年に再興。和モダンな新たな空間で、幻想的な琵琶湖の景色を一望できる。ここにしかない眺望と料理を求めて遠くとも訪れたい一軒だ。

☼：18,150円　☾：18,150円

炭火割烹 蔓ききょう

15/20

Tsuru Kikyou

シェフ 西澤芽久美

日本料理

「瀬田の唐橋」東詰に、明治6年（1873年）から続く老舗「にしよ呉服店」がある。その裏の、大正2年（1913年）築の蔵を改装した炭火焼きとワインの店が「蔓ききょう」である。「にしよ呉服店」の女将でもある西澤氏は、鶏料理店の料理長を経て、2009年に開業。当初はシャラン鴨や大間の鮪など、高級食材を各地から取り寄せていたが、滋賀のテロワールを活かす先駆の名店の影響も受け、現在では、琵琶湖や丹後の魚介、滋賀県のジビエ、「サカエヤ」で仕立てた肉などを中心に、地元の産物の良さをストレートに伝え、野菜類は、北海道から宮崎まで全国から選りすぐりを揃えている。店内の、檜や松、桜などの一枚板のカウンターやテーブル、書画、骨董の器にも、旧家の風格を感じる。料理はコースとアラカルトがあり、コース料理はアラカルトを店側で組み立てたもので、まずは新鮮な全国の野菜の甘みを舌に感じ、刺身、炭火焼きの魚や肉へと進んでいく。この日は、琵琶湖の天然鮎や、滋賀の月の輪熊を見事な火入れで堪能した。飲み物はハウスワインや地酒の「不老泉」などが揃い、価格も良心的である。この店を粋に楽しめる「通」になるべく、何度でも通いたくなる店だ。

☼：2,750円　☾：7,150円〜16,500円

Tel: 077-545-7837

滋賀県大津市瀬田2-2-1

定休日：水曜、木曜

☼：11:30-16:00
(L.O.14:00)

☾：16:00-21:00
(最終入店 19:00/
L.O.19:30)

淡海料理 Tovin

13.5/20

Tankai Ryori Tovin

シェフ 大西正紀

日本料理

びわ湖浜大津駅のすぐそば、登録有形文化財「旧大津公会堂」の地階に入居する滋賀食材を用いたジャンルレスの料理が楽しめる店だ。大西氏は、甲賀市で約13年に亘り淡海地鶏の焼き鳥店を営み、2020年に新たな挑戦としてこの店を開いた。淡海地鶏以外にも滋賀県産の食材に徹し、コースのほぼすべてが地元産で、鮒鮓やへしこなどの発酵食品も自家製だ。ウォークインセラーを備え、長年かけて集めた日本ワインは500本に及び、今では入手困難な希少品も揃う。料理は、一本釣りのビワマスを1週間ほど脱水させながら氷温熟成させた炙り造りに、地産野菜をサラダ仕立てで合わせ、自家製鮒鮓の飯（いい）をドレッシングに用いた一品が印象的だ。濃縮された魚身の旨み・新鮮な野菜の香り・食欲を誘う発酵が相まって、箸がすすむ。焼き鳥にも長年の経験が生かされ、焼きたてで熱々の淡海地鶏にかぶりつくと、香り・温度・滋味が一度に口内で弾ける。コースの終わりに供される「こだわりスープのラーメン」は、淡海地鶏の他、琵琶湖のシジミを1kgも用いた出汁や、近江鴨のミンチを足し、一品でメイン料理のような満足度がある。大西氏の料理人人生の集大成が、ここに凝縮されている。

☼：4,860円〜7,020円　☾：7,020円〜9,720円

Tel: 077-572-6356

滋賀県大津市浜大津
1-4-1

定休日：水曜、他不定休
あり

☼：土・日 12:00-14:30

☾：18:00-22:00

※完全予約制

Tel: **073-422-0001**

和歌山県和歌山市手平
2-1-2
和歌山ビッグ愛 12F

定休日：火曜、水曜

☼：11:30-15:00
(L.O.13:30)
☾：18:00-22:00
(L.O.20:00)

※個室料：昼 3,300 円、
夜 5,500 円

オテル・ド・ヨシノ

15.5/20

hôtel de yoshino

シェフ 松本真平

フランス料理

運ばれてきた大きな白い塊は仔鳩のアン・クルート・ド・セル。塩釜に入れられていた丸ごとの仔鳩をゲストの目の前で切り分けるのは、支配人の小松雄介氏だ。今では見る機会が少なくなったこのサービスは、フランス料理ならではの晴れがましさと高揚感をゲストにもたらす。先代シェフの手島純也氏から交代した松本氏も就任して 1 年が過ぎ、引き続き、吉野建氏と定期的に厨房を共にしながら料理のブラッシュアップを図っている。松本氏のソースは軽やかだ。仔鳩のサルミソースも、またヒラメのデュグレレソースも。風味がしっかりのったヒラメに軽やかなデュグレレソースが良いバランスを保っている。吉野氏から、そして様々な先達から受け継いだフランス料理の技術と精神。松本氏もその流れに連なる一人として、自らが考案した料理をコースに組み込みつつ、新たな展開を模索しようとしている。「鮎のパピヨット」は、そんな料理のひとつ。パートブリックで鮎を包み、メロンのソースや胡瓜のゼリーと合わせている。甘みと苦みが融合した後に感じる全体的な軽やかさが、夏らしい季節感を演出していた。今だからこそできることに真摯に向き合う、若きシェフに期待が集まる。

☼：7,590 円～ 22,770 円　☾：15,180 円～ 31,625 円

Tel: —

和歌山県岩出市川尻71-5

定休日：不定休

12:00-16:00 (L.O.)

※予約制

ヴィラ アイーダ

16.5/20

villa aida

シェフ 小林寛司

ガーデンガストロノミー

小林氏は 1998 年の開業以来、変わらず故郷の岩出で畑を耕し、300 種におよぶ野菜を育て、それを皿の上にのせている。その日常自体は変わらなくても、料理は日々進化し続けている。変えていったのは、変化しようとする意志と、どうすれば思い描く理想に近づけるかという、たゆまぬ思考と実践だ。料理は独特で、野菜とハーブを主体に、「和歌山」を感じさせる現在進行形のもの。以前から必ずメニューに書かれている「和歌山風味」というコンセプトは、魅力ある地元の食材を活かし、創意工夫を凝らしていくという思いを表したものだろう。現在進行形、つまり日々変わっていく料理は、畑が天候の影響を受け、自然の摂理によって動いていることと軌を一にしている。小林氏の即興料理のように見える軽やかさも、これまでの膨大な試行錯誤による積み重ねがあってこそ。例えば、盛夏の何種類ものトマトを合わせた料理は、総体としての一皿の中に、種類ごとの微妙な味の差異があることで、トマトの複雑さを感じさせる。野菜たちの「今」を慎重に重ね合わせることで、日々状態が変わる野菜の素顔と新しい魅力を発見させてくれること、それが小林氏の料理の神髄だろう。

☼：33,000 円～　☾：33,000 円～

Gault&Millau

RESTAURANTS

レストラン

岡山県 OKAYAMA

島根県 SHIMANE

広島県 HIROSHIMA

鳥取県 TOTTORI

山口県 YAMAGUCHI

Tel: **086-289-6194**

岡山県岡山市北区錦町
8-11 フェリス錦町 3-A

定休日：水曜、他不定休あり

☼：12:00-14:30
☾：18:00-22:00

ミザンセーヌ

Mise-en-scène

シェフ 山田侑欣

14.5/20

フランス料理

岡山市の中心部にあり、市民の憩いの場である西川緑道公園を見渡せる場所に店を構え、“舞台演出”という名が示す通り、装いの華やかな料理がゲストを迎える。厳しい状況下でのオープンから３年が経ち、地元だけでなく県外からのゲストも増えるなど着実に声価を高めており、山田氏の料理にもさらに自信が感じられるようになった。アミューズは木箱に入った３種のフィンガーフード。一つ一つに手間暇が掛けられ、繊細で美しく、目でも喜ばせてくれる。減圧調理された黒鮑は、茄子のフォンデュとトマトのジュレ、メロンのような香りと甘さのたまご瓜という組み合わせで供される。魚の焼き物は、真魚鰹、甘鯛、カサゴと３種の魚のそれぞれの美味しさの違いを味わわせるなど、素材の魅力をいかに引き出すか、アイデアと技巧に満ち溢れている。穴子の料理については、カダイフで揚げるか、ベニエにするか、素材の個性や季節を考えて調理していることが窺え、まるで役者に相応しい舞台を与える舞台監督のようだ。しかし、ゲストが何よりシェフに惹かれるのは、常に今以上の成長を望むその向上心ではなかろうか。訪れる度、新たな素晴らしい料理に出合えるレストランである。

☼：8,085 円〜 14,175 円　☾：14,445 円〜 21,186 円

Tel: **086-239-1599**

岡山県岡山市北区駅元町
28-13

定休日：水曜、他不定休あり

☼：12:00-15:00
(L.O.12:00)
☾：18:00-22:00
(L.O.19:30)

レストラン エトロワ

Restaurant étroit

シェフ 池田清彦

14/20

フランス料理

岡山駅の西口側、駅元町に、2023 年７月、フランス・パリの小径にあるような小さくも愛らしい店が誕生した。池田氏は東京の「モナリザ」などで修業した後、渡仏。アルザスやパリの「レストラン トヨ」でクラシックや和風も取り入れた自由なスタイルの料理を身につけた。帰国後は、沖縄のリゾートホテルで地元の食材を活かした華やかな料理も学ぶという本格派だ。その技術は、自家菜園で採れた野菜も用いたクラシカルな夏野菜のテリーヌからも窺える。メインの仔鳩のローストは慎重に火を入れ、モリーユ茸などを使ったソースを合わせる。付け合わせは、こちらも鳩の肉を使ったコロッケにじゃがいものグラタンと、これぞフランス料理という仕上がりだ。一方で、コースには魚のアラなどを使ったブイヤベースのカレーも組み込まれており、訪れる客を喜ばせる遊び心も見られる。フランス料理の確たる技術があってこその創意工夫だ。デザートもしっかり作り込まれており、さらにパンやバター、マカロンなども自ら作っているという。岡山ならではの食材も効果的に配し、出される料理の隅々にまでシェフの思いが詰まっている。これからどのような進化を見せるか楽しみな店である。

☼：6,500 円　☾：11,000 円

レ ピエール プレシューズ

14/20

les pierres précieuses

シェフ 藤田三四郎

フランス料理

岡山シンフォニーホールと、2023年にオープンした岡山芸術創造劇場ハレノワを結ぶ、文化の薫り高いオランダ通りにある、“貴石”の名を冠するに相応しい店だ。藤田氏は、京都やパリで研鑽を積み、岡山で想像力溢れる料理を作り続けている。メニューに記されるのは、その皿を構成する3つの食材だ。「鮑 茄子 甘長唐辛子」という一品には、鮑に茄子のフリットと甘長唐辛子がちりばめられ、さらにパンチェッタの塩気と風味が、料理にコクと広がりを与える工夫が凝らされている。「蝦夷鹿 玉蜀黍 エピス」は、蝦夷鹿のステーキにエキゾチックなエピスソースを添えて美味しさを増し、ワインとの相乗効果も期待できる。現代的なフランス料理を中核としているが、店のスペシャリテともいえる「コンソメ トリュフ 山崎ウイスキー」は、トリュフの香りと、途中でウイスキーの「山崎」を2滴垂らして風味を変える、クラシカルでありながら新しい可能性を示すコンソメスープだ。藤田氏の、より多くのゲストを楽しませようという懐の深い一皿といえるだろう。常に新しい食材や組み合わせを試みる研究熱心なシェフと、マダムの温かな対応に、何度でも訪れたくなるレストランだ。

☼：4,500円～10,000円　☾：10,450円～13,200円

Tel: 086-207-2270

岡山県岡山市北区表町
2-6-64 1F

定休日：月曜

☼：12:00-14:00
(L.O.12:30)
☾：18:00-21:30
(L.O.19:30)

※クレジットカードは
ディナー時のみ利用可

エッセレ

14/20

essere

シェフ 岡崎浩一

イタリア料理

岡山・桃太郎大通りから南北に横切る西川沿いを南に歩くこと約10分。ビルの2階にある扉を開けば、品の良い空間が広がる。料理は北イタリアをルーツにしており、鮎とフォアグラのリエットにはメロンのガスパチョをソースとして用い、白いんげん豆とズッキーニ、そして鮎を上手くまとめ調和させていた。仔鳩のトルテッリは、トピナンブールのムースに仔鳩を余すところなく使ったエキスたっぷりのソース、それらの旨みをしっかりと下支えする生地の美味しさとが巧みなバランスを見せる。スペシャリテともいえるジビエ料理は、クレピネットを巻いて繊細な火入れを施した馬肉のフィレ肉で、シェフの技量の確かさを最も感じる一皿だ。マルサラソースにほんのりと感じるスパイスで味覚の幅を広げ、付け合わせの料理用リンゴを使ったストゥルデルや、人参、レンズ豆で、さらに味わいを引き立てる。ドルチェも、塩バニラのジェラートにザバイオーネは一見甘みが強いように思えるが、白ワインのジュレの風味や特産のマスカットとピオーネの持つ甘みを味わうための大人の甘さであり、心地好い余韻を残してくれる。ソムリエが薦めるワインも料理とよく響き合い、訪れた人にとって忘れがたい体験となるだろう。

☼：6,655円～10,285円　☾：16,335円～21,780円

Tel: 086-206-1575

岡山県岡山市北区田町
2-13-1 SWISS西川 2F-B

定休日：火曜

☼：12:00-15:00
☾：18:00-22:00

はすのみ

Hasunomi

シェフ 加藤堅太郎

14.5/20

中国料理

Tel: 086-238-8403

岡山県岡山市北区平和町
1-11

定休日：火曜、
他月２回連休あり

☾：18:00-21:00 (L.O.)

その日の料理は、温かで身体に優しいスープから始まった。夏の養生スープには薏苡仁（よくいにん、ハトムギ）や金針菜、店名でもある「蓮の実」などの身体をいたわる漢方の具材が入っており、加藤氏のゲストに対する誠実な姿勢と、季節に合わせた食材を大事に扱う料理人としてのあり方が表れている。多くの料理人を輩出している「麻布長江」長坂松夫氏のもとで腕を磨き、地元・岡山でも確固たる地位を築いた加藤氏だが、料理に対する情熱はさらに増したようで、どの料理にも隙がなく、「この味こそが完成形だ」と納得する出来映えだ。華やかで五味を満足させる前菜の数々はもちろん、穴子と香味野菜の炒め物は、肉厚でジューシーな穴子に負けないしっかりした辛さと塩味で、香味野菜の青い味わいや生姜の温かな組み合わせが秀逸だ。フカヒレと鮑の煮込みも中国料理としては黄金の組み合わせではあるが、料理が先にあるのではなく、食材をより活かそうとする丁寧な味わいであることが伝わる仕上がりとなっている。また、ソムリエでもある加藤氏が料理に合わせる酒として選ぶナチュラルワインや骨太で個性の強い日本酒も、この店の魅力の一つだろう。岡山が誇る中国料理店だ。

☾：14,300 円

ブリコール

Bricole

シェフ 矢長謙三

14/20

日本料理

Tel: 086-425-6611

岡山県倉敷市中央1-6-8
2F

定休日：月曜

☾：18:00-22:00

岡山県屈指の観光地である倉敷美観地区。大原美術館や倉敷民藝館といった文化の薫り高い街並みの一角、大原美術館分館の南側にフランス語の「ブリコラージュ（寄せ集めてつくること）」から名前を取った店がある。矢長氏は東京で店を構え、出汁に関する著作もあるほど食材が持つ本来の味わいを重視してきたが、地元・倉敷に帰って開いた店でもその探究は止むことがない。「鰹出汁にするとすべてがその味になってしまい、食材の味が生きないのでほとんど使わない」と話し、岡山名物の桃を使った前菜では、出汁酢をジュレにして、長芋と蓴菜を少し混ぜて桃と一緒に食べることで桃の甘さをより強く感じさせている。八寸も山椒で煮た稚鮎やバジル醤油を合わせる汲み上げ湯葉など、風味が豊かで、小さな料理にも手を抜かない姿勢は、決してただの“寄せ集め”ではない。鱧と新玉葱を使った小鍋仕立てのかき玉汁は、岡山特産の黄ニラを用いて、その香りや味と食感を活かすことで他の具材とのバランスを見事に形成している。鱧ととうもろこしの炊き込みご飯は、焼いた鱧の力強い味わいととうもろこしの甘みもあって満足感のある一品。創意工夫に満ちた職人ならではの和食が愉しめる。

☾：10,500 円～ 15,400 円

魚正 山本淳

15/20

Uosho Yamamoto Jun

シェフ 山本 淳

寿司

かつて小説家の丸谷才一が「西国一」と賞賛した「魚正」は現在、山本氏が後を継いで名店の地位を守っている。この店は瀬戸内の魚を美味しく食べさせることに定評があり、酒肴は黄身酢でいただく蛸の柔らか煮、蒸し鮑、岡山の天然鰻の白焼きなどが供され、地酒も進む。そして、握りは新イカから。西日本ではハリイカと呼ばれる烏賊の新仔で、初秋だけ愉しめる甘く旨みのある烏賊だ。車海老は目の前で茹でたての殻を剥いて握り、仄かな甘みと身の美味しさが堪らない。店の名物でもある穴子は、この日は日生の活き穴子。甘すぎず、焼き目の美味しい、しっかりした身の穴子で酢飯を覆うようにくるりと巻く。山本氏も、「未来永劫変わらなくていいのではないか」と話す伝統の味だ。山本氏は若い頃から先代と並んで修業しており、その後、独立して自分の店を構えたが、再び「魚正」に戻ってきた。こうして、受け継がれてほしいものが確実に次の世代に伝わることは喜ばしい。一方、山本氏ならではの技術も楽しみの一つで、酢橘の使い方、締め方、貝の火の入れ方など現代的で端正な技が冴え渡っている。今もなお、岡山だけでなく、遠方からの客を満足させる見事な店であることに変わりはない。

☼：9,000 円　☾：16,500 円

Tel: **086-222-3505**

岡山県岡山市北区中央町
7-5

定休日：水曜、日曜、
祝日

☼：12:00-14:00
☾：18:00-21:30

すし晴

14/20

Sushiharu

シェフ 小野晴利

寿司

岡山駅から桃太郎大通りを10分ほど歩いた場所にある、街の人々に愛される鮨店。小野氏は東京・日本橋で江戸前の鮨を学び、岡山でも本物の江戸前を味わってもらいたいと、この店を構えた。鮨に使う酢飯は３種。鮨種によって赤酢や、玄米から作った黒酢の配合などを使い分けたり、生姜の甘酢漬けも２種類のものを用意するなど、江戸前らしさを感じさせる。握りでは、車海老は熟成させた甘みのある味わいで。また、旬の鰯は「脂が強いから」と酢締めにして、味は強くてもきりっとした印象を残す。中トロやトロといった江戸前の“華”といえるような鮨も、鮨種本来の美味しさだけでなく、旨みを引き出すための細心の技が凝らされており、穴子は塩とタレの２種類で食べさせるなど、ゲストをまったく飽きさせない。雲丹は様々な産地のものを大量にのせた軍艦巻きで、鮨ならではの愉しさと満足感に溢れている。鮨前の料理では、蒸した鮑を金糸瓜のトマト酢漬けでさっぱりといただく。鱧の真子を玉締めにしたものもしっとり美味しく、生姜と枝豆とサキイカのかき揚げは香ばしさと旨みがあり、酒が進むこと間違いなしだ。最初から最後まで小野氏の技術と心配りが堪能できる。

☾：16,170 円

Tel: **086-230-2556**

岡山県岡山市北区
野田屋町1-10-26
乗金ビル 1F

定休日：日曜、祝日

☾：18:00-23:00
（最終入店 22:00）

※ 21:00 以降お好みも可
※車いすのまま食事が可能

エピュレ
ÉPURÉ
シェフ 浅田浩司

15.5/20
フランス料理

Tel: **082-576-2414**
広島県広島市南区京橋町
4-14 ソル高松 1F

定休日：火曜、他不定休あり

☾：18:00-21:00
（最終入店）

46歳の時に一念発起した浅田氏は、それまで手掛けていた人気店を閉め渡仏。名店「ドメーヌ レ・クレイエール」のフィリップ・ミル氏のもとで、改めて先端のフランス料理の技法、精神を吸収し帰国、2017年に再び開業した。ここでは、火入れやソースは当然として、選んだ食材や調理法が見事に調和している点を特筆したい。ミル貝とピーナッツのムースを組み合わせた前菜は、巧みなバランスで相乗効果のような美味しさを生み出しており、ここに辿り着くまで、いかに多くの試作がなされたことか、想像に難くない。ホワイトアスパラガスを使った野菜の皿は、あえて素材を少なくしたソースを使うことで風味の愉しさを味わい、パッションペッパーの香りや杏の甘みなどで驚きを与える構成となっている。メインの榊山牛は料理の構成によって、サーロインにするかイチボか、味を確かめた上で仕入れをするほどの徹底ぶり。こうした食材は広島だけでなく、洋の東西を問わずゲストに食べてもらいたいと思うものを集めている。アミューズからデザートまで、浅田氏のフランス料理に対する愛情と技術の研鑽、練りに練られた構成によってフランス料理の“粋”を堪能できるレストランだ。

☾：17,325円〜

ル・ジャルダン グルマン
LE JARDIN GOURMAND
シェフ 小山賢一

15.5/20
フランス料理

Tel: **082-274-4010**
広島県広島市西区
古江東町11-35

定休日：火曜、水曜

☼：12:00-15:00
(L.O.13:00)
☾：18:00-22:30
(L.O.20:00)

高台への道を上り、ガラス越しに庭（ジャルダン）が目の前に広がるテーブルにつくと、何とも言えない安らぎを覚える。花が咲き、木々に置かれた巣箱には小鳥がやってくる。小山氏の料理は食卓がそのまま庭に繋がっているような自然を感じさせるものだ。庭に咲いていたウイキョウの花や葉、実を使ったオマール海老の味わい、自ら島根県の高津川で釣ってきた鮎のグリル、いずれも熟練の技術もさることながら、すべての食材に目と手が行き届いているかのような愛情が感じられる。これがスイスやフランスで修業し、オーセールの「ル・ジャルダン グルマン」で多くのものを得た小山氏が持つ世界観、表現力が創り出すテーブルなのである。メインの榊山牛は内腿のさらに内側のシンシンという柔らかな部位の肉に火を入れ、付け合わせのアスペルジュ・ソバージュや山クラゲをアクセントにしている。庭のブルーベリーを使ったデザートのヴァシュランも果実の優しい味を活かし、素材を知り尽くした余裕すら窺えるようだ。開業以来30年を超すが、今日も小山氏はクラシックをベースに自家栽培の野菜やハーブを活かし、独自のセンスで地域の食材を極上のフランス料理に仕上げている。

☼：8,800円〜16,500円　☾：8,800円〜16,500円

中土
NAKADO
シェフ 中土征爾

15/20 フランス料理

広島のフランス料理店の中でも注目の一軒だ。2020 年のオープン後、料理の完成度やサービスの熟度が増している。煌びやかな料理や器に加え、ガストロバックなどモダンガストロノミーの器具を用いるため、前衛的な印象を持たれがちだが、時折見せる古典的な調理法にはフランス料理好きには嬉しい仕掛けがちりばめられている。和食やイタリア料理の経験をもち、ブルゴーニュでも本場の空気を吸収。何より、自らの努力によって会得した幅広い経験と知識から繰り出される料理には無限の可能性を感じる。広島県北部出身の中土氏は、郷里をはじめ界隈の優れた食材にいち早く目を向け、瀬戸内の魚介と組み合わせることで新たな境地を模索している。愛媛県の漁師・藤本純一氏から得た鰆は、ガストロバックで魚介の出汁を浸透させたのち炭で焼き、「つぼくさ農園」の蕪と合わせスープ仕立てに。蕪の香りに鰆の香ばしさと旨みが呼応し、味・食感・香りのすべてが美味しさへ収斂している。このような瀬戸内と県北の優れた食材の融合は、ここでしか味わえないもの。広島を中心に地方色の強い食材の独自性を追求し、未知なる味を探求する中土氏の信念がゲストの心を揺さぶるに違いない。

☼：17,325 円〜　☾：20,790 円〜

Tel: —

広島県広島市中区堀川町
4-18 胡子GRIT 5F

定休日：不定休

☼：12:00-14:30
(L.O.12:30)
☾：18:00-22:00
(L.O.20:00)

※予約はウェブ予約のみ

ヒロト
Hiroto
シェフ 廣戸良幸

15/20 フランス料理

広島のフランス料理界を牽引するシェフの一人、廣戸氏は 1975 年生まれ。辻調グループ フランス校で学び、広島のホテルや、東京の「ザ・ジョージアンクラブ」などを経て、イギリスの「ハイビスカス」でも研鑽を重ねている。その料理の素晴らしさは、素材の組み合わせ方と食感の対比にある。太田川産の鮎のテリーヌでは、鮎の身で内臓のムースを挟み、和食では一般的な蓼ではなく、鮮やかな緑色のフェンネルソースを用いることで、洋の一皿へと変容させ、造形も鮎の内臓も堪能できる料理に仕上げていた。また、冷製コーンスープでは、生、スープ、エスプーマ、ポップコーン、アイスクリームと、5 つに形を変えたとうもろこしを一口で味わわせる。山口産海鰻の白焼は、備長炭で皮目をパリパリに炙り、身との食感の違いを明確にし、セミドライトマト、エシャロット、バルサミコのソースをアクセントにしている。広島のブランド牛である榊山牛のイチボは、何度も休ませながらの丁寧な火入れ。デザートでは、台湾マンゴー、桃のコンポートやパッションフルーツのジュレなど、味も香りも食感も完璧なバランスで魅了する。広島のフランス料理の充実ぶりが肌で感じられるレストランである。

☾：15,950 円〜

Tel: **082-247-9889**

広島県広島市中区
富士見町4-17

定休日：月曜

☾：18:00-24:00
(L.O.22:00)

※クレジットカードは Visa・Master のみ利用可
※ランチは貸切営業のみ

Tel: **0823-88-0992**

広島県呉市西中央5-10-17

定休日：不定休

☼：11:30-13:00 (L.O.)
☾：18:00-20:00 (L.O.)

アミラル

Amiral

シェフ 永島茂明

14.5/20

フランス料理

呉駅からタクシーで5、6分ほどの場所にあるフランス料理店。永島氏は、在モロッコ日本国大使館の公邸料理人を経て2013年にこの店を開いた。永島氏が1人で調理とサービスを担い、昼夜それぞれ1組だけを迎え入れる特別な食空間だ。ネットなどの情報をもとに全国から訪れるゲストもあるが、場所柄、地元の常連客が多いようで、日本各地や海外から厳選した食材をメインに、クラシックを踏襲した王道のフランス料理に仕立てている。もちろん、呉市や広島県産の食材にも気を配り、江田島のオリーブオイルや倉橋島産の牡蠣、野菜などが、全国の優れた食材との共演を見せている。新しい定番料理だというパイ包み焼きは、毎月通う常連客の要望に応える内に定着したものだといい、この日は帆立のムースとオマール海老を包み、クラシカルなソースを配していた。かつての若手シェフも40代。30代は方向性を考える時期もあったというが、今では、この地の食材を知り、自らのフランス料理の道を究め、積み重ねていくことに迷いは無さそうだ。作り手の作りたい料理と、食べ手の食べたい料理が一致する幸せ、それがレストランとしての正解であろう、そんなことを考えさせられる一軒だ。

☼：12,100円〜24,200円　☾：19,360円〜24,200円

Tel: **082-221-2077**

広島県広島市中区幟町
12-5 幟パークハイツ 1F

定休日：水曜、他不定休あり

☼：12:00-15:00
(L.O.13:30)
☾：18:00-22:00
(L.O.19:30)

※車いすのまま食事が可能

※2024年夏に下記住所へ移転予定。

広島県広島市中区南千田西町 9-20

キヨ コラージュ

Kiyo Courage

シェフ 住田聖和

14/20

フランス料理

広島県立美術館、縮景園などが並ぶ閑静な住宅エリアにあり、幟町公園の緑を望むレストランには落ち着いた雰囲気が漂っている。店は住田夫妻によって営まれ、温和な夫妻の印象がそのまま店内の空気感に表れ、小さなオーベルジュで食事をするようなアットホームさがある。住田氏は、修業先である東京の「ヌキテパ」との交流は続くが、開業して15年経った今では、広島と山口の地元食材を用いたクラシック系かつ自然派のフランス料理を、自身のスタイルとして確立している。最初の一皿は必ず、地物野菜を用いたムースが供され、季節の広島の滋味を確かめるところから食事は始まる。スペシャリテはスープ・ド・ポワソン。毎朝、百米市場に一番乗りし、トラックから荷下ろしされる魚介を目利きして仕入れる。他市場に輸送されず残された、磯の香りの強い地魚を、身肉や内臓類はメインの魚料理へ、それ以外の部位も廃棄せずにスープ・ド・ポワソンに用いる。漂う磯の香りにルイユを浮かべていただくと、フランス料理を長く愛しているものなら、誰もが郷愁を抱くだろう。派手さはないものの質実がこの店には伴っている。ここは、その本質を掴める客に愛され続ける隠れた名店と言えるだろう。

☼：6,050円〜12,100円　☾：8,470円〜18,150円

ディレット

15/20

DIRETTO

シェフ 杉野貴政

イタリア料理

Tel: 070-8338-4140

広島県広島市中区
富士見町5-16

定休日：不定休

☼：12:00-13:00 (L.O.)
☾：18:00-20:30 (L.O.)

クールでストイックな前衛系の薪焼きイタリア料理店。それは店構えや店内の造りにも表れている。広島駅からタクシーで 10 分ほど。杉野氏は東京のカフェで働く内に料理の世界に魅せられ、独自にイタリア料理の世界観を構築。地元の料理人仲間との交流も、現在のスタイルに反映されているようだ。以前に比べ、料理はより日本的な解釈で食材そのものの本質を抽出しようとしているように感じる。コースの中で特に印象的だったのは、とろみのあるスッポン出汁をかけた焼き茄子。とろみはスッポン自体のゼラチン質とオクラに由来するが、そこにキャビアを塩味として添えている。不要なものを加えない、食材のみの組み合わせで構築された料理であり、杉野氏の料理哲学を象徴するような一皿だ。偶々かもしれないが、訪問時、コースが魚介のお粥に始まり、魚介のお粥に終わったのも、日本人の DNA への訴えかけなのかもしれない。ワインを中心としていた飲料類は、日本酒のラインアップも目を引き、食事との組み合わせも楽しめそうだ。店の中心に据えられた薪焼き炉の炎が五感に訴えかける。火入れされた食材が口に入る瞬間まで、どう調理を進めるか、杉野氏の探究は続いている。

☼：17,325 円　☾：17,325 円

中国料理 MASUKI

14.5/20

Masuki

シェフ 増木利兆

中国料理

Tel: 082-261-0608

広島県広島市南区京橋町
6-8 藤多ビル 2F

定休日：月曜、他不定休あり

☼：木 - 土 12:00-
☾：火 - 土 18:30-
日 18:00-

広島を代表する中国料理店が、またひとつ進化を遂げたようだ。横浜の中華街や中国でも修業した増木氏の料理は、広東や北京、四川といったジャンルにとらわれない懐の深いもので、開業以来、日本人が美味しいと思える繊細かつ誠実な料理を提供し続けてきた。その店が次のステージへ進んだと感じるのは、料理に使う魚介類や野菜の多くを地元産のものに変えたことで、料理に強さとまとまりが出てきたからである。呉の蒸し鮑の肝ソース和えは、鮑の柔らかさはもとより、歯触り、旨みも含めてすべてに満足できる味であり、付け合わせの東広島市志和町のオクラが、さらに鮑を引き立てていた。3kg ほどあるという立派なマナガツオを使った蒸し物も、これぞ瀬戸内の中国料理と、満足できる逸品だ。棒々鶏やチャーシューといった定番のメニューも丁寧に作られており、その質の高さが窺える。そして、コースの主役ともいうべきモウカザメのフカヒレのスープは、迫力のある味に仕上がっており、料理の構成に大きな広がりが出てきた。増木氏の日々の研鑽が一つの形として結実していることが感じられ、確かな技術のある正統派中国料理店が、これからどんな展開を見せるのか注目したい。

☼：16,500 円～ 22,000 円　☾：16,500 円～ 22,000 円

季節料理 なかしま

Nakashima

シェフ 中島徹夫

16.5/20

日本料理

Tel: **082-225-3977**

広島県広島市中区
東白島町10-4 1F

定休日：日曜、祝日

☾：18:00-22:00
（18:30 一斉スタート）

広島の食を語る上で、欠かすことのできない日本料理店だ。繁華街から離れた住宅街にある店舗は、穏健でしなやかな雰囲気を醸し出し、店内は吉野檜の一枚カウンターが目を引く。細部まで手入れが行き届き、明るい照明の温もりのある空間には、一見の客でも安心感を覚えることだろう。瀬戸内の中国地方から素材を厳選し、そこに忠実かつ的確な仕事を施す。華美な仕立てはなくとも、シンプルで美しく、何度いただいても決して飽きることがない。各々の食材が持つ普遍的な魅力を素直に引き出し、温度や塩気、焼きや盛付などが究極的に洗練されている。100年を超す輪島塗で供されたのは、地元産の蒸し鮑。噛み締める愉しみを感じてほしいと分厚くカットされており、口に含めば肝ソースと混ざり合うことで波状的な香りが口内に舞う。お粥に仕立てたグリーンアスパラガスとうすい豆は、爽やかな初夏の香りを呈し、ギリギリの塩加減が米の甘みをグッと引き上げた技ありの一品だ。日常的な食材をこれほど美味しく仕上げることができるのは、すべてを突き詰めた技術の高さがあるからだろう。中国地方の極上素材と、洗練された味わいを求めるならば、真っ先に候補に挙げたい店である。

☾：20,790円

永山

Eizan

シェフ 舛永高太郎

16/20

日本料理

Tel: **070-4352-4891**

広島県広島市中区幟町
10-3

定休日：月曜

☼：水・金・日
12:00- 一斉スタート

☾：18:00- または 19:00-
一斉スタート

広島市の繁華街から少し離れた穏やかなエリア、幟町に、2019年9月開業。店主の舛永氏は広島県出身、東京の名店「日本料理 晴山」山本晴彦氏のもとで腕を磨いた。研ぎ澄まされた食材の目利き力と自然体な人柄に魅せられ、県外からもファンが足を運ぶ。完全予約制のおまかせで供されるのは、瀬戸内海をはじめ全国から仕入れる旬食材の美味。始まりは、肉厚でふわりと軽い地蛤の碗。サクサクのホワイトアスパラガスと甘いそら豆を合わせ、初夏の香りが優しく開く。シンプルな刺身や桜鱒の棒寿司にも、舛永氏のセンスが光り、計算し尽くされた旨みの奥深さに出合える。カウンター正面の焼き台でじっくりと焼かれたマナガツオの炭火焼きには、広島で採れたコシアブラが添えられ、苦みや香りの構成が素晴らしい。丁寧な仕事を前に、客の背筋も思わず伸びる。極め付きは、九条ねぎと出汁で味わう、広島が誇る「榊山牛」のしゃぶしゃぶ碗。こちらもまた、肉の甘みと出汁の香りの掛け合わせが見事だ。広島の美味が凝縮されたコースに寄り添うべく、広島の地酒をはじめとする季節の日本酒が全国から厳選されている。山と海に恵まれたこの地に、のぼり旗が立てられた意義を心ゆくまで体感したい。

☼：19,000円　☾：19,000円

料理屋そうびき

Soubiki

シェフ 惣引保允

16/20

日本料理

器や節句、日本古来の文化や伝統行事を重んじ、時に自身の解釈や遊び心を添えて皿に盛る。惣引氏は、今や広島の日本料理界を支える存在といっても過言ではないだろう。全国から選りすぐり、料理の価格からは想像もできないほど数多の高級食材を用いるが、それはその食材でしか表現できない美味しさのために、という明確な意図を持っているところに、惣引氏の料理人としての深さを感じる。極上の甘鯛は酒塩焼きに仕上げ、身の甘さを引き出すとともに余分な脂を落とし、美しくほんのりと照りの出た皮目の香ばしさで食欲をそそる。毛蟹の真丈のお椀では、毛蟹の旨みが吸地に溶けてゆくたびに異なる表情を見せ、渾然一体となった美味しさを生んでいた。溶け合う中でも昆布の上品な味わいが崩れることなく、優しい余韻に満たされるのだ。いずれも素材の特性を理解し、巧みな調味のバランス感覚と技術があってこそ。惣引氏が蒐集を続ける器も見事なものが揃い、料理に花を添えている。客人それぞれに感じ取ってもらえれば良いという考えから、素材や調理法、器などについて自身の考えをあまり多くは語らないが、惣引氏の内に秘めた熱い思いは、料理を通してきっと多くの人の心に響くはずだ。

☼：24,200 円　☾：24,200 円

Tel: **080-1645-3185**

広島県東広島市西条岡町
10-24 内海ビル 3F

定休日:月曜、日曜ディナー

☼：土・日
12:00-14:30
☾：18:00-22:00

壮士

Sohshi

シェフ 佐谷壮士

15/20

寿司

広島で一、二を争う鮨店。県外や国外からも、多くの鮨ファンが繰り返し足を運ぶ。運良く訪れる機会に恵まれると、重厚感ある木製のアンティークドアが出迎えてくれるのだが、まるでその扉に手をかける勇気のある者にのみ開かれるかのようなオーラさえある。2014 年 4 月、水産仲卸でも長年経験を積んだ佐谷氏が「魚喰い切り 壮士」として開業、現在は「壮士」のみを冠する。予約は二部制でおまかせコース 1 本勝負。目利きと仕入れのスキルを兼ね備えた店主によって、旬の魚介を活かしたシンプルで繊細な小料理からスタートする。アオリイカと自家製カラスミのパウダー、蒸し蛸には山葵と肝など、掛け合わせが巧みで、かつ厳選された日本酒がスイスイと進んでしまう相性の良さに美食家たちも唸る。続く握りは、より潔く、見せ方はシンプルに、しかし仕事は細かく丁寧に施されている。小ぶりの酢飯は温度帯や酸味などが見事に構築され、寄り添う鮨種としての魚介には、隠し包丁や蒸し加減などの見えない味わいを追求する過程が詰まっている。小料理と握りのすべてを食べ終えた時、もう一周最初からお願いしたいと思えるほどの、軽やかな味わいの連鎖が心地好い。

☾：22,000 円〜

Tel: **082-504-6213**

広島県広島市中区立町
5-18

定休日：不定休

☾：18:00-20:00
/20:30-22:30
いずれも一斉スタート

Tel: **0836-51-9006**

山口県宇部市西岐波
2076-1

定休日：不定休

☼：11:30-15:00
(L.O.13:30)
☾：18:00-21:30
(L.O.20:00)

※完全予約制
※半個室あり
※クレジットカードは
ディナー時のみ利用可

エヌ トロワ

N-3 trois

シェフ 野村公貴

14.5/20

フランス料理

宇部市・西岐波の静かな住宅地の中にあり、店内からハーブなどを栽培している畑も見える一軒家レストランだ。野村氏は大阪や東京のホテル、軽井沢のレストランなどで経験を積んだ後、地元の宇部市に戻り、2016 年に開業。名字のイニシャルである「N」に、店のコンセプトである愛、地域性、ロマンの “3” （フランス語で「trois」）を組み合わせて店名にした。地域性を掲げるだけに、料理には山口県産の食材を多く使い、時には自家栽培のハーブや果物も用いている。山陽小野田で獲れたという穴熊には、「県内でもこの店だけ扱っている」という自ら栽培したキルキーニャというハーブを使い、穴熊の持つ強い味わいをより華やかに鮮烈に引き立てていた。ごく短く燻製した秋刀魚には、発酵させた宇部のプラムに漬け込んだイクラとパッションフルーツを添え、自家菜園のエディブルフラワーを散らすなど、繊細で美しく、複雑な旨みのある仕上げとなっている。慎重に火入れされたメインのイチボは、乳酸発酵させた須佐のブルーベリーソースが肉の持つ旨みを引き立てて見事なまでの美味しさだ。県内外のゲストを虜にしてやまない、山口への愛とロマンを感じさせる店である。

☼：5,000 円～ 7,000 円　☾：8,800 円～ 13,200 円

Tel: **083-234-2299**

山口県下関市岬之町13-7

定休日：不定休

☼：土・日 12:00-
☾：19:00-

レストラン 高津

RESTAURANT TAKATSU

シェフ 高津健一

15/20

イノベーティブ

国の登録有形文化財である蜂谷ビル（旧東洋捕鯨株式会社下関支店）の扉をくぐると、捕鯨業が盛んであった時代を偲ばせる高い天井と中心飾りや大きな柱があり、カウンターの奥、オープンキッチンで高津氏がゲストを迎える。高津氏の背中に見える店のロゴは、文化財の柱を表しており、店だけでなく、下関の歴史をも背負う気概を示しているかのようだ。食材も下関への愛情に満ち溢れている。高津氏が愛してやまないという地物のアオリイカに、小串の生雲丹と刻んだホワイトアスパラガスの皿は、和と洋の良さを演出。パッションフルーツに酢で締めた鰯の刺身、水キムチと真鯛の刺身といった斬新な組み合わせも奇を衒ったものではなく、しっかりと計算された味の構成となっている。一方で、菊川のそうめんを使った料理は、シンプルな手数で素材の味そのもので勝負する強さもある。メインの萩産「萩むつみ豚」は、豚の肉汁を使ったジュだけでなく、少し辛めのハリッサもソースの役割を果たし、店の持つ懐の深さを感じさせる逸品だ。最初の皿から最後のデザートまで、下関に暮らす人だけでなく、訪れる人にもこの土地の素晴らしさを堪能してほしい、という高津氏の熱い思いが込められている。

☼：16,500 円　☾：16,500 円

ル レストラン ハラ オ ナチュレル

15/20

Le Restaurant Hara au naturelle

シェフ 原 博和

フランス料理

宍道湖畔のほど近くにあり、山陰地域で絶大な支持を得るフランス料理店だ。原氏は鳥取や島根をはじめ、フランスやスイスなどで研鑽を積み、この場所に店を開いて既に10年を超える。この間、上質な料理に控え目な価格設定で着実にファンを増やし続け、地元生産者との強い信頼関係を築きながら山陰の優れた食材を集め、その魅力を発信し、この地でしか食べることができない料理作りに挑んでいる。総じて味に幅と奥行きがありながら、軽やかに食べ進められるのは、ほぼすべての料理に酸味が添えられているからではないか。初手のメロンのガスパチョでは、仄かな酸味にメロンの爽やかな甘みとフェンネルの香りを融合させ、水牛モッツァレラチーズが受け止める。柑橘などを用いた酸味の使い方は、時にエッジを効かせ、時に柔らかく包み込むように、様々なアプローチを見せ、心地好さと余韻をもたらしている。料理に真摯に向き合う原氏も、ひとたび声をかければ朗らかで、時折見せる茶目っ気が実にキュートだ。このシェフになら、リラックスしてすべてを任せられると思えるのは、原氏に国内外での豊富な経験による安定感があるからだろう。

☼：4,400円～7,700円　☾：7,700円～16,500円

Tel: 0852-25-2010

島根県松江市中原町
55 善栄ビル 1F

定休日：日曜、月曜、
祝日

☼：木・金・土 12:00-
☾：18:00-19:00 (L.O.)

オマッジオ ダ コニシ

15/20

Omaggio da Konishi

シェフ 小西達也

イタリア料理

イタリアやスペインの「エル・ブジ」など名店を経験し、東京で12年シェフを務めた小西氏がたどり着いたのは故郷の松江だった。「オマッジオ」とはイタリア語で「尊敬」を意味する。その名の通り、小西氏は自身と料理人としてのルーツを大切に、イタリア各地で愛されている郷土料理を島根県の食材を用いて表現している。アマルフィ地方の太麺パスタ「シャラティエッリ」には、地元産のそら豆とペコリーノチーズを合わせ、イタリアらしい素朴な料理に仕上げる。一見シンプルだが、ひとたび口に含めば、パスタの食感、そら豆の香り、ペコリーノチーズの風味が渾然となり、ひたすら美味しい。ナポリ周辺で愛されるデザートの「ズッパイングレーゼ」も、リキュールやスポンジなどの特徴的なエッセンスは引き継ぎながら、アルコールを飛ばすなど小西氏ならではのアレンジを加え、日本人に馴染みやすいものにしている。イタリア郷土料理をベースに、島根県の食材にシェフの技術と思いをのせて美味しさを追求する小西氏の姿勢は、地方のレストランの可能性やあり方を示唆するものだ。2022年10月には新築した店舗へ移転、山陰発のイタリア料理が新たなスタートを切っている。

☼：2,500円　☾：9,350円

Tel: 0852-78-2720

島根県松江市東朝日町
216-8 1F

定休日：日曜、月曜

☼：12:00-14:00
(12:00 一斉スタート)
☾：18:00-22:00
(L.O.20:00)

※車いすのまま食事が可能

Tel: **0856-74-0341**

島根県鹿足郡津和野町
日原221-2

定休日：月曜

☼：12:00-13:00
（最終入店）
☾：17:00-19:00
（最終入店）

島根 美加登家

Shimane Mikadoya

シェフ 山根一朗

16/20

日本料理

毎年夏になると、山陰の小さな町がにわかに活気を帯びる。清流として名高い高津川の恵みを背景に、鮎を求めて多くの客が訪れるが、中でも別格なのが「美加登家」だ。極上の鮎を贅沢に使った鮎尽くしのコースで全国の食通を魅了している。背越しやお椀、酢の物など様々な鮎料理が提供される中で、最も鮎の魅力を引き出せる調理法が塩焼きだろう。寸分の狂いもない焼きの技術で、香りや苦み、脂の旨さを引き出し、頭からかぶりついた瞬間に口内を満たす優雅な香りと気品ある味わいは、絶句するほど美味しい。塩焼きのほか、毎年ほぼ同じメニュー構成となるが、それは一つ一つの料理がすでに完成されているからこそ。回数を重ねることでブラッシュアップを続け、それ以外の料理は考えられないと感じるほどに洗練を極める。そこには鮎にかける料理人としての矜持がにじみ出ている。別名「年魚」とも呼ばれる鮎が毎年遡上するたび、山根氏はほっと胸を撫でおろすという。恵みに感謝し、至高の料理に仕上げることは、自然に対する氏の一つの「応え」なのだろう。鮎を扱う料理人として到達点に立ちながらもなお、山根氏は今日もひたすら素材に向き合い、さらなる高みを目指している。

☼：21,780 円～ 45,980 円　☾：21,780 円～ 45,980 円

ゴ・エ・ミヨの歴史

1978 年、『SPECIAL VINS（スペシャル・ヴァン）』初版

　ワイン特別号の雑誌を思いついたのはクリスチャン・ミヨでした。葡萄の収穫時期に料理評論家を葡萄畑に集め、フランスのワインをアピールするというアイデアが浮かんだのです。
「SPECIAL（特別号）」と書かれた雑誌は 1978 年９月に発行され、価格は５フランでした。その見出しは、現在まで引き継がれている「パリ、様々な値段のレストラン」と「全 80 ページで紹介するワインのすべてとワイン通が薦める 500 軒」です。

ファロ トラットリア

13.5/20

FARO trattoria

シェフ 山内智紀

イタリア料理

鳥取駅近くの仄暗い路地に、ポッと明かりを灯す小さなレストラン。店内はややレトロで大衆的な雰囲気も醸し出し、まるでイタリアの地元の人に愛されるレストランにいるような趣だ。山内氏はモデナの「オステリア・フランチェスカーナ」や国内のレストランで腕を磨き、2020年に独立。扱う食材は鳥取県内産を中心とするほか、自ら畑を耕し、ハーブや野菜を育てていることにも山内氏の意欲が表われている。地元産の鰆の皮目を炙り、焼き茄子やハーブとともにカルパッチョに仕立てた一皿は、焼き茄子の香りが皮目の香ばしさを倍増させ、キレのある脂と交じり合い、伸びやかな余韻が圧巻だ。パスタはモデナ名物のカペレッティ。濃厚なボロネーゼに栗かぼちゃを包んだカペレッティを合わせ、ポルチーニの泡で覆う。肉、茸、野菜のそれぞれの旨み・香り・甘みの個性を生かしながらバランス良くまとめ、山内氏の調味感覚が発揮されている。イタリアの自然派ワインを多数揃え、溢れるワイン愛が料理に華を添える。料理や雰囲気からにじみ出る山内氏の陽気で飾らない人となりが心地好い。このレストランには、ゲストに寛ぎ楽しんでほしいという純粋な思いが込められている。

☾：7,700円～13,750円

Tel: **0857-30-7766**

鳥取県鳥取市瓦町521

定休日：日曜、月曜

☾：18:00-22:00 (L.O.)

みつき

15.5/20

Mitsuki

シェフ 光井祐樹

日本料理

山陰の恵まれた海と山の幸、その中でも極上のものを扱い、県内外のゲストを魅了する日本料理店だ。季節感を重んじ、素材は地物を中心に構成しつつも、時季によっては地物にこだわりすぎず、店主がこれぞと思った食材は柔軟に県外にも求めている。春、京都・塚原から毎日取り寄せるという筍は、素材の力が群を抜いている。アクが少ないため茹でる必要がなく、蒸して塩を添えるのみ。蒸すことで本来の風味を逃がさず、立ち昇る湯気とともに発する甘い香りが実に官能的だ。こうして素材の力強さに圧倒されるかと思えば、地元産の天然鰻を用いた「うざく」では、皮目のパリッとした仕上げで技の冴えを見せる。タレを付けすぎず、身の旨みを強調した味の方向性も的を射ており、調味も見事だ。老舗京料理店で研鑽を積んだ店主の料理に、これ見よがしなパフォーマンスは存在しない。日本料理の基本を忘れることなく、技術を惜しまず手間をかけ、ただただ料理に打ち込む姿が印象的だ。コストパフォーマンスにも優れ、とにかく美味しいものでゲストに喜んでほしいという店主の気概が何よりの御馳走である。常連客も多く、この店の味を知れば何度でも通いたくなるのも納得だ。

☼：17,600円～55,000円　☾：17,600円～55,000円

Tel: **0857-23-2637**

鳥取県鳥取市末広温泉町110 110ビル 2F

定休日：不定休

☼：12:00-

☾：18:00-21:00 (L.O.)

※季節により価格の変動あり

酒菜 桔梗屋

SHUSAI KIKYOUYA

シェフ 細木晋治

14/20

日本料理

Tel: **0859-37-2366**

鳥取県米子市角盤町
2-63-2 1F

定休日：日曜、他不定休あり

☾：18:00-21:00
（最終入店）

米子市に開業して25年を超える老舗の和食店だ。店主、細木氏は滋賀の名店「招福樓」で8年の研鑽を積んだ実力の持ち主。一流の技と目利きを当地に持ち帰った先駆的存在だ。店内には日本酒の瓶がタワーのように飾られ、ドリンクメニューには店主が選りすぐった酒がずらりと並ぶ。料理屋としてのステップアップのために日本酒を学んだという細木氏が特に魅了されたのが熱燗だ。とりわけ山陰地方には熱燗に向いた日本酒を造る酒蔵が多いと語り、そのラインアップも豊富。自分の好みを伝えれば嬉しそうに語りながら酒を選ぶ、細木氏のその笑顔も酒の友だ。料理も酒を意識したもの。美味しい酒と美味しい料理を味わうには事欠かない。松茸、甘鯛、銀杏の土瓶蒸しは、松茸の華のある香りが出汁に行き渡り、染み出る甘鯛の出汁と徐々に融合していく。出汁で奏でる味のグラデーションによって、最後の一滴を飲み干すまで美味しさを保つ技術は目を見張る。熱燗に目覚め、それを意識した料理となっても、基本となる「招福樓」仕込みの腕は健在だ。この店では、カウンター席で細木氏との日本酒談義を酒のアテに、心ゆくまで杯を傾けたい。

☾：8,316円～ 14,256円

かに吉

Kaniyoshi

シェフ 山田達也

16/20

蟹料理

Tel: **0857-22-7738**

鳥取県鳥取市末広温泉町
271 2F

定休日：不定休

☼：14:00
☾：17:00-22:00 (L.O.)

※5月-10月魚料理
11月6日-3月25日蟹料理
※車いすのまま食事が可能

鳥取県は国内有数の松葉蟹（ズワイガニ）の漁獲量を誇るが、この店で使われるのは、水深200～400m、大陸棚の同じ漁場ながら兵庫の浜坂漁業協同組合が扱う「浜坂がに煌星」を含めた、最高クラスの品質の松葉蟹だ。店舗は、歩道から暖簾をくぐって階段を上った2階。上がりにある大きなテーブルの3辺にゲストが座り、廊下側の1辺には調理用のテーブルがある。山田氏は、調理温度から提供のタイミング、食べ方に至るまで、すべてに徹底している。刺身は自らがテーブルを巡って適量の醤油を垂らす。蟹の身を歯でしごき、最後に山葵を口の中へ。至福の時間だ。焦がさず焼き上げる焼き蟹は、ゲストの皿の上で身をほぐす。凍らせた蟹みそのルイベにはあんこをのせ、あんこの甘みが蟹みその味を際立たせる。蟹のサンドイッチは、大阪の「ル シュクレクール」へ特別注文したパンに、岡山・吉田牧場のバターを塗り、蟹みそと和えた蟹の身を挟む。蟹鍋は、温度の違う二つの土鍋にさっと身をくぐらせ、ほぐした身に出汁を注ぐ。蟹そうめんは、火入れしてほぐした後にピンセットで赤い薄皮などをすべて取り去り、まっ白で滑らかな繊維質だけを出汁の中へ。ここは蟹の概念が変わる、いくつもの驚きに出合える店である。

☼：231,000円～　☾：231,000円～

RESTAURANTS

レストラン

ラトリエあべ

L'atelier ABE

シェフ 阿部節夫

14.5/20

フランス料理

Tel: **0884-77-3755**

徳島県海部郡美波町
山河内字なか26

定休日：不定休

☼：11:30-15:00
☾：17:00-21:00

※完全予約制

「にぎやかな過疎の町」というスローガンを掲げ、海と山の食材に恵まれた美波町に、熟練した技術で正統かつ創造性豊かなフランス料理を食べさせるレストランがある。アミューズは徳島を代表する魚、ボウゼの焼き物。鮑はベニエにして、肝のソースと共にいただく。クエやノドグロ、ハタを使った魚のコンソメと合わせて提供された鰹の生ハムの寿司は、和でもあり洋でもある味わいで、「遠方から汽車に揺られてくる客に少しでもなじみやすい食事を」という、もてなしの心からきた料理である。また、ノドグロのポワレと一緒に、魚のアラをブイヤベースにして炊いたリゾットも合わせるなど遊び心のある構成で、客を飽きさせない。メインは阿波牛のフィレ肉。少しだけレア感を残した火入れにポルト酒とフォン・ド・ヴォーの甘みのあるソースが好相性だ。デザートはしっかり３種で、焙じ茶と番茶の生プリン、梨のラビオリ、桃のレ・リボ。どの一品も食材のピュアな味わいを際立たせつつ、スパイスが程よく使われており、身体を少し温める効果も狙っているようだ。お値打ち価格に、終始、ゲストをいたわる愛情の込められた料理とあれば、再訪しようと思わずにはいられないだろう。

☼：10,000 円　☾：10,000 円

ペルトナーレ

PERTORNARE

シェフ 表原 平

14/20

イタリア料理

Tel: **080-3165-7153**

徳島県勝浦郡上勝町大字
福原字古川71番地

定休日：火曜

☾：18:00-22:00

※ディナーのみの場合、
前日までの完全予約制

※ 2024 年 4 月より記載
の住所へ移転予定

※宿泊の詳細や料金につ
いては、店舗に要問合せ

徳島市内から車で１時間ほど、“ 葉っぱビジネス ” やゼロ・ウェイスト政策などで知られる上勝町にある、山のイタリア料理が味わえるレストランだ。表原氏はフランス料理を学んだ後、奥田政行氏の「アル・ケッチァーノ」に入社、腕を磨くと同時に地産地消の精神を身につけた。地元・徳島県に戻り、開業。数年は海の魚介を使った料理も提供していたが、次第に現在の山の恵みを活かしたスタイルに移行。店の前を流れる勝浦川の鮎をフリットにして香ばしく仕上げたかと思えば、天然の鰻はしっかりと焼き上げて、ワインにぴったりの味に仕上げる。アメゴはソテーしてザバイオーネソースでいただき、時季は限定されるもののモクズガニのリゾットは、この地の豊穣さが凝縮された美味しさだ。メインは阿波華牛を炭火で焼いたビステッカ。ニラの花をハーブのように使い、華やかさと美味しさを両立させている。メニューの最初から最後まで、シェフが使いたいと思った徳島の食材で、シェフが食べてもらいたいと思う料理が表現されており、この地に来なければ味わえない満足感を得ることができる。2024 年には町内で移転し、ヴィラを併設する予定。レストランの新たな展開が楽しみだ。

☾：12,500 円

虎屋 壺中庵

Toraya Kochuan

シェフ 岩本光治

16/20

日本料理

「和食は引き算の料理」と言われるが、その言葉の意味が真に理解できる店だ。「吉兆」の創始者である湯木貞一氏から薫陶を受けた岩本氏が実家に戻り開いた「壺中庵」の壺中とは、禅語の「壺中日月長」を由来とし、「壺の中の別天地」を表す。門をくぐり日本庭園を通って玄関口に立つと、まさに俗世とひとつ隔絶した別世界に来たかのような感覚に包まれる。その特別な感じこそ、ここでの食事の始まりである。食材そのままの味を引き出すために、できる限りの仄かな味付けがなされた料理を口にすると、舌が美味しさを探し求め、五感すべてが鋭敏になっていくのを感じる。穴子の真丈の椀物はその味つけの“粋”とも言うべきもので、前菜から味覚を磨いてきた者にとっても驚くほど、素材そのものの味が生きている洗練された料理だ。名物の鮎の塩焼きは、器の下に忍ばせた炭火のおかげで手に取るまで香ばしく、蓼酢と相まって極上の一品となっている。この年最初の新栗を使った栗ご飯もまた、栗のほんのりとした甘みを最大限に感じられる塩味が施されており、秋の訪れを感じさせる。自らが味覚を研ぎ澄ますことでさらに料理の本質に触れられる、稀有な体験のできる店である。

☼：18,700 円　☾：18,700 円

Tel: 088-679-2305

徳島県名東郡佐那河内村
上字井開1

定休日：不定休

☼：12:00- 一斉スタート
☾：18:00- 一斉スタート

両忘

Ryobo

シェフ 中川暁友

14.5/20

イタリア料理

「両忘」の料理は日本料理のようでもあり、イタリア料理のようでもある。禅語の「両忘」とは、すべての対立する概念を忘れ去った自由平等の境地であるというが、中川氏が目指しているのも、どちらかの区分に入ることではなく、ただ美味しい料理をゲストに喜んで食べてもらいたいというシンプルな思いであり、そのために「両方を忘れる」ことを標榜しているように見える。そう思わずにはいられないほど、料理に虚飾がなく、ひたむきで真っすぐな美味しさが伝わってくるのだ。丹念に骨切りされた立派な鱧のフリットは、シンプルな塩味だが、揚げたての料理が持つ多幸感に満ちている。金刀比羅宮の近くで採れた「こんぴらたけのこ」とサクラマスを合わせた料理は、鮮やかな旨みを感じさせ、岡山・千屋牛のカツレツには「あけがらし」という和のテイストを添えてはいるが、イタリア料理の技術でしっかり仕上げられている。料理には職人が丹念に作り上げた刀剣のような鋭敏さが感じられるが、ソムリエでもあるマダムの明るく柔らかな対応で、店の雰囲気は温かく、心地好い特別な空間となっている。街の人に愛され、県外からのゲストにも記憶に残る美味を提供するレストランだ。

☼：13,650 円～　☾：13,650 円～

Tel: 087-873-2991

香川県高松市今新町
6-2-1

定休日：月曜、木曜、
他不定休あり

☼：水・土・日
12:00- 一斉スタート
☾：18:00- 一斉スタート

※仕入れにより価格の変動あり

※車いすのまま食事が可能

小料理 Yarn

14.5/20

Yarn

シェフ 和田 登

イノベーティブ

Tel: —

香川県高松市片原町4-14
片原町テラス 1F

定休日：不定休

☼：土・日・月
12:00-12:30(L.O.)

☾：18:00-18:30(L.O.)

片原町駅から商店街を通ってすぐの場所にカウンター４席、“小料理”の佇まいで和田氏がゲストを迎える。イタリアで修業し、ノルウェーとタイで北欧・東南アジアのエッセンスも吸収してきたシェフの料理は、イタリア料理が主軸でありながらその範疇にとどまらない自由なものだ。観音寺市「川鶴酒造」の酒粕を使ったムースには、所縁のある三豊市のエディブルフラワーを散らし、地元のモンゴウイカをのせた蓮根の揚げ饅頭はイタリアの魚醤で味付けがなされ、独創的ながらそれぞれが調和のとれたメニューとなっている。もちろん、高松市「しおのえふじかわ牧場」のモッツァレラチーズと坂出市のトマトを使ったカプレーゼ、讃岐牛のステーキ、東かがわ市の卵を使ったカチョ・エ・ペペなど、イタリアで培ってきた料理も地元・香川の食材を使い見事な調理で表現。デザートも凝っており、荘内半島のオリーブオイルのジェラートやとうもろこしのアイス、青梅のジャムの入ったチョコレートなど、最後まで創意工夫のある料理を多皿構成で繰り出し、飽きさせない。すべての皿を四国の食材でと、地産地消を目指す和田氏が、これからどのような料理を紡ぎ出していくのか、期待は高まるばかりだ。

☼：13,500 円　☾：13,500 円

長江 SORAE

16/20

Choko SORAE

シェフ 長坂松夫

中国料理

Tel: 087-843-2567

香川県高松市屋島東町
32-12

定休日：火曜、他不定休あり

☼：12:00-14:30

☾：17:30-

「SORAE」の名が示すように、海と空の青が溶け合うような広大なオーシャンビューのレストランだ。海辺ではあるが、風は柔らかく、温暖な地域ならではの優しい光が射している。源平合戦の古戦場でもある屋島の地で、長坂氏は“温故知新”を体現するかのように、クラシックな中国料理について研究を重ね、自身の料理に落とし込んでいる。瀬戸内海で獲れた太くて大きい“べえすけ”穴子を蒸してから揚げ、春餅で巻いたかと思えば、フカヒレの皿にはやはり瀬戸内海の真鯛の焼き物と真鯛の真子を合わせ、目の前に広がる海の豊かさを表現している。牛肉、クワイ、香川「うえむら農園」で栽培されたアスパラガスの魚香（ユイシャン）炒めは、香り・酸味・辛みなどが複雑でありながら素材の美味しさが際立つ逸品だ。デザートも果物だけでなく、讃岐のもち麦である「ダイシモチ」を使い、徹底して、この場所でなければ作れない料理を追求している。「茶禅華」川田智也氏や「慈華」田村亮介氏など中国料理界の最前線をいくシェフを全国に送り出した長坂氏は、この静かな環境の中で、中国料理の神髄を究め続けている。その深い味わいとシェフの姿に、誰しも心を動かされることだろう。

☼：6,655 円～ 12,100 円　☾：12,100 円～ 18,150 円

リュシオル
Luciole
シェフ 藤原弘輝

15/20 フランス料理

東温市河之内の清らかな水と緑豊かな大地は、蛍（リュシオル）と米・食味分析鑑定コンクールで金賞をもたらした「穂田琉米」を育んでいる。この自然環境に惹かれて2022年6月にオープンした藤原氏のレストランも、群舞する蛍の光のように才気溢れる料理で輝きを放っている。古民家をリノベーションした店内では藤原氏とマダムが、生け込まれた様々な草花と共にゲストを迎える。東京・芝公園にあった名店「クレッセント」で学んだ藤原氏の料理は、技術の高さはもちろん、コンソメの作り方一つにも改良を重ね、訪問する度に新たな驚きがある。アオサの磯の風味豊かな鮑のグラチネは、鮑の美味しさを余すところなく伝え、サクラマスは1つの身を低温の油と炭火の2種類の火入れで味わいの違いを愉しませる。北海道「羊まるごと研究所」の仔羊は、「クレッセント」直伝の見事な火入れとソースで提供。デザートの穂田琉米を使ったアイスクリームは爽やかな甘さで、米の持つ新たな魅力に気付かせてくれた。藤原氏は愛媛の豊富な海産物だけでなく、地元の畜産物を使った肉料理にも目を向けており、愛媛のみならず四国を代表するフレンチレストランの一軒として、その存在を確立しようとしている。

☼：9,900円〜16,500円　☾：16,500円

Tel: **050-8884-2640**

愛媛県東温市河之内
4960-1

定休日：水曜

☼：土・日・月
11:00-15:00
(L.O.13:00)
☾：火・木・金
17:00-22:00
(L.O.20:00)
土・日・月
18:00-22:00
(L.O.20:00)

ラピ
L'API
シェフ 宮川圭輔

14.5/20 イタリア料理

まるでシェフの自宅に招かれたような、アットホームで寛げる空間だ。伊予市の高台に位置し、大きな窓から市内の街並みと、その向こうには伊予灘の美しい眺望が広がる。都市部では感じることのできない穏やかな時間に癒され、店を営む夫妻も自然体でゲストに寄り添い、一切の気負いを感じさせない。素材は県内産を中心に、個々の旨みや食感を生かしながら、丸みを帯びた柔らかな調味に宮川氏の円熟した技術をみる。特に野菜の美味しさは感動的だ。地元の天然鮎をピーマンや万願寺とうがらし、つるむらさき、水前寺菜などの野菜で和えたサラダ仕立ての一品は、野菜のピュアな味わいと、多様な食感をうまくまとめている。地元の優れた野菜を自然豊かな土地で味わう幸せだけでなく、大地の力が心と体に沁みわたっていく喜びに満たされる。地元の上質な魚介も見逃せない。鮑と青茄子のリゾットは、米や茄子の甘みに肝のソースがコクを与え、硬めの米と具材の食感の対比が、より深い美味しさへと導いている。物価高の昨今においても価格を比較的抑え、それでも精一杯の料理でもてなす工夫が嬉しい。二人の和やかな人柄も手伝って、地元客から強い支持を得ているレストランだ。

☼：5,500円〜11,000円　☾：11,000円

Tel: **089-916-3088**

愛媛県伊予市上三谷甲
2209-13

定休日：日曜、月曜、
他不定休あり

☼：12:00-12:30 (L.O.)
☾：18:00-19:30 (L.O.)

Tel: **0898-35-5695**

愛媛県今治市共栄町
2-2-51 フォルテ今治 2F

定休日：不定休

☼：月 - 金
11:30-12:00 (L.O.)
☾：17:30-19:30 (L.O.)

リストランテ ソウ

14.5/20

Ristorante So

シェフ 相原 総

イタリア料理

京都の「イル ギオットーネ」で料理長を務めるなど有名店で腕を磨いてきた相原氏が、マダムの出身地である今治市にリストランテを開いたのが 2019 年。以来、シェフの物腰柔らかい丁寧なもてなしと、それと呼応するかのような暖色系の照明の中で温かな料理が提供され、今では訪れる人が食事を愉しみ、心が満たされる、この地域屈指の店となっている。コースは、岐阜「BON DABON」の生ハム“ペルシュウ”から始まり、瀬戸内産アコウのフリットや車海老のパスタ、大三島のえんどう豆のリゾットなど、いずれも素材の良さがシンプルに凝縮されたような美味しさがある。一方で、ぐつぐつと音を立てるほど熱された砥部焼の土鍋でいただくアスパラガスの料理は、どことなく和風の味わいがあり、相原氏の独創性が感じられる。丹原産黒毛和牛を使ったステーキや、内子町のグラスフェッドミルクを使ったチーズケーキなど地域性を意識した料理は、地元だけでなく市外から訪れる人にも喜ばれることだろう。すべての料理に共通しているのは、選りすぐりの食材をどのように美味しく仕上げ、ゲストに届けるかというシェフの思いであり、それは料理を通じて確実に伝わっている。

☼：6,600 円～ 13,200 円　☾：13,200 円

Tel: **089-915-6600**

愛媛県松山市道後湯之町
15-27

定休日：無休

☼：土・日
12:00-15:00
☾：18:00-23:00

道後 海舟

16/20

Dogo Kaishū

シェフ 坂本紀征

日本料理

「道後 海舟」として生まれ変わって 3 年。折敷に置かれた一枚の「お献立」には予約名が記されている。こうした細やかな心遣いが随所に感じられ、おもてなしの精神が細部にまで宿っている。おまかせコースで供されるのは、坂本氏が直接足を運び、生産者と共に育て、見守りながら厳選した食材ばかり。日々変化する魚や野菜の状態、そして食材のタイミングを見極め、当日のゲストに寄り添いながら献立は組み立てられる。新緑の季節の一品目には、縁起物とされる八十八夜に摘んだ新茶の粥が選ばれた。四国中央市「霧の森」の“新宮茶”で、胃を温める役割を為す。信頼をおく漁師の藤本純一氏が神経締めした、鱧、天然鯛、天然フグ、マナガツオをはじめ、豊後水道の大穴子、愛南町直送の鰹など、選び抜かれた旬の魚たちが、ポテンシャルを放出し大胆な料理へと変貌を遂げる。カウンターに立つ坂本氏は、隅々まで目を配り、料理に魂を吹き込み、軽やかな話ぶりで全体を包み込む。日本酒では有志の飲食店と石鎚酒造が共同で醸した「愛」も忘れてはならない。料理と合わせ、繊細な香りと質感をワイングラスで楽しむ。愛媛の季節を味わい尽くせるこの店には、愛媛の最高峰が凝縮されている。

☼：13,200 円～ 16,500 円　☾：13,200 円～ 20,900 円

しの田

Shinoda

シェフ 篠田悠介

14.5/20

日本料理

しまなみ海道で本州と結ばれた愛媛の玄関口、今治市で営む和食店だ。外観は高級店のそれには似つかわしくなく、内装もまたしかり。出迎える店主の篠田氏は蝶ネクタイに金髪と、席に着くまで驚きと緊張の連続だ。しかし、篠田氏は明るく社交的で、屈託のない会話や気遣いに優れた好漢。心がほぐれていくのも時間の問題だろう。修業で愛媛県から出たことがないという篠田氏だが、自ら積極的に食べ歩き、生産者を訪ね、同業者と盛んに交流を持つなど、その社交性と旺盛な探求心で知見を深めてきた。それゆえか篠田氏の料理は型にはまっていない。自ら釣ったというアオリイカの子どもは、軽くボイルして調味液を合わせる。湯気を纏う烏賊の香りも食欲をそそるが、それ以上に一般に出回ることのないサイズの独特の食感や甘美な味が面白く、斬新だ。愛媛県が誇る濃厚で旨みが強い赤雲丹に梨や茄子、大葉やトマトジュレで仕上げた一品は、酸味・旨み・甘み・食感のすべてがまとまり良く、雲丹の味わいを引き上げている。愛媛を愛し、愛媛を知り尽くした篠田氏でしか成しえない料理たち。一般的な日本料理とは一線を画しつつも、独自性の強い料理がどこまで花開くのか楽しみな一軒である。

☼ : 33,000 円　☾ : 66,000 円

Tel: —

愛媛県今治市松本町
2-2-4

定休日 : 不定休

☼ : 12:30-
☾ : 18:30-

くるますし

kuruma sushi

シェフ 高平康司

16/20

寿司

愛媛の魅力を鮨に込める若き俊傑の店だ。瀬戸内から長い海岸線を持つ愛媛県は、豊富な魚種に恵まれている。高平氏は、その中から一級の素材を選りすぐり、それぞれ活かし込みや締め、熟成、温度管理と、手当てを施すが、その精度と緻密さで一歩先んじている。7 品ほどの酒肴と 12 貫の握りを供する中で、すべてにおいて丁寧に魚の状態を見極め、その良さをピークに持っていく技術に長けているのだ。刺身で出されるゴマサバは、ストレスを抜くために活かし込み、当日締めたもの。身質の食感が素晴らしく、さっと漬けダレにくぐらせることで余分な脂を落とし、口内で旨さが爆発する。船上で神経締めし、数日寝かせた白甘鯛は程よく脱水され、ねっとりした身に纏う上品な脂の余韻が気品に溢れている。酢飯は数種類の酢をブレンドし、キリッとした酸味と穏やかな塩味を利かせた華やかなもの。温度管理も完璧だ。細くしなやかな指で素早くエレガントに握る所作をこの若さで身につけたのも、センスと努力の賜物だろう。銀座「鮨よしたけ」で修業し、30 代前半にして到達したこの完成度は驚きに値するが、できることはまだまだあるはずと語る高平氏の目は、まぶしいほど輝いている。

☾ : 25,000 円

Tel: **089-932-3689**

愛媛県松山市一番町
1-6-9

定休日 : 水曜、他不定休あり

☾ : 18:00- /20:30-
日・祝
17:00- /19:30-

※ 2024 年 4 月 1 日より
日・祝以外の営業時間も
17:00- /19:30- に変更予定

Tel: **089-932-6101**

愛媛県松山市一番町
1-2-7

定休日：日曜、祝日

☾：18:00-20:30
/20:40-23:00

鮨の間

SUSHI NO MA

シェフ 野間省吾

15.5/20

寿司

賑やかな繁華街にありながら、静かなオーラを外観に纏う。店内の写真撮影が御法度と聞けば、気難しい店主なのかと、多少の緊張感をもって店に入る。野間氏を囲む五角10席の白木のカウンターは、ゲスト同士の視線が合わないように設計され、また店主の目が均等に行き渡るので、料理や会話の間合いも的確。目の前に供される一品に集中できるこの上ない空間だ。野間氏の出身は、塩で有名な今治市の伯方島。「健寿司」の主人に16年師事し、2010年に松山で独立。瀬戸内の食材が活きるコースは、白身魚のスープから始まり、アコウやアオリイカの刺身、カワハギの肝醤油と、季節の風味が凝縮された小料理が続く。そこへ、女将推奨のシャンパーニュや日本酒が寄り添いながら、握りへと展開していく。特に甘鯛、サヨリ、コフグ、車海老などの「沈む鮨」の均整のとれた味わい、愛媛近海で獲れた魚介のポテンシャルを活かしきる技術は、ため息が出るほどだ。人間国宝の手になる備前焼をはじめとする、野間氏が厳選した器の美しさにも目を奪われ、最後には、居心地が良く、「また帰ってきたい場所」になっている。店主と女将の人柄でもゲストを引き寄せる、魅力ある店だ。

☾：17,600円

Tel: **089-948-9986**

愛媛県松山市二番町
1-10-9
MITSUWA320 3F

定休日：不定休

☼：12:00-
☾：18:00- /20:30-

鮨いの

SUSHI INO

シェフ 猪野祐介

15/20

寿司

昼と夜とで表情の変わる松山一の繁華街、二番町のビル3階。エレベーターを降り、鮮やかな朱色の暖簾をくぐれば、外の賑やかさとは一線を画す粛然たる空間へと誘われる。ここ松山にて長年、江戸前鮨の目利きと技術を磨いてきた猪野氏が、2014年に開いた店だ。全国から選りすぐった食材、そして地元で仕入れる精鋭の魚介を武器に、銀杏のカウンター10席でゲストと向き合う。おまかせコースはつまみから始まり、アサリと昆布出汁の椀、瀬戸内海産牡蠣「瑞宝」で胃を優しく温めるなど、続く小料理への穏やかな流れを生み出すのが猪野氏の狙いだ。全国の銘酒を揃えた日本酒とのマリアージュも楽しめる。握りの酢飯は、赤酢と白酢のものを用意し、魚介の状態を見極めながら温度をコントロールしている。今治のアオリイカ、数日寝かせた愛南町のイサキ、ねっとりと旨みが増したサクラマス、じんわりと味わう漬けなど、地に足のついた正統派の江戸前鮨だ。鮪は豊洲市場の鮪専門仲卸「結乃花」から。猪野氏に鮪を握らせたら愛媛一だろう。極め付きは終盤の玉子焼き。芝海老と大和芋を練り込み、甘く上品にコースを締めくくる。猪野氏とグルメな話題で盛り上がりながら、次回の訪問をまた夢にみる。

☼：8,800円〜 18,700円　☾：13,200円〜 18,700円

MIKI ドゥーブル

14/20

MIKI Double

シェフ 三木竜太

フランス料理

「ドゥーブル」という店名は、これぞ洋食というカジュアルなランチと、洗練されたフランス料理を提供するディナーの２つの顔を持つレストランであることを表している。コース料理はアミューズのノルウェーサーモンと野菜のタルタルに続き、帆立と茸のテリーヌ、四万十ポークのコンフィ。とうもろこしが美味しい時季、スープはゴールドラッシュの冷製ヴルーテだ。通常は煮たとうもろこしをミキサーにかけ裏漉しするが、取り除かれている部分もすべて味わってもらうため、パコジェットで冷凍したものを粉砕して使用している。魚料理は室戸産の金目鯛に乾燥させた海藻をまぶして、しっかりめに火入れし、つぶ貝とアスパラガスのリゾットと共にいただく。リゾットと合わせることで金目鯛の火入れの技が一層際立つ。肉料理はタスマニア産仔羊のローストを南仏スタイルで。仔羊の背肉ラックを丸ごと塩でマリネし低温調理した後、高温のオリーブオイルでひたすらアロゼして仕上げ、黒オリーブやアンチョビ、ケッパーと仔羊の出汁を使った夏らしいサラッとしたソースを配している。三木氏はワインにも造詣が深い。一皿一皿記憶に残る料理は、幅広い年齢層から支持されている。

☼：1,400 円〜　☾：7,700 円〜

Tel: 088-872-5002

高知県高知市帯屋町
1-14-15

定休日：月曜、他不定休あり

☼：11:30-14:00
☾：18:00-22:00
(L.O.21:30)

ローグ

15/20

logue

シェフ 北村友和

イタリア料理

高知市の中心部から海沿いを西に向かって車を走らせ約 40 分。太平洋を一望できる絶好のロケーションに建つ「ヴィラサントリーニ」のレストランだ。北村氏の料理は繊細で美しく、まるで絵画を鑑賞しているような感覚になる。サービス責任者を務める野口智子氏がソムリエ資格を取得、料理と飲み物のペアリングも格段にレベルが上がったようだ。北村氏が、新しい鰹の愉しみ方を求め、考案した料理は、まず脂の乗った戻り鰹を赤味噌とニンニク、生姜を合わせたペーストでマリネし、香草のオイルを用い、低温でコンフィ。仕上げに牛蒡のフレークとパウダーをかけ、銀杏と「幻の柑橘」といわれる「直七」を和えたものか、タプナードのどちらかでいただく。仁淀川の鮎の苦みとスパイスを利かせたビスクには、麺状にしたマコモダケを合わせ、仕上げに山椒のオイルと青柚子の皮で香りを付け、程よい苦みと香りを愉しませる。そこに野口氏は、高知のワインに高知の日本酒を少し加えたものを組み合わせた。日本酒がワインの酸味を和らげ、鮎の苦みとのマリアージュを完成させる。料理とワインサービスのさらなる洗練によって、景観を誇るリゾートホテルの魅力はさらに増している。

☼：7,700 円　☾：17,600 円

Tel: 088-856-0007

高知県土佐市宇佐町竜
599-6

定休日：不定休

☼：12:00- 一斉スタート
☾：18:00- 一斉スタート

ラ・プリマヴォルタ

la Primavorta

シェフ 諏訪恵治

14.5/20

イタリア料理

Tel: **088-885-7041**

高知県高知市はりまや町
2-10-1

定休日：日曜、第3月曜

☾ : 17:00-23:00
(L.O.22:00)

シェフとスタッフが自然に触れ、そこで感じた四季や新しい発見を、料理とサービスで表現している。ホールは寺岡典孝ソムリエが１人で担っているが、シェフや厨房スタッフも客席に出向き、料理人からの直接の説明も好評のようだ。料理は冷菜の後、南瓜を使った温かいスープ。甘いスープに合わせた南瓜のニョッキにはブリーチーズを使ったソースを絡め、香り付けにタイムを加える。さらに、芋の蔓のピクルスを加えて、酸味で口中をすっきりさせている。魚料理は物部川の鮎。クレープ生地の上に、少し粘りのあるオクラの花を敷き、鮎をのせ、大葉やミント、赤玉葱を加え、サラダ仕立てにする。ソースは酸味のある梅干しと茗荷のピクルス、そして苦みのある鮎の肝のソースを合わせ、客自身が生地を巻いて生春巻きのような形にする。メインは、土佐あかうしフィレ肉の土佐備長炭焼き。豚肉と牛肉の出汁とレモングラスのような爽やかなハーブが香るソースと、ズッキーニを使ったソースに､高知のえごまを添えていただく。一皿一皿にどこかシェフの遊び心を感じるものがあり、そして、それを求めて通い続ける多くのゲストがいる。将来、ここを基準として、「高知のイタリア料理」が語られることになるのだろう。

☾：17,000 円

ダ ゼロ

da zero

シェフ 的場篤志

14/20

イタリア料理

Tel: **0889-20-9603**

高知県高岡郡佐川町丙
3051

定休日：火曜、水曜、
他不定休あり

☼ : 11:00-15:00
(最終入店 13:00)

☾ : 17:00-21:00
(最終入店 19:00)

※２日前までの予約制

地球環境や健康をゼロから考えた料理を作ろうと的場氏が選んだのは、植物学者・牧野富太郎氏の出生地として賑わいをみせる佐川町。大通りを仁淀川町方面に向かっていると、右手の田圃の中にマダムの祖母の家を改装した鮮やかな青色の建物が目を引く。2019 年の開店以来、地産地消を旨とし、鮎のシーズンには仁淀川の鮎を時季に応じた仕立てで提供し、評判を呼んでいる。初夏、シーズンが始まったばかりの仁淀川の天然鮎は、佐川町の農家が作るカルナローリ米に枝豆ととうもろこし、鮎の肝のパテを混ぜ込んだリゾットを器に盛り、そこにコンフィしてさっと揚げたものをのせ、自家菜園のハーブを添えていた。鮎のコンフィを崩しながらいただくことで、旬をひと口で味わうという趣向だ。パスタは自家製で、手打ちのタリアテッレは越知町の農家の有機小麦と地鶏「土佐ジロー」の卵を使って毎日打っている。ソースは大豊町の「猪鹿工房おおとよ」の鹿肉を赤ワインで煮込んだものに、牛蒡の土の香りを加えて仕上げたもの。兵庫県尼崎市から移住し、「暮らすように働く」的場氏とマダムの、地球と身体に優しい持続可能性を追求するレストランは、着実に前へ進んでいる。

☼：4,400 円～ 6,600 円　☾：6,600 円～ 11,000 円

イハラ

IHARA

シェフ 井原尚徳

15/20

イノベーティブ

少し薄暗い階段を下り、靴を脱いで店内に入る。6名掛けのカウンターには、今からどんな料理が展開されるのか、期待に胸を膨らませるゲストが並ぶ。シェフがそれぞれに挨拶をし、スタッフが新たに考えたというアミューズを勧めた後、井原劇場が開幕する。まずは、ひと口サイズの前菜を6種類。秋の推し食材である原木舞茸は、表面をさっと焼いた後、山のイメージをさらに強くするため、仕上げに松を焼いて香りを付けている。ソースは2週間かけて発酵させたじゃがいものエスプーマ。その上に里芋のチップと椿原の鹿肉を鰹節のように仕上げた鹿節を削る。最後にバジルのオイルと花穂紫蘇を添えれば、高知の山を表現した一皿の完成だ。メインは土佐あかうしのカイノミ。自家製のコンソメ麹でマリネし、土佐備長炭で焼き上げ、檜を焼いて香り付けをする。ソースはシンプルにあかうしの出汁を使って柚子胡椒を加えたもの。好みで、田野町の「田野屋塩二郎」が、この一品のために作ったという塩でいただく。オープンは2022年の3月。井原氏を慕う若いスタッフが加わったことにより、シェフとしての自由度が増し、レストランは井原氏の理想とする形に、さらに近づいたようだ。

☾：16,500円

Tel: **090-3782-2173**

高知県高知市はりまや町2-10-1 アルコビル B1F

定休日：日曜、月曜

☾：18:00- 一斉スタート
(L.O.19:00)

将人

Masahito

シェフ 岡添将人

14.5/20

日本料理

高知、神戸、銀座、スペインに店を構える「座屋」。その高知店の1階に2021年、岡添氏がゲストを一人一人迎えたいと自らの名前「将人」を冠したカウンター11席の店を開いた。2022年の末からは、イタリア料理店などでソムリエ経験豊富な上野大樹氏が銀座店から加わり、サービスの充実も図っている。コースは1種類のみで、内容は毎月変わる。ワインは岡添氏がスペインで探してきたものをメインに、日本酒は地元の土佐酒造「桂月」などを揃える。ペアリングはワインと地酒で構成され、ワインのみ、地酒のみという対応もしている。蟹を使用した一皿は、この店で推奨したい一品。毛蟹は軽く塩をして蒸し上げて身をほぐし、ほんの少しの土佐酢、そして鰹出汁で割って口当たりを円やかにした加減酢をゼリーにして振りかけ、蟹みそと雲丹を添えたものを混ぜながらいただく。肉料理は和牛サーロインのしゃぶしゃぶを花山椒とともに。和牛肉をしゃぶしゃぶの出汁に軽く浸し、新筍と花山椒を包めば、新筍の食感の後にサーロインの旨み、そして花山椒の心地好いスパイシーさがいつまでも続くだろう。料理人として、経営者として、腕を振るう岡添氏が高知の食を世界へ繋いでいる。

☾：18,000円～20,000円

Tel: **088-824-1308**

高知県高知市廿代町2-8 1F

定休日：不定休

☾：18:00-20:00 (L.O.)

※仕入れにより18,000円～20,000円内で価格の変動あり

徳島
香川
愛媛
高知
福岡
佐賀
長崎
熊本
大分
宮崎
鹿児島
沖縄

南欧バル アミスタ

pop

Amistad

シェフ 瀬川大智

スペイン料理

Tel: **088-824-1255**

高知県高知市帯屋町
1-2-1 アスター 121ビル 1F

定休日：日曜（月曜祝日の場合は営業、月曜代休）

☾：18:00-26:00
(L.O.25:00)

新鮮な魚介類や野菜、柑橘に恵まれた高知県は南欧料理には最適な場所かもしれない。店の一番人気は「つぶ貝とブロッコリーのアンチョビソース」というが、ここでは、パエリアの国際コンクール優勝者から直々に伝授されたというパエリア、特に「魚介のパエリア」は外せない。味のベースになるフュメ・ド・ポワソンは、鮮魚店から入手するアラからとるため、その日によって魚種が異なり、それが毎回パエリアに風味の違いやコクと複雑さを与えてくれる。また、イベントなどの際に、パエジェーラと呼ばれる大型のパエリア鍋で同時に40名分もの量を作る光景は迫力があり、その香りに通りの人も思わず足を止めてしまう。アラカルトの種類も豊富で、深夜遅くまで大勢のバル仲間で賑わっている。

☾コース ○

ゴ・エ・ミヨの歴史

1984年、ワインガイドブックの誕生

1984年9月、ゴ・エ・ミヨがワインガイドブック初版を発行しました。タイトルは『フランスワインのガイドブック 初の実用的なガイド ― 品質と価格のバランスが優秀な1500種類のワイン』。アンリ・ゴとクリスチャン・ミヨの責任のもと、試飲メンバーとしてフェルナン・ウーターズ、ジョゼフ・グラン、フィリップ・デ・ロワ・デュ・ルーヴルが選ばれました。

その評判は高まり、大勢のテイスターやジャーナリストがゴ・エ・ミヨへ、そのノウハウを学びに訪れました。

やがて、報道、経済、金融、政治を扱う雑誌でもページに彩りを添えるため、ワインの記事が掲載され始めました。それが、毎年、葡萄の収穫時期にワインの特集号がフランス中のキオスクに並ぶようになった理由です。

Gault&Millau

RESTAURANTS

レストラン

ゴウ

Goh

シェフ 福山 剛

15.5/20

フランス料理

Tel: **092-281-0955**

福岡県福岡市博多区
住吉1-4-17
010 BUILDING 3F

定休日：不定休

☾：18:00

2022年、食とエンターテインメントが融合する新しいカルチャーの発信基地「010 BUILDING」が開業。1階にタイのスターシェフ、ガガン・アナンド氏と福山氏がタッグを組む「GohGan」が、2023年1月には3階に西中洲「La Maison de la Nature Goh」が「Goh」と名を変え、スタイルも一新して再始動した。ここではゲスト全員で一つのテーブルを囲み、同じ時間を共有するターブルドットスタイルを採用している。枝豆と水と糸島「またいちの塩」のみで作るスープと枝豆煎餅をつまみながらゲストが揃うのを待つ。福山氏の謝辞を契機に、奥の可動式の壁が開き、テーブルと繋がるオープンキッチンが現れると福山劇場の開幕だ。一皿目はソフトクリームのコーンを模した九谷焼の器で供され、その遊び心に緊張感もほぐれる。スペシャリテのリゾットは大分の原木椎茸と平戸産鮑が交互に整然と並び、アオサのパウダーが彩りを添えて美しく、焦がしバターが味に奥行きを持たせていた。手煎りの「薪火番茶」でほっこりしたところで福山劇場が閉幕。那珂川の水面に映る中洲の夜景も美しく、ここでしか味わえない食体験が提案されている。

☾：**20,790円**

コギシ

KOGISHI

シェフ 小岸明寛

15.5/20

フランス料理

Tel: **092-692-6666**

福岡県福岡市東区
香椎照葉6-3-12
プライムメゾン照葉
クロススタイルWEST 1F

定休日：水曜、第1・3
火曜、他不定休あり

☼：12:00-14:30
☾：18:00-21:00
/18:30-21:30

※車いすのまま食事が可能

東京「タイユバン・ロブション」での修業を経て渡仏、アラン・デュカスやピエール・ガニェール、ミシェル・ブラスという名だたるシェフのもとで技術を磨き、ニューヨーク、モナコ、スイス、スペインでも研鑽を積んだ小岸氏。2023年11月1日、満を持して自身の店を福岡に開いた。場所は博多湾の人工島「アイランドシティ」。海と緑豊かな先進的モデル都市で、出身地・佐賀や福岡など各地の食材を用いて、“九州の自然”を皿の上に描いている。白を基調とする店内は高貴な印象で、特別な日の食事に喜ばれるだろう。「料理は自然の中に生まれる」というブラス氏直伝のガルグイユは、九州野菜、ハーブ、エディブルフラワーをふんだんに使い、生ハム、複数の野菜のピュレで構成され、まるでアートのように美しく、多彩な香り、味わいは視覚・嗅覚・味覚を大いに刺激する。また皮目をサクッと焼き上げた甘鯛に合わせるブール・ブランソースにはパセリオイルで清々しさを、博多和牛のフィレにはペリグーソースに菊芋のピュレを添え、フランス料理の基礎技術、技法をおさえながらも小岸氏のエッセンスが光る。「伝統を意識したモダン」をコンセプトとする佐賀「カマチ陶舗」の器との相性も秀逸だ。

☼：**24,200円**　☾：**30,800円〜60,500円**

メゾン ラフィット

Maison Lafite
シェフ 工藤 健

15.5/20 🍴🍴🍴
フランス料理

Tel: 092-953-2161
福岡県那珂川市大字西畑941
定休日：不定休
☼：12:00-
☾：18:30-

大きな窓から一望できる緑豊かな田園風景。その景色に調和するような優しい味わいの料理をいただけるのは昼夜ともに2組のみ。工藤氏は、福岡市の調理師学校を卒業後、市内のホテルやフランス・ロレーヌ地方の名店で研鑽を積み、2008年、故郷の那珂川市に店を開いた。ここにはまるで、欧州の地方に佇むオーベルジュに来ていると錯覚するような、ゆったりと落ち着いた時間が流れている。工藤氏は、地産地消を心がけ、可能な限り福岡を中心に九州の産物を使っている。季節毎の食材を選りすぐり創作する一皿一皿は、シェフの思いが凝縮されたアート作品のようだ。じゃがいものヴィシソワーズには宮崎・日南のキャビアや鮑、青唐辛子のエスプーマを添えて。一風変わったカプレーゼは、福岡・糸島産のモッツァレラチーズの中にフルーツトマトが見え隠れする。熊本・球磨川の鮎には蓼の衣を纏わせ、木の芽と防風の下には鮎肝のソース。メインを彩る大分「豊後・米仕上牛」のローストは、上質な肉の旨みを堪能できる繊細な味わいだ。目でも舌でも魅了される料理の数々に、遠方から足を運ぶ客が多いのも頷ける。ここでは、都会の喧騒から離れて、上質で贅沢なひと時を過ごしたい。

☼：22,000円　☾：22,000円

レストラン アレナ

Restaurant Aréna
シェフ 有馬 亮

15.5/20 🍴🍴🍴
フランス料理

Tel: 092-406-4437
福岡県福岡市中央区西中洲10-3 Nビル 1F
定休日：不定休
☾：18:00-23:00
(L.O.22:00)
※半個室あり
※車いすのまま食事が可能

個性的な店が軒を連ねる西中洲、店内は純白で統一され、組数を絞って予約を受け付けているため、余裕のあるオペレーションでゆったりとした時間と非日常的空間を楽しむことができる。有馬氏は、フランスの「パッサージュ53」「メゾン・ラムロワーズ」などの名店で研鑽を積んだ実力派。すべての料理にテーマが設けられ、繊細な季節の移ろいを表すものもあれば、文化や宗教、地名など幅広く、シェフがインプットした膨大な経験や知識からインスピレーションを得ていることが窺える。感性豊かな盛付にも目を見張る。季節の野菜やハーブを縦横無尽に用いて、美しく、儚く、時に力強く、渾身の美が目を愉しませ心を潤してくれる。「雨開」と名付けられた一皿は、梅雨の雨後の水たまりに映る新緑をイメージしたもの。マリネした金目鯛に小気味よい食感のグリーンアスパラガスやスナップエンドウを添え、ウイキョウの清澄なブイヨンでまとめる。各々の食感に加え、ウイキョウの爽やかな香りが全体を包み、初夏の新緑を美しく演出している。数多の事象を料理で表現し、五感を揺さぶるシェフの世界観は唯一無二。多様な表情を見せる料理の奥底を何度でも感じたいと思わせてくれるだろう。

☾：25,000円

Syn

15/20

Syn

シェフ 大野尚斗

フランス料理

Tel: **092-710-0152**

福岡県福岡市中央区
草香江1-5-22
大濠ガーデンBFビル 4F

定休日：月曜、他不定休あり

☾：18:00- /18:30-

※車いすのまま食事が可能

アメリカ・ニューヨーク州、カリナリー・インスティテュート・オブ・アメリカ（通称：CIA）は、世界に名だたる料理専門大学だが、ここを出たという日本人シェフに出会うことは稀だ。大野氏は CIA を卒業後、ニューヨークの「The NoMad」やシカゴの「Alinea」などの名店で経験を積み、研修先は、フランス・オランダ・日本（東京）・スウェーデン・ペルー・イタリアなど地球規模。「キュイジーヌ・ヴォヤージュ」として、世界中で調理し、食べてきたものをベースにコース料理を組み立てる。それは、ラオスの野菜と肉の和え物「ラープ」、デンマークの「スモーブロー」やフォアグラを使った「パリ＝ブレスト」など、枠にとらわれないイノベーティブなもので、メニューには各皿の料理名と素材に加えて、所縁の都市や場所の名、その緯度・経度まで記されており、さながらテーブル上の世界旅行だ。調理法も多様で、バターを塗って熟成させたホルスタインとジャージー牛の食べ比べでは、骨に熱を加え内側から火入れする骨伝導という方法をとっている。開業は 2023 年 6 月。福岡県出身の大野氏が、世界での体験を料理としてどう昇華させるのか、楽しみな店の登場だ。

☾：**24,200 円**

レストラン ソラ

15/20

Restaurant Sola

シェフ 吉武広樹

フランス料理

Tel: **092-409-0830**

福岡県福岡市博多区
築港本町13-6
ベイサイドプレイス博多
C館 2F

定休日：日曜、他不定休あり

☼：土 12:00-12:30
(L.O.)

☾：18:00-20:00
(最終入店)

※季節により価格の変動あり

吉武氏は東京の名店「ラ・ロシェル」で基礎を学び、世界 40 ヵ国の旅に出て多くのものを得た後、渡仏。2011 年、パリに自らの店を開き、高評価を得た。2018 年に帰国し、福岡に拠点を移すと、程なく肩肘張らずにモダンなフランス料理が堪能できる店として国内外から注目を集める。博多湾を望む大きな窓と高い天井の開放的な空間が印象的な店内は、L 字型のカウンターが囲むオープンキッチンでの、調理のライブ感も魅力の一つだ。吉武氏の料理スタイルは、身近な旬の食材を組み合わせ、遊び心のあるオリジナルなアレンジを施す。最初に出てくるのは 3 つのアミューズで、エクレア生地に秋刀魚、ブルーチーズとビーツ、宝石箱のようなイクラとアボカドクリームの組み合わせなど、和を随所に取り入れた軽やかな仕上がりだ。メインの鹿は、この店の名物の一つである薪焼きの炎が香ばしさを引き立てる。テラスに自家菜園を設け、調理に使用する薪は豪雨の被災地から調達するなどサステナブルな取り組みも見逃せない。若いスタッフが中心の常に活気溢れる店内、明るい雰囲気作りなど、吉武氏が作り上げる居心地の良い世界に癒される。非日常的な空間で、吉武氏の「今」を味わいたい。

☼：**9,680 円**　☾：**14,520 円**

ローブランシュ

15/20

L'eau Blanche

シェフ 白水鉄平

フランス料理

Tel: **092-752-2122**

福岡県福岡市中央区
西中洲4-4
RIN FIRST 2F

定休日：日曜、他月２日
不定休あり

☾：17:00-23:00
(L.O.20:00)

那珂川を挟んで中洲に向かい合う西中洲のビルの２階にレストランはある。夜になると広くとられた窓から川面にネオンが映え、その落ち着いた雰囲気もこの店の魅力の一つだ。店名はフランス語で「白い水」。シェフ・白水氏の名字に由来するとともに、水の流れのように、しなやかで澄んだフランス料理を作りたいという思いも込められている。スペシャリテのブーダン・ノワールならぬ「ブーダンヴィオレ」は、ブーダンをふっくらと仕上げ、鹿児島産の紫芋とカシスパウダーを纏わせた紫色が美しく、リンゴとビーツのピュレとアイスクリームの紅色との対比は詩的ですらある。夏、福岡県産の大ぶりな岩牡蠣のヴァプールと茄子のコンフィを合わせた一皿は、焦がしバターのソースに添えられた筑後のぷち麦の食感をアクセントに、山椒とコーヒーを隠し味にしていた。白水氏の料理を知り尽くすソムリエが合わせる南仏カシーの白ワインとの相性も素晴らしい。蕎麦茶の香るブランマンジェは、糸島の「またいちの塩」アイスクリームとともに。その味わいは、一度いただくと忘れがたい印象的なコースの締め括りであった。中洲の夜景を眺めながら、ゆったりと時間を過ごせる大人の食空間である。

☾：16,940円〜21,780円

ル・シュッド

14.5/20

le·sud

シェフ 手塚卓良

フランス料理

Tel: **092-791-4450**

福岡県福岡市中央区薬院
1-6-25 ルネスキューブ 1F

定休日：水曜、日曜、祝日

☼：12:00-15:00
(最終入店 13:00)
☾：18:00-22:00
(最終入店 19:00)

栃木県出身の手塚氏は、東京・西麻布の「ル・ブルギニオン」を経て渡仏。南仏ニームの「アレキサンドル」で修業中にマダムの昌美氏と出会い、帰国後、福岡「レザンドール」のシェフを８年間務め、2020年３月にこの店を開いた。店名は、シェフとマダムが出会った南フランスにちなんだ「南」を意味するフランス語である。そんな二人の出会いを表すかのように、店内は南仏の風を感じる温かな空気に包まれている。手塚氏の作り出す料理は、魚と野菜に特化したもの。フランス料理ではあるが、肉料理は一切出されない。シマアジを、焼いた丸茄子やコリンキーと共にいただく一皿は、ビネガーのシンプルな味付けが優しい味わいだ。また、スペシャリテのスープ・ド・ポワソンは、平戸から仕入れたオニカサゴやアカハタなど５種類の魚とトマト、サフランから丁寧に取られたスープで、滋味に溢れたものである。メインの平戸産アラは、低温調理した後、皮をパリッと仕上げ、枝豆のソースと合わせた軽やかな味わいだ。デザートのバジルのアイスクリームと桃のコンポートまで、ホッとするような美味しさで、自然体のフランス料理が楽しめる。魚と野菜に恵まれた福岡に相応しいレストランといえるだろう。

☼：4,500円〜8,500円　☾：10,800〜16,200円

Tel: **092-406-6982**

福岡県福岡市中央区警固
2-2-23
ウイングコート警固 2F

定休日：水曜、第 3 火曜

☼：12:00-15:30
(L.O.13:30)
☾：18:30-23:00
(L.O.20:00)

※前日までに要予約

ル マルシャン ド ボヌール

14.5/20

Le marchand de bonheur

シェフ 森 英昭

フランス料理

森氏は、東京の「ラ・ターブル・ド・コンマ」などでフランス料理の基礎を学んだ後、渡仏。5 店ほどで修業し、帰国後は「ミシェル・ブラス トーヤ ジャポン」などで研鑽を積み、「ランベリー」岸本直人氏のもとでも腕を振るい、2018 年に創業した。「幸せを与える商人」を意味する店名は、師の一人と仰ぐミシェル・ブラス氏から贈られたもの。佐賀県鳥栖市出身の森氏は、佐賀産をはじめ九州北部の食材を主に用いており、イソギンチャクのフリットは、有明海産のイソギンチャクのコリコリとした食感を生かした、この店のスペシャリテだ。福岡・糸島産安納芋のパンナコッタには、佐賀・太良町「シャルキュティエ田嶋」の生ハムがアクセントとして用いられ、銘酒「鍋島」の酒粕によるブランマンジェも秀逸なデザートだ。また、鴨ロース肉のロティは、皮目に中東のスパイス「デュカ」をまぶすが、福岡産の無花果「とよみつひめ」との相性も良く、香り豊かな世界を愉しませてくれる。森氏はワインにも造詣が深く、フランスと日本のワインに特化したリストも必見である。各地で経験を重ねた森氏が福岡で作るフランス料理は、この店ならではの幸せを与えてくれるだろう。

☼：5,346 円～ 17,820 円　☾：13,068 円～ 23,760 円

Tel: **092-707-2184**

福岡県福岡市中央区高砂
1-16-17
エスペランサ天神南 1F

定休日：火曜、水曜

☼：12:00-14:00
☾：18:00-23:00

レストラン スノゥ

15/20

Restaurant SNOW

シェフ 海野元気

ニューノルディック・フレンチ

自国や郷土の伝統的な食を現代に活かすことをテーマの一つとする新北欧料理。北九州市出身の海野氏は、フランスで料理の基礎を学び研鑽、日本でソムリエ資格を取り、再び渡欧。デンマークの「Søllerød Kro」ではスーシェフを、札幌ではソムリエも経験するなど、多彩なキャリアを持つ。2020 年、福岡市で開業。ヨーロッパで学んだ地域の素材を大切にという料理哲学のもと、スペシャリテの前菜も、安心院の猪とおかわかめ、南関あげのピザ仕立て、諫早産の対馬地鶏の砂肝のコンフィなど、九州各地から選び抜いた食材を駆使し、それを九州を描いた皿の上に展開する。阿蘇あか牛のカイノミには、五島列島産の「くり大将」という南瓜を、ピューレやシフォンケーキ、ロースト、ピクルスにして添え、素材の持つ様々な魅力を表現する。さらに、自家製の数種類のパン、雲仙こぶ高菜漬けと長崎の黒豚リゾットといった九州のテロワールにフォーカスした締めの料理や、ジャージーミルクのアイスと 7 種類のチョコレートで懐かしいアイスクリームをイメージさせ、最後まで九州の食を満喫させる。新北欧料理とフランス料理の技法で九州の食材を活かす、海野氏の独自の料理世界を楽しみたい。

☼：3,850 円～ 6,600 円　☾：13,200 円

ベッキ

bekki

シェフ 別城健太郎

15/20

イタリア料理

別城氏は、熊本で評判を呼んでいた「イル カジーノ」を弟子に任せ、2021 年、福岡市へ進出。警固のマンション 1 階に店を構えた。通り沿いに看板はなく、奥まった入口のため、隠れ家的な雰囲気もあるが、扉を開けると、銀杏のカウンターが現れ、シェフの背後には中庭が見える落ち着いた空間が広がっている。コースの始まりは、色鮮やかな桃とトマトの冷製スープ。ソーテルヌのジュレとパルマ産生ハムの細切りとのバランスも良い爽やかな一皿だ。また、愛媛産の赤雲丹と酢橘の冷製パスタも、夏の暑さを忘れさせてくれる。フランス料理からこの道に入ったからだろうか、別城氏の料理にはソースが大きな役割を果たしているものがある。伊勢海老のフリットは、伊勢海老の殻と海老みそを使った旨みの強いソースを用い、サクサクとした衣と好相性をみせる。ウズラのローストでは、素材の良さをシンプルに味わわせるような仕立てだ。デザートの熊本産葡萄「ブラックビート」のジェラートや、ココナッツのパンナコッタに至るまで、念入りに作り込まれた料理を堪能させる。イタリアとフランスの料理の融合が感じられる貴重なレストランである。

☼：8,800 円　☾：16,500 円

Tel: 092-517-2219

福岡県福岡市中央区警固
2-2-11 シャンボール警固
1F

定休日：日曜

☼：12:00-13:30
(L.O.12:00)
☾：18:00-21:00
(L.O.19:00)

※季節により価格の変動あり

なかがわ

NAKAGAWA

シェフ 中川英樹

13.5/20

イタリア料理

福岡市の中心街を南北に延びる渡辺通り沿い、レストランはオフィスビルの半地下にあるが、自然光が降り注ぐ開放的な立地だ。中川氏は、2013 年の「薬院 なかがわ」開業を振り出しに複数店舗を展開、現在の「なかがわ」のほかにワインバーと鶏鍋店の 3 店舗をグループとして経営している。この店では料理長の神田慧氏が厨房の指揮を執り、中川氏と二人三脚で料理を生み出しているという。メイン料理の鹿児島産ブラックジャージー牛のグリルには中川氏の郷里・島原の焼き野菜と、島原の青唐辛子を刻んだコンディメントが爽やかな風味を添えている。締めのパスタは茹でたてを供することに注力し、熱々の麺がバジルの香りを引き立て、コースの終わりにキレのある食後感をもたらしていた。広々と明るい店内にゆとりを持って配置された客席からは、ガラス張りの厨房の向こうにスタッフが立ち働く様子が見え、パスタを茹でる湯気がライブ感を生み出している。この店では、「子どもフレンドリー」を謳い、年齢に合わせた料理も提供している。ガラス張りの厨房は、料理人の姿を見てもらい、「将来はシェフになりたい」という子どもが増えてほしいという、中川氏の思いの表れでもある。

☼：4,180 円～ 16,500 円　☾：8,470 円～ 16,500 円

Tel: 092-707-3934

福岡県福岡市中央区
渡辺通2-1-82
電気ビル北館 B1F

定休日：不定休

☼：11:45-15:00
(L.O.13:30)
☾：18:00-22:30
(L.O.20:30)

レルミタ

L'Ermita

シェフ 浦上 昌

15/20

スペイン料理

Tel: **050-3176-1368**

福岡県福岡市中央区
黒門2-14
コアマンション大濠 2F

定休日：火曜、水曜

☼：土・日・祝
12:00-15:00
☾：18:30-22:30

※ 2024 年 2 月、広島県から上記住所に移転

「約 14 年間のヨーロッパでの経験や食体験を基に、伝統から現代性に独自のオリジナリティーを織り交ぜたスペイン料理」を提案する浦上氏。シンボル的な料理は、バスクの「マルティン・ベラサテギ」へのオマージュとして何年にも亘ってスペシャリテとして作り続けられている「穴子とフォアグラのミルオハス」だ。広島名物の穴子を用いることで地域性も感じさせ、訪れる度に高まる完成度に感銘を受ける。合わせるワインもペドロ・ヒメネスを定番としており、その余韻はスペインの風を感じさせてくれる。浦上氏の調理の特徴は、海産物自身が持つ塩味や磯の風味を、調味に巧みに取り込む手法にある。烏賊のグリルでは、烏賊から染み出す海のエキスを、烏賊の身にまぶしながら焼き上げ、母なる海のミネラルを凝縮させている。合わせるワインも、そのミネラル感に寄り添うものが選ばれていた。イタリアやフランスでの修業経験も長い浦上氏は、イタリア、フランス、スペインの、料理の「境界線」を正しく把握しており、それを決して越えないよう心掛ける。2024 年には、広島から福岡に移転。国の内外での豊富な経験をどう生かすか、展開が楽しみだ。

☼：17,800 円　☾：17,800 円

トアヒス

TTOAHISU

シェフ 山下泰史

15/20

イノベーティブ

Tel: **092-733-4600**

福岡県福岡市中央区
大手門3-12-12
BLDG64 1F

定休日：火曜

☼：12:00-15:00
☾：18:00-23:00

※車いすのまま食事が可能

大濠公園駅近くの住宅地にあるスタイリッシュなレストランの店内には、「和」を感じさせる空間が広がっている。山下氏は、長崎のホテルや東京の「ジョエル・ロブション」「アムール」などを経て、2016 年、福岡市で独立開業。店名は、家族の名前の頭文字から取られており、ここにも山下氏の優しい人柄が表れている。料理は和のニュアンスがさりげなく込められている点が特徴で、イサキの真子には、雲丹と茄子を昆布出汁のジュレで合わせ、軽く火を通したイサキには、新玉葱、茗荷、梅干しのソースを添える。甘鯛のフリットは、セモリナ粉と炭酸水で天ぷらのように軽く仕上げている。スペシャリテの一つである鹿児島黒牛のフィレ肉は、じっくりと火入れされ、しっとりとした食感が官能的だ。クラシックなフランス料理のニュアンスを感じさせ、赤ワインや生姜、エシャロットのソースとの相性も完璧で、ニンニクを用いないため、肉の優しい味わいが存分に引き出されている。デザートのヨモギのチーズケーキでは、仄かなヨモギの塩梅でチーズケーキの新たな一面を見せる。パフォーマンスを維持するため、営業後にジムに通い始めたという山下氏のストイックさも好ましい。

☼：9,350 円～ 24,200 円　☾：17,050 円～ 30,000 円

奈良屋町 青

15/20

Ao

シェフ 金田英之

フュージョン

古い街並みが残る奈良屋町にある創作料理店。金田氏は下関市生まれ。音楽の世界から料理界へ飛び込み、福岡「メゾン・ド・ヨシダ」、神戸「北野ホテル」を経て、バンコクの「ガガン」へ。帰国後は、東京の「日本料理 龍吟」から妻の実家がある福岡市へ戻り、「La Maison de la Nature Goh」で経験を積んでいる。開業は 2019 年。多彩な修業先で学んだ料理を昇華した、独自の世界が注目を集めている。コースはスペシャリテである豚足、フォアグラ、トリュフ入りの熱々の饅頭からスタート。壱岐のヤイトガツオの背と腹の身を塩たたきにした爽やかな皿が出たかと思えば、季節の香箱蟹を贅沢に用いた蟹コロッケを自家製タルタルソースとともに魯山人の皿でいただくという変化球もある。メインの鰆や七谷鴨も柔らかさを残した最高の火入れ具合で、技術の高さを示す。締めには、「ガガン」の影響を感じさせる佐賀県太良町の「竹崎かに」のスパイシーカレーが炊きたてのご飯とともに。ムースを詰めた飴細工の洋梨に、ブルーチーズアイスが組み合わされたデザートも、味わいの対比が秀逸である。福岡の創作料理の新しい波を感じるためにも訪れるべきレストランである。

☾：30,250 円

Tel: 092-272-2400

福岡県福岡市博多区
奈良屋町4-11-3

定休日：不定休

☾：18:00-23:00

井本

16/20

Imoto

シェフ 井本達也

日本料理

薬院の住宅街の一角。無駄を排した空間は求道的で緊張感も覚えるが、無垢のカウンターと温もりのある土壁が柔らかな印象をもたらし、ざっくばらんな店主の語り口が気分をほぐしてくれる。井本氏は、京都の「はな邑」「祇園川上」などで修業し、2015 年に地元で独立。料理はシンプルで力強く、端正で、そこに、ぎらついた自己主張などはまったくといっていいほど感じられない。真摯に料理と向き合う姿勢、質実剛健で滋味に富んだ味わいに、改めて日本料理の素晴らしさを思う。素材の吟味は徹底し、韓国産の鱧は刻んだオクラと合わせてお椀に仕立て、骨の柔らかさと上品な身質に加え、繊細な脂がふわりと口内を満たす。明石産のマコガレイはもっちりした弾力の活かった身でありながら、噛むほどに旨みが溢れ、香る。魚に施す手当てと徹底した管理が口にした瞬間にわかる。骨董を中心とした器は、樂焼や古染付、魯山人などがさらりと登場するほか、無銘でも盛り付けられた料理の瀟洒な佇まいに質の高さが窺える。地道に実力を蓄えてきた井本氏に、29 歳で開店した当初の面影は既にない。福岡の和食を背負う実力派料理人の存在感は、今後も着実に増していくことだろう。

☼：33,000 円～　☾：33,000 円～

Tel: 092-753-7125

福岡県福岡市中央区薬院
4-15-29 香ビル1-2

定休日：無休

☼：12:00-15:00
（最終入店 13:30）
☾：17:00-23:00
（最終入店 20:30）

お料理 佐藤

Oryouri Sato

シェフ 佐藤好美

15.5/20

日本料理

Tel: **050-3183-7677**

福岡県北九州市小倉北区京町3-5-7 KSKコアビル1F

定休日：日曜

☼：12:00-14:00
（最終入店 12:00）
☾：17:00-22:00
（最終入店 19:30）

小倉駅に程近いビルの１階、四季折々の花々が彩るアプローチを進み、引戸を開けると、コの字型カウンターと個室カウンターを擁する落ち着いた空間。待ち受けるのは、小倉を代表する日本料理店として、この店の名を全国に轟かせている佐藤氏だ。北九州市は、響灘、関門海峡、周防灘という３つの海に面した、日本でも有数の魚介類の宝庫でもある。鮨は小倉前として知られるが、この店では、地元の厳選された素材を活かした、小倉ならではの滋味溢れる日本料理を愉しむことができる。訪問時には、この地を象徴するフグとアラの刺身のほか、丁寧にほぐした地元産の渡り蟹や、松茸の蒸し焼きに、秋の訪れを感じとった。炭火で調理された松茸は、蒸し焼きにした後、石づきの部分を細かく切り、炭の上に置いて香りを加えるなど、丁寧な仕事が施されている。この店の名物であるからすみ餅のほか、叩いた烏賊で銀杏を包んだ烏賊団子も香ばしく、日本酒との相性も群を抜く。締めの行橋産の白米と味噌汁、からすみじゃこ、そして甘味の自家製葛切りまで、細かな心配りが感じられる料理の数々。淡いことに旨さがある、「美味是唯淡」を旨とする佐藤氏が生み出す味を堪能したい。

☼：25,000 円　☾：25,000 円

御料理 まつ山

Oryori Matsuyama

シェフ 松山照三

15.5/20

日本料理

Tel: **093-642-2278**

福岡県北九州市八幡西区藤田2-1-10

定休日:水曜、木曜、祝日、金曜ランチ

☼：12:00-
☾：18:00-

製鉄業で繁栄し、かつては料亭文化も育まれた北九州市八幡西区。店はJR黒崎駅から徒歩10分ほどのところにある。主人の松山氏は、自動車専門学校を卒業してエンジニアとなるが転職し、たこ焼きで評判を呼んだ後、25歳で料理人を志し、30歳でこの店を開いたという異色の経歴の持ち主だ。日本料理の伝統を尊重する一方で、自らの感性により新たな料理にも挑戦している。初秋の訪問時、最初の一皿は、焼き赤茄子で、極めて薄く削った鰹節を山盛りにのせていた。栗のお粥から続く、韓国産の鱧と岩手県産松茸の土瓶蒸しという秋の定番料理でも、松山氏の出汁への強い思いが感じられた。八寸では、稲穂揚げ、柿と無花果の白和え、アンチョビを詰めた子芋、茶豆、藤九郎銀杏を配し、秋の到来を表現している。１週間寝かせて旨みを引き出した「飛来幸鶏」のモモ焼きは、自家製のマスタード、粒胡椒、柚子胡椒とともに鶏肉の味わいを堪能する。日本酒との相性が良いバチコ入りのサザエの茶碗蒸しの後、締めのご飯では、土鍋で丁寧に炊いたシンプルな米の美味しさを、香の物や自家製の明太子とともに味わう。女将のもてなしとともに、心に残る日本料理の店である。

☼：33,000 円〜　☾：33,000 円〜

一本木 石橋

15/20

Ippongi Ishibashi

シェフ 石橋康孝

日本料理

この店を訪れた人は店主のキャラクターに魅了されるに違いない。笑顔を絶やさず、冗談を飛ばし、気遣いを忘れない。常連はもちろん、初見であっても楽しく笑いの絶えない時間を過ごすことができる。石橋氏は福岡市内の老舗鮨店に生まれ、京都の「高台寺和久傳」や東京の鮨店「海味」、さらには女将の実家である三重の「懐石 かみむら」で研鑽を積み、2018年にこの地で独立した。ゲストに対する朗らかな対応とは対照的に、石橋氏の言葉の端々には自らへの厳しさと、料理へのひたむきな姿勢が垣間見られる。それは、一昔前の料理人が持つ良い意味での気骨であり、氏の言葉にはそうした修業を乗り越えた者だけが持つ説得力がある。自身の経歴を生かし、コースの途中に握りを3貫はさむ独特のスタイルだが、お造りから握り、そして賀茂なすの揚げ焼きへというように、握りへ移行し、コースに戻っていく流れや味の組み立てがよく練られている。全体を通して味や温度の抑揚が心地好く、食べ疲れることがない構成も見事だ。握りでは小肌や鮪など江戸前らしい鮨種で勝負する気概も気持ち良い。この店を堪能するには、カウンターに陣取って店主との掛け合いを楽しむことを勧めたい。

☼：7,000円～22,000円　☾：18,000円～22,000円

Tel: 092-534-7560

福岡県福岡市中央区平尾
1-9-13

定休日：不定休

☼：12:00-15:00
(L.O.13:30)
☾：18:00-22:00
(L.O.20:00)

白金 にし田

15/20

Shirogane Nishida

シェフ 西田慎吾

日本料理

2022年に白金から春吉へ移転した店は、より贅沢さと茶室を思わせる静謐さを兼ね備え、広い個室も用意し、幅広いニーズに応えている。カウンター席と個室の動線を分けるなど、細やかな気遣いも感じられる。移転後も「白金」の屋号を残したのは、初心を忘れないようにという店主の強い意志によるものだ。西田氏は、「京料理 熊魚菴 たん熊北店」や福岡の複数の店で修業を重ね独立。料理は、希少価値が高く、豪華な食材を繰り出し、夢のような食体験をもたらす。宮城・気仙沼産のフカヒレをスッポン出汁で炊いた小鍋仕立て、脂の質が高い天然の鰻を用いたうざく、毛蟹をたっぷり使った真丈椀。さらに、ノドグロや雲丹、鮪、鮎など、日本の食材の粋を集めた怒涛の構成で贅沢な非日常を演出する。中でも印象深いのは、ノドグロに酢飯を合わせてキャビアを添えた一皿だ。キャビアの塩味と風味がノドグロと相性よく相乗的に旨みを引き上げ、それを酢飯が受け止める。きわめて質の高い素材の勢いに、西田氏の技を乗せた珠玉の逸品といえるだろう。西田氏は、穏やかな雰囲気と落ち着いた所作でゲストをもてなす。場所が変わり、料理の凄みは増しても、氏の根底は純粋なままだ。

☼：24,200円～48,400円　☾：24,200円～48,400円

Tel: 092-982-8525

福岡県福岡市中央区春吉
3-24-10
アーバンテム春吉 1F

定休日：日曜、月曜、
火曜ランチ

☼：12:00-14:30
(L.O.14:00)
☾：17:00-23:00
(L.O.22:30)

※11月11日-3月20日
蟹コース55,000円あり

Tel: **092-401-1819**

福岡県福岡市中央区高砂
1-6-6 サンクス高砂 1F

定休日：日曜、第 2・4
月曜

☾：18:00- 一斉スタート

嗣味

Tsugumi

シェフ **井上長嗣**

15/20

日本料理

近年、個性的な店が集まる街として注目される福岡市中央区高砂にある、カウンター 8 席の日本料理店。久留米市出身の井上氏は、京都の「本家たん熊 本店」を経て、兄が東京・西新橋に開業した「味享」の立ち上げに協力。2020 年から、この地で九州の上質な食材を活かした料理を展開し、人気を博している。夏に訪れると、姪浜産の蒸し鮑に細かく包丁を入れた、長芋のそうめん仕立てが暑さを忘れさせてくれる。刺身は、甘鯛と唐津産の赤雲丹。甘みが強い赤雲丹を甘鯛で巻き、これを山葵と塩で食べさせることで、素材の旨みを際立たせていた。椀物では、旬の冬瓜と塩焼きにした鮎が、丁寧に取られた出汁との鮮やかな対比で味わい深い。有明海の肥前水母と胡瓜の酢の物や、熊本の赤茄子の田楽といった九州らしい料理も、京都仕込みの技で仕上げられていく。有明海産の海鰻は、モズクとともに酢の物にし、清々しい味わいを堪能させてくれた。白米は、明太子や香の物、甘辛く炊き上げた牛肉の時雨煮とともにいただく。福岡県限定栽培の無花果「博多とよみつひめ」のぜんざいは、八女市星野村の玉露の水出し茶と最高の相性を見せる。九州の恵みを堪能できる正統派の日本料理店である。

☾：22,000 円

Tel: **092-707-3967**

福岡県福岡市中央区鳥飼
1-2-33 1F

定休日：火曜、他不定休
あり

☼：12:00- 一斉スタート
☾：18:00- 一斉スタート

明珠ひら緒

Myoju Hirao

シェフ **平尾卓也**

15/20

日本料理

大濠公園に近い鳥飼の一角に店を構える平尾氏は、福岡市出身。地元の調理師学校を経て、「神戸 吉兆」や山口県の「大谷山荘」などで研鑽を重ねた。独自の料理を作りたいと、異なるタイプの店で修業を重ねたといい、修業中からコツコツと買い集めた器にもセンスの良さを感じる。「明珠 (みょうじゅ)」とは、大切な宝は既に自身の手の中にある、と説く禅語からで、平尾氏は、料理の才能を磨き続けることの大切さをこの言葉から読み取り、それが料理に対する姿勢に如実に表れている。コースは会席仕立てで、中でも 2 種類の寿司が興味深い。まず、三郎うにと空豆は、手巻き寿司にして食感の対比と香りの相乗効果を愉しませる。次に、ノドグロは、皮目に火を入れ、51℃で 6 時間調理した後、酢締めを押し寿司にして、間にノドグロの肝と青唐辛子のたまり醤油漬けを忍ばせている。また、マナガツオは、しゃぶしゃぶにして焼き物とは異なる、しっとりとした身質を味わわせ、新たな魅力を引き出していた。平尾氏はデザートも得意とし、チーズケーキ、蓮餅、サクランボのカクテルと 3 種類を用意、あくまで独創的である。開店 5 年目、30 代半ばの店主、平尾氏の感性溢れる日本料理店だ。

☼：23,100 円〜　☾：23,100 円〜

やちよ 只管

Yachiyo Shikan

シェフ 堤 康輔

15/20

日本料理

福岡市博多区千代、野点発祥の地とされる「利休釜掛の松」の近く。店名の「只管」とは、ただ一筋に一つのことに専念することを意味する禅語であり、今も茶の稽古を欠かさないという主人、堤氏の心構えを表している。堤氏は福岡県飯塚市の出身で、20歳の時から京都の名宿「柊家」で研鑽を積んでいる。店内に足を踏み入れると、凛とした空気が漂い、設えからも店主の心配りを感じ、蝋燭の火が灯る中、ゆったりと食事を愉しむことができる。晩夏の頃の料理は、炊いた鰻と青芋茎を合わせた一皿から始まり、厚く切られた鱧と松茸のお椀へと進み、季節の紅葉鯛は、汲み上げ湯葉にのせられた唐津赤雲丹、すじ青のりとともにいただく。子持ち鮎の有馬煮やカマスの柚庵焼きといった料理が、主人が修業時代から蒐集していた骨董としても価値のある器で供され、土鍋で炊き上げられた白米と自家製ちりめん山椒、香の物を経て、青梅の蜜煮、おはぎまで、心を込めた料理が続く。お酒を愉しんでほしいという思いからか、京都とは異なった博多らしい味付けを指向されているようで、地元の酒を筆頭に揃えられた銘酒の数々を、四季の移ろいとともに味わうことができる。

☼ : 22,000 円　☾ : 22,000 円

Tel: **092-645-0007**

福岡県福岡市博多区千代
4-30-8 1F

定休日 : 不定休

☼ : 12:00-15:00
(最終入店 13:00)
☾ : 18:00-24:00
(最終入店 21:00)

※年末年始は価格の変動あり

鮨 さかい

Sushi Sakai

シェフ 堺 大航

17/20

寿司

掲げられた扁額「流汗悟道」の文字に嘘偽りはない。努力を惜しまず、技術を、素材を極め、鮨の道を邁進してきた堺氏の実力は、今や全国に鳴り響いている。8品ほどの酒肴とおよそ12貫の握りが終わる頃には、店内はゲストの感動の声がこだまし、笑顔で溢れかえる。素材は九州を中心に全国から選りすぐり、最適な仕事を施す。素材や料理の味や香りを、期待以上に引き出し、さらにそれを超える美味しさのポイントに着地させる調味感覚は、ずば抜けている。素材の良さに満足することなく、それを生かし切る技術とセンスを磨いてきた努力の結実だ。初夏、地物の海鰻は香ばしく焼き上げ、酢飯と合わせる。上品な身質と脂の旨みが強烈なインパクトをもたらし、山椒や山葵の香りが呼応して爽やかな余韻に満たされる。14kg にもなる「ますのすけ」は、美しい身の甘みを舌で感じたかと思えば、直後に甘美な香りが鼻腔をくすぐり、極めて上質で多層的な味覚を成している。ソムリエやスタッフのチーム力や結束力も随所に見られ、料理だけでなくサービスや居心地などを含めた総合力も店の価値を高めている。そして、多くのゲストが再びこの暖簾をくぐる日を心待ちにするのだ。

☼ : 44,000 円　☾ : 44,000 円

Tel: **092-726-6289**

福岡県福岡市中央区
西中洲3-20
LANEラウンドビル 2F

定休日:日曜、月曜、祝日、火曜ランチ、木曜ディナー

☼ : 11:00- /13:30-
☾ : 18:00- /20:30-
土 17:00- /19:30-

天寿し 京町店

Tenzushi Kyomachi

シェフ 天野 功

17/20

寿司

Tel: **093-521-5540**

福岡県北九州市小倉北区
京町3-11-9

定休日：月曜、火曜

☼：12:00-13:30
/14:00-15:30
☾：17:30-19:00
/19:30-21:00

鮨好きなら一度は訪れてみたいと願う「天寿し」は、1939年、天野時夫氏により北九州市小倉で創業。現在は兄の裕氏が魚町店、弟の功氏が京町店を営み、「小倉前」の伝統を継承している。ここでは、煮切り醤油ではなく、カボスなどの柑橘類や塩を利かせて、玄海灘や九州近海で獲れた魚介を中心とした鮨種の旨みを引き出す。接客も心地好く、訪れた日の5席も、一期一会の期待を上回る感動に笑顔が溢れていた。「“寿司”を楽しんでほしい」という大将の思いから、酒やつまみなどは一切なしというのも潔い。語らずにはいられないのが「赤烏賊の握り」。まるで一貫一貫が料理のようだと評される握りの中でも、鮮やかな美しさが印象的だ。飾り包丁を入れ、雲丹ととびこ、錦胡麻がちりばめられた透き通るような赤烏賊は、歯触りが良く、雲丹の旨みが交わる優しい甘みが豊か。とびこや胡麻の食感を携えながら、カボスの酸味がすべての素材の調和をとる。大葉を挟んだ玄海灘のヒラメ、オクラをのせていただくサザエ、肝と合わせた鯛も、足し算の緻密な計算が見事に鮨種と酢飯の一体感を創り出している。時代や地域性の中で発展を続ける鮨文化の深化を味わわせる名店がここにある。

☼：49,500円　☾：49,500円

鮨 行天

Sushi Gyoten

シェフ 行天健二

16.5/20

寿司

Tel: **092-521-2200**

福岡県福岡市中央区平尾
1-2-12 井上ビル 1F

定休日：不定休

☼：土・日 11:45-
☾：18:00-

※完全予約制
※クレジットカードは
ディナー時のみ利用可
※車いすのまま食事が可能

薬院新川沿いの建物にかかる暖簾をくぐると、奥の入口から待合室へ通される。扇形のカウンターは10席と広く、その中心に行天氏が陣取ると、行天劇場の開幕だ。その巧みな会話で店全体に一体感を生み出していく。鮨職人を祖父に持つ行天氏は、若くして海外に渡り、東京・上野毛の「あら輝」での研鑽を経て、2009年に故郷の下関市で開業、2012年に福岡市へ移転し、高い評価を得た。2023年には、「ブルガリ ホテル 東京」内の鮨店を監修するなど、多忙を極めている。行天氏の鮨は、仕入れ力と素材の見極めにおいて群を抜く。鮪は豊洲の「やま幸」から。真夏、北海道・吉岡の鮪のきめ細かさ、すっきりとした旨みは格別だ。他所ではお目にかかれない特別な鮨種に出合うことができるのも、仲買人との強い信頼関係があってこそ。天草・苓北町の赤雲丹の雑味のない旨み、極めて肉厚な横須賀・走水のアオリイカ、室温に戻して脂を溶かし、すり胡麻と大葉の微塵切りで仕上げた鯵、強めに締めることで新子のニュアンスを引き出した千葉県産の小肌など、唯一無二の味わいである。この特別な鮨を求め、国の内外から鮨好きが福岡まで足を運ぶ名店だ。

☼：49,500円～　☾：49,500円～

江戸前鮨 二鶴

16/20

Edo-Mae Sushi NIKAKU

シェフ 船橋節男

寿司

九州における江戸前鮨の先駆的存在だ。もともと九州では白酢と砂糖を使った酢飯が一般的であったが、船橋氏は東京の「二葉鮨」で修業後、江戸前鮨を郷里に持ち帰り、代替わりを機に、赤酢を用い砂糖を使わない酢飯へと方向転換した。食文化の違いから耐え忍ぶ時代が長かったことは想像に難くないが、その信念を貫いたことは称賛に値する。ここでは、関門海峡を中心に九州・山口の極上素材を駆使し、赤酢も地元のオリジナルで、地域性を存分に発揮した北九州市ならではの江戸前鮨を体現している。船橋氏が大切にするのは「塩梅」だ。砂糖を使わずとも、酸味と塩味が均衡を保ち、米や素材本来の味と共鳴し、噛み締めるたびに不思議な甘みや旨みが溶け出してくる。小肌は強めに締めていても酢飯と合わせることで到達する妙味があり、赤イカも素材以上のものが口内に溢れてくる。しなやかな本手返しから繰り出される握りは端正で美しく、多年の熟練による技術は疑う余地のない精度を誇る。船橋氏の朗らかな笑顔での会話も楽しく、食べ慣れていないゲストには優しく教示し、初見であっても分け隔てなく心を尽くす。これほど訪れて良かったと思える店はそう多くはないはずだ。

☼：35,000 円　☾：35,000 円

Tel: 093-531-2442

福岡県北九州市小倉北区
足立1-4-31

定休日：水曜、第１火曜

☼：12:00-14:00
(L.O.12:30)
☾：17:30-22:00
(L.O.19:30)

安春計

15.5/20

Asuke

シェフ 高崎正彦

寿司

福岡市薬院の裏通り、暖簾も看板も掲げていないが、ここは知る人ぞ知る江戸前鮨の名店である。店主の高崎氏は福岡市のホテル勤務を経て、伝説の鮨職人、東京・銀座「きよ田」新津武昭氏の薫陶を受けた。新津氏から教わった赤酢と塩のみを用いた酢飯を追求し、新鮮な魚を用いた鮨を主体としていた福岡の地で江戸前鮨を長年に亘って握り続け、古希を過ぎた今も、地元の鮨職人らと酢飯の勉強会を開くなど、鮨文化の啓蒙にも力を注いでいる。高崎氏は、「鮨屋であって呑み屋ではない」と、日本酒もビールも１種類ずつしか置いてはいないが、厚めに切り付けたアラや軽く炙った戻り鰹、さらには自家製の干したカマスと、つい酒が進んでしまうつまみが揃っている。鮨に入ると、仕事を施した魚と甘くない酢飯とのバランスが良く、昔ながらの大きめの酢飯の握りを堪能させる。「あすけ」とは、「あそこ」を意味する唐津の方言で、名付け親である陶芸家・中里隆氏の手になる唐津焼の器での一献も、この店での楽しみの一つだ。現在では全国で江戸前の鮨を味わうことができるが、高崎氏は博多の地に江戸前の鮨を広めた功労者であり、今なお、淡々と鮨の美味しさを追求する名職人である。

☾：22,000 円

Tel: 092-716-6688

福岡県福岡市中央区薬院
1-6-28

定休日：日曜、月曜、
祝日

☾：18:00-21:00
(L.O.19:00)

菊鮨

Kikuzushi

シェフ 瀬口祐介

15.5/20

寿司

Tel: **092-575-0718**

福岡県春日市春日公園
3-51-3

定休日：日曜、他不定休あり

☼：11:30- /14:00-
☾：18:00-22:00

※季節により価格の変動あり

瀬口氏は、博多の老舗鮨店で10年間修業し、モナコ公国のホテルで副料理長や鮨の指導者を務めた実力の持ち主だ。店内は数寄屋造り、一枚板のカウンター越しに店主と向かい合う。酒の肴が7～8品、握りが12品程のおまかせコースのみ。客の訪問時に合わせて土鍋で炊き上げた専用米に、独自にブレンドした赤酢を合わせ、目の前で酢飯を仕上げる。九州産の魚を中心に全国からも取り寄せ、旬の最高のものを味わってもらおうという心意気を感じる。山口・宇部の鱧は骨切りして梅醤油で、歯ごたえと風味のしっかりした長崎・五島のクエはポン酢にて。揚げたてのマナガツオを海苔で巻く一品は、熱によって引き立った磯の香りが心地好い。店主自ら選んだ日本酒と豊富な酒の肴が実に良く合う。握りは烏賊の王様ともいわれるアオリイカから。丁寧な包丁捌きにより、程よい弾力と口の中で広がる甘みが極上の味わいだ。わざわざ全国から足を延ばし訪れてくれる客に、その日の最高の状態を堪能してもらいたい、という店主の職人としての矜持と丁寧な手仕事を感じながら、目の前に供される一貫一貫を堪能する。瀬口氏は温厚な人柄と確かな技術で、今後も福岡の鮨業界を牽引する一人であり続けるだろう。

☼：24,200円　☾：24,200円

鮨 唐島

Sushi Karashima

シェフ 唐島 裕

15.5/20

寿司

Tel: **080-6661-3999**

福岡県福岡市中央区赤坂
3-1-2 大東ビルII 1F

定休日：不定休

☾：18:00- /20:30-

※価格は変動あり
※車いすのまま食事が可能

唐島氏は、鮨職人であった父親の影響を受けて幼い頃より鮨の道を目指し、高校を卒業後、調理師専門学校に通いながら日本料理店で修業。その後、数々の名店で研鑽を重ね、30歳という若さで独立した。暖簾をくぐるとモノトーンの店内に吉野檜のカウンターが清々しい。照明の位置一つにも店作りへの思いが窺える。自ら生産者のもとや漁港に出向いて選び抜いた九州産の旬の魚を中心に、酢飯は精米歩合まで究めた佐賀県産「さがびより」と、3種類をブレンドした酢を使用。日本料理で腕を磨いた経験が、季節の移り変わりを演出するつまみの数々に垣間見える。季節の魚の出汁を使った茶碗蒸しは、挨拶代わりの一品。最初に供される赤身の漬けと中トロの握りは、温度が高めの酢飯と合わせることで、さらに旨みが引き立つ。溶けるような食感のヤリイカは生姜醤油で。最後は、その日に使った魚から取る出汁の味噌汁で締め括る。日本酒は地元のものから全国の銘柄まで取り揃える。高取焼鬼丸雪山窯元や唐津の隆太窯の陶器など、店主自らが選定した器がその味わいを引き立て、カウンターに華を添える。実直に鮨と向き合う姿が印象的な唐島氏、この気鋭の職人から目が離せない。

☾：27,500円～

枯淡

Kotan

シェフ 野口和暉

15/20

寿司

Tel: **092-600-9478**

福岡県福岡市中央区桜坂 1-5-15

定休日：火曜、水曜

☼：11:30-

☾：17:30-

東京の「鮨 水谷」や「鮨はしもと」で研鑽を積み、故郷の福岡で江戸前の鮨店を出したいと、野口氏が桜坂に店を構えて僅か 2 年。瞬く間にその名は全国に広まった。基本的に鮪は東京から、それ以外の魚は地元の長浜や柳橋から仕入れる。茶の湯の世界をイメージした店内は、V 字型のカウンター 8 席に木の温もりが印象的な数寄屋造り。30 歳とは思えぬ貫禄と風格を兼ね備えた野口氏は、その人柄の良さと柔らかな語り口調でさらに店の居心地を良くしてくれる。酒肴が 7 ～ 8 品、握りが 12 ～ 13 貫。移ろう季節の美味しさを堪能できる酒肴には、厳選の日本酒を取り揃える。握りの 1 貫目は、修業先の系譜を引き継ぐ熊本・天草の小肌。塩味、酸味ともに穏やかな赤酢を用いた大粒の鮨米は温度帯が高めで、肉厚な小肌ともよく合う。真鯛は店主の地元・糸島産を使用。冬から春にかけて風味が増すヤイトガツオなど、近隣の魚を江戸前の技で愉しませる。料理人を志した頃から集めてきたという器のコレクションも見逃せない。野口氏は新進気鋭の職人として、名実ともに福岡の鮨業界を担っていく一人であり、年齢を重ねる毎に深みを増し、やがて店名の如く、とその姿を想像するだけで胸躍る鮨店だ。

☼：15,400 円～ 22,000 円　☾：22,000 円

寿司つばさ

Sushi Tsubasa

シェフ 黄丹 翼

15/20

寿司

Tel: **093-953-8282**

福岡県北九州市小倉北区魚町3-3-24 新米谷ビル 2F

定休日：水曜、木曜ランチ

☼：12:00-15:00

☾：18:00-22:00

小倉駅にほど近い商店街にあるビルの 2 階、エレベーターを降りると数寄屋造りの落ち着いた空間が現れる。黄丹氏は 1980 年生まれ、「小倉前」の名人と謳われた「寿司 もり田」森田順夫氏の下で 8 年間の修業後、2012 年に独立した。その経歴からも窺えるように、黄丹氏は小倉前の正統な後継者の一人として、日々精進を重ねている。夏のある日、つまみは、湯葉豆腐にたたきオクラを合わせた涼しげな一皿から始まり、塩昆布を巻くことで即席の昆布締めのような味わいの鯛、生姜醤油でいただく鱧の油通しなど、いずれも他所ではあまり見かけない料理で楽しませてくれた。鮨に入ると、細かく包丁を入れた烏賊に、雲丹、とび子、木の芽をのせた小倉前らしい握りや、九州北部のメイチ鯛に大葉を挟んだもの、軽く締めたキスや小肌など、北九州の海の恵みを堪能させる。半生の食感が素晴らしい車海老や山椒の風味がアクセントになった穴子、トロといぶりがっこの巻物に至るまで、様々な鮨で客を喜ばせ、甘めでしっとりとした玉子、最後に若松の西瓜の生搾りジュースで清々しく締め括る。江戸前とは異なる、柑橘などを加えた小倉前の鮨の「今」を味わうためにも訪れておきたい一店だ。

☼：22,000 円　☾：22,000 円

Tel: **0955-23-1110**

佐賀県伊万里市立花町
3997-4

定休日：不定休

☼：12:30- 一斉スタート
☾：19:00- 一斉スタート

※季節により価格の変動あり

※車いすのまま食事が可能

カテクオーレ

kate cuore

シェフ 湊 純也

15/20

イタリア料理

稀有なレストランだ。夫婦で畜産を学び、自ら育てる牛の肉を中心に、地元の食材をふんだんに用い、自然と共に料理を創る。最大でカウンター 5 席。作り置きのものはなく、ゲストが来訪してから目の前で調理する。必然的に、最低でも 4 時間は要するという。とれたての美味しさの沸点、「瞬間」の味わいを伝えることに全力を注ぐ湊氏。出来立てのフレッシュなリコッタチーズは、飼育する牛から搾った牛乳で。熱々のブリオッシュをつけ、「ア・ラ・ミニッツ」の美味しさを噛み締める。牛肉のタルタルは、自家製のキビナゴの魚醤と伊万里の卵でまとめる。この日のメインは、12 歳と 15 歳の経産牛。まず、2 週間寝かせたサーロインはカルパッチョで。3 時間近く火入れした 2 種のローストは、きめ細かで柔らかく、コクとまろやかさがある。名物のパンツェロッティの中には、牛のかぶりのトマト煮、マルチョウ、アカセン（牛の胃袋）、枝豆、アミの塩漬けがチーズと絡まり、ベリーの酸味で上品な味わいに。新玉葱の芯と水と塩のスープに、牛肉の出汁を吸わせた麺を絡める冷製パスタは、肉の酸が活かされ繊細な仕上がりだ。「命」をいただくことを実感し、ここにしかないおもてなしに、身も心も潤う。

☼：30,000 円　☾：30,000 円

Tel: **0954-38-9007**

佐賀県武雄市武雄町武雄
4239-1

定休日：月曜、他不定休あり

☼：12:00-
☾：18:00-

※車いすのまま食事が可能

カジシナジーレストラン

Kaji synergy restaurant

シェフ 梶原大輔

14.5/20

イタリア料理

御船山楽園の傍で、絶景を楽しみながら佐賀ならではの料理が味わえる。ミニマルで開放感のある店内は清々しく、木の温もりに心も癒され、都会の喧騒を忘れさせてくれる。シェフとソムリエを兼任する梶原氏は、バリスタの勉強の為に訪れたイタリアで料理に惹かれ、イタリア各地を巡り料理の研鑽を積んだ。帰国後、イタリア料理店で 15 年ほど修業を重ね、2018 年に地元の佐賀県で開店。レストランで使う魚のほとんどを、梶原氏が近海で自ら釣る。「旬の佐賀」の食材に、手元に届く前から調理まで一貫して携わり、手を入れるのが梶原流。秋のアオリイカは少し寝かせることで、さらなる旨みと柔らかな口あたりを。発酵させた生姜やゴーヤーのソースが見事に絡み合う。竹崎かにのソフトシェルクラブは脱皮直後に仕入れて締めることで柔らかな食感を楽しませる。リゾットで使用する米は、実家から仕入れた古米だ。特別に発注する有田焼や伊万里焼などの器も見逃せない。地産地消に積極的に取り組み、生産者に思いを馳せて食すことで、佐賀の魅力を再認識させてくれる料理の数々。土地・風土・食材・器と梶原氏のアイデアが相重なって、店名のごとく大きな「シナジー」を生み出してくれるだろう。

☼：8,800 円～ 16,500 円　☾：8,800 円～ 16,500 円

カレーのアキンボ

Curry Akimbo

シェフ 川岸真人

14/20 カレー料理

スパイスで食材の魅力を引き出す川岸氏は、故郷の佐賀県から油絵を学ぶために上京。寿司店で働く中、偶然入った店でカレーに開眼、独学で錦糸町にカレー専門店を開いたという異色の経歴の持ち主だ。2015年、佐賀市に戻り、生産者との出会いから、故郷の食材の美味しさを自然の美しさとともに伝えていきたいと、一軒家を改装して、この店を開いた。以来、川岸氏は生産者との対話を重ねながら料理を探求し、今では、昼夜、最大4名のゲストだけが味わえる7皿のコース料理を求め、全国から食通が駆けつけるまでになっている。夏の終わりに訪ねると、川岸氏はスパイスをまぶして揚げた南瓜を、カシューナッツや黒ニンニクと合わせた上に、牡蠣の塩漬けに漬け込んだ菜種を重ね、その持ち味を際立たせていた。真鯛の出汁に冬瓜や蓮根を入れ、カレーリーフを加えた一皿は、あら汁のように滋味深い。メインの野菜カレーは、蓮根、茄子、オクラ、ヤングコーンなどの清新な美味しさを、控えめなスパイスで引き立てている。身体の中から浄化されるような優しい味わいは、他では経験できないものだ。佐賀の食材が持つ力強さと清らかさを体感するためにも訪れたい唯一無二の店である。

☀：8,000円　☾：8,000円

Tel: 080-6426-4170

佐賀県佐賀市大和町川上475

定休日：木曜、金曜

☀：12:30-
☾：19:00-

※完全予約制

飴源

Amegen

シェフ 田中脩司

15.5/20 日本料理

天保9年（1838年）創業と長い歴史を誇る川魚と摘草料理が名物の料亭である。その屋号は、初代が水飴も取り扱っていたことに由来する。店内に足を踏み入れると、女将の笑顔の接客と玉島川の心地好いせせらぎに、心癒されることだろう。この店では、目の前を流れる玉島川の津蟹、鮎、鰻や自家栽培の野菜を地産地消し、器も中里太郎右衛門、中里重利、田中佐次郎などの唐津焼や有田焼の名品を惜しげもなく用いて料理を楽しませている。初秋に訪問した際には、鰻の湯引き、鮎の背越し、鯉の洗いといった前菜に始まり、季節の落ち鮎が、塩焼き、蓼味噌焼き、創業時から継承されている秘伝のタレを配した飴焼きと、3種類も供された。いずれも鮮度が素晴らしい上に丁寧に調理され、柚子胡椒、酢味噌などの薬味類にまで神経が行き届いている。さらに、名物の津蟹の姿煮、津蟹を炊き込んだ「かに飯」、「かに寄せ汁」、そして季節の果物まで、唐津の秋の恵みを思う存分、堪能することができた。漁師から仕入れた素材を玉島川の水を引いた生け簀で育て、最良のタイミングで調理する、自然と一体になって生み出される料理の数々には、唐津の食と文化が連綿と受け継がれている。

☀：8,470円～16,500円　☾：8,470円～16,500円

Tel: 0955-56-6926

佐賀県唐津市浜玉町五反田1058-2

定休日：火曜、他不定休あり

☀：11:00-15:30
(L.O.14:00)
☾：17:00-21:00
(L.O.19:00)

※営業時間は変更になる場合あり

あるところ

Arutokoro

シェフ 平河 直

15/20

日本料理

Tel: **0955-58-8898**

佐賀県唐津市鏡732

定休日：不定休

☼：11:00-15:00

☾：17:00-22:00

※予約は２名から、前日までに要予約

唐津市郊外、鏡山の麓。「昔々、あるところに」という日本昔話を想起させる家屋は、土間が特徴的な一軒家。平河氏は、ここで昔ながらの日本料理を精魂込めて作り上げている。福岡市に生まれた平河氏は、留学中に料理の素晴らしさを実感、銀座の懐石料理店でも研鑽を積むが、帰省した際、祖母が作ってくれた黒豆の美味しさに衝撃を受け、古い料理に興味を持つようになったという。自ら築 130 年の古民家を改装し、2015 年に店を開いた。食材は、ほぼ唐津産。近くで手に入るものを調理するスタイルで、自家栽培したヘチマの煮物の茄子を思わせる食感も、素材の食べ頃を熟知しているからこそ。キスの糸作り、新イカの握り、カマスの一夜干しは、いずれも産地ならではの味わいで、特にカマスの焼き物は、旨みが凝縮されたご馳走であった。竈で炊き上げた唐津産コシヒカリは、塩むすびから。その後は梅むすびで、なめこ汁や香の物とともにいただき、最後は自家製の栗蒸し羊羹で締め括る。高級食材がなくとも、これだけの充足感が得られる稀有な店。唐津焼を中心とした趣きのある器、ため息のような癒しの BGM も、忙しい日常生活から離れて心が洗われる時間を過ごさせてくれる。

☼：12,000 円　☾：12,000 円

日本料理 会席 かわしま

Kawashima

シェフ 川島広史

14.5/20

日本料理

Tel: **090-1083-8823**

佐賀県唐津市京町1775

定休日：日曜

☾：18:30-

創業が寛政年間にまで遡る川島豆腐店は、ざる豆腐を生み出した店としても全国的に有名であり、唐津駅近くの店舗では様々な豆腐を販売している。料理店はその隣にあり、朝は出来立ての豆腐を中心とした朝食を、昼は豆腐と和食のコースを提供し、観光客に好評を博している。そして、夜になると、屋号を変えて、「日本料理 会席 かわしま」の暖簾を掲げての営業となる。十代目当主の川島氏は、父親から料理店を引き継ぎ、東京・神宮前の名店「重よし」で研鑽を積んだ経験を生かし、地元を中心とした素材の良さを取り込んだ本格的な会席料理を提供している。初冬に訪問した際には、地元・唐津の鯛が味わい深く、刺身と鯛茶漬けという２種の料理法で堪能させていた。また、沢煮椀は、アグー豚の旨みと筍のバランスが見事である。もちろん、ねっとりとして、柚子味噌との相性も良い黒胡麻豆腐や、豆腐プリンといった、家業の豆腐を用いた料理の数々も安定の美味しさだ。唐津焼の名工、中里隆氏の器でいただく美酒佳肴は格別で、落ち着いた贅沢な時間を過ごすことができる。唐津の素材の素晴らしさと、この店が紡いできた長い歴史を体感するためにも、訪問すべき名店である。

☾：14,300 円〜 22,000 円

鮨処 つく田

Sushidokoro Tsukuta

シェフ 松尾雄二

15.5/20

寿司

Tel: **0955-74-6665**

佐賀県唐津市中町
1879-1

定休日：月曜

☼：12:00-14:00
（最終入店 13:30）
☾：18:00-22:00
（最終入店 19:30）

唐津城下町から程近い古い町並みの一角に、全国から鮨好きが足繁く通う店がある。大将の松尾氏は、唐津の陶芸家・中里隆氏に連れられ、東京・銀座の「きよ田」を訪れ衝撃を受け、志願して２年間、通いつつ新津武昭氏から手ほどきを受けた。1993 年に自身の店を開き、現在は子息の文平氏と親子二人三脚で店を切り盛りする。玄界灘の海の恩恵を受ける厳選した地物の食材に江戸前の技法を施し、砂糖を一切使わず赤酢と塩のみで仕上げた酢飯は、鮨種に合わせて握りを変える。鮨米は唐津産のコシヒカリを使用。つまみには旬の野菜やおひたしなども取り入れる。ほっとする味わいが嬉しく、これを楽しみにしている客も少なくない。大半の食材は地元の市場で、毎朝、大将が自ら目利きした唐津近郊のものを使う。胡麻鯖、アオリイカ、足赤海老の昆布締めや、松尾氏が最も思い入れがあると語る対馬の穴子など、丁寧に仕事が施された唐津前の鮨は、ここでしか味わえない唯一無二のものである。洗練された中里氏の唐津焼の器が、料理をさらに引き立てる。名職人・新津武昭氏に繋がる物語の詰まったこの鮨を味わいに、全国から多くの常連が唐津まで足を運ぶのにも納得の店である。

☼：7,700 円～ 25,300 円　☾：25,300 円～

5	全てに卓越したレストラン	19 ～ 20 点	クレジットカード
4	非常に素晴らしいレストラン	17 ～ 18.5 点	
3	素晴らしいレストラン	15 ～ 16.5 点	個室あり
2	料理人の個性を感じるレストラン	13 ～ 14.5 点	
1	良いレストラン	11 ～ 12.5 点	バリアフリー
トックなし	美味しいレストラン	10 ～ 10.5 点	

Tel: —

長崎県

定休日：不定休

☾：18:00- /19:00- /20:00-

プルミエ・クリュ

1er cru

シェフ 深田伸治

14.5/20

フランス料理

長崎市の繁華街を少し離れ、近くに名刹もある落ち着いた街並みに溶け込むように店は佇んでいる。調理やサービスなど、すべてを深田氏一人で行うが、席数をテーブル２卓に限定し、手際も良いため、スムーズなオペレーションが印象的だ。素材は県内産を中心とし、質の良さは言うまでもなく、特にサステナブルで自然環境に配慮して生産されたものを扱い、顔がわかる生産者や知人などから仕入れている。深田氏は自らも生産に関わり、環境や人間に負荷の少ない料理を追求する。五島の穴子は、強火で炙り、知人が栽培する甘みの強い米を黒麹で発酵させたソースで和える。甘酸っぱく奥行きのあるソースが穴子の脂や風味と調和し、未知の不思議な美味しさを生み出している。平飼いの優れた環境で育てられた五島の「しまさざなみ」という地鶏の肝のジェラートは、一切の癖がなく、純度の高い濃厚な旨みに、栗のコンフィチュールの甘みが調和した逸品だ。持続可能性や環境への配慮など、個人の力に限界はあるかもしれないが、志を同じくする仲間とともに少しでも貢献したいという深田氏の信念に揺るぎはない。その強い思いから生まれる料理には、自ずと作り手の優しさがにじみ出ている。

☾：18,150 円～ 27,830 円

Tel: 0957-73-9713

長崎県雲仙市国見町
多比良甲313-2

定休日：火曜、水曜

☼：12:00-
☾：19:00-

ヴィッラ デル ニード

villa del nido

シェフ 吉田貴文

15.5/20

イタリア料理

のどかな田園風景の中で、静かに時を刻む一軒家レストランだ。壁や天井は木で覆われ、窓から差し込む温かな光が自然に恵まれたレストランの空間と調和し、喧騒から離れた安らぎの時間をもたらしてくれる。吉田氏は福岡市やイタリアのピエモンテ州などで修業を重ね、この地で独立。地元食材を駆使したイタリア料理をベースに、枠にとらわれない多様な試みで強い個性を打ち出している。その中心となるのが発酵の技術だ。世界の料理界でも注目される発酵だが、吉田氏が取り入れるのには明確な理由がある。発酵が持つナチュラルな旨みや酸味が、目指す優しい味わいへのアプローチに相応しいと考えるからだ。クロゴチを自家製の味噌でマリネし、胡瓜のピュレやレモン味噌、新生姜、自家製の乳牛節などで味を調えた一品は、乳牛節の独特の旨みに加え、角のない穏和な風味が一体となって身体に染み込んでいくようだ。立地や設えだけでなく、ゲストを昼夜各２組に絞っていることで、ゆったりと夫妻のサービスを受けることができる。この柔らかな統一感は、極めて居心地の良いものだ。ここでは食材の豊かさとシェフのあくなき探求心と感性とが交差し、新たな魅力の発信地となっている。

☼：18,150 円　☾：18,150 円

ペシコ

15.5/20

pesceco

シェフ 井上稔浩

ジオ・ガストロノミー

穏やかな波の音が心地好く鼓膜を揺らし、水面は陽光に輝いている。有明海に臨む美しい風景の先に、静かに佇む一軒家レストラン。井上氏は故郷である島原に受け継がれてきた伝統的な食文化に敬意を表し、独自の「里浜ガストロノミー」というフィールドに料理を落とし込む。コンセプトメニューはエタリの塩辛とバターを使ったタルトレット。カタクチイワシをこの地方ではエタリといい、食糧難の時代には蒸したさつまいもとあわせて食されてきた伝統食だ。タルトレットとして現代風に美味しくアレンジされているが、素朴で深い味わいが心に沁みわたる。有明海の恵みを享受し、親交を深める地元生産者の野菜たち。それらを組み合わせた料理も興味深い。紋甲イカとスナップエンドウの一皿は、シンプルにオリーブオイルと塩でまとめる。それぞれの異なる甘みを塩が繋ぎ、引き立てあい、スナップエンドウの爽やかな青い香りが甘美で奥ゆかしい。卓上に置かれたメニューに、「多比良ガネ」や「くつぞこ」など、あえて地元の呼び名を使用しているのも、井上氏の愛郷心の表れであろう。地域に寄り添い、生産者と手を携え、自らの世界観を掘り下げ深化する井上氏から目が離せない。

☼：29,040 円〜

Tel: 0957-73-9014

長崎県島原市新馬場町
223-1

定休日：日曜、月曜、
他不定休あり

☼：12:00-

※季節により価格の変動あり

小料理 藤緒

14.5/20

Fujio

シェフ 伊藤洋人

日本料理

豊富な魚種と高い品質を誇る長崎の地物を生かした創作和食の店だ。以前は母親が営んでいた小料理店を伊藤氏が受け継いで 10 年以上経つ。店主との距離が近い設えから生まれる雰囲気が心地好く、地元の人々にも親しまれている。特定の修業先を持たない伊藤氏は、積極的に食べ歩くことで自らの感性を高め、試行錯誤を重ねてほぼ独学で現在のスタイルを作り上げた。その料理は枠にとらわれず個性的。調味のバランス感覚に長け、美味しいポイントをうまく突いてくる。地元産の脂の乗った石鯛を梅肉で和えた一品は、石鯛の脂を梅肉の酸味でまろやかにして旨みの輪郭を形づくり、後から胡麻や山葵の香りが仄かに爽やかさをもたらす。赤足海老はあられ焼きに仕上げ、海老のみそや殻から抽出したソースを合わせる。濃厚なのに雑味がなく、純粋な海老の味を髄まで愉しめる。いずれの味も伊藤氏が得意とする創作的な調味感覚が発揮され、様々な味の角度を用いつつも見事に着地させる安定感を持つ。地元では中堅の料理人として若手を気にかけながら引っ張り、飾らない人柄で周囲を惹きつける。今後さらに長崎の食を盛り上げていくであろう頼もしい存在だ。

☾：9,350 円〜 13,200 円

Tel: 095-825-3676

長崎県長崎市鍛冶屋町
6-1 六番館ビル 4F

定休日：日曜、第 1・2・4
火曜

☾：18:00-22:30
（最終入店 20:00）

※第 3 週は、1 週間限定で
鮨コース（13,200 円）
18:30 一斉スタートのみの
営業

Tel: **096-342-4469**

熊本県熊本市中央区
新屋敷1-9-15
濫觴ビル102

定休日：月曜

☼：木 - 日 11:30-
☾：18:00-22:00

アンティカ・ロカンダ・ミヤモト

antica locanda MIYAMOTO

シェフ 宮本けんしん

14.5/20

イタリア料理

千年以上も続く野焼きで保たれてきた阿蘇の大草原。その豊かで新鮮な草を食み、のびのびと育つあか牛の“牛本来の美味しさ”を、阿蘇の歴史や背景とともに発信している宮本氏。あか牛に注ぐ情熱は、阿蘇地域を世界農業遺産登録に導いた10年前と変わらず、東海大学や生産者とともに精魂を注ぎ続けている。訪れた日のメインディッシュは30日間熟成させたあか牛を、薪の炎でじっくりと焼き上げたもの。表面は香ばしく、噛むと赤身とは思えない柔らかな肉質に驚く。薪の香りに滋賀「サカエヤ」新保吉伸氏の手当てによる熟成香が加わり、オリジナルのチミチュリソースが肉の旨みを引き立てていた。1皿目に供された2年間熟成したという自家製あか牛の生ハムの、ねっとりとした濃厚な味わいも忘れられない。あか牛だけではない。菊池産の放牧豚や奥阿蘇の鱒、自然栽培の柑橘類に貴重な在来野菜など、コースの中に熊本の自然の恵みがこれでもかと盛り込まれ、食材と生産者に対する宮本氏の深い敬意が窺える。店は熊本市中心部にほど近い閑静な住宅街の一角、熊本県産の木・石材をふんだんに使用した心安らぐ空間で、緑豊かな庭を愛でながら唯一無二の熊本テロワールを堪能したい。

☼：5,775円～ 10,164円　☾：10,164円～ 15,750円

Tel: **096-355-8305**

熊本県熊本市中央区
手取本町3-7

定休日：日曜

☾：18:00-22:00
(L.O.20:00)

※季節により価格の変動あり
※車いすのまま食事が可能

イル カジーノ

IL CASINO

シェフ 松本興治

14.5/20

イタリア料理

熊本市役所裏手の路地にあるカウンター8席のイタリア料理店。カジュアルながら大人の雰囲気を醸し出すブビンガのカウンターテーブル内には小さな厨房があり、すべての席から、松本氏の手によって創り出される料理の流れが見られるライブ感がある。1皿目の自家製モッツァレラチーズは、目の前でミルクから練り上げたもの。まだ温かくクリーミーなチーズに、トマトのコンソメジュレの酸味、ハモンセラーノの塩味とオリーブオイルの風味が口の中でハーモナイズし、次の皿への期待が高まる。白ワインと塩で漬け込んだ鮎の子うるかをソースにしたパスタは、パリッと焼き上げた鮎の皮目とうるかのツブツブの食感が面白く、ついワインが進む。メインは「アン黒」というアンガス牛と黒毛和牛を掛け合わせて生まれた宮崎県産の希少な肉用牛で、赤身に程よくサシが入り、バランスのとれた肉質と、今まで体験したことのない歯切れの良さに、ただただ驚く。カウンターの中は広くはないが、松本氏とスタッフの無駄のない動きに見入り、至るところに松本氏の目配りを感じる。帰りは客の姿が見えなくなるまで見送るという、ホスピタリティーの高さも人気の理由の一つだろう。

☾：11,000円～

ノウ
.Know
シェフ 鍬本 峻

15/20
イノベーティブ

かつて結婚式や社交の場として栄えた築 130 年を超える「料理谷邸」をリノベーションし、飲食店と宿の複合施設「商工クラブ」として生まれ変わったのは 2021 年のこと。鍬本氏は、その 1 階で国籍にとらわれない独創的な料理を提供している。深海色の重厚な扉を開けると、中央に鎮座する囲炉裏が目に入る。薪や炭の熾火のみで料理を作り上げるのは、“日本の食文化の大元を体験してもらいたい”との思いから。すべての席から視界に入る、まるで絵画のような庭園も、鍬本氏が表現しようとする世界観の一端を垣間見るようだ。料理で印象的なのはイクラのカナッペ。しっとりとした最中の上に帆立のタルタル、薪香を纏わせた富山産のイクラをたっぷりと。江戸時代からの製法を守る熊本県南関町・猿渡製麺所の「曲げそうめん」を使った真じゃくのすり流しは、濃厚な味噌の風味を松葉オイルの香りが引き締めていた。熊本の希少な地酒や海外で出合ったワインのマリアージュも巧みだ。2022 年はニューヨーク、2023 年は 1 ヵ月休店してスウェーデン、パリ、ナポリで見聞を広げ、すべての料理に進化と深化を感じさせる。鍬本氏は、これからまたどこに向かっていくのか、興味の尽きないレストランだ。

☾：12,000 円

Tel: **096-201-2041**

熊本県熊本市中央区
西阿弥陀寺町6
商工クラブ 1F

定休日：日曜、水曜

☾：18:00-20:00
（最終入店）

花小町
HanaKomachi
シェフ 本田広之

14.5/20
ガストロリジョン

「熊本ガストロリジョンの店として、熊本の食の魅力を料理を通じて伝えていきたい」と語る本田氏。「ガストロリジョン」とはGastronomy（食）と Region（地域・土地）を組み合わせた「食は風土と一体」であることを意味する造語で、シェフが取り組む草の根的な活動のこと。ここでは店に足を踏み入れた瞬間から熊本ガストロリジョンを体感することになる。隣町の木工作家が手がけた店内は木の温もりに包まれ、テーブルに用意されたリーフレットには食材や器など作り手の名前がマッピング。まるで熊本各地を旅しているような気分になる。ソースや調味料も県産食材で手作りし、パスタ用の小麦は自家栽培するという徹しようだ。最初に運ばれるのは植木町産の茄子、鹿央町「ここから農園」の 2 色のズッキーニなど、地元の野菜だけで作った前菜の盛り合わせ。整然と美しく盛り付けられ、生産者への愛が感じられる一皿だ。天草大王、プリンセスポーク、味彩牛など熊本のブランド肉で作り上げた渾身のパテ・アン・クルートは、これをいただくためだけに再訪したくなる至極の味。マダムのサービスも心地好く、熊本市街から車で 40 分ほど、本田氏の熱意に触れに出かけたい。

☼：4,400 円～ 6,600 円　☾：11,000 円～ 16,500 円

Tel: **096-272-3789**

熊本県熊本市北区植木町
岩野266-22

定休日：火曜、水曜、
木曜

☼：11:30-12:30 (L.O.)
☾：18:00-19:30 (L.O.)

Tel: **096-288-5210**

熊本県熊本市中央区桜町
5-17
SAKURA TERRACE 2F

定休日：不定休

☼：12:00-
☾：19:00-

むら上

Murakami

シェフ 村上正臣・村上拓也

15/20

寿司

兄・正臣氏と弟・拓也氏の二人が大将として店に立ち、カウンター10席を半分ずつ担当、同時に鮨を提供していくというスタイルがユニークである。二人の実家は、熊本県天草市にある「奴寿司」。弟は父親を師に修業を重ね、北九州市「照寿司」や東京の中国料理店「わさ」で研鑽を積んだ。兄は長崎で日本料理の基礎を学び、一度は飲食業を離れるも2020年、兄弟でこの店を開いている。天草ではなく、あえて熊本市内に店を構え、江戸前ならぬ“天草前”を発信する。初めに供されたのは、焼いた魚のアラで取った「その日のお出汁」。二人の柔らかい雰囲気が伝わるほっこりとする味わいだ。イカスミで和えた島原の「女ごしそうめん」は、つるりと喉越しが良く、「アスパラガスと渡り蟹」は、贅沢に蟹を使った餡にアスパラガスの天ぷらが隠れた濃厚な一皿である。握りはムラサキウニに始まり、黒メジナ、小肌…鮨種のほとんどが天草産だ。八代海、東シナ海、有明海と三つの海に囲まれる天草の魚介は、種類も豊富で質の高さにも定評がある。新鮮な地魚に合わせる酢飯は、あくまで白酢だ。江戸末期に開窯した天草「丸尾焼」の器、灯り、香りと、設えすべてに二人の美意識が光っている。

☼：22,000円　☾：22,000円

ゴ・エ・ミヨの歴史

ゴ・エ・ミヨのたゆまぬ努力

優れた才能の発見者であり、トレンドの創出者であるゴ・エ・ミヨのエキスパートたちは、約50年、常に強い信念で努力を重ね続けています。

調査チームは、1年を通してフランス中の道を歩き回り、既に紹介したレストランの追跡調査を行い、新たなレストランを探しています。地方のオーベルジュや街のビストロ、民宿、お洒落なホテル、創造性溢れる料理、気軽に飲めるワイン、感動する有名なワインや地ワイン…ゴ・エ・ミヨは、読者のために、最高の食材や最高の店、味と喜びをもたらす最高のものを常に探し求めているのです。

味 あら井

15.5/20

Aji Arai

シェフ 荒井寛義

日本料理

大分県の北西端から大分や九州の魅力を発信する荒井氏は、福岡の和食店で研鑽を積んだ後、2011 年にこの地で独立した。以降、大分で長きに亘り営んでいく中で築き上げてきた生産者との信頼関係によって、地域の極上素材がこの店に集まっている。これほど大胆で気っ風の良い仕入れは大分随一だ。愉快で豪快、そして気遣いもできるキャラクターの荒井氏だからこそ為せる業だろう。生きたままの型の良い伊勢海老や鮑、地元和牛のシャトーブリアンなど豪華食材をゲストの目の前で披露すると、店内はどよめきと歓声に包まれ、愉悦の時間へと導かれる。ゲストと店との一体感が生まれ、そんな食体験が忘れることのできない記憶として脳裏に焼き付くのだ。また、素材の力技だけではないのも荒井流だ。旨みと脂がきれいなマナガツオはお椀に仕立て、上品でありながらも一歩引いた吸地で椀種を引き立て、調和を図っている。伊勢海老には雲丹醤油を絡め、ファーストタッチの旨みと塩味から徐々に伊勢海老の甘みへと移行していく味の構成も的を射ている。この店を訪れたゲストは皆、味と店主に魅了され、笑顔で帰途につく。このひと時を求めて、わざわざ足を運びたい一軒である。

☾：19,800 円

Tel: **0979-23-5550**

大分県中津市上博多町
2001

定休日：日曜

☾：16:00- /19:00-23:00

御料理 はた野

15.5/20

Oryori Hatano

シェフ 波多野 茂

日本料理

別府市郊外の閑静な住宅地に位置するこの店は、純日本庭園を有し、築 50 年を超える歳月が日本家屋に落ち着いた雰囲気と情緒をもたらしている。端午の節句の頃には菖蒲や兜の掛け軸をあしらい、ゲストを迎えるための準備と心遣いが隅々まで行き届き、その歓待の気持ちとおもてなしには、心の琴線に触れるものがある。波多野氏は関西で日本料理を学び、2014 年にこの地で開業。初手の八寸は美しく菖蒲やよもぎを飾り、粽を添え、節句を意識した料理は情趣に富んでいる。この八寸を目にするだけで、波多野氏の細やかで丁寧な仕事ぶりが垣間見え、料理に打ち込む実直な姿勢と力量を窺い知ることができる。地元の魚介を生かした料理も素晴らしい出来栄えだ。鮑はシンプルに蒸して供され、咀嚼のたびにじわじわと密度の濃い旨みが溢れ出てくる。添えられた肝ソースもとりわけ美味しく、一体感のある味わいが心地好い余韻をもたらす。風情を感じる建物、季節感のある料理や節句の表現など、そのすべてを通した波多野氏の根幹には、訪れる人を精一杯もてなしたいという強い思いがある。一点の曇りもなく心を尽くすその姿勢は、多くのゲストに感銘を与えるに違いない。

☼：18,700 円～ 22,000 円　☾：18,700 円～ 22,000 円

Tel: **0977-85-8859**

大分県別府市南立石二区
1組

定休日：不定休

☼：12:00-15:00
(最終入店 12:30)

☾：18:00-22:00
(最終入店 19:00)

Tel: **050-3647-3123**

大分県別府市堀田4組-2

定休日：不定休

☼：12:00- 一斉スタート
☾：18:00- 一斉スタート

※予約はウェブ予約のみ
※完全予約制

日本料理 別府 廣門

Nihonryori Beppu Hirokado

シェフ 廣門泰三

15.5/20

日本料理

扱う素材の生産者や栽培方法などを満面の笑みで語る廣門氏の姿が印象的だ。「柏屋」「達磨 雪花山房」「銀座 しのはら」と、名店で修練に励み、2021 年に故郷の別府市で開業。スタッフとともに大分や九州を駆け回り、積極的に食材探しの旅を続け、自ら山に入り山菜を手摘みするなど、この地ならではの山海の恵みを表現しようと努めている。新玉葱や南瓜、アスパラガスなど、日常の何気ない野菜も、実は廣門氏が信頼を寄せる生産者が手塩にかけた渾身の野菜であり、そのポテンシャルの高さは疑いようがない。天ぷらで見せる揚げの技術も素晴らしく、丁寧な調理からも素材への感謝の念が伝わってくる。ここでは大分の豊富な魚介も見逃せない。別府湾の車海老は浅く茹でることで身質を損なわず、締まった身から放たれる極上の甘みがなまめかしい。美しい八寸やジビエなど、盛りだくさんの大分の幸を詰め込んだ構成は、この地を訪れて良かったと心から思える満足感がある。地域に寄り添い、優れた生産者に接することで廣門氏のテロワールへの意識はさらなる高みを目指し、確固たる独自性を帯びてきた。別府からこの店が放つ光は、徐々にその輝きを増している。

☼：24,000 円　☾：24,000 円

Tel: **097-538-2085**

大分県大分市都町3-2-30
1F

定休日：水曜

☾：18:00-22:00
（最終入店）

おおいた花山椒

Oita Hana-sansho

シェフ 川並孝昌

14.5/20

日本料理

大分市の繁華街、都町にあるビルの１階にある和食店である。主人の川並氏は、湯布院の「ゆふいん山椒郎」での修業を経て、実家が花屋を営んでいたこともあり、自身の店を「おおいた花山椒」と命名した。農産物や水産物の豊富な土地ではあるが、食材の美味しさのみに頼ることなく、手間をかけた料理を提供して、地元だけでなく遠来の客からも高い評価を得ている。初秋に訪問した際には、白菜としめじのお浸し、さらには、地元の特産品である「戸次ごぼう」を主役とした牛蒡の豆腐、無花果の利休煮が供されたが、いずれも、しっかりした、川並氏の技量が表れた料理であった。特に、牛蒡の豆腐は、脇役となることが多い牛蒡を主役にしたいという川並氏の思いから作られたもので、食材に対する愛情の深さが感じられる、この店のスペシャリテだ。地物のカマスの塩焼きや黒毛和牛のもろみ焼きといった定番料理に加えて、焼き茄子と大分の名産豚である「桜王」の春巻き、店名にちなんだ山椒カレーや大分名産のカボスのシャーベットなど、変化球も交えながら大分の特産品を堪能させる。リーズナブルな価格も魅力で、大分を訪れた際は、この地の食材を存分に味わうためにも立ち寄りたい。

☾：5,500 円～ 7,000 円

サカエ

sakaé

シェフ 請関祐希

15/20

フランス料理

延岡駅から徒歩で20分ほど、繁華街にあるレストランの店内は、外の喧噪を忘れさせるスタイリッシュな空間だ。手前にシェフズカウンター、奥にテーブル席という細長い店内は、広くはないがゆったりと座ることができ、シェフ1人のオペレーションでも十分に目が届くよう設えてある。料理は、イメージを下絵に描いているかと思えるほど美しく、神経締めした石鯛は薔薇の花のように盛り付けられ食欲をそそる。請関氏がフランスの「La Pyramide」で修業した際に学んだ「セルヴェル・ド・カニュ」は、常にその内容が進化し、訪問する楽しみの一つとなっている。この店のスペシャル食材である「天下鶏」は請関氏の祖父と母親が育て、ほとんど一般に流通しない希少なもの。7種類の鶏を交配して作られた旨みが強い鶏肉は、丸ごと仕入れているためムネ肉、モモ肉に白レバーと様々な部位を味わえる。天然酵母のパン・ド・カンパーニュやデザート後の茶菓子まで、コースを通してゲストの心を掴む請関氏は、まだ30代。探求心が強く、新しい取り組みをするが、決して疲れさせない、身体にしっくりとくる料理を提供してくれる。宮崎の輝く星は、全国に名を轟かせる実力の持ち主である。

☾ : 15,972円～30,250円

Tel: **0982-20-9111**

宮崎県延岡市本町1-1-2
パレ・ブランカ 1F 奥

定休日 : 不定休

☾ : 19:00- 一斉スタート

※予約制

チェルカ トローヴァ

CERCA TROVA

シェフ 横山恵春

15/20

イタリア料理

延岡駅から徒歩8分ほどの住宅街にある一軒家。看板はないが、佇まいから、そこが目指すレストランであることがわかる。門柱から玄関に続く庭には、宮崎県で昔から、触れるとパワーを授かり、花を見ると幸福が訪れる、といわれているオオバネムノキが植えられている。玄関を入ると、高い天井とアンティーク家具が配されたハイセンスなレストラン空間。そして、心地好いスタッフのもてなしが待っている。フレンドリーでありながら品格のあるサービスは、レストランの良さが、空間やホスピタリティーにもあることを実感させてくれる。横山氏の料理は延岡ならではの地産地消、密接な繋がりのある生産者の食材をベースとしている。夏の日には、近くを流れる五ヶ瀬川の天然鮎を春巻きの皮で包んで揚げ、フェンネルのソースと鮎の内臓のソースで愉しませる。アミューズには、その鮎が食べているという青のりを混ぜた衣でフリット仕立てにするという前振りもあった。鮑は、肉厚で、バターの香りも豊かにソテーしたものをゴルゴンゾーラのソースでいただくなど、宮崎の極上の食材が次々と登場する。飛行機や鉄道を乗り継いででも訪れたいと思わせる、宮崎の食の魅力を伝えるレストランだ。

☾ : 22,000円

Tel: **0982-33-0169**

宮崎県延岡市博労町4-14

定休日 : 日曜

☾ : 19:00-

燠火 kawaguchi ∴

Okibi kawaguchi

シェフ 川口雅由

15/20

イノベーティブ

Tel: **0985-69-2821**

宮崎県宮崎市阿波岐原町
前浜4276-1255

定休日：不定休

☾：18:30-

「宮崎 PILAW ∴」のオーナーシェフ川口氏が 2016 年、燠火での火入れを中心にした店を同じ建物内に開いた。その隠れ家のような空間は、漆喰の壁が特徴的で、L 字型のカウンター 6 席がスタイリッシュな特別感を演出している。川口氏は食材や料理にまっすぐ真摯に向き合い、謙虚さを忘れない。その姿勢が生産者からの信頼に繋がり、宮崎の希少な食材が託される。その代表が「尾崎牛」と「黒岩土鶏」だ。これらの食材は燠火ならではの遠赤外線により、柔らかくゆっくりと火が通ることで、甘みと旨みが増している。コースの始まりは茶匠・黒木信吾氏がセレクトした「新緑園」の「まれもの」だ。それは祖父、父、自らも農業・漁業に携わり、宮崎そして九州の食材を大切に、「稀」の料理を提供するのだという川口氏の決意を示す儀式にさえ思える。極力メニューに取り入れるようにしているのは、宮崎を代表する魚である鰹。そこに盛り付けられる野菜やレモン、ピラフに使われる米などは、すべてが自家栽培したものだ。食材と調理に愛情を注ぐ川口氏の一皿には良い「気」が込められているように感じられる。料理をいただくことにより元気がもらえるレストランである。

☾：33,880 円

ただの料理屋 きたうら善漁。

KITAURA ZENRYOMARU

シェフ 吉田善兵衛

15/20

料理屋

Tel: **0982-31-0051**

宮崎県延岡市本町1-3-14

定休日：日曜

☾：18:00-19:00
（一斉スタートの時間は予約により変動）

※予約受付 13:00-17:00
※価格は変動制
※本店の「ボロ小屋」への問い合わせは電話にて

ゲストはまずウェイティングルームへ案内され、準備が整うと席に導かれる。そこには会話を控えめに、静かに料理に向き合ってほしいという主人の願いが、カードにしたためられている。主人は深々と挨拶をすると料理に集中し、提供し終わるまで食材の説明も、料理についても一切語らない。そして、すべてを終えると、ようやく口を開き、その思いを語り始める。目を瞑り、映画のワンシーンのように、海や山、畑をイメージし、その中で先入観を持たず、食材をあるがまま、甘みや苦みなどを五感で受けとめてほしいという考えが伝わる。イサキの刺身は何枚も小皿に積み重ねられ、まずは何もつけずに、その後は鮫皮でおろしたての山葵、結晶塩、平兵衛酢、細かく刻まれた茗荷、大葉、葱などとともに自由にいただくことで、イサキという魚の魅力を様々な方向から堪能することができる。米は土鍋で炊かれ、まずは煮えばな、リゾット風、卵かけご飯、お焦げと、炊かれていく過程を丸ごと味わうのだ。見たまま、感じたまま。通うほどに、じんわりといつの間にか心に入り込み、忘れられぬ雄大な食の世界に気づかされるのである。

☾：15,000 円

一心鮨 光洋

Isshinzushi Kouyou

シェフ 空久保晴義

15/20

寿司

宮崎駅からタクシーなら約5分、徒歩で12、3分のところに店名が彫られた石標がある。この店の技と心を引き継ぐ空久保氏は、鮨とワインのマリアージュを追求する先代の四男でオーナーソムリエの木宮一光氏とともに、宮崎県の鮨業界を牽引している。店は、大きな一枚ガラスを通して坪庭に臨むカウンター席と数室の個室を備え、ゲストの様々な要望に応えている。顧客目線が徹底された、驚きや喜びのあるパフォーマンスやホスピタリティーに定評があるが、この店の名前を全国に知らしめているのが、アルコールペアリングの素晴らしさだ。木宮氏のほかにも酒類のエキスパートが控え、さらにサービスの幅を広げている。料理は、つまみに旬の高級食材を惜しげもなくふんだんに使い、満足度が高い。茶碗蒸しには大きな黒鮑のスライスが盛られ、赤雲丹をたっぷりと添えている。握りにも自家製キャビアを用いる贅沢さだ。魅力はそれだけに止まらず、小肌はきつめに酢で締め、その余韻を残したまま、今度は穏やかに酢で締めた鰯というように、食べさせ方、提供する順番にまで、この店ならではの手法が貫かれている。鮨を目当てに宮崎を訪問するなら、どうしても外せない一軒である。

☼：8,085円～34,650円　☾：23,100円～34,650円

Tel: **0985-60-5005**

宮崎県宮崎市昭和町21

定休日：水曜、第1火曜、木曜ランチ

☼：12:00-14:00
(L.O.13:00)
土・日・祝
11:30-14:00
(L.O.13:00)

☾：17:00-22:00
(L.O.20:00)

※車いすのまま食事が可能

ゴ・エ・ミヨの歴史

ゴ・エ・ミヨと世界

『ゴ・エ・ミヨ』のガイドと雑誌の成功により、アンリ・ゴとクリスチャン・ミヨは、1980年、アメリカの『タイム』誌の表紙を飾りました。1923年の発刊から今日まで、『タイム』誌の表紙に登場したフランス人は数少なく、大変名誉なことです。

ゴ・エ・ミヨは、2012年にハンガリーでレストランガイドを出版。2013年にはオーストラリア、さらに2014年にはポーランド、2015年にはカナダで出版が始まりました。

そして2016年、日本でゴ・エ・ミヨの新しい歴史が幕を開けました。

ゴ・エ・ミヨ ジャポンは、先人たちが築き上げてきた豊かな食文化のもと、最高のレストランと新たな才能を探し続けています。

エ ヌゥ

et NOU

シェフ 大滝直人

14.5/20

フランス料理

Tel: **099-295-3937**

鹿児島県鹿児島市千日町
9-19

定休日：不定休

☼：12:00-13:00 (L.O.)

☾：18:30-21:00 (L.O.)

天文館から徒歩で数分、東京出身の大滝氏は、東京・祐天寺の「ボンシュマン」などで修業し、妻の実家がある鹿児島で2016年に開業した。店名は「縫う」や「新しい」という意味を重ね、都会と地方、生産者と消費者など、新たな結び付きを生み出したいという願いが込められている。初夏の訪問時には、丁寧に作られた、さつま福永牛のハム、チーズ、新玉葱のキッシュが優しい味わいであった。ホワイトアスパラガスのムースは、錦江湾でしか獲れないナミクダヒゲエビを用い、その深い味とともに、鹿児島の名産品を愉しんでほしいというシェフの思いが感じられる。軽く火入れしたマナガツオは、蛤の出汁の塩梅が良く、日本料理を思わせる一皿。出水産鹿肉のローストは、赤ワインソースと自家製粒マスタードが良いアクセントとなっている。デザートでは、アーモンドのブランマンジェに指宿産マンゴーのムース、バニラ以外の素材は鹿児島産というプリンは、卵黄だけを贅沢に用いた濃厚なものだ。食後には、17種類のお茶やハーブティーが提案され、ここでも鹿児島の産物が推奨される。フランス料理店が少ない鹿児島の地で、地域の食材に対する愛に満ちた貴重な店である。

☼：7,700円～9,900円　☾：11,000円～15,400円

センティウ

Senti.U

シェフ 内田康彦

15/20

イタリア料理

Tel: **0994-44-6820**

鹿児島県鹿屋市新川町
587

定休日：月曜、他不定休あり

☼：12:00-13:30 (L.O.)

☾：18:00-20:00 (L.O.)

大隅半島各地の良質な魚介を、地元や自家菜園の野菜やハーブとの意外性のある組み合わせで愉しませてくれる。訪問時には、錦江湾の深海にしか生息しないというナミクダヒゲエビが地元米のリゾットに登場した。ノコギリガザミはシンプルなパスタに仕上げられているのだが、器の底にモロヘイヤと青唐辛子のペーストが敷いてあり、食べ進めていくと味・香り・食感が変化する。足赤海老は垂水産の無農薬ジャスミンライスのソースとパッションフルーツで味付けした金糸瓜、野草のカタバミやスベリヒユ、黒ニンニクと。甘鯛と鹿児島の郷土料理「落花生豆腐」をモチーフにしたソースとラルドの組み合わせには、白ゴーヤーがアクセントになっていた。肉料理は黒毛和牛の経産牛。しっとりとした火入れの赤身は花ニラ・黒米・自家製ディルの粉末と供される。イノベーティブイタリアンだが、どの皿にも和食のような軽やかさと季節感の表現が光る。「素材の本質を引き出し、素材にストレートに、また繊細に調和させること」を大切にする内田氏は佐賀県出身。東京やイタリアなどで研鑽を積んだ後に家族の故郷である鹿屋で独立し、この場所でしか表現できないイタリア料理を探求し続けている。

☼：11,000円～15,400円　☾：11,000円～15,400円

ザ・ひらまつ ホテルズ&リゾーツ 宜野座

THE HIRAMATSU HOTELS & RESORTS GINOZA

シェフ 木下喜信

15.5/20

フランス料理

沖縄のリゾートホテルは夕陽が沈む本島の西側に多いが、ここは、朝日が昇る東側の海岸添いに建てられたリゾート内のレストランだ。貴重な山原（やんばる）の地の大自然を手つかずで残しておきたいというオーナーの思いから、ホテルのエントランスからレストランまで、林の中をカートで向かう。琉球の風土で育まれた貴重な食材は、木下氏が地元生産者と交流することで、手に入れることができたものが多い。この日のメインは「沖縄県産もとぶ牛のロースト」。沖縄県北部の「もとぶ牧場」で、乳酸菌を加えた繊維質を多く含む地元産ビール粕を利用した発酵飼料を与えて育てた牛で、不飽和脂肪酸の割合が高いというヘルシーな肉だ。トータル１時間ほどかけて、休ませながらゆっくり火入れされた肉は、肉厚なのに繊維が感じられず、驚くほどまろやかだ。モリーユ茸の香りを添えたじゃがいものドフィノワーズ（グラタン）がコクを加え、ビネガーでソテーしたペコロスとセップ茸の優しい酸味が、舌をリセットしてくれる。伝統的なフランス料理の技法で、滋味溢れる山原の風土の産物を、素晴らしいワインと共に味わわせてくれる。この地をわざわざ訪れる価値があるレストランである。

☾：22,800 円～ 31,700 円

Tel: **098-968-5600**

沖縄県国頭郡宜野座村
字松田1425

定休日：不定休（ホテルの休館に準ずる）

☾：17:30-20:00 (L.O.)

フレンチレストラン ラトリエ

L'atelier

シェフ 島袋 司

14.5/20

フランス料理

2023 年 6 月、那覇市上之屋から久米へと移転し、新章をスタートさせた「L'atelier（ラトリエ）」。シェフは「オテル・ドゥ・ミクニ」で三國清三氏に 7 年間師事し、ポワソニエ（魚料理担当者）として技を磨いた島袋氏である。淡いグレーとダークブラウンを基調に設えた瀟洒な空間で、沖縄食材の多彩さや魅力をふんだんに盛り込んだ種々のコースを味わわせてくれる。コースを構成する皿の中でインパクトを放つのは、やはり島袋氏の真骨頂、魚料理である。とりわけ、蒸し上げた県産の白身魚を主役に、もろみ酢を加えた奥行きのあるブール・ブランソースで仕上げた一皿は、扱いが難しい地産魚の旨み・出汁を存分に引き出した印象的な一皿だ。料理と融合するのは、やちむんや琉球ガラス・漆器など、シェフが厳選したオキナワンクラフトの数々。琉球漆器とともに登場するミニャルディーズは、視覚的にも味覚的にも、コースを締めるに相応しい心地好い驚きを秘めている。記念日などに家族で本格的なフランス料理が楽しめるよう、小さな子供のために考案されたコースもあり、開業以来変わらず食育に取り組む姿勢にも、島袋氏の料理人としての志の高さが感じ取れる。

☼：5,500 円～ 16,500 円　☾：7,700 円～ 16,500 円

Tel: **098-862-8167**

沖縄県那覇市久米
2-23-21 シャトー久米 1F

定休日：月曜、第 2・4 火曜

☼：木 - 日 12:00-14:30
(L.O.13:00)

☾：18:00-22:00
(L.O.20:00)

シス

6 SIX

シェフ 小杉浩之

15/20

イノベーティブ

Tel: 0980-56-3733

沖縄県国頭郡今帰仁村
古宇利499-1

定休日：不定休

☼：11:30-14:30
☾：18:00-21:00

沖縄本島北部の今帰仁村古宇利島の高台に 2018 年に開業した、地域性豊かな料理を展開するレストランだ。店のロゴを確認して階段を上ると、そこは白を基調とし、小杉氏自ら制作したオブジェが壁や天井から吊り下がる独特の空間。どの席からも古宇利大橋を望む絶景に息を呑む。何より圧倒されるのは、一斉に出される 14 種類のアミューズブーシュ。個性的な器に沖縄名産の食材を使った色彩豊かなアミューズがずらりと並ぶ様は壮観だ。美しいのは、香味野菜と花のパウダーで色づけられた「大根のお花畑と鯵のタルタル」。鯵を茗荷とグリーンオリーブで和え、タルタル状にまとめた上に瑞々しい大根があしらわれており、リゾート地で碧い海を眺めながらいただくに相応しい一品だ。シェフのスペシャリテは、オーブンに置き忘れた失敗がきっかけだという「カリフラワーの一時間ロースト」。長野から取り寄せたカリフラワーに、たっぷりのバターを使ってじっくり焼き上げる。周りはカリッと香ばしく、中はジューシーで面白い食感だ。デザートも一気に登場して驚かされるが、食べきれなければ持ち帰ることもできる。小杉氏のサービス精神と独創性に溢れたリゾートレストランだ。

☾：30,250 円

島 cuisine あーすん

earthen

シェフ 小林拓真

14.5/20

島キュイジーヌ

Tel: 098-851-5360

沖縄県那覇市金城5-13-5

定休日：日曜、月曜

☼：火 - 木
11:00-15:00
(最終入店 13:30)
金・土 12:00-15:00
(最終入店 13:30)
☾：18:30-23:00
(最終入店 20:00)

小林氏は東京・六本木の日本料理店からシドニーのモダン・ジャパニーズレストランの料理長を務め、帰国後は「星のや竹富島」で腕を振るうという多彩な経歴を持つ。2020 年にこの店のシェフに就任、「島 cuisine」の名の通り、沖縄の伝統食材や酒を探し求め、島の恵みを料理を通して発信している。「シブイ ミシャク」は、冬瓜（シブイ）と甘酒（ミシャク＝御神酒）の冷製スープ。トロトロに溶けた冬瓜スープの上に、純血のアグー豚の頭の肉を塩で炊いて浮かべ、深みのあるアグー豚の塩味で優しいスープを上手く締めている。ガジュマルの木をくり抜いた器で出されたのは「県産旬野菜」。沖縄の地で育まれた旬の野菜が 10 種類。フレッシュなだけでなく、野菜本来の香りと味わいが濃く、島豆腐、沖縄の白味噌、南瓜の皮のムースや自家製の今帰仁アグーのトントロのスモークベーコンなどと合わせていただく。今帰仁村の希少な「小那覇牛」は、数量限定で事前の問い合わせが必要だ。シークヮーサーの塩、長命草のソース、アグー豚の出汁。調味料に頼らず、沖縄の自然の恵みでいただく料理は、滋味に溢れて身体に優しい。小林氏の「島キュイジーヌ」を味わいたい。

☼：2,970 円～ 6,800 円　☾：8,800 円

アダムス

pop

ADAMS

シェフ 伊藤勇基

イタリア料理

2020年、北谷町の「ARDOR」が惜しまれつつ閉店。その後、各地に散った料理人たち。その一人が、ソムリエバッジも持つ伊藤氏だ。閑静な住宅地にある店は、カウンター4席に、テーブル2つ。セミオープンの小さな厨房から見渡せる10席ほどのコンパクトな空間だが、独特のグルーヴ感があり居心地が良い。店主が選ぶイタリアのナチュラルワインやクラフトビールに合わせる料理は、ヤムウンセン、カポナータ、自家製ハムのトンナートソース…イタリアとアジアが、絶妙に交錯する。それぞれの料理はシンプルながら、口中に余韻を残すソースの効かせ方にセンスが光る。シグネチャーと評判の高い「自家製シウマイ」は、ぜひいただきたい一品。きっと通いつめたい一店になるだろう。

Tel: 098-989-3930

沖縄県中頭郡北谷町
桑江452-6 A-2

定休日：月曜、火曜

☾：19:00-23:00

トゥタン

pop

tutan

シェフ 赤坂 望

創作料理 ジャンルレス

亜熱帯の豊かな緑に囲まれた築約50年の古民家を改装。耳に残る店名は、シンボルのトタン屋根を沖縄の「しまくとぅば」で表したもの。赤坂氏は東京での修業を経て、古宇利島のレストラン「エルロタ」で立ち上げからシェフを務め、2019年に開いたこの店では、愛する自然派ワインをさらに美味しく楽しむ料理を日替わりで提案している。やんばる産の野菜や近海の魚介、肉など、旬の食材をふんだんに使ったビストロ料理を中心に、あぐー豚の旨み溢れる自家製焼売など、ジャンルレスなワインのアテでも心を掴む。無垢の木材でシンプルに設えた店内は、壁を彩るアート作品や周囲の植物が調和し、すこぶる居心地が良い。那覇から車で約2時間。それでも連日多くの人で賑わっている。

Tel: 0980-52-8039

沖縄県名護市運天原527

定休日：不定休

☾：17:30-23:00

バガブンド

pop

VAGABUNDO

シェフ 川上史生

メキシコ料理

旅先でふらりと立ち寄った客は、良い意味で衝撃を受けるだろう。川上氏は大阪でメキシコ料理に魅了され、その真髄に触れるため本場に渡ったという。そんなシェフの手から生まれる自家製生地の奥深い風味。旬の島食材をふんだんに使って編み出されるセビッチェや多様なタコス。どの皿もひと口目からその料理世界に引き込む力を感じさせる。また、時に「pescaderia mexicana（魚の日）」なる実験的試みも織り交ぜ、メキシカンの根幹となる「とうもろこし、豆、唐辛子」を八重山の食材やスパイスと巧みに融合した、土地ならではの味覚体験を叶えてくれる。現地から運び入れた家具や、設えの隅々にもメキシコ愛が息づく。推奨のテキーラ、オリジナルモクテルの美味しさも良店の証である。

Tel: 0980-83-9278

沖縄県石垣市大川188

定休日：日曜、月曜

☾：17:30-23:30
(L.O.22:30)

Tel: **098-943-3905**

沖縄県那覇市
久米2-18-11 1F

定休日：日曜

☾：17:00-23:30(L.O.)

パスタイオーネ オキナワ

pop

PASTAIONE OKINAWA

シェフ 玉城愛子

イタリア料理

東京・麻布十番で人気を博した実力派イタリア料理店が、沖縄・那覇の中心地で見事な再生を果たした。チームを束ねるのは、渡伊後約８年間、ピエモンテやトスカーナを中心に各地で研鑽を重ねた玉城氏。「パスタ好き」を表す店名にもあるとおり、パスタ料理を中心に構成されるメニューだが、肉・魚・野菜と旬の沖縄食材をふんだんに使って提案する前菜やメインなど、前後を固める料理も十分に魅力的だ。ミニマルだが温かみを備えた空間デザインはクマタイチ氏によるもの。存在感のあるフルオープンキッチンに臨むカウンター席では、シェフたちの活気ある調理シーンが眺められる。自然派ワインが各種グラスから楽しめるが、ウォークインセラーで好みのワインを選べるサービスも嬉しい。

☾コース ○

ゴ・エ・ミヨの歴史

各国でのゴ・エ・ミヨの展開

現在ゴ・エ・ミヨは、スイス、ベルギー、オランダ、ルクセンブルク、オーストリア、ギリシャ、ポーランド、クロアチア、スロベニア、ルーマニア、ジョージア、オーストラリア等で展開されています。

毎年発行されるガイドブックに加え、フランスでは『109』（ソン・ヌフ、数字の109と「新しい血」を意味する）という新しい才能に注目したガイドブック、また、各国においてはシャンパーニュやワイン、ラム酒、チョコレートといった食文化全般にまつわるガイドブックも刊行されています。

ゴ氏が2000年に、ミヨ氏は2017年にこの世を去りましたが、本当に美味しいものとは何かを探求し、新しい価値を見出していく「ゴ・エ・ミヨ」の精神は変わることなく受け継がれています。

Gault&Millau

INDEX

索引

Index

東 京 Tokyo

北海道 Hokkaido

兵 庫 Hyogo

奈 良 Nara

滋 賀 Shiga

トワヴィサージュ（東京）

伯雲（東京）

セッタン（兵庫）Photo by フジワラ シンスケ

クローニー（東京）

上方中華 新瓊（大阪）

伊勢 三玄（三重）

Syn（福岡）©Chris Chau

日本料理 淡流（兵庫）

ラチュレ（東京）

ジュリア（東京）©Wataru Kitamura

Gault&Millau

ゴ・エ・ミヨ
2024

2024年3月20日　初版発行

発行	株式会社ONODERA GROUP
	ゴ・エ・ミヨ ジャポン編集部 〒107-0062 東京都港区南青山3-4-4 カサビアンカ 302 電話 03-6721-1520 jp.gaultmillau.com
発売	株式会社 幻冬舎 〒151-0051 東京都渋谷区千駄ヶ谷4-9-7 電話 03-5411-6222（営業）
印刷・製本所	図書印刷株式会社
制作・編集	ゴ・エ・ミヨ ジャポン編集部

Printed in Japan
ISBN 978-4-344-95473-1 C2026 ¥3000E